チャールズ・グッドハート&マノジ・プラダン
澁谷 浩訳

人口大逆転

高齢化、インフレの再来、不平等の縮小

Charles Goodhart & Manoj Pradhan

The Great Demographic Reversal

Ageing Societies, Waning Inequality, and an Inflation Revival

日本経済新聞出版

The Great Demographic Reversal:
Ageing Societies, Waning Inequality, and an Inflation Revival
by
Charles Goodhart and Manoj Pradhan

First Published in English under the title
The Great Demographic Reversal:
Ageing Societies, Waning Inequality, and an Inflation Revival
By Charles Goodhart and Manoj Pradhan, edition 1:

目次

図目次

表目次

日本語版序文

人口構造の変化とグローバル化が世界中に、特にアジアにおける金融と実体経済の長期的なトレンドに与える影響は、これまで寄せられてきた関心をはるかに超えて注目に値するものである。本書は、このアンバランスを是正する試みである。本書のタイトルである「人口大逆転」は、特にアジアにおいて際立っている。われわれの主要な命題は、世界の多くの国々で明らかになってきている出生率の低下と高齢化のプロセスが今までの根強いディスインフレ（インフレ抑制）基調から、今後数十年にわたるインフレ圧力の復活へと転換させ、そしておそらく実質金利の上昇をもたらすことになる、というものである。

この命題に対する主要な反論は、常に、日本が一番先に高齢化時代に突入したのにもかかわらず、インフレ圧力は生まれていないどころか逆にデフレ傾向が続いているではないか、という主張である。日本が経験した歴史についてこれまでの議論を修正する視点から説明した第9章は、実は、最初に書き上げた章である。２０００年頃からの日本の過去の経験がなぜこれからの世界経済の適切な前例もしくは前兆ではありえないのか、それを満足に説明することができてはじめて、われわれは本書の残りの部分を書くことができたのである。

われわれの結論が、なぜ大きな波紋を広げているのだろうか？　人口構成とグローバル化の長期トレンドは、通常、ゆっくりと変化するものであり、また国内レベルではなくグローバルな舞台で作用するものである。ほとんどのマクロ経済分析の関心は、景気循環の展開に関するものであり国内経済に限られているので、人口構成とグローバル化の要因の重要性は見逃されがちであった。おそらく、この傾向はアジアよりも欧米においてより顕著であったと思う。われわれのグローバルな、そして構造的な視点は、長大な本を執筆するのに十分すぎるほどの材料を提供してくれた。

われわれは、気候変動やイノベーションなど世界経済の長期的未来に影響を与える他の多くの問題をすべて扱うことは試みていないし、実際、それは不可能である。より知識豊富な多くの専門家たちがすでにそのような問題を取り上げて分析している。しかも、おそらく、すべての人々の未来の生活に支配的な影響を与えることになる「まだ知られていない未知の要因」が存在している。

われわれの主要な命題は次のようになる。人口構成とグローバル化の決定要因（特に中国の役割）が過去30年にわたるディスインフレ圧力の主な理由である。中国の役割については、第2章で集中的に議論する。しかし、そのような決定要因の力が作用する方向が現在、逆転しつつある。その結果、今後30年ほどにわたって世界の主要国はインフレ圧力に再び直面することになるであろう。

ここで頻繁に尋ねられるのが、デフレからインフレへの転換はいったいいつ起こるのか、という問いである。この本を書いている２０１９年の時点では、今後１～５年ほど経たないと転換点がいつになるのかわからないと返答しなければならなかった。

もちろん、それは新型コロナウイルス感染症（「まだ知られていない未知の要因」の一例）が２０２０年はじめに大流行する以前の話である。コロナウイルス感染症の全体的な影響によって、本書の中で描いた長期トレンドは加速することになるだろう。中国はさらに内向きになり、世界経済におけるデフレ圧力を低下させることになる。その結果、インフレは予想していたよりも早期に速度を増してやってくることになると考えられる。これは本書で取り扱った問題にとって重要な出来事であるために、本書の終わりに短いエピローグ（追記）を書き加えることにした。出版社は親切にも同意してくれた。


本書の特色は何よりもまず実証的なことだが、パトリク・ドロズジクとボー・タンによるデータに関する貴重な研究支援と洞察、およびマリーナ・エモンドによる原稿の構成と準備なしには完成することができなかった。われわれは彼ら彼女らの精力的な仕事に感謝している。また、これらのテーマに関する初期の論文作成におけるプラティアンチャ・パルデシの援助に感謝したい。

しかし、データは主に理論に基づいて、包括的で説得力のある物語（narratives）に変換される必要がある。そのために言うまでもないことだが、先駆者である多くの人々から恩を受けている。例えば、第８章の労働市場の低迷と賃金の伸びの関係について一連の研究を始めたビル・フィリップス、第７章の不平等に関する研究を始めたブランコ・ミラノヴィッチなどである。特に、第４章の依存と認知症に関する私たちの誤りを修正してくれたキャロル・ジャガーとわれわれを指導してくれたカミラ・キャベンディッシュに感謝する。さらに、PACSim モデル研究から表を転載する許可を与えてくれたキャロル・ジャガーとその共同執筆者、さらにさまざまな World Alzheimer Report から表を転載する許可を与えてくれたクリス・リンチと Alzheimer's Disease International に感謝する。Global CEO Initiative によって開催されたアルツハイマー病に関する会議から得ることができた洞察はとても役に立った。ジョージ・ヴラデンブルクとドリュー・ホルザプフェル、そして個別にナタリア・シェルビーに感謝する。同様に、仕向地主義キャッシュフロー課税に関する論文からエグゼクティブサマリー全体を転載する許可を与えてくれたのみならず、私たちの草稿に関する有益なコメントも提供してくれたマイケル・デヴルーと彼の共同執筆者に感謝する。また、労働市場参加のデータに関して助けてくれたブノイト・モホンとザビエル・ラゴットに感謝する。

これらに加えて、次の組織と人々に感謝する。

- G. Gutiérrez and S. Piton（2019）の図表と Financial Stability Report（July 2019）の２つの図表を転載する許可を与えてくれたイングランド銀行
- R. Hernández-Murillo, et al.（2011）の図表を転載する許可を与えてくれたセントルイス連邦準備銀行
- G. Meen（2005）の図表を転載する許可を与えてくれたテイラーとフランシス
- Financial World（2019）の中にあるＬ・メイヒューの文章をいくつか転載する許可を与えてくれた The London Institute of Banking and Finance

・Y. Aksoy, et al.（2015）から表を転載する許可を与えてくれたThe Banco de España
・M. Heise（2019）から表を転載する許可を与えてくれたRightslink
・L. Rachel and L. H. Summers（2019）から図表を転載する許可を与えてくれたBrookings
・W. Gbohoui, et al.（2019）の中にある文章と図表を転載する許可を与えてくれたMarketplace Copyright
・D. H. Autor（2019）から二つの図表を転載する許可を与えてくれたThe American Economic Association; the American Economic Association Papers & Proceedingsの許可により転載
・図表の一つを転載する許可を与えてくれたStatista
・図表の一つを転載する許可を与えてくれたThe High Pay Centre

より広く一般向けにこの本を書くことを奨めてくれたヒョン・シンに感謝する。特に、本全体を読み、中国に関する章を大幅に改善してくれたハイジョウ・ホアンに感謝する。同様に、日本に関する章について助力をいただいた伊藤隆敏に感謝する。またパルグレイブ・マクミラン社の人々の協力、特にトゥーラ・ワイス、レイチェル・サングスター、ルーシー・キッドウェル、アザルーデン・アハメド・シェリフの諸氏に感謝する。

私たちは、本書の日本語版を日経ＢＰが出版してくれることをとても喜んでいる。そして、友人である澁谷浩教授が翻訳を引き受けてくれたことにとりわけ感謝している。みんな素晴らしい仕事をしてくれた。

そして、以前にもまして気を配れなくなってしまったにもかかわらず、私たちを許してくれたミフィー・グッドハートとプラダン家に対して最も大きな恩義を受けたことに謝意を表したい。

英国ロンドンにて
チャールズ・グッドハート
マノジ・プラダン

第1章　イントロダクション

中国の台頭と世界の人口構成は「理想的な経済状況」を作り上げることによって、過去30年にわたりインフレ、金利、そして不平等の進路を決定づけてきた。しかし、未来は過去とはまったく違った状況になるだろう。そして、われわれは今その転換点に位置している。甘く心地よい状況からすっぱく厳しい状況に変化するにつれて、世界の人口動態によって過去数十年にわたって作り出されてきた経済トレンドが劇的な大逆転を迎えることになる。

われわれが本書で示す結論の多くは論争の的になっている。金融市場も政策担当者も著しいインフレや賃金の上昇、さらには名目金利の上昇に対する準備ができていない。われわれのほかの予想はもっと良性のものである。すなわち、生産性は上昇し、労働分配率は国民総生産（ＧＤＰ）のより多くのシェアを取り戻すであろう。その結果、社会的かつ政治的な混乱を引き起こしている所得格差は縮小していくことになる。

われわれが正しいか誤っているかにかかわらず、「人口大逆転」の影響は金融、医療、年金、そして金融政策と財政政策の分野にわたって広がっていくであろう。

われわれには確実にいえることが一つある。それは、未来が過去とはまったく違ったものになる、ということである。

1 人口構成の理想的な状況：人口構成、中国、そしてグローバル化の基本的要因はいかに過去数十年間における経済状況を作り上げてきたか

1 中国の台頭……

1990年から2018年にかけての一番重要な経済上のイベントは中国の台頭である。最高指導者・鄧小平は毛沢東が行った悲劇的な政策を1980年代に大きく転換させた。鄧小平は「中国の特色ある社会主義」というスローガンの下、社会主義思想を現実的な市場経済と融合させたのである。鄧小平の政策は最終的に2001年における中国の世界貿易機構（WTO）への加盟となって結実した。中国をグローバルな製造業の生産網に統合することは、それだけで先進諸国における貿易財生産のための労働供給量を2倍以上に増大させた。そこで本書では中国に関する分析（第2章）から始めることにする。

中国における労働年齢人口（WAP、15歳から64歳までの人口）（訳注1）の増加は、1990年から2017年における欧州と米国の合計労働年齢人口の増加を4倍以上も上回った。中国ではW

APが2億4000万人以上増加したのに対して、欧米における増加は6000万人を下回っていた。しかも、その多くは米国における増加であった。労働年齢人口の市場参加も中国に有利に傾いていた。中国では地方から都市部への労働者の大移動が起こった。都市部の人口が全人口に占める割合は、2000年から2017年の間に23％以上（3億7000万人）も増加した。それに対して、同じ時期に米国では労働参加率（労働力が人口に占める割合）が4％以上も下落した。もしも米国で労働参加率が一定であったならば、新型コロナウイルス感染症大流行後の失業率はもっと高くなっていただろう。

2　……そして東欧の世界経済への再統合

しかし、世界の労働供給の増大にさらに勢いをつけた出来事があった。それは、1989年のベルリンの壁崩壊に続いて起こったソビエト連邦の崩壊から生まれたものである。ソ連崩壊によって、バルト三国からポーランドを経てブルガリアに至るまでの東欧全体は、世界貿易システムに組み入れられた。東欧の労働年齢人口は、2000年の2億9400万人から2010年には2億9700万人へと増加し、予測では2020年には1億9390万人になるとされた。

これら二つの出来事、すなわち中国の台頭と東欧の世界貿易システムへの復帰は、世界貿易における利用可能な労働力に巨大でポジティブな供給ショックをもたらした。新しく利用可能になった

（訳注1）日本では、WAP（Working Age Population）を「生産年齢人口」と訳すのが慣例になっているようだが、本書ではより正確な訳語である「労働年齢人口」を使う。

労働者たちから利益を得る機運は、当時、経済自由主義が広く受け容れられたことでさらに強まった。そして、１９８６年のウルグアイ・ラウンドと２００１年のドバイ・ラウンドを通じて国際貿易の障壁が取り除かれていった。その結果、経済のグローバル化が一気に勢いづいた。１９９０～２０１７年の間に世界全体のＧＤＰが年率２・８％で成長したのに対して、世界貿易の規模は年率５・６％で拡大した。世界の製造業生産に占める中国の割合は２００４年には８・７％であったが、２０１７年には26・６％にも達した。

しかし、中国と東欧の世界貿易への統合が利用可能な労働力の急激な増大の唯一の原因であったわけではない。世界経済への労働供給量は、先進国における国内的な人口構成の二つの変化によってさらに押し上げられたのである。

3　先進国における良好な人口構成

一番目の人口構成の変化は、依存人口比率（従属人口比率：dependency ratio）の持続的な低下、すなわち依存人口（0～14歳の若者と65歳以上の高齢者の合計）に比較して労働年齢人口（15～64歳人口）が増大したことである。もう一つの変化は、労働年齢人口に占める賃金を受け取って働く女性の割合の増加である。

第二次世界大戦後上昇した出生率が１９５０年代以降は急速に減少したことにより、依存人口比率は低下した。他方、平均寿命は後に大きく延びたが、当初はゆっくりと上昇し始めたばかりであった。団塊の世代（ベビーブーマー）は、１９６０年代から労働力に加わり、後に２０１０年以降になってしだいに退職し始めることによって、上記の人口構成の変動において重要な役割を果たし

表1・1　人口に占める若年者と退職者の割合（%）

	米国	英国	ドイツ	日本	中国
若年者					
1970	28	24	23	24	40
2010	20	17	14	13	19
1970～2010の変化	-8	-7	-9	-11	-21
2010	20	17	14	13	19
2019	19	18	14	13	18
2010～2019の変化	-1	1	0	0	-1
退職者					
1970	10	13	24	7	4
2010	13	17	21	22	8
1970～2010の変化	3	4	-3	15	4
2010	13	17	21	22	8
2019	16	19	22	28	11
2010～2019の変化	3	2	1	6	3

出所：UN Population Statistics

た。1970年～2010年の間に、日本を除けば、若年人口の減少が退職人口の増大に勝っていた（表1・1）。同時に、さまざまな社会的・経済的要因が労働力に占める女性の割合を上昇させた（表1・2、米国、英国、フランス、ドイツ、日本）。

これら先進国における二つの要因（すなわち、団塊の世代が労働力に加わることによって依存人口比率が減少したこと、女性の労働市場への参加が増大したという二つの人口構成の変動要因）が、中国の台頭、グローバル化、東欧の世界貿易システムへの再統合などの要因と組み合わさることによって、歴史上かつて見たことのない巨大な労働供給ショックが形成された。世界の先進国貿易システムにおける実効的な労働力の供給量は、1991年から2018年の27年間に2倍以上も増加したのである（図1・1）。

表1・2　労働力への女性参加の割合

（%）

	米国	英国	ドイツ	フランス	日本
1990	56.2	52.0	45.2	46.3	50.1
2010	57.5	55.5	52.8	50.9	48.7
2019	55.8	57.1	55.3	50.2	51.4
1990〜2019の変化	-0.4	5.1	10.0	3.9	1.3

出所：World Bank

図1・1　高齢化する世界

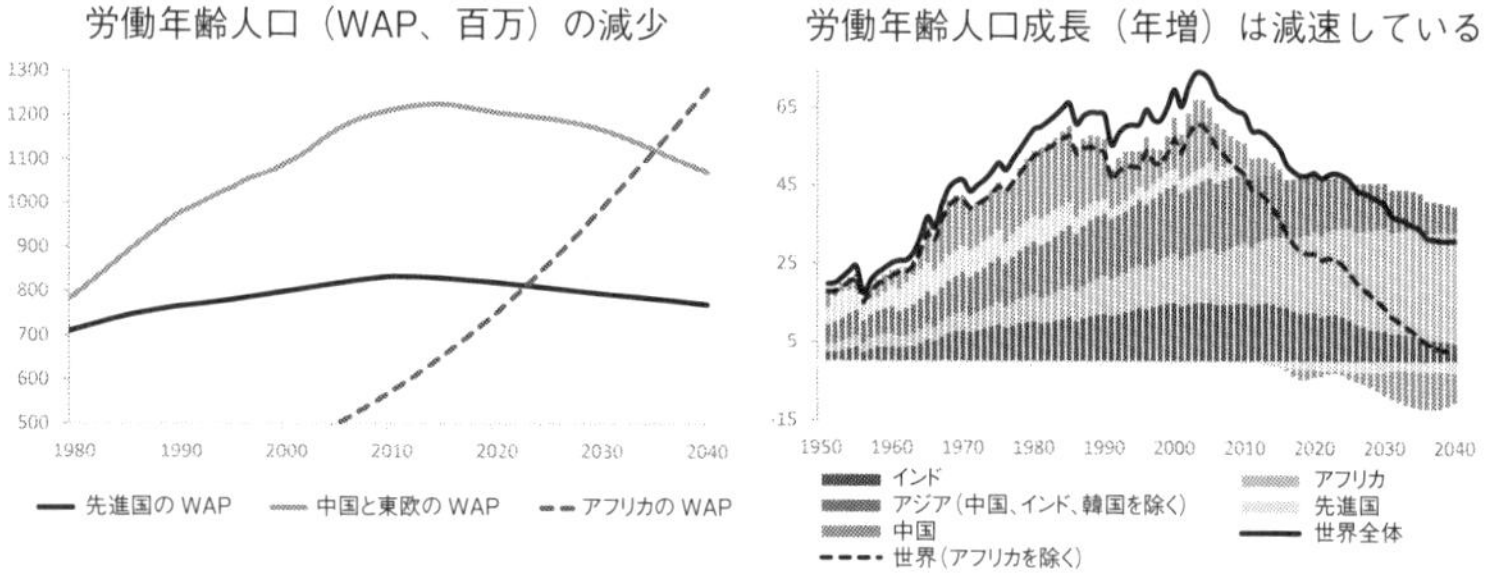

出所：UN Population Statistics

4　経済効果は目覚ましかった

　1990年代はじめから現在までの約30年の間は、世界経済にとって驚くほど素晴らしいものであった（第3章）。このようなポジティブな労働力の供給ショックの必然的帰結は労働者の交渉力が弱体化することである。特に先進国においては、資本や企業の利益、そして経営者や熟練労働者に対する報酬に比較して、未熟練労働者と半熟練労働者の実質賃金が下落し、彼らの経済的地位が相対的に低下してきた。

　労働者の交渉力低下の結果でもあり、またさらなる交渉力低下の原因ともなったのは、民間部門における労働組合の加入者数の減少傾向である。これは、ほとんどの先進国に共通した現象である。図1・2は主要先進国における労働組合加入者数の減少を示している。

図１・２　労働組合の加入者数は過去数十年にわたって減少し続けている

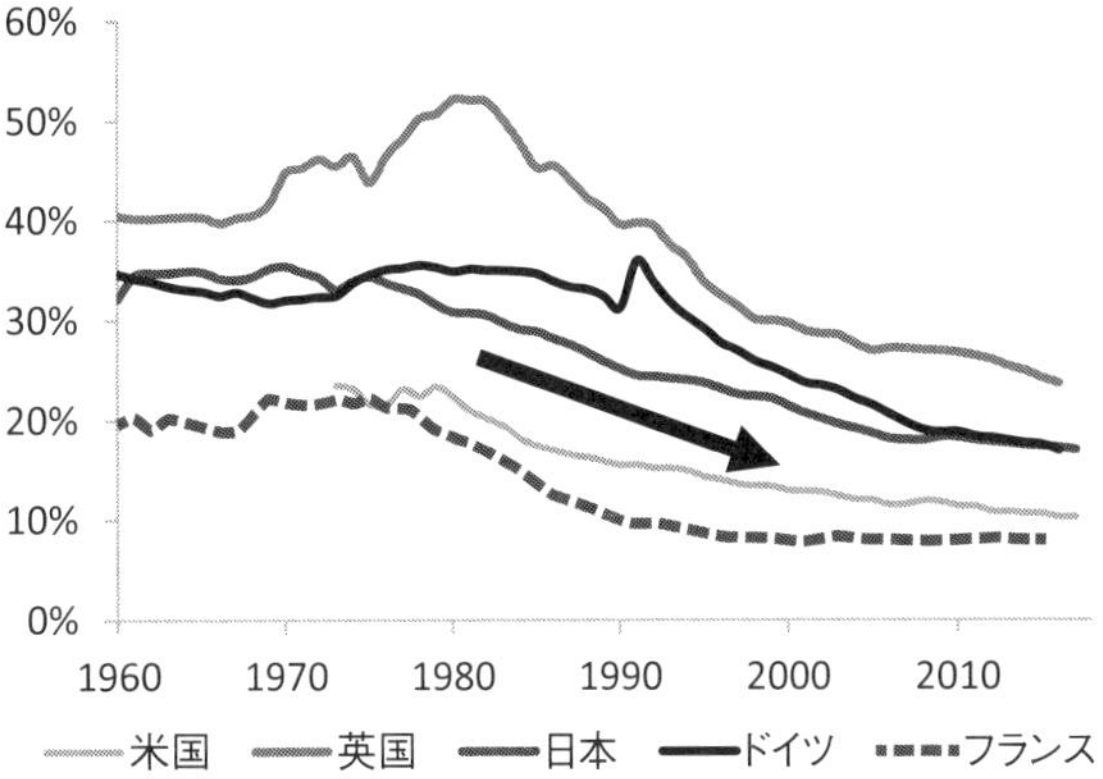

出所：OECD

したがって、デフレ圧力が強く働いてきたことはまったく驚くべきことではない。過去28年間において、ほとんどの先進国における耐久財の価格は規則正しく低下傾向にあった。もっとも、その傾向は最近では少し弱まってきている。それに比較して、先進国市場経済におけるサービス価格のインフレ率は、１９８０年代はじめに急速に低下した後、１９９０年代からは２％ほどで安定する傾向にあったが、過去数年間は若干低下傾向にあるように見える。Obstfeld（2019）は論文“Global Dimensions of U.S. Monetary policy”の中で、われわれの図１・３と同様の図を掲載している。

これらのデフレ圧力はとても強力だったため、１９９０年以降数十年にわたってインフレ率はほとんどの中央銀行のインフレ目標である２％近辺を下回り続けた。平和時における最大かつ継続的な公的部門における負債比率の上昇（ただしドイツを除く、表１・３＆図１・４参照）をもたらした大規模な金融緩和政策と財政拡大政策ですら世界経済にリフレをもたらすことはなかった。

図1・3　先進国のインフレ：耐久財とサービス

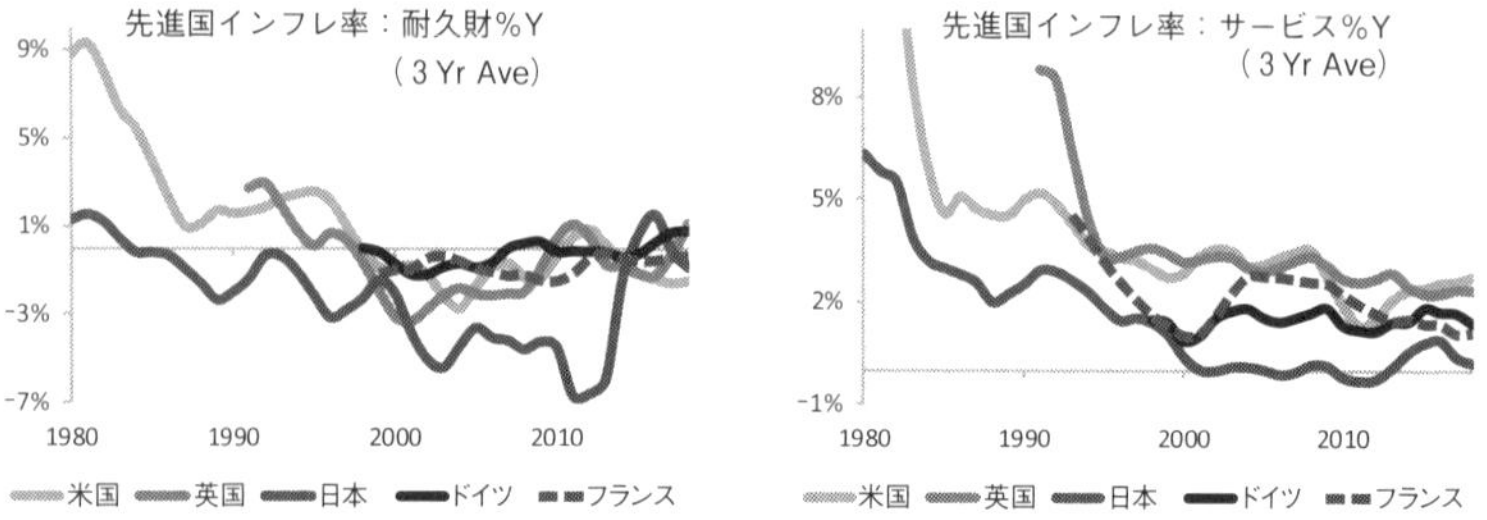

注：%Y ＝年度ごとの%、3Yr Ave ＝3年間の平均値
出所：Bureau of Labor Statistics、Office for National Statistics、各国政府

表1・3　一般政府債務の対 GDP 比

（%）

	1990	2000	2010	2017
米国	62.0	53.1	95.7	105.2
英国	27.2	37.0	75.6	87.5
ドイツ	41.0	58.9	80.9	63.9
フランス	35.4	58.6	85.1	96.8
日本	64.3	137.9	207.9	237.7
中国	N/A	22.8	33.7	47.0

出所：IMF Global Debt Database

金融は人口構成の変化によるいくつかの影響を最も強く受けた。金利は、少なくとも２０１７〜２０１８年頃まで着実に低下し続けた（図１・５）。これは、そもそもインフレ率が低かったので、実質金利（インフレ率を調整した金利）の低下を意味した。下落する金利は資産価格の上昇をもたらした。資産価格の上昇は２００８〜２００９年の世界金融危機による一時的な中断にもかかわらず継続し、特に株価と住宅価格が上昇した。

5　社会的影響：勝者、敗者、そして不平等

これらの出来事から利益を得た勝者は、先進国の技術的および人的資本の所有者たちと中国、東欧の労働

図1・4　さらに上昇し続ける先進国の公的債務（対 GDP 比）

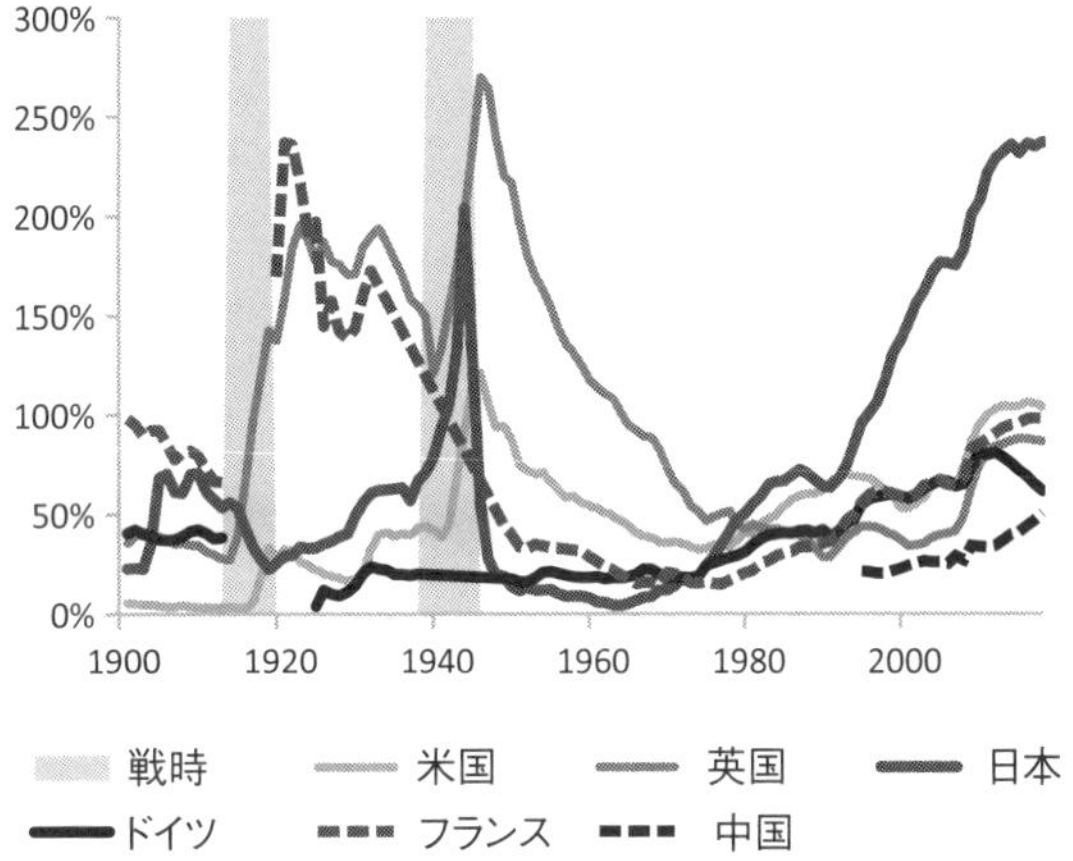

出所：IMF

図1・5　長期国債（10年物）の利回り

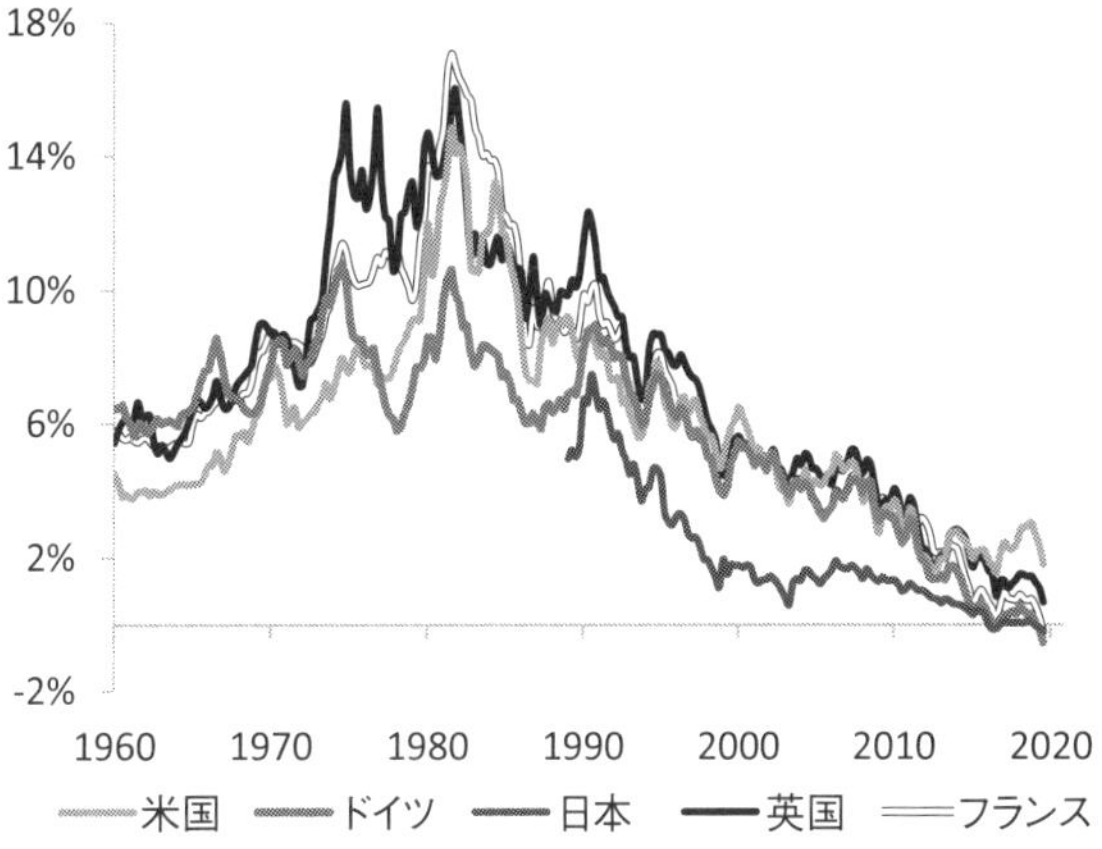

出所：Federal Reserve Economic Data

者たちであった。したがって、中国労働者に対する米国労働者の賃金比率とポーランド労働者に対するフランス労働者の賃金比率は、ともに急速に縮小してきた（表1・4）。米国の人口よりも中国の人口のほうが圧倒的に大きい。したがって、特に先進国内の所得格差が悪化したのに対して、国家間そして世界全体における所得格差は改善してきた。ボトム90％に対するトップ10％の所得比率で測った不平等は、富の不平等と同じように、ほとんどの国々で悪化してきた。不平等の状況については、第7章においてより詳しく述べる。

所得と富の不平等の悪化そして非熟練労働者の実質賃金の低い伸びは、多くの先進国において、より多くの有権者が政治に対する信頼を失う事態を招いた。そして多くの有権者は国のエリートたちが彼らのことに配慮しなくなったと思うようになった。第二次世界大戦以来はじめて、多くの、いやほとんどの国民が、彼らの、そして子供たちの経済状態が今後何十年にもわたって改善する可能性があまりないと思うようになったのである。この暗い見通しについて、彼らは主にグローバル化と海外からの競争を非難した。非難の対象には、製造業の海外移転、国内で非熟練の仕事を奪う移民たちとの競争、そして彼らのことに関心を持たない国内のエリートたちが含まれていた。その結果、政治ではポピュリズムが台頭し、経済では自由主義の危機が生じた。

２００８年の世界金融危機以前には、政治的に過激な反動はなかった。なぜならば、国内における不平等の増大は「大いなる安定（Great Moderation）」と呼ばれた期間における経済厚生の広範な改善によって相殺されたからである。実際、いろいろな面において、この期間は世界史上最も経済的に成功した15年（以上）であった。成長は着実であり、失業率は低く、インフレは安定し、より多くの人々が貧困から脱出した。Mervyn King（2003）が表現したように、この期間はＮＩＣＥ

表1・4　労働賃金の国際比率（米国／中国、フランス／ポーランド）　（%）

	米国／中国	フランス／ポーランド
2000	34.6	3.9
2001	30.6	3.3
2002	27.4	3.5
2003	25.0	4.0
2004	22.9	4.2
2005	20.4	3.8
2006	18.1	3.7
2007	15.2	3.5
2008	12.2	3.0
2009	10.8	3.7
2010	9.7	3.3
2011	8.4	3.3
2012	7.5	3.4
2013	6.7	3.4
2014	6.3	3.3
2015	6.0	3.4
2016	5.9	3.4
2017	5.6	3.2
2018	5.1	2.9

出所：各国資料

（Non-Inflationary with Continuous Expansion）と呼ばれたナイス（nice）な期間であった。当然、この良好な経済状況は先進各国内における不平等の悪化を抑えるように作用した。

しかし、世界金融危機がいったん発生すると、このようなメリットは消えてしまった。ほとんどの先進国において、不平等は、現実に起こった実質賃金の低下によってさらに悪化した。銀行への財政支援と金融緩和による資産価格の高騰は、エリート階級が自己利益のために行った政策であり、労働者階級の多くが直面している経済状況の悪化に対しては何の対策も行われなかったと一般の人々に誤解されるようになった。

中国の台頭と巨大な労働供給ショックが世界経済に対して大きな影響を与えたとすれば、なぜこの中心的要因が一般のマクロ経済分析の中で強調されていないのだろうか？　基本的な問題は、ほとんどの金融、マクロ経済、そして政策議論において、2年先かせいぜい3年先までの経済予想しか考慮されていないことにある。人口構成の変化やグローバル化の影響のような長期的トレンドの変化は非常にゆっくりと進み、安定的であるために、そのような比較的短い期間では、短期的、景気循環的な予想には表れてこない。まれな状況を除いて、そのような長期的トレンドは、短期的な出来事やそれに対する政策反応によって圧倒されてしまうのである。

それと関連して、長期予想を行う際には、あまりにも大きな役割が短期予想を支配する要因に与えられる一方、長期変動において確実に大きな役割を担う人口構成などの要因に対しては、あまりにも小さな役割しか与えられないことも問題である。

2　人口大逆転は今始まったばかりだ：幸運な時代が終わり厳しい時代がやってくる

そのような経済分析の不備にもかかわらず、長期的なトレンドは経済における根本的条件を支配する。過去30年間、グローバル化と人口動態のショックが驚くべきデフレの長期トレンドを作り上げてきた。１９７０年代から２０００年にかけてはベビーブームの人々が労働者階級を膨張させた。

そして、人口構成の長期トレンドが依存人口比率を低下させた。

しかし、未来は過去とは大きく違ったものになりそうだ。実際、多くの重要な点において、過去のトレンドの大逆転が起こることになるであろう。

1　幸運な時代が終わり厳しい時代になりつつある

多くの先進国、特に欧州諸国において1950年代から始まった出生率の低下は、人口を維持するために必要な比率を下回るようになった。この出生率の間断のない低下は、次にやってくる30年から40年にかけて、多くの国々の労働力成長の急激な低下をもたらすことになる。いくつかの国では労働供給の絶対数が減少する。例えば、日本や中国などの主要国、ほとんどの北アジアの国々、そして欧州大陸ではドイツ、イタリア、スペイン、ポーランドなどである。一方、疾病率や死亡率の改善に伴う平均寿命の延びは65歳以上の退職者の増加を引き起こす。これらすべての事柄に関しては、第3章で詳しく議論することになる。

2　高齢者介護は経済コストを劇的に増やす

われわれは、特に第4章に力を入れて取り組んだ。第4章では、学際的な人口構成の研究を紹介することによって、旧来の経済文献の欠点を克服するつもりだ。その人口構成の研究は、高齢化に関する医学の視点と介護依存および認知症の急増に関する経済分析を統合するものである。その章では、認知症を患っている人々の検出、治療、介護のコストに関する医学の進歩について探究する。

現代の主要な病気とは異なり、認知症は寿命を短くするわけではない。その代わり、認知症は患

図1・6　認知症患者数は先進国において急速に増加するだろう

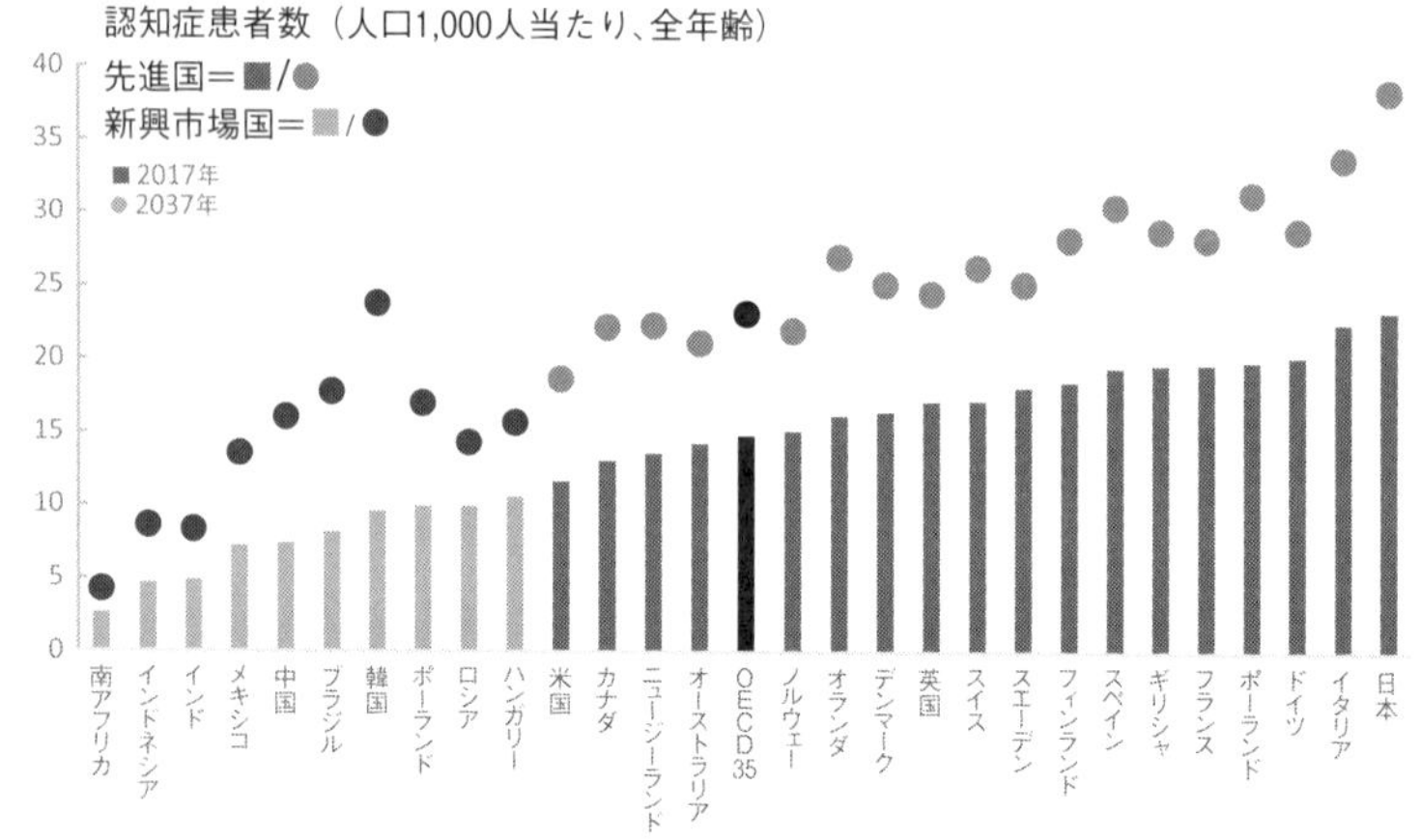

出所：OECD Health Statistics 2017

者の能力を奪うことによって大きな介護コストを発生させる。医学においては死に直結するガンや循環器疾患の治療には大きな進歩が見られたが、認知症の治療に関してはほとんど進歩が見られていない。高齢者の介護に関してもほとんど進歩が見られていない。もっとも、高齢者介護は、ロボットや人工知能（AI）のイノベーションが大きな助けとなることが期待できる分野である。もちろん、これらの状況は変化するかもしれない。政府が医学分野の研究資金を精神的衰弱の治療へと重点を移すことはほぼ確実である。しかし、今現在、過去のトレンドを未来に延長して予想するならば、医療費、ケアホーム、そして介護者に関する見通しは懸念される。増加し続ける依存人口比率の財政的意味合いは厳しく危うい（図1・6）。

3　減速するグローバル化

過去にグローバル化が依存人口比率の低下を勢いづけた時とは逆に、グローバル化の減速は社会の高齢化の作用を強めることになるだろう。グローバル化は次の二つの逆風によって減速することになりそうだ。

第一に、中国は労働力参加者数の急激な減少に直面するのみならず、西部の農業地域から東部の産業地域への国内人口移動も終わりに近づいている（第2章）。さらに、グローバル化は、増大する財サービスの国際貿易、人々の移住、資本移動という形をとって進展してきたが、ナショナリズムが再び政治的に支持されるようになるにつれて政治的脅威にさらされるようになっている。

第二に、財とある種のサービスは他国で生産して国内の目的地に輸送できるが、高齢者の介護サービスではそのようなことは不可能である。したがって、先進国はしだいに自らの資源に依存せざるをえなくなる。特に、縮小しつつある国内の労働力の蓄えに頼ることになる。

4　経済的効果

次に高齢化の広範な経済的効果（第3章）について考察する。そしてインフレ（第5章）、実質金利（第6章）、不平等（第7章）への影響という順番で分析する。第4章は二重の役割を担っている。一つは高齢化の経済効果について説明することであり、もう一つは　高齢化が人口大逆転に与えるインパクトの大きさを証明することである。

高齢化の主要な経済的効果とは何か？

第一に、労働力成長率の衰えは、予期しない大幅な生産性の上昇がない限り、必然的に実質成長率を低下させることになる。世界金融危機以降の失望するほど低い成長率を超えるほど、成長率が全般に回復することは期待できない（第3章）。

第二に、われわれが最も確信しているのは、世界がデフレ傾向から高いインフレ傾向へとしだいに移行していくということである。なぜか？　簡単にいうと、依存人口比率の減少はデフレ傾向を生む。なぜならば、扶養される人々が何も生産せずに消費する一方で、労働者は自ら消費する量よりももっと多く生産する（そうでなければ、第一、労働者を雇用して利益を上げることができない）からである。世界中における急速な依存人口比率の増加は、何も生産せずに消費する依存人口がデフレ傾向を生む労働人口を上回ることを意味する。避けることのできない結集はインフレーションということになる。

労働供給が減少すると労働者の交渉力は強くなることを経済学の教科書は教えている。そして、実質労働賃金と所得の労働分配率は再び上昇し始めることになるだろう。これは国内の不平等を改善するという恩恵を与えるだろうが、単位労働コストを上昇させるのでインフレ傾向を生む。加えて、増大する労働者への税負担（これについては後で述べる）は、課税後の望ましい実質賃金を確保するための賃上げ要求を招くことになるだろう。ミルトン・フリードマン（例えば、Friedman〔1968〕）や他の著名な経済学者が主張したように、労働者はマネー・イリュージョンに陥ることはない（すなわち、労働者は将来の期待インフレ率を考慮に入れて望む水準の実質賃金を要求する）。これは課税にも当てはまるであろうか？　年金や医療費をファイナンスするために税率が大きく上昇しなければならないとすると、労働者は税引き後の実質賃金を要求し始めるだろうか？　われわれはそうなると考える。この見方が正しければ、それはさらなるインフレ上昇圧力となる。

第三に、インフレ調整した実質金利については、事前の（予期される）貯蓄・投資行動によって、長期金利が上昇するであろう（第6章）。高齢者が貯蓄を崩して生活することは論争の的ではない。

実質金利が低下または低く安定すると思っている人々は、将来、投資が貯蓄よりもさらに低下することになると思い込んでいるが、われわれはそうは考えない。多くの見方とは異なり、投資が活況を維持すると信じる少なくとも二つの理由がある。第一に、高齢者は自らの住宅に住み続け、新しい家計は新築住宅を求めるから、住宅需要は比較的安定したまま推移するであろう。第二に、企業部門は生産性を上げるために資本／労働比率が上昇するような投資を行う可能性が高い。プラス・マイナス勘案すると、貯蓄が投資よりも落ち込むことによって実質金利は上昇すると予想される。

インフレの場合と同様に、金融市場は今後10年、もしくはそれ以上の長期にわたって名目金利が上昇することをまだ織り込んでいない。

最後に、われわれは、不平等はこれから改善されることになると確信している（第7章）。中国とアジア諸国の台頭により国家間の不平等は事実上改善したにもかかわらず、ポピュリズムの潮流とナショナリズム右翼政党の台頭が示すように、国内の不平等は臨界点に達している。われわれは不平等が悪化した四つの説明について考察する。すなわち(i) Piketty（2014）および他の研究者が明らかにしたような不可避のトレンド、(ii)イノベーション、(iii)市場集中と独占力、(iv)グローバル化と人口構成、である。われわれは一番目の説明にはまったく同意できないが、他の説明についてはもっとメリットがあると考える。不平等の増大に関する最も基本的な説明は、世界的な労働供給の急増にまでさかのぼる。したがって、その大逆転は不平等の改善につながっていく。

多くの人々はより長い寿命を生きることになるが、追加的な医療費負担を別としても、高齢者の退職後の消費を支える資源はどこから来ることになるのだろうか？　これに関しては、第6章で詳しく議論することになる三つの主要な選択肢がある。

第一は、退職年齢を十分に引き上げることである。すなわち、将来、人々は70歳まで働き続けることが期待される。しかし、本書の後半で説明するように、退職年齢が大きく引き延ばされるという兆候は表れていない（女性の退職年齢が男性のそれと同じ年齢まで引き上げられているという例外を除く）。さらに、消防士、警察官、建設作業員など、ある年齢を過ぎて体力が劣ると働くことが不適切になる肉体労働が必要な多数の職業が存在する。もっともそれに対しては、農業は肉体労働が必要な職業だが70歳を超えても多数の農家が働き続けていると反論できるかもしれない。

第二は、労働者がより多く貯蓄することによって退職後の生活をファイナンスすることである。この貯蓄に関しては、期待される公的年金と労働者がどれだけ先を見通すことができるかにかかっている。25歳の若者が（例えば）85歳まで生きることを想像し、高齢者の消費ニーズを可視化することは難しい。しかし、そうする必要性は高い。確かに、期待できる公的年金給付が低水準で、退職後の生活期間が長ければ長いほど、個人が必要とする貯蓄率は高くなるであろう。ここでまたもや、重要となる例は中国である。そこでは福祉制度の欠如と子供たちに頼る習慣の崩壊（一人っ子政策によって、1人の孫が4人の祖父母を持つようになった結果）が非常に高い貯蓄率を過去にもたらした。一方、欧米諸国においては、平均寿命と退職年齢のギャップが劇的に拡大したにもかかわらず、消費を生涯支障なく享受するために必要な水準まで個人の貯蓄率が上昇するという兆候は見られていない。おそらくこれは、政府が援助してくれるという期待または近視眼的な見方によるのであろう。

さらに問題を複雑にしているのは、多くの先進国において子供を持つ年齢が遅くなっていることである。子供たちがより長期にわたって居住を共にすることによって、扶養する子供なしに退職後の生活のために親が貯蓄できる期間が短くなってしまう。家賃を支払わずに済んだ子供たちがその分を貯蓄しそれが将来の家計貯蓄の一部を形成することが期待されるが、それがうまくいくかどうかは不明である。

第三は、政府が労働者に課税し、その資金を使って高齢者の医療支援や年金として必要な原資を移転するという方法である。この方法の問題は、政府がすべての現在働いている労働者、経営者、貸金業者、資本家などへの高課税と年金給付とのバランスをどうとるかということである。もし税率が現在の水準のままで維持されるのであれば、高齢者数が急激に増加することは、年金給付が急速に減少することを意味する。その一部は労働者の上昇する貯蓄率によってバランスされることになろう。これが正しい仮定だとは思わない。もっとも、これは関連するいくつかの長期的人口構成の研究で使われている仮定、すなわち今後数十年にわたって低金利が続くという仮定の裏にある考え方である。だが、もっと適切な仮定は年金が実質ＧＤＰの成長率と並行して実質的に増加するという想定であるとわれわれは考える。これは年金の税負担は全人口に対する高齢者の比率に並行して上昇することを意味する。われわれが、税率が一定であるという仮定よりも、この仮定のほうを選ぶ理由がいくつかある。第一に、近年の低い実質成長率にもかかわらず、高齢者の年金は総じて保護されてきた。第二に、高齢者は選挙における主要な票を占め、若者よりも投票する傾向が高い。有権者全体における高齢者比率の上昇は、年金を実質生産と並行して増加させるための有効な政治的地盤を形成する。年金を維持もしくは増加させるという公約が、ポピュリスト政党（例えば２０１８年のイタリア選挙）のマニュフェストの重要な項目であったことを思い出してほしい。年金の水準が実質ＧＤＰと並行して増加するという仮定が正しければ、高齢者人口が増加し財政負担が大きくなるにつれて、労働者の税負担は必然的に上昇することになる。

3　われわれが間違うとすればどこか？

本書の結論や予想が大きな波紋を呼んでいることは十分認識している。当然、多くのさまざまな次元から疑問が呈されてきた。そこでそれらの疑問と真剣に向き合い、第8章から第11章までを疑問に答えるために割り当てた。

第8章と第9章では、われわれの見方に対して唱えられた二つの反論について議論する。中でもより目立った反論（第9章）は、日本ではすでに過去10年にわたって労働力の減少が明らかになっているが、いまだに労働賃金、インフレ率、そして実質金利への上昇圧力の兆候が見られない、というものだ。多くの人々は日本を高齢化社会の青写真とみなしているので、われわれの結論が一つも日本に当てはまる証拠がないため世界経済でそれが成立するということに懐疑的なわけである。もう一つの反論は、フィリップス曲線と呼ばれる失業率と労働賃金（または物価、インフレ率）の関係（第8章）において、失業率が低下するにつれて労働賃金が上昇する傾向が多くの先進国で現れていない、というものである。確かに、前世紀であれば通常、賃金上昇が発生していたと考えられる水準にまで多くの国で失業率は低下しているが、生じるはずの労働賃金上昇の兆候はいまだに見られない。フィリップス曲線は最近ではフラットであるように見える。すなわち、失業率が低下しているにもかかわらず、名目賃金の上昇はすべてのレベルにおいて多かれ少なかれ一定である。

多くの国では賃金上昇は2％を大きく超えることはない。もっとも、米国と英国ではそれぞれ賃金上昇率が3％と4％ほどであるが、それでも建設業などのセクターで労働不足が顕著になった時に限られている。

日本のケースについては、われわれは次のように考える。日本で労働力が減少したのは日本以外の世界で労働供給があふれていた時であった。日本企業は中国や他のアジアの国々へ生産拠点を海外移転することによって、海外で増大している労働供給を利用したのである。いいかえると、日本が利用できる「本当の」労働供給量は日本国内の労働者のみではなく、アジアそして世界の労働者だったのである。海外まで視野を広げてみると、日本企業（Japan Inc.）の行動は非常にダイナミックであり生産性を最大化する方策であったといえる。われわれの見方は、企業セクターがレバレッジを解消するために休眠姿勢をとっているとする従来の見方とは対照的だ。さらに著しく対照的なのは、今日世界が直面しているシナリオである。中国そして世界経済のほとんどで労働市場が逼迫してくるにつれて、日本企業が行ったような生産の海外移転はしだいに困難になっていくであろう。

さらに一般化すれば、われわれの主張は次のようになる。すなわち、世界経済に対する巨大でポジティブな労働供給ショックが労働組合を弱体化させ、その交渉能力を著しく低下させた。それはインフレが加速する失業率の水準がおそらく数パーセント急激に下落したことを意味する。経済学の専門用語を使うと、インフレ率を加速させない失業率（ＮＡＩＲＵ）が著しく低下したのである。例えば、民間部門における労働組合の組織率（組合員比率）はほとんどの国で著しく下落している。ただ、再び労働者が不足してくると労働組合の力が復活するであろう。それがどれだけ速くそして急激に反転するかはいまだ明らかではない。

ミルトン・フリードマン（例えば、Friedman〔1968〕）は自然失業率（NRU）の概念を普及させた。しかし、自然失業率は固定しているわけではない。おそらく、自然失業率の一番優れた定義は、労働者が受け入れようとする、労働生産性の上昇によって可能となる実質賃金上昇率に対応する失業率であろう。そのように定義すれば、労働者の交渉力が弱いほど自然失業率も低くなる。労働者の力および労働組合の組織率が低下したのに伴って、自然失業率も低下してきたのである。

そう考えると、労働組合の交渉力の低下は、先進国における所得の労働分配率の低下と名目および実質賃金の伸び悩みを説明するのに効果的だ。この点については、Krueger（2018, pp.297-282）が2018年8月のジャクソンホール会合で行った昼食会スピーチ（Reflections on Dwindling Worker Bargaining Power and Monetary Policy）の中で論じられているが、図1・7も参照してほしい[1]。

われわれの結論に反対するというよりも、それを緩和する力が働くので、われわれの結論は最終的にもっと弱くなるのではないかと示唆する人々もいた。もちろん、これからの30年にわたって人口構成の大逆転が世界のトレンドをデフレからインフレにシフトさせるというわれわれの見解に対するいくつかの緩和要因が存在する。すでに二つの要因について触れた。それらは第10章で詳しく議論することになるが、一つは退職年齢の大幅な引き上げの可能性であり、もう一つは税負担の増大を抑制するために公的年金の給付が将来大幅に減少する可能性である。しかし、その同じ章で、グローバル化が反転するのではなく別の方向へ向かうという緩和要因についても議論している。すなわち、ほとんどの先進国では出生率が急速に低下しているが、インド亜大陸の大部分、そして特

図1・7　先進国における所得の労働分配率

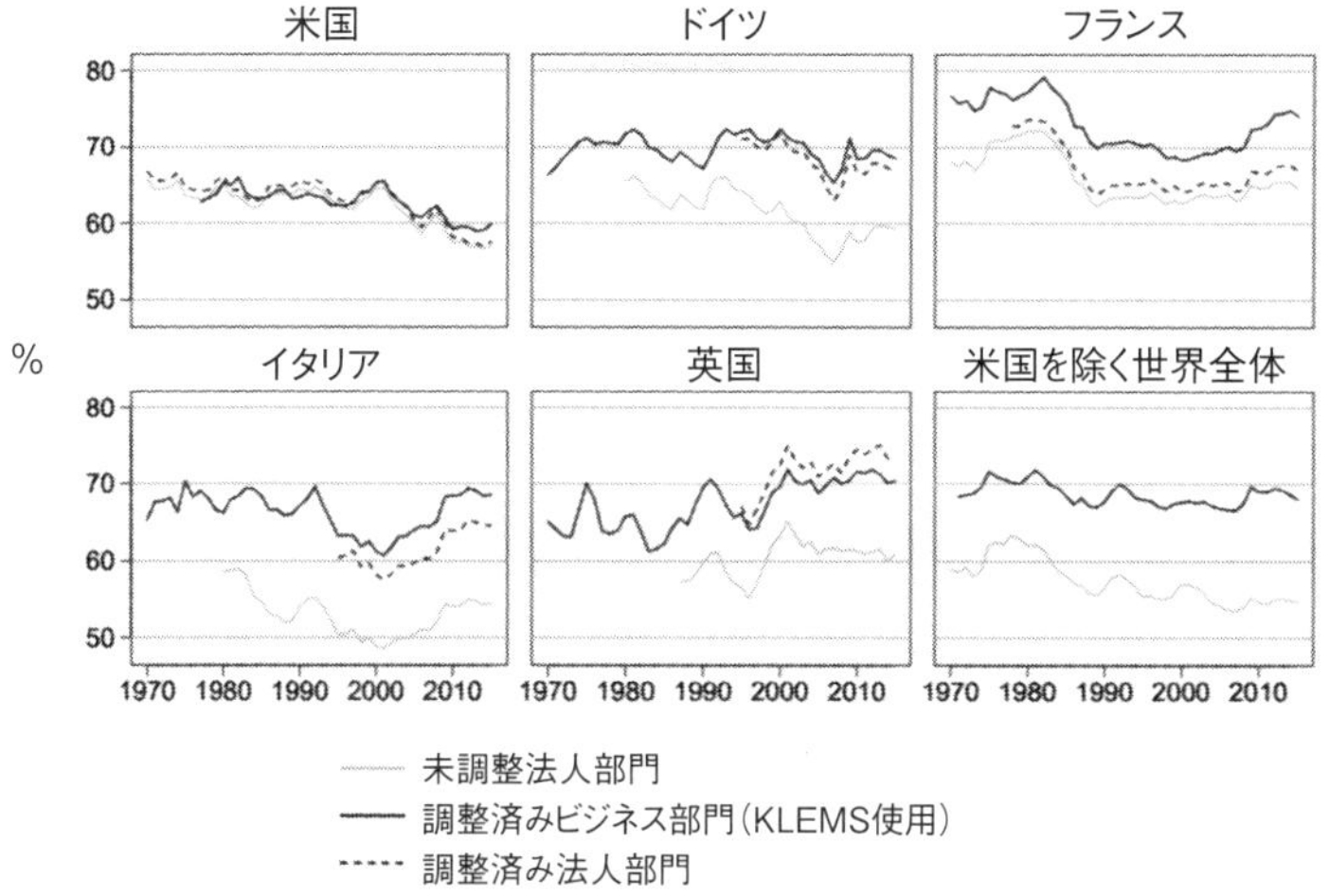

出所：Bank of England Staff Working Paper No. 811

にアフリカにおいてはそうではない。これらの地域においては、利用できる労働人口の大規模な増加が見られる。すると、ちょうど過去30年に生産拠点が欧米諸国から中国へ移ったように、同じような生産拠点の移動がインド亜大陸、そして特にアフリカで起こるであろうか？　今後数十年にわたり、ナイジェリアやコンゴ共和国での労働人口の増加率は驚くほど高くなる。だから、これらの貧困国から米国、欧州、そしてアジアの先進国へと大量の移民が移動する可能

1　企業の労働分配率は過去数十年一定して減少傾向にあったと一般に受け入れられているが（Schwellnus et al.〔2018〕、IMF〔2017〕参照）、Gutiérrez and Piton（2019）は欧州の主要4カ国（フランス、ドイツ、イタリア、英国）に関してはそうではないと述べている。彼らは、明確な低下傾向が見られる米国とは異なり、適切な統計的な調整をした後では労働分配率はおおよそ一定であったと主張している。

性もある。しかし、大規模な移民に伴う政治的、社会的、そして経済的問題にはとても厳しいものがある。したがって、唯一の実現可能な選択は、豊かな国への移民ではなく、これらの国の労働者に資本と経営を持っていくことであろう。そのような新しい方向へとグローバル化が進展することはありうるが、われわれはその可能性はいくぶん小さいと考えている。

皮肉にも、われわれが強力で直接の障害になると考える議論を援用しようとする人はほとんどいない。しかしそれは、何とかして処理しなければならない問題である。それは、債務の罠（第11章）と、それからいかにして脱出するか（第12章）である。過去数十年にわたるデフレ傾向は、世界金融危機によって強められ、名目および実質金利が歴史上最低水準まで引き下げられるという大規模な金融緩和政策をもたらした。これは予想されたように公的部門および民間部門において債務比率の驚くべき上昇をもたらした。最近の主要な例外は、世界金融危機を引き起こすほど２００７〜２００８年には高かった銀行のレバレッジ比率が低下したことと、住宅危機を経験した国における家計のレバレッジ比率の低下である。債務比率が驚くほど上昇したにもかかわらず、レバレッジに関する大きな懸念は存在していない。その理由は、金利が債務比率に反比例して低下したために、債務比率の上昇に伴って債務返済率が上昇していないからである。この問題については第11章で詳しく議論することにする。

同時に、当然、低金利は資産価格の上昇をもたらした。時には、中央銀行の金融政策が不平等を悪化させたと非難されてきた。しかし、中央銀行が金融緩和を行わず、他の政策に変更もなかったとすれば、貧困層を通常一番苦しめる失業はさらに増加していただろう。中央銀行の政策はおそらく所得不平等を減少させたと考えられる。金融政策に代わる政策も提示されたが、それは拡大財政

図1・8　米国の政府債務残高は新型コロナ感染症拡大以前にすでに急激に上昇すると予想されていた

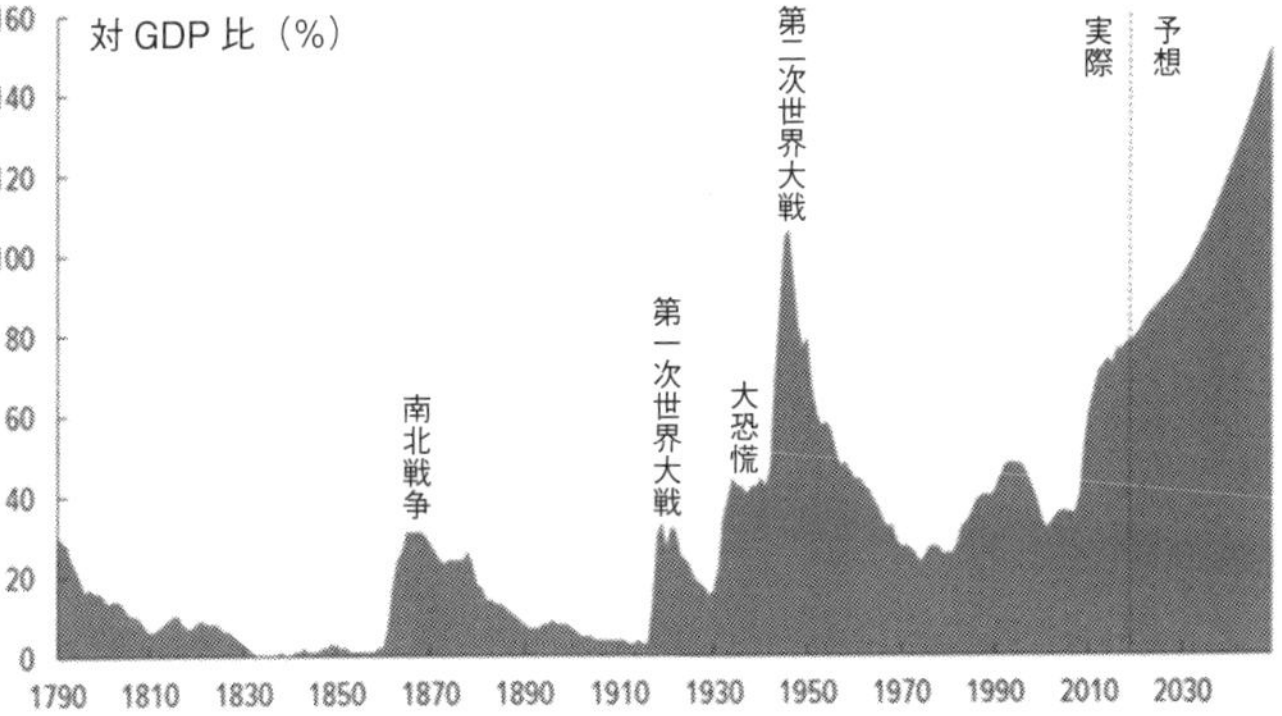

高く上昇する政府債務は国民貯蓄と国民所得を減少させ、政府の金利支払いを増大させ、予期されぬ出来事に対する議会の対応能力を低下させ、財政危機の可能性を高くする。

注：延長されたベースラインは、CBOの2029年までの10年ベースライン財政予想に基づいており、その後の2049年までの長期のベースライン財政予想も同じ概念に基づいており、一般に現在の法律を反映している。
出所：Congressional Budget Office

政策に頼ることになっていただろう。しかし、そうすれば公的部門の債務比率は平和時における過去のどの時代よりも急速に上昇していただろうし、医療保険や年金に関連する財政支出の見通しは予想される将来の財政状況を懸念させるほどの規模になっていたことだろう（図1・8および図1・9参照）。

そして、われわれが正しければ、将来のインフレ圧力は金利を上昇させ財政問題をさらに悪化させることになる。

事実上、われわれは債務の罠に落ち込んでいるのである。債務比率は非常に高く、特に経済成長が鈍化している時に金利が上昇すれば、無防備の債務者は維持不可能な状態に駆り立てられることになる。金融当局が金利を急激に引き上げれば、すべてを悪化させる次の不況を引き起こす危険を冒かすことになる。そのため、金利を引き上げることはできない。しかし、金利を低いままに維持すれば、過剰な流動性の供給

図1・9　英国の政府債務残高予想

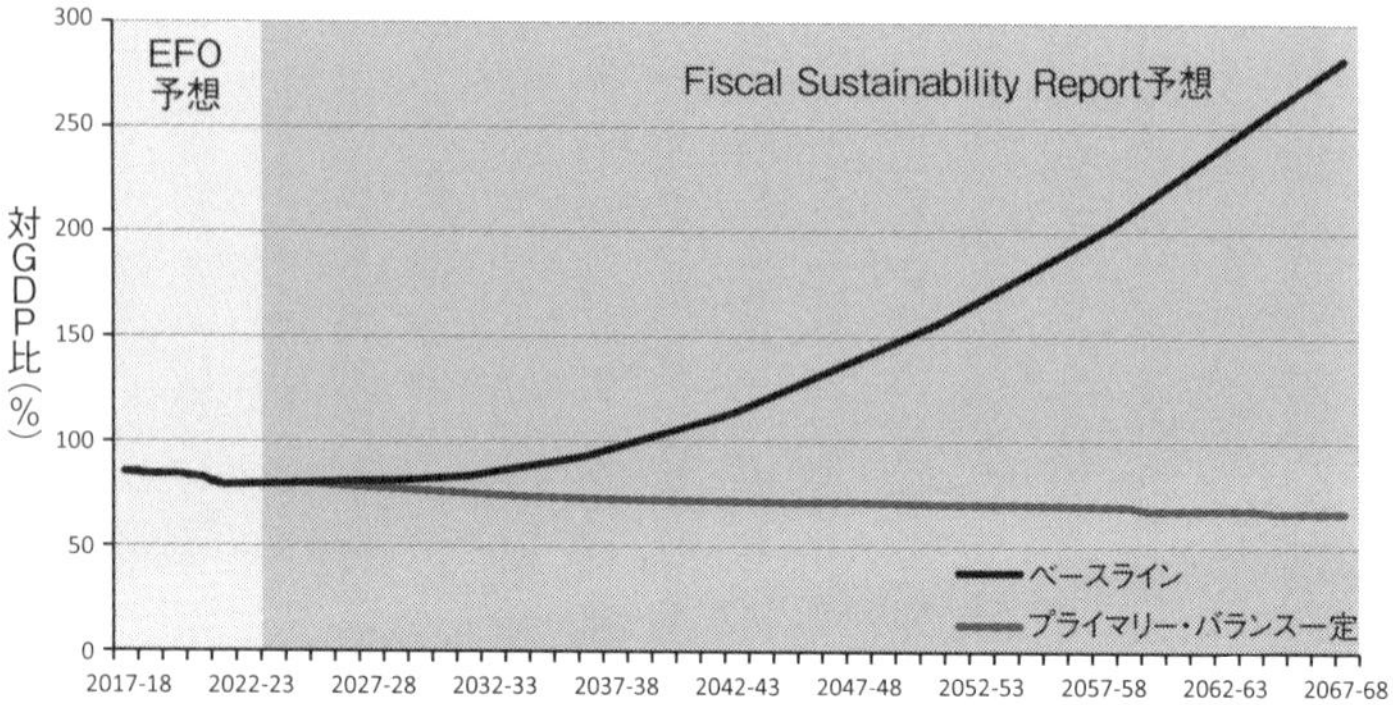

出所：The Office for Budget Responsibility

と十分すぎる緩和状態を続けることで、債務比率のさらなる上昇を招くことになる。

したがって、不可避的な問いは、いかにしてこの債務の罠から脱出できるか、である。第12章で、われわれは債務の罠から脱出するさまざまなメカニズムについて議論する。特に取り上げるのは、成長、予期せざるインフレ、債務不履行、債務免除、債務再構成、そしてデット・ファイナンスからエクイティ・ファイナンスへの移行などである。本書では、成長以外の選択肢にはすべて問題があることを示す。とはいえ成長も、最善であっても低迷が予想される。もちろん、生産性を向上させることが望ましいが、残念ながら世界金融危機以来、成長は低調であった。その理由はよくわかっていない。生産性を簡単に向上できる有効な構造的な供給サイド政策が存在するという考えは、悲しいかな、空想にすぎない。もしロボット、AI、その他のテクノロジーの天才が一人当たり生産性向上に貢献できるのであれば、それは大いに結構なことである。だが、イノベーションによって世界から仕事が消えてなくなるという懸念には根拠がない。高齢者を介護する仕事は十二分にあるだろうから！

1　政策や政策担当者は無傷のままで済むのか？

過去数十年、中央銀行は財務相の最高の友人であった。その一方で、中央銀行自身はロックスターの地位を獲得した。財務相は継続する財政赤字と上昇する債務比率の責任を負ってきたが、同時に生じた金利低下によって金利負担は低く抑えられてきた。中央銀行の政策は、政治家の選択を容易にした。金融政策と財政政策の境界線をあいまいにする非伝統的な金融政策に関する事柄を除けば、中央銀行の独立性（ＣＢＩ）が重大な批判にさらされることがなかったのも不思議ではない。

世界金融危機に至るまでは中央銀行が、持続的なインフレ抑制のためにインフレターゲティング・レジームに信頼を置き、経済運営の司令塔役を担ってきた。危機後は、中央銀行がインフレ率を上昇させることができないと批判されるようになった。しかし、中央銀行の非伝統的な金融政策は、資産価格を上昇させることによって投資家と住宅所有者に利益をもたらした。われわれの命題が正しければ、過去数十年間のディスインフレのほとんどは人口構成に帰せられるべきものだ。それはインフレをコントロールできるという金融政策の有効性に、世界金融危機後以上に疑問を投げかけることになる。

本書の主要命題は、人口構成の大逆転が近い将来にインフレ率と金利の上昇を引き起こす、というものである。政府の債務比率が高くかつ人口構成による悪化圧力が継続する状況の下で、財務相と中央銀行の目的と目標は、まもなく、快い同調から衝突へと変わる可能性がある。さらに、量的緩和（ＱＥ）は政府債務（中央銀行の現金負債を含む）の平均満期を大幅に短縮する効果を持っている。これは、金利が上昇すると政府が負うべき金利負担がより速く増大することを意味する。第13章では、今後、中央銀行の独立性が以前より大きな脅威にさらされることについて議論する。

最後の第14章で、それまでの議論を振り返り要約するとともに、最近の主流派の経済分析と本書の分析が異なる点を強調しつつ説明する。われわれは、長期的な将来に関する主流派の予想は完全に間違っていると確信している。

第2章　中国：歴史的動員の終焉

グローバル化が中国の台頭をもたらしたのか、それとも、中国の台頭がグローバル化を引き起こしたのか？　これは簡単に答えられる問いではない。そして、過去5年における両者の命運の転換が答えをさらに難しくしている。

過去2000年の歴史のほとんどにおいて、中国はイノベーションと成長の両面で世界で圧倒的な力を持ってきた。労働者たちは商工業者の組合を通じて効率性と技術の習得を訓練され、初期においては、ほとんどのイノベーションは中国国内からもたらされた。そして、その訓練と組織の文化によって、中国は他の先進国が真似ることができない規律のもとに、強い意志と自律性を持つ政府に支援され、外国からの技術を習得することができた。

中国がグローバル化を推進した理由としては、人口構成がその根拠となるだろう。実は中国の人口が世界に占める割合は1955年から低下している。したがって重要なのは、中国の人口の相対的な大きさだけでなく、中国の労働力が世界経済へと組み込まれていったスピードである。

世界経済に再統合される数十年の過程において、中国は世界の他の国々に比べて不釣り合いなほど好条件に恵まれた。この非対称的な好条件の理由の一つは、大量の安価な労働力の供給と個々の労働者が利用できる資本と技術の少なさという出発点にある。しかし、国内貯蓄とグローバル資本を経済特区の投資に向けるという中国政府の戦略も間違いなくその要因であった。

この非対称性は一連の政策的な干渉によっても強められた。グローバル資本は中国の金融市場へアクセスすることをほとんど妨げられた。一方、当初、中国の金融市場から得られる利益は海外からの投資を引きつけることができるほど十分に魅力的ではなかった。その結果、グローバル資本は直接投資に向かった。また厳格な資本規制が中国にグローバルな優位性を与えた。それと同じ戦略により、国有銀行を通じて国内貯蓄を国有企業（state-owned enterprises, SOEs）へと向かわせるために、国内で金融抑圧（金利を人為的に低く抑え込み、実質金利をマイナス状態に維持すること）を追求することが可能になった。

中国による過去35年にわたる世界的ディスインフレ傾向への寄与と今後訪れる逆転現象は、歴史的な視点、およびグローバルな文脈における中国の成長戦略の視点から理解する必要がある。

中国の歴史的動員は、歴史的イベントの連鎖および成長戦略の進化という二つの視点から分析されなければならない。これら二つの視点を合わせることで、中国がいかにして未曾有のスピードで大量の労働力を世界経済に統合していったのかが理解できるのである。

1　世界における中国の地位を確立した歴史の三つの幕開け

世界経済における中国の台頭は三つの出来事と時代にさかのぼることができる。第一の出来事は鄧小平による「中国の特色ある社会主義」であり、特に重要なのは1992年に始まったその第二段階である。

この動き（第一の出来事）の第一段階は1978年に始まった。それには、農業を改革すること、民間企業に中国経済への再参入を招請すること、外国資本を許可する経済特区（後で説明する珠江デルタを含む）を創設すること、などが含まれていた。都市部の産業では物価統制が外されたが、その後も中国経済は非効率な国有企業によって支配されてきた。

第二段階（1992年）に入り、国有企業の民営化が始まった。小規模および中規模の国有企業、さらにはいくつかの大規模な国有企業さえも閉鎖されるか民間に売却された。この時期に民間企業の急速な成長が見られたが、国家利益にとって重要とみなされた部門（銀行を含む）では巨大国有企業の独占状態が続いた。これら第一および第二段階における経済成長は、こうした戦略が成功したことを示している。図2・1は各段階の改革が始まるごとに10％を超える成長が実現されたことを示している。例外は最近の経済減速期のように見えるが、それは中国経済が、成長率の持続的上昇ではなく、成長の質の向上を反映して変容しているためだと説明されている。

第二段階の成功は中国に対する米国の二国間貿易赤字にはっきりと表れている。米国の貿易赤字

図2・1　改革と輸出が成長の持続的上昇をもたらした

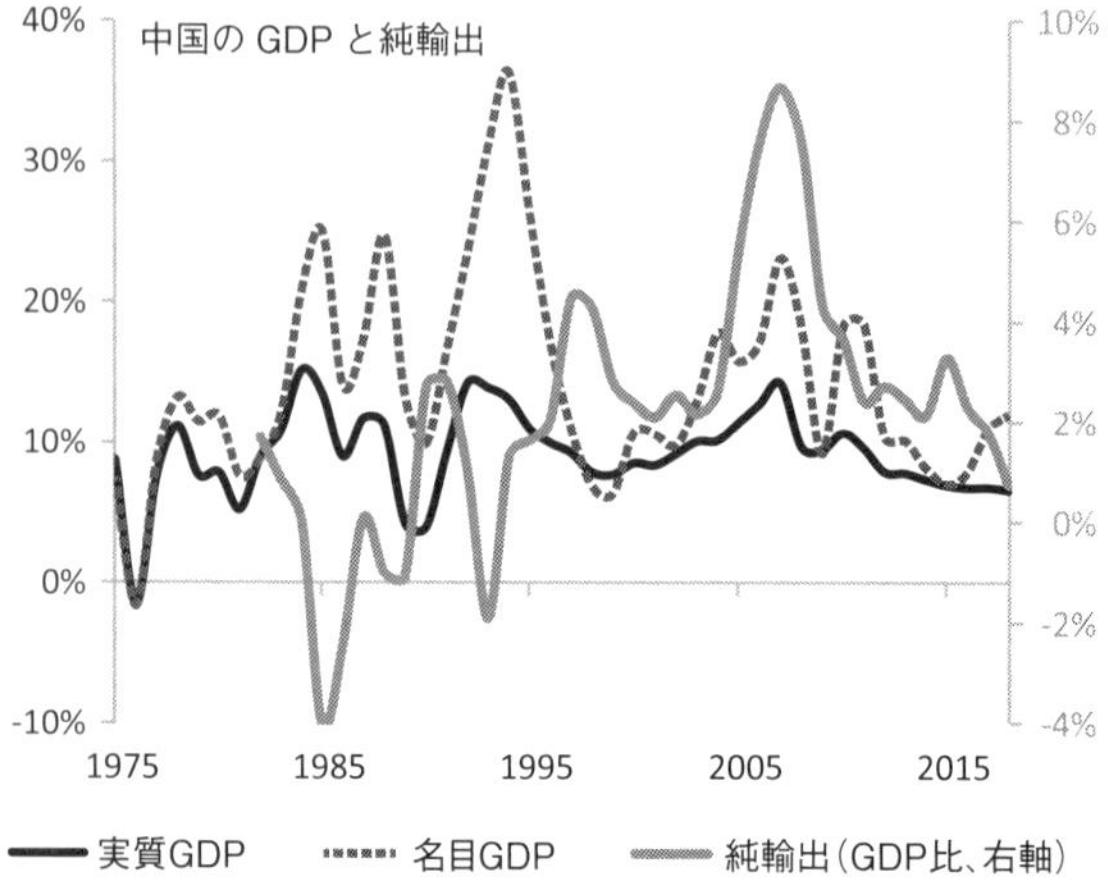

出所：IMF

は1978年から2000年にかけて劇的に増大したが、その増大のほとんどは1980年代ではなく1990年代に生じている。

中国国内へ向かう直接投資（FDI）は、これと同じパターンを示している。中国経済が開放されて10年以上過ぎた1990年には直接投資は50億ドルにすぎなかった。しかし、1990年代後半には500億ドルに到達しようとしていた。直接投資が再び減速したのは同年代の最後の数年であったにすぎない。

1990年代末の中国経済は、現在置かれている状況に不気味なほど似ていた。現在と同じように、当時、中国経済の改革は活力を失いつつあったように見えた。成長は継続的に減速しており、それでさえ過大に見積もられていると総じて見られていた。国有企業は非効率で在庫は高く積み上がっていた。そして今と同じように、拡大する米国の貿易赤字は中国の重商主義の証拠だとする見方が広く行き渡っていた。少なくとも、中国が外国の輸出市場には自由にアクセスできるにもかかわらず外国が中国市場へアクセスするのを認めないのは、中国による非対称的な待遇の結果だと見られていた。

明らかに、「中国の特色ある社会主義」の第一段階は中国経済の開放であり、中国が世界経済に急速に統合していったのは１９９２年に始まった第二段階からであった。１９９０年代末には、これらの改革による活力が勢いを失い始めているのではないかという懸念が浮かび上がってきた。多くの国内外の指標は不安定に見えたが、中国の指導者たちは、成長促進のための新しい政策を求めた。このような国内と世界経済の状況に関する緻密な調査をもとに中国の指導者たちがねらったのが、世界貿易機関（ＷＴＯ）への加盟だった。

第二の出来事は、世界経済への中国の統合をさらに推し進めた二つの条約である。一つは米国議会による対中恒久通常貿易関係（Permanent Normal Trade Relations〔ＰＮＴＲ〕、最恵国待遇に相当）法案の可決（２０００年）であり、もう一つは中国のＷＴＯへの加盟（２００１年）である。

このＷＴＯ加盟から世界金融危機までの間に、経済的、そして政治的超大国（superpower）としての中国の地位が確立していった。世界経済の強さ、コモディティ・スーパーサイクルと新興市場をめぐる高揚感、グローバル化の恩恵に対する称賛などはすべて、多かれ少なかれこの期間における中国の台頭から派生したものである。

中国は14年間に及ぶ交渉の末にＷＴＯ加盟国となった。中国の加盟は、市場の透明性と市場にアクセスするために必要な自由化および市場開放基準（主に米国による）に関する多くの条件のもとで承認された。大まかにいえば、中国は次のような条件を要求された。

・関税を5年以内に10％未満に下げること、いくつかの農産物に対する輸入関税をほとんどゼロにまで下げること
・非関税障壁を削減もしくは撤廃すること
・遠距離通信と銀行を含むいくつかの主要なセクターを開放すること
・世界の知的財産権を保護すること

中国に課せられた（過去のどの国よりも、そしてその後のほとんどの国よりも）厳しい条件について検証したLardy（2001）は、なぜ中国指導者がＷＴＯ加盟を追求し認めたのか疑問を呈している。だが、ＷＴＯ加盟後の数十年にわたる中国経済の成長の質と量は、外国市場へのアクセスを獲得するという中国指導者の戦略が正しかったことを証明している。

１９９０年代末には、中国の改革が勢いを失ってきている明らかな兆候が表れていた。成長は非常に高い水準から１９９０年代にはほとんど毎年鈍化し、在庫は懸念すべき水準まで積み上がり、国有企業の非効率性は広く議論の的になった。１９９９年には、銀行部門から大量の不良債権を引き取るために四つの巨大な資産管理会社（いわゆるバッドバンク）が設立された。Ma and Fung（BIS 2002）は、２００１年末において、四大国有銀行の不良債権は合計で3・4兆元（４１００億ドル）すなわち四大国有銀行の融資残高の42％に相当する額に達していたと推定している。それはアジア危機ピーク時における韓国の40％、インドネシアの60％の水準に比肩する水準だった。四大国有銀行は銀行部門全体の融資ポートフォリオの65％を占めていたので、比例配分して推定すると、中国経済全体の不良債権は5・75兆元近く（２００１年におけるＧＤＰの50％を若干超える金

額）にまで達していた可能性がある。この非効率な資本配分と不良債権が今日の中国における経済状況に類似していることは明白であろう。この観点から見れば、なぜ中国指導部が厳しい条件にもかかわらずＷＴＯ加盟を目指したのかがよく理解できる。

ＷＴＯ加盟の条件にざっと目を通すと、中国は注目度の高い関税引き下げを非常にうまく行い、中国市場の多くの部分を外国企業に開放したことがうかがわれる。しかし、それらはあくまで国内企業の能力が欠けている部門に限られていた。すなわち、国内企業の能力がすでに存在するか新たに獲得できた部門では、外国企業の中国での成功を困難にする非関税障壁が維持されたのである。

一方、米国は市場アクセスについて新たな譲歩をする必要がなかった。ほとんどのＷＴＯ加盟国は、他の加盟国に対して最恵国待遇を与えている。もし米国が中国に対して最恵国待遇を与えていなかったなら、中国のＷＴＯ加盟は実現されていただろうが、米国との関係はより複雑なものになっていたことだろう。

Pierce and Schott（2012）は、２０００年代に入ってから「米国製造業における雇用者数の驚くべき急激な減少」を記録している（図２・２参照）。そして、この雇用者数の急激な減少の主要な原因は、中国に対する将来の関税の脅威を取り除いたことにあると指摘している。彼らによると、米国議会が２０００年に中国に対して恒久通常貿易関係（最恵国待遇に相当）を承認し、将来における関税の脅威を取り除いた時に変化が生じた。国内に製造業の雇用を維持することを正当化する関税のような障害がなくなると、多くの製造業は中国を目指して米国から出ていった。彼らは、以前は米国で製造されていたが後に中国から輸入されるようになった製品を明らかにしている。そして、製造業雇用の最大の減少は、これらの製品の生産部門で生じていたことを発見している。製造

図２・２　驚くべき急激な米国製造業の雇用減少

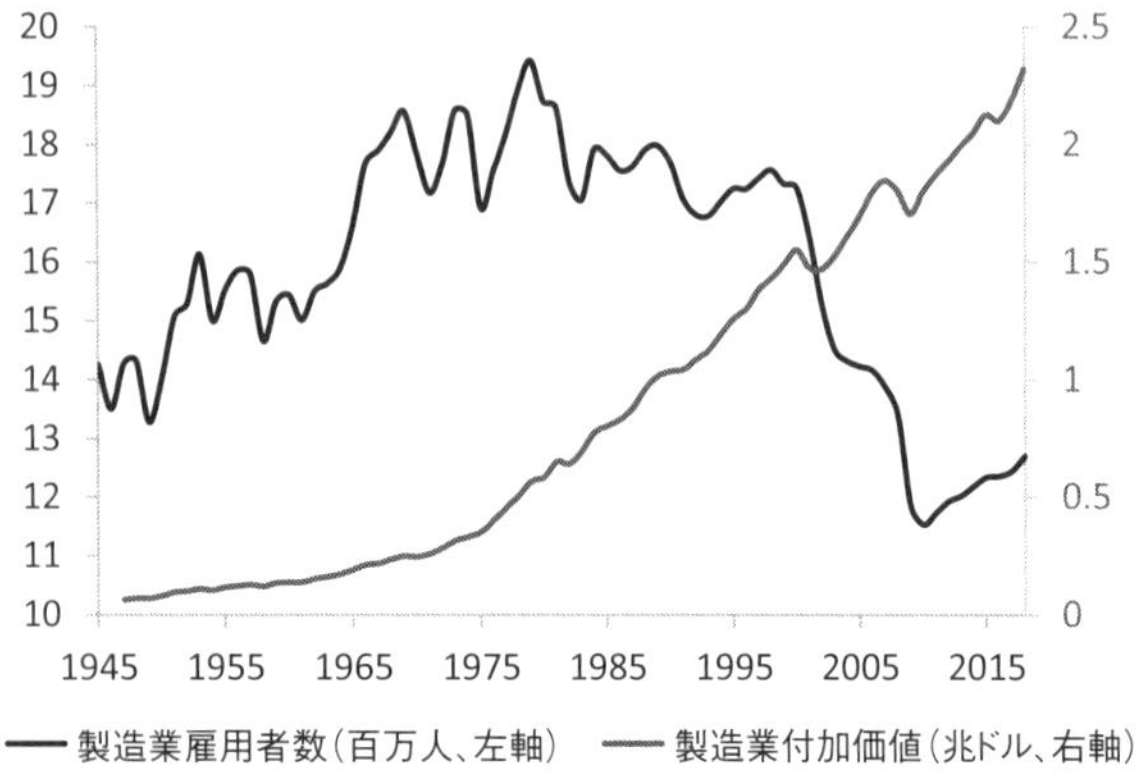

出所：Bureau of Economic Analysis

業の雇用減少にもかかわらず製造業の付加価値が増加し続けたことは、米国企業の国境を越えた生産と雇用の再配分によって実現された。一方、欧州は最恵国待遇をもっと早くから中国に与えていたが、中国がＷＴＯに加盟した後には米国のような製造業の急激な雇用減少は起こらなかった。おそらくそれは、欧州から中国への製造業の雇用移転がそれ以前からゆっくりと進展していたためだろう。

　要するに、中国はＷＴＯ加盟により非対称的に利益を得たということである。同時に、最恵国待遇に基づく米国市場への参入は、それ以前には見られなかった速度で米国製造業の衰退をもたらした。これらはともに、中国の労働力が急速にグローバル資本と国際貿易に統合されていったという結論につながるものである。それは、世界経済に恩恵をもたらしていた人口構成の追い風をさらに強めるものであった。

　第三の出来事は、世界金融危機に対する中国の対応である。中国による世界金融危機発生への積極的な対応は、世界経済が崩壊を回避できた大きな要因となっ

図2・3　1990年代初期と世界金融危機後の中国の信用創造拡大

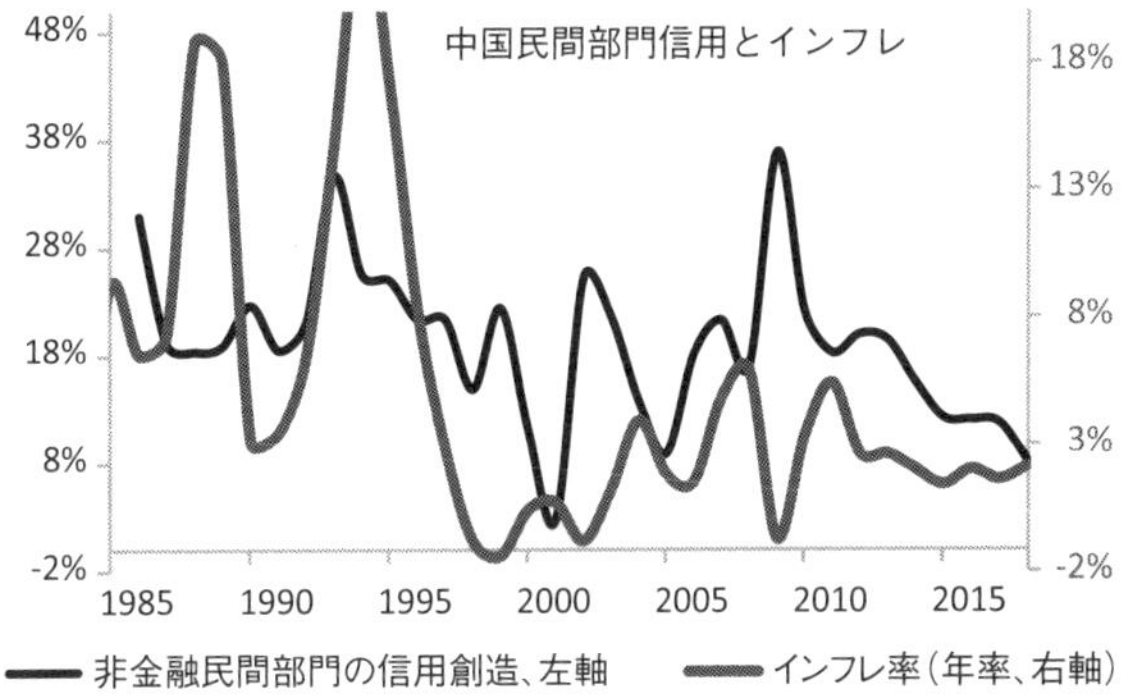

出所：Bank of International Settlements, IMF

た。図2・3は、中国による信用創造が世界金融危機後に35％も急増したことを示している。そのような大きな規模の政策刺激は、当然、世界経済の成長、農業・鉱業製品の価格、新興市場経済を支えた。その後、中国や新興国は危機以前の成長トレンドを回復しただけでなく、さらに加速していった。こうした中国と新興国の経済は、先進国に代わる世界経済の原動力とみなされた。2007年から2012年において、それは数字の上でも経済的にも真実であった。新興市場経済が世界経済の成長を牽引していたのである。

しかし、2012年は中国の人口構成の世界経済への貢献が終焉する始まりの年となった。維持不可能な信用創造の拡大は、通常、未来からの借金とみなされる。中国の信用創造の拡大はスローダウンしたが、さらに数年は拡大が続く可能性もあった。2014年から2015年にかけて、中国の製造業と不動産部門は大きな下落を経験した。新興市場と世界製造業の減速と並行して生じた中国経済の減速は、2015年における1バーレル当たり150ドルから27ドルへの原油価格の急落と世界貿易の大幅な縮小の一因となった。

中国の製造業と不動産部門の周期的な減速を無視することはできないが、それが中国経済の構造にどのような影響を与えたかについてはほとんど理解されていない。なぜかというと、製造業の役割が先進国と新興国においては大きく異なっているからである。

2　経済力の集中と政治力の分散

Dani Rodrik（2011）"Unconditional Convergence in Manufacturing"（NBER Working Paper）によると、「各国経済とは異なり、製造業は労働生産性における強い無条件の収束が見られる。各国製造業の間に見られる強い収束にもかかわらず、低所得国においては製造業の占める割合が小さく産業化がゆっくりと進むことによって、各国経済の間の収束はなかなか起こらない」。

これがなぜ重要なのか？　これらの結果に関する直感的な理由は、製造された商品は地理的な場所で差別化できないことにある。どの場所で製造されていようが、製造品は一般に貿易することが可能な貿易財であり、世界基準を満たす品質でなければならず、他の地域の生産者に比べて費用効率が良くなければならない。もしある国が経済発展の初期段階で経済全体に占める製造業の割合を高めることができれば、その国の労働生産性は世界水準へ早く着実に収束するだろう。

中国の成長戦略は過去何十年にもわたって、製造業と投資を拡大・加速するために国内資源と世界資源を投入することを目指してきた。中国の強みは、その巨大で利用可能な労働供給量であった。

その多くは大陸内部、そして地方の農業地帯に存在していた。

初期段階の中国の成長戦略は経済の中央集権化であった。そこでは、急速な資本蓄積を唯一の目的とした稀に見る金融政策が採用された。だが、過去10年の間に、特に世界金融危機後は、成長戦略は経済の分権化へと変化した。

先進国と新興国の重要な違いは、先進国では資本が安く労働が高く、新興国ではその逆になることである。資本を急速に蓄積するためには資本コストが低下するか、もしくは意図的に低くさせなければならない。

初期段階での中国の成長戦略は、資本コストを劇的に下げるために金融政策が用いられた。この段階では民間部門も成長したが、槍の矛となったのは国家のプレイヤーたちであった。国有企業、国有銀行、そして近代的な国家指導による産業政策は、すべて中国の上昇期における成長戦略の不可欠な要素であった。一方、地方にも、特に経済特区がある地方には、大きな権限が与えられた。これらの地域の長官や国有企業の指導者たちは、発展する中国において強大な権限を持つようになった。

生産関数のすべての要素は積極的に利用された。あらゆる土地、労働、資本、そして技術が中国の大規模な資源動員の過程で大きな役割を果たした。

〈土地〉

経済特区は中国の産業政策の典型例である。土地は大きな補助金を受けており、企業は起業して効率よく事業を展開するのに必要なあらゆる支援を与えられた。電力や流通網を含むインフラ整備は優先的に行われた。

広州の珠江デルタ経済特区は最も有名であり、経済特区の中でも特に成功している。1978年以降、外国からの投資全体の30％近くがこの地域に集中している。この地域の成長率は中国経済全体の成長率を3％以上も上回っている。農村の集まりとして出発し1980年代の中頃でもまだ田舎であったが、世界銀行によると珠江デルタ地域は、今日世界で最大の都市圏を形成している。

〈労働〉

地方から都市への歴史的な人口大移動は、無限に見える安価な労働力の供給を都市圏や経済特区にもたらした。

中国の戸籍制度は、この大移動を都市圏にあまり大きな負担を与えないように推進するのに役立った。中国の戸籍制度は本質的に都市圏の市民にパスポートを与えるものである。戸籍の資格証明書を持っていない地方からの移民は都市で働くことはできても医療施設や教育などの都市サービスにアクセスすることはできない。その結果、移民のコストはこれら都市中心部の行政当局の負担とならない。労働者は仕事を求めて都市へ移動するが、家族は地方にとどまり地方のサービスを受けるものとされた。こうした戸籍制度がなければ、地方の労働者は土地（使用権）を売って都市へもっと早く移動していたかもしれない。その結果、都市では労働の過剰供給の発生が、地方ではおそらく土地の供給過剰が生じていたであろう。

いずれにせよ、地方から都市への移住はゆっくりと、しかし数十年にわたり持続的に生じ、結果として安価な労働力を継続的に供給することになった。

〈資本〉

ほとんどの新興市場において資本蓄積は、資本コストがグローバルな力が作用して低下するか、もしくは政策的に誘導された形で低下する時に起こる。この両方から中国は利益を得ることができた。数十年にわたる世界的な名目金利および実質金利の低下はすでによく知られている。中国の資本コストは次の三つのメカニズムを通じて引き下げられた。

第一に、中国は厳しい資本規制を強制することで「国際金融のトリレンマ」問題に対処した。すなわち、自由な資本移動を放棄することによって、為替レートを固定し国際金融市場から独立した金融政策が可能になった。国際金融のトリレンマ理論によると、各国経済は自由な資本移動、固定為替レート、独自の金融政策の三つの中から二つを選択しなければならない。これら三つを同時に選択することはできない。これがどのように機能するかを理解するために、固定為替レート（もしくは、強力にコントロールされている為替レート）のもとにある中国を考えてみよう。もし中国の中央銀行（中国人民銀行）が金利を非常に低い水準に設定すると、固定為替レートは中国の人々にとって外国の高い金利をとても魅力的なものにする。自由な資本移動のもとでは、これは大規模な資本流出を引き起こすことになる。それによって、固定為替レートを維持することは不可能になる。しかし、資本が自由に国内外に流出入できなければ、固定為替レートを維持し、同時に中国人民銀行は国内の成長戦略に適合する金利を設定することができる。これが実際に行われたことである。

国内外の自由な資本移動に対する厳しい資本規制に加えて、外国からの投資資本の流入によって人民元が増価するのを防ぐために、中国人民銀行は大規模な為替介入を行った。2001年から2015年にかけて、中国人民銀行は定期的に外国為替市場に介入した。2007年のピーク時には、

図２・４　資本流入が国境で相殺されたことによって外貨準備が急増した

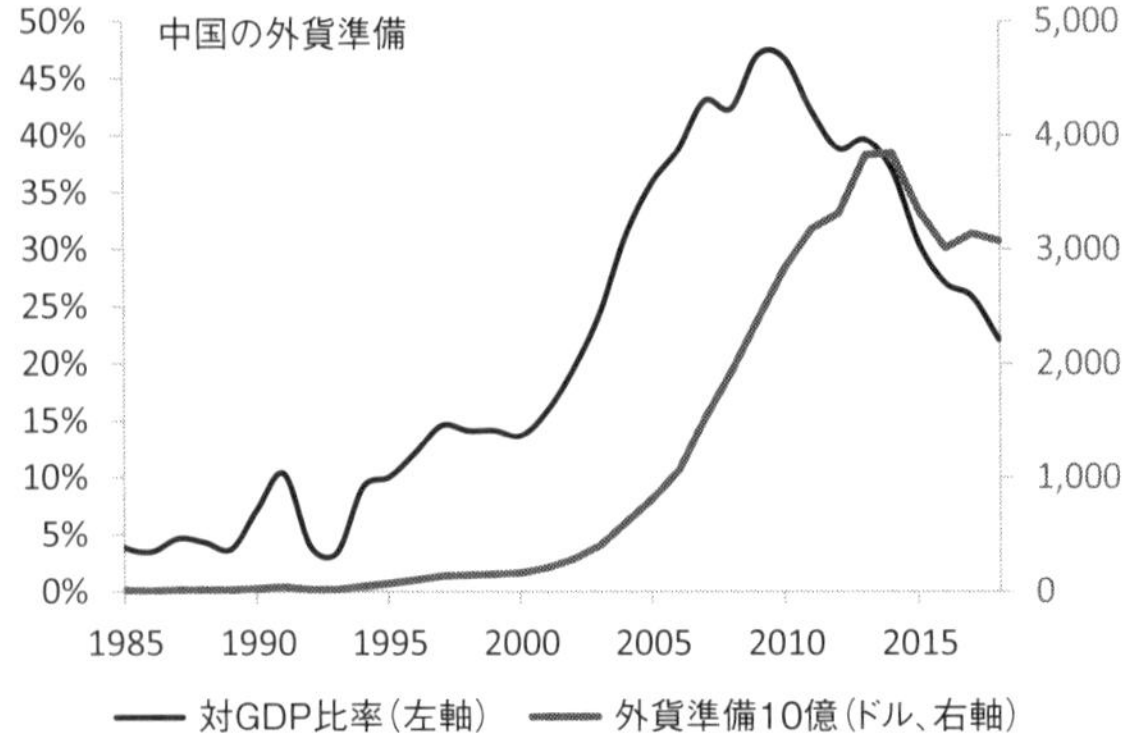

出所：IMF

公式データによれば、ＧＤＰの18％近くに及ぶ大規模な為替介入を行ったと推定され、中央銀行が保有する外貨準備は巨額に膨れ上がった。そのような継続的な為替介入は、為替レートを中国の輸出が有利な水準で維持することを可能にした。その結果、貿易収支（輸出－輸入）は急速に増大した（図２・４）。

第二に、家計は国内で金融抑圧（人為的低金利政策）に直面し、その貯蓄は銀行や国有企業に事実上、移転されていった。家計に対するこのような暗黙の課税は国有企業の成長を支援するために行われた。

中国はどのようにしてこれを可能にしたのか？　中国の金利市場は、資本規制によって事実上世界から隔離されている。国内では、中国人民銀行によって民間銀行（その多くが国有銀行によって支配されている）が貸し借りできる金利がコントロールされている。今でも、中国人民銀行は国内の信用の流れをコントロールしている。

金利は成長率とインフレ率をかなり下回るように設定されていた。１９９０年から２０１０年にかけて、経済成長率は平均して約10％ほどであったが、インフレ調整済みの預金金利は平均してマイナス３・３％（平均預金金利１・４％－平均インフレ率４・75％）であった。銀行に預けた預金がインフレに対して何の保護も受けられないのはもちろん、国内外での金融投資を通じて経済成長の恩恵にあずかることもできないことは、インフレ調整後二桁台にも上る、家計に対するペナルティーであった。家計は自らを守る金融手段をほとんど持っていなかった。住宅購入が彼らの好む投資先となった。結果として、家計によるレバレッジ（借入金比率）が膨んだ。

いいかえると、低金利は結果的に家計に対する課税となった。家計の貯蓄が銀行によって集められ、それを国有企業に流すことによって、事実上、家計に対する課税が銀行を介した国有企業への補助金となったのである。

しかし、なぜ家計は、お金を他の金融資産ではなく銀行預金として保有し続けたのであろうか？それは、家計が貯蓄を保護する手段をほとんど持てないように制度が設計され維持されてきたためである。外国資産を購入する選択肢は、きわめて少数の裕福な人々に限られ、株式保有も一部の人々に限られたままである。中国の平均的家計にとって富を保有する手段は、事実上、住宅を購入するか銀行預金を保有するかの二つ選択肢に限られてきたのである。

Nabar（2011, IMF）によると、都市部の貯蓄と実質預金金利の間には負の相関関係が存在する。すなわち、銀行が家計貯蓄を保護することができなければ（金利が低下すれば）、住宅購入や教育資金など目標とする貯蓄額を達成するために、貯蓄を（減らすのではなく）増やす傾向がある。中国の家計貯蓄は社会的セーフティネットの欠如とも関係している。特に、本書の文脈にとっては重要な点だが、それは退職後の生活費を確保するという人々のライフサイクルと関連している。

第三に、すでに議論したことだが、グローバル資本は証券投資よりも直接投資に向けられてきたし、それには魅力もあった。補助金に支えられた土地とインフラ、安価な労働力、非常に競争力の強い為替レート、そして先進国市場へのアクセス（特にＷＴＯ加盟後）が、中国を多国籍企業の製造拠点として利用することを促したのである。

〈ノウハウ〉

欧米諸国は、安価で豊富な労働力、ビジネスに適した条件と引き換えに、多くのノウハウと実物資本を提供した。資本財は最新技術に基づくものであり、新しい型の資本は新しい型の技術を体現していた。物的資本、特に製造業における物的資本の中国への流入は、新しい技術を中国にもたらした。加えて多国籍企業は、労働と資本、さらに資本に埋め込まれた技術を統合する最先端の手法を物的資本とともに中国にもたらしたのである。

中国の規制は、外国企業が中国の重要な部門で操業する場合には中国企業と合弁と組むことを条件としている。Jiang et al.（VoxEU, April 2008）は、中国の合弁企業のみならずその地域の他の同業企業にも、外国企業からかなりの技術移転が生じた証拠を発見している。それらの技術移転が意図したものなのか単に「会得された」ものなのかにかかわらず、結果として、外国企業から地域の中国企業に科学技術およびノウハウの移転が持続的に行われた。

世界経済への統合は中国に莫大な利益をもたらした。すでに述べたように、グローバル資本は中国の金融市場へのアクセスを制限された。その代わり、物的資本は中国への流入が促進された。外国企業による技術移転と信用へのアクセスが中国の国有企業ならびに民間企業を急速に成長させたのである。

これらはすべて、押し寄せる投資ブーム（資本流入）に伴って中国に大幅な経常収支赤字をもたらすはずであった。しかし、金融抑圧によって家計貯蓄の増加が促進されたことで、国内投資は十分ファイナンスされ、さらに国内投資を上回るほど貯蓄が促され、経常収支の黒字がもたらされたのである。

中国に流入した資本は、外国為替市場で為替レート（中国元）の増価を防ぐために中国人民銀行が行った大規模な不胎化介入の対象となった。２００７年に中国人民銀行はＧＤＰの18％に相当する規模の米国ドルを外国為替市場で購入した。これらのドル購入によって、すでに述べたように、中国の外貨準備は劇的に増大し、４兆ドル近くにまで到達した。これらのドル通貨は外国資産であり、投資されなければならないものである。中国の外貨準備の管理を任されている政府機関、国家外貨管理局の指導のもと、外貨準備のほとんどすべてが、規模が大きく流動性の高い先進国の資産市場に投資された。それらの投資先の多くは米国国債だった。

こうして、グローバル資本は中国（そして北アジアのほとんど）から先進国へと「上流（逆方向）」に流れ、米国の連邦準備制度理事会のベン・バーナンキ議長が「世界的貯蓄過剰（global savings glut）」と呼んだ現象を引き起こす一因にもなった。先進国における望ましい投資を超えた超過貯蓄は、１９８０年代に依存人口比率が低下していたこともあって、それ自体、均衡実質金利を押し下げていた。中国と北アジアから先進国への超過貯蓄の流入は、金利をさらに低下させることになった。

消費を促される必要がないほど消費意欲の高いことで知られる米国の消費者は、それでもいくつかのさらなる刺激を受けた。下落する金利は住宅を含む資産価値を上昇させた。すでに述べた2000年代における製造業における雇用の急激な減少が当時あまり注目されなかった理由は、その時、建設業の雇用が著しく増加していたからである。2000年代における消費ブームがさらに火に油を注ぎ、輸入が力強く増加し、米中貿易不均衡は世界金融危機の発生以前に非常に大きく拡大していた。

このようなグローバルな人口構成のトレンドが引き起こした出来事を、世界の中央銀行は1990年から導入したインフレターゲティング・レジームの成功だと誤って理解した。中央銀行にはインフレ率、変動率（volatility）、そして金融システムの安定性をコントロールする能力があるという過信が、規制の不十分な住宅価格上昇の一因となったのである。この話の続きはご存じの通り有名な歴史的な出来事（世界金融危機）ということになる。

3　中国の大逆転

世界経済の成長とグローバル化に対する中国の最大の貢献は終わった。中国の経常収支黒字は2007年にピークを迎え、これからは赤字に振れるようになるだろう。名目GDPの成長も2012年に18%付近でピークを迎えて、2015年には5%を少し超えた水準まで急落した後にやや回復した。投資の伸びと不動産部門も同じように下落したが、その後は金融危機後の抑制された状態を維持している。中国の外貨準備は、まだ3兆ドルの水準にあるが経常収支が赤字に向かうのに伴

図2・5　中国の労働年齢人口は減少、都市部の人口は全人口の60%に到達している

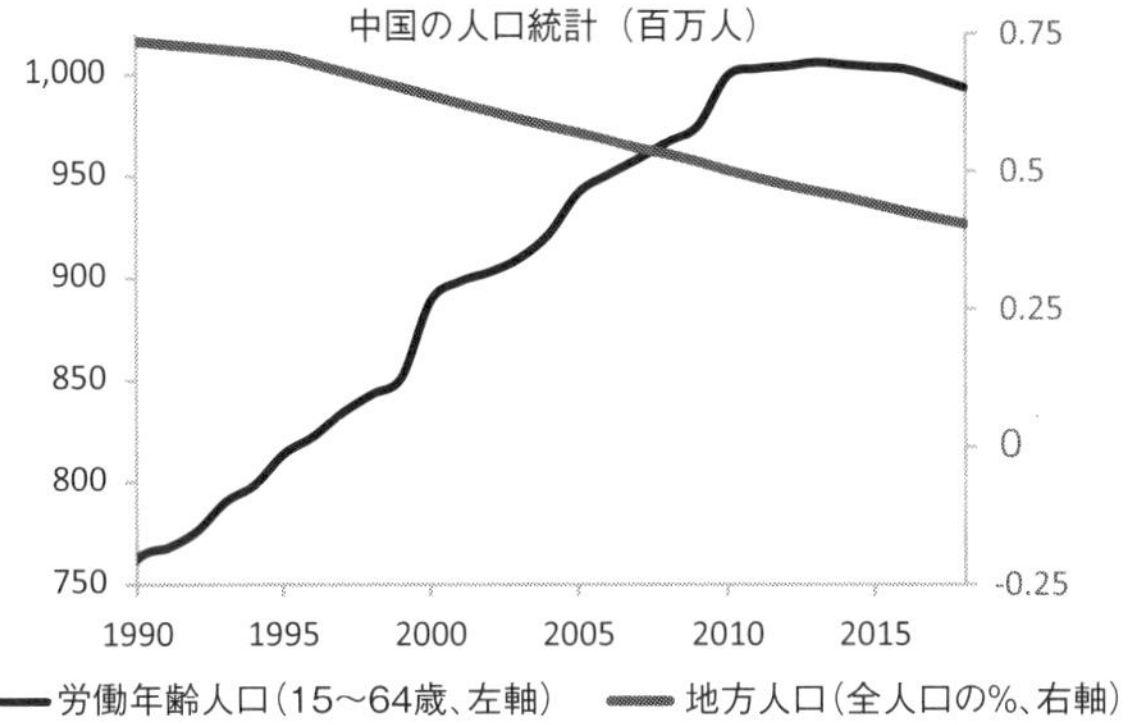

出所：National Bureau of Statistics

いさらに減少する可能性がある。

中国の労働年齢人口は、急速な高齢化を反映して縮小している（図2・5）。今まで限りのないように思われた労働力を工業地帯へ供給してきた中国国内の人口移動も「ルイスの転換点（Lewis turning point）」に到達した。ルイスの転換点とは、地方の余剰労働力が人口移動を通じて生み出す純経済的便益が消滅する転換点のことである（後でさらに詳しく説明する）。

資本に関しては、グローバルな製造業のサプライチェーンに関連した部門での急速な資本蓄積の段階はすでに終わっている。２０１４年から２０１５年にかけて起こった製造業部門と不動産部門の急速な落ち込みの後には、さらなる資本蓄積ではなく整理統合と規模の縮小が続いた。

グローバルに見れば、中国における人口構成の逆転は社会的潮流がグローバル化とは相反する方向に変わりつつあるタイミングで起こっている。それは、グローバルなインセンティブがもはや中国への持続的な物的資本の流入と一致しなくなったことを意味する。中

国への証券投資はきわめて限られていたが、ブルームバーグ・バークレイズ・グローバル総合指数に中国債が含まれるようになったことにより、指数を追うアセット・マネジャーは1500億ドル規模の中国債を購入するようになるだろう。指数では中国は日本に次ぐ二番手となり、他の新興市場を圧倒するだろう。とはいえ、債券利回りが低いために、この資本流入に伴って物的投資が再び増加することはないと思われる。この点に関しては、後でより詳しく議論することになる。

労働と資本の動きが限定されるにつれて、経済成長を維持し労働供給の縮小を補うために、中国は現在、技術水準をアップグレードしようとしている。外国企業の流入がなくなり、外国市場での中国企業による技術獲得に対する監視が強化される中で、過去のような技術移転はもはや起こらないだろう。

このことは、中国企業が革新的でないとかイノベーションを起こしていないという意味ではない。まったく逆である。中国には遠距離通信技術（かなり多くのG5特許はファーウェイやシャオミなどによるものだ）、電力、電気自動車の分野において最も革新的な企業がいくつか存在している。

中国にとって簡単な技術移転の道はもはや存在しない理由は二つある。第一に、外国の技術は中国の国内においても国外においても獲得するのがより困難になってきている。第二に、中国企業はいまや、世界水準への追い上げがかつてほど大きな改善をもたらさない発展段階に到達している。したがって、イノベーションは国内で実現されなければならないし、その規模は非常に大きいものでなければならない。だが、この点がきわめて困難な部分である。

イノベーションと科学技術は、教育を受けた都市部の人々には適しているだろう。しかし、それらは当局が望んでいる、もしくは望んでいた、雁行型経済発展モデル（地方に投資を移動させる戦略）とは方向性が逆になる。イノベーションは高等教育を受けた人材と訓練を受けた勤労者を必要とする。そのような労働者は、沿岸部の発展した地域には存在するが、未発展の内陸部の労働者とはタイプが違っている。したがって、将来の生産性向上を担うハイテク産業が内陸部に移動する可能性はきわめて小さい。

理論的には、教育を受けた人材のグローバルな供給によって、われわれが述べたリスクを少なくとも部分的に緩和することが可能だ。しかし、先進国および新興国におけるすべての主要な製造業は同様の人口構成変化の過程にあるため、熟練労働者に対するグローバルな需要は強まりそうだ。中国国内においては、教育を受けた労働者は生産拠点が近く都市が存在する沿岸地域にすでに居住している。

実際のところ、成長を国内に求めるのではなく外に求めていく戦略として、中国の「一帯一路」構想にはより将来性がある。具体的にいえば、それによって、中国国内における有望なインフラ需要の欠如から生じる過剰な生産能力を他国へ輸出できるであろう。一帯一路構想は、中国のみならず、プロジェクトが実施される多くの国々によって支持されている。もっとも最近では、この野心的な計画の利益、財源に関する重大な疑問が生じている。成長が乏しい世界で、一帯一路構想を維持できるだけの十分な経済活動があるかどうか疑わしい。したがって、この冒険的事業から自らの成長を生み出す中国の能力は限られている。

資本収支が経常収支の方向性を変えることはありうるだろうか？　資本収支が継続的な赤字になれば、経常収支は黒字に押し戻されるだろうか？　だが、資本収支がどのような方向を向くかは明らかではない。一方では、中国の家計は富のあまりにも多くを国内に所有しており、もっと外国資産を所有しようとしている。同時に、一帯一路構想に関連する投資は資本流出を意味する。他方では、金融市場の開放と中国の金融市場へのアクセスは、国際投資家が資金を中国資産に配分するインセンティブを与えるだろう。これらのトレンドがそれぞれどれだけ強力なものになるかはいまだ明確ではない。

Agrawal et al.（2019）は、中国にある銀行預金の10％が外国資産を購入するために動くと2兆ドルの資金が海外へ流出すると主張している。しかし、資本勘定自由化の歴史は、資本移動の中で家計預金の完全自由化が一番予想しづらくコントロールすることが困難な部分であることを示している。その結果、通常、家計預金の自由化は資本勘定自由化の過程では最後の項目となる。また一帯一路構想の実行可能性と資金繰り、さらに実行の速さに関する疑問がある。すでに述べたように、中国資産の利回りはそれほど高くはなく不確実であるので、中国への大規模な投資を行う意欲はそがれるであろう。そのため、資本移動の方向性、ひいては経常収支の方向性も不確実なままにとどまるというのがせいぜいのところである。

中国の経済発展における大きな変化は、その成長戦略の急進的な変更によって引き起こされた。10年ほど前に、中国の成長戦略は中央集権的な成長促進から分権的な経済運営へと転換した。

三つの変更が分権的な成長戦略の特徴である。すなわち、(i)消費に基づく成長の真剣な追求、(ii)規制緩和による民間部門へのより大きな役割の付与、(iii)生産性向上を目的とした過剰設備と過剰レバレッジの縮小による国有企業の役割変更、である。

二番目と三番目の目標はすでに着手されている。いくつかの産業における過剰設備はすでに大きく削減された（鉄鋼産業はその代表である）。負債は、緩慢だがエクイティ（普通株）に転換されつつある（詳しくは第12章で説明する）。国有企業の整理統合は、すでに全体として生産性を向上させつつある。民間部門の役割は劇的に拡大した。過去10年にわたって、民間部門はGDPの60％以上、税収の70％以上、イノベーションの80％以上、そして雇用の90％以上に寄与した。

中国の新しい成長の姿はどのようなものになるか？　消費、投資、負債の動向。

消費主導の成長イメージを超えて、中国の将来の成長には良いバランスが存在する。一般的な認識とは違って、消費の成長とそれに見合ったサービスはすでに、大きな調整を経てこれまで経済を主導してきた投資に取って代わり、構造的な成長率の低下を伴う経済の牽引役となっている。投資の分野に関しては、問題を抱える製造業と不動産部門は生産性の向上に注力し、危機を生き残るための規律に従った行動をとるだろう。中国企業の債務不履行リスクは多くの人々が信じているよりも小さい。だが、その問題解決は消費主導の成長戦略にとっては良い前兆ではない。

日本に学ぶべき教訓

「歴史は繰り返さない、しかし韻を踏む」とはマーク・トウェインの言葉とされているが、これは、日本の辿った道と、現在変化の只中にある中国の類似性を物語る。第9章で日本の変化については詳しく議論するが、ここでは、1990年代初めにおける日本の投資成長の崩壊が、著しい消費成長の落ち込みにつながったことを指摘しておけば十分だろう。しかし、消費の成長率が0％を少し上回っていても投資の成長率は各年マイナスだったので、結果として消費はGDPのより大きな割合を占めることになった。これは数字上のリバランスであり、経済的なリバランスではない。その同じ期間に、日本の企業部門はダメージからの修復を図り国内に代わって海外で投資を行い、また

図2・6　日本と同じように、中国は数字上のリバランスを経験するだろう

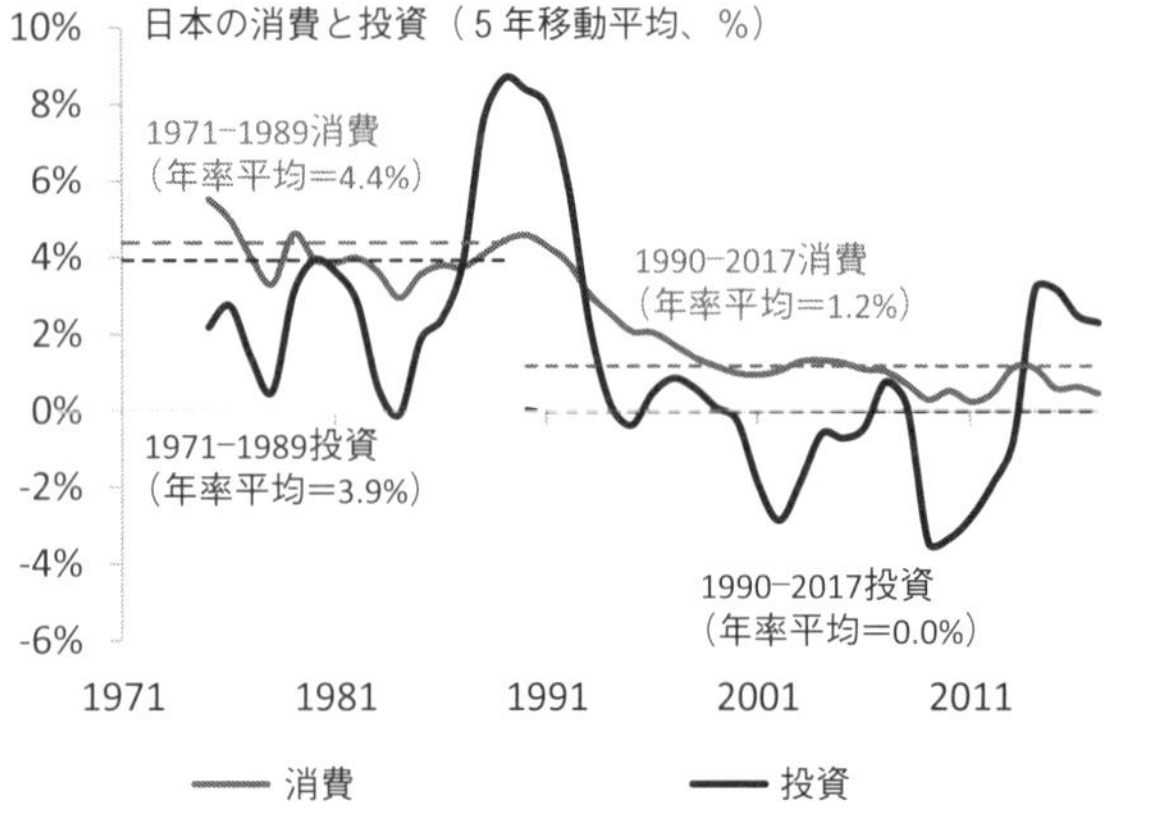

出所：IMF

労働を製造業からサービスへ再配分することで製造業の生産性を向上させた（図2・6）。

日本と中国の両国で共通するのは、労働市場が経済的なショックを和らげる機能を果たすことはできないという点である。日本では長期にわたる文化的規範がその理由であり、中国では社会的安定がその理由である。その結果、経済の他の部門がその分、大きな調整の負担を背負わなければならなくなる。

日本の教訓は中国に応用できるか？

中国は日本とは事情が明らかに異なる。とりわけ、経済発展の段階は日本よりも前の段階にある。それは中国が国内に多くの非効率性を抱えていること、中国には経済改革を通じて生産性を向上させる余地があることを意味する。それは開発途上国が先進国に追いつく道である。しかし、労働市場の迅速な調整ができないために、両国の変化の性格は似たようなものになる。消費主導の成長は望み薄だが、経済の投資サイドは多くの人々が考えているよりも良い結果をもたらすだろう。債務は解消過程で重荷となるが（われわれが以下

で説明するように）、それが危機をもたらすことは今も将来もない。日本と同じように、中国の消費主導の成長への移行は、経済的なリバランスではなく、数字上のリバランスになるだろう。

製造業、特に国有企業における整理統合

２０１４～２０１５年における中国の製造業と不動産部門のハードランディングは、中国経済の成長移行を決定づける出来事であった。製造業における過剰設備、特に鉄鋼業の過剰設備は厳しい方法で処理された。製造業の他の分野では、さらなる投資の凍結または合併を通じて整理統合がなされ、そこでは国有企業が巻き込まれた。

大規模な解雇は、社会的配慮と政治的リスクの理由から、国有企業にとって有効な選択肢ではなかった。１９８９年の天安門事件の再来を避ける必要があるため、労働市場が調整の負担を背負うことはなかった。例えば、国有銀行が国有企業へ信用拡大した多くの部分が過剰設備に回ったにもかかわらず、銀行も国有企業も負債の帳消しには後ろ向きだった。たとえ、政府によって銀行が資本増強されたとしても、相当な銀行ローンを帳消しにした国有企業はさらに資金を得ることはできず、相当な数の労働者を解雇せざるをえなくなるのが通常だ。だが銀行は、国有企業へのローンを更新し続けることによって操業の継続を認めた。このように、中国におけるゾンビ企業の存在は部分的には社会的、政治的な制約を反映している。労働者は大量解雇される代わりに、ギグ・エコノミー（訳注1）の中で都市における短期の仕事を求めて自主的に退職したり、国有企業が整理統合した際に少人数解雇されたりした。

すでに過剰設備が削減されつつあるので、製造業からの緩慢な労働者の放出は、実際には製造業の資本労働比率を上昇させ、労働生産性を向上させることになるだろう。

しかし、消費は低迷したままの状態が続きそうだ。

労働力、そして人口の増加傾向が逆転するにつれて、経済全体の成長は鈍化するであろう。十分で適切な社会的セーフティネットがない中で高齢者向けおよび医療関連サービスへの支出が増えるため、家計貯蓄は減少することになりそうだ。これは、直接または政府を通じて間接的に生じるだろう。共産党が守らなければならない社会契約によって、これらのサービスを政府が補助金を支給する形で提供することになるだろう。その場合、課税を相殺するために労働賃金が上昇することによって、また医療費の名目支出の上昇負担を軽減するために必要とされる高いインフレ率を通じて、インフレ上昇リスクが生じる可能性がある。

健康・医療関連部門の賃金やインフレの上昇も、中国がルイス転換点を通過したことによる賃金上昇も、経済見直しを鼓舞するものではない。頑健な消費サイクルにつながる持続的な賃金上昇は実現しそうもない。製造業における投資の急激な落ち込みは、非常にゆっくりとしか上昇しない生産性の向上を抑えることになりそうだ。また労働者が製造業からサービス業へ移動するにつれて、先進国同様、中国の労働者も、より労働集約的で生産性上昇の遅いセクターへ移動していくことになる。これら二つの動向によって、実質賃金の上昇は抑制されることになるだろう。

中国の債務問題が危機を引き起こす可能性は低い。だが、それは将来の民間部門への信用拡大を制限する。

中国の借り入れ依存（レバレッジ）が持続不可能な水準に達していて、その多くは債務返済に見合うだけの利益を上げられない資産購入に使われているという見方が、今では広く行き渡っている。

この見方の最も強硬な論者はおそらく中国人民銀行であろう。それは正しいであろうか？　確実なことを知る方法はないが、2017年に中国人民銀行が始めたシャドーバンキングに対するキャンペーンを考えてみるとよい。それは、トランプ前大統領が貿易戦争を宣言し、対立が激化したにもかかわらず、2018年から2019年にかけて継続された。2019年末に経済状況が悪化したが、中国人民銀行はシャドーバンキングから家計部門へ流れる資金を抑制し続けた。要するに、中国人民銀行はデレバレッジに強くコミットしているように見える。経済状況があまりにも悪化し何らかの対応が不可避になる場合を除いては、この強いスタンスを維持するだろう。中国人民銀行のデレバレッジへ向けての厳しい姿勢と中国経済の軌道は、将来どこかの時点で金融危機が起こる危惧を生み続けている。

中国の負債についての型にはまった見方は間違っている。

第一に、単に債務を帳消しにすることはほとんどの国ではうまくいかないが、中国においては機能する。

一般的に、たとえ債務が国内で保有されていても、債務は誰かの債務であり誰かの債権であるので債務の帳消しは困難である。債務を帳消しにすることは債務者を救済するが、債権者の資産と将来の所得にショックを与える。それを受け、経験に懲りた債務者は借り入れを増やすことはなく、債権者は支出を積極的に抑える。その結果、経済全体の支出に負のショックが伝わることになるの

（訳注1）従来の会社に雇われて長期的な仕事を行う働き方とは異なり、オンライン上のプラットフォームなどを通じて短期的な労働が行われる市場のことを指す。

で、債務の帳消しには大きなコストが伴わざるをえない（この問題については第11章でより詳しく取り扱う）。

日本の債務状況の観察は有益である。日本政府の債務は、たとえ国内で保有されていても帳消しにはできない。なぜか？　家計を経由する損失があまりにも大きいからである。巨額の政府債務のほとんどは国内で保有されている。その多くは年金基金が保有している。ここで日本政府が債務を帳消しにするとしたらどうなるか考えてみよう。それは年金基金のバランスシート（債権側）を傷つけることになる。そうなったら年金基金が家計に負う債務を支払うことができなくなる。将来の退職後所得の損失によりショックを受ける家計は、すぐに貯蓄を増やすだろう。すると「節約の逆説」によって消費支出の急落が起こり、日本経済を不況に陥れることになる。このように、家計支出を通して債務帳消しコストはあまりにも大きくなってしまう。

中国においては、レバレッジの両側は同じ（政府の）バランスシート上にある。なぜならば、問題となっている企業債務の多くは、国有銀行が国有企業向けに起債したものだからである。したがって、債務の帳消しがもたらす経済への悪影響（すなわち国有企業の労働者たちの失業）は小さい。中国の国有企業が国内の国有銀行に対して債務を負っているので、もし銀行が債務を帳消しにすれば、二つの問題が起こる。一つは、銀行が一度に自己資本の毀損を被ることになる（この問題については後で議論する）。二つ目として、国有企業にさらに融資することは困難になる。国有企業は操業を縮小し、おそらく労働者を解雇しなければならなくなる。それは政府が望まない社会的に不安定な状況を引き起こすことになり問題となる。

労働者の失業問題の解決法：2015年に製造業と不動産部門（すなわち「古い中国」）がハードランディングしたことがある。その後、古い中国における生産活動は範囲が制約されただけで済んだが、シャドーバンキング抑制と2018年から2019年にかけての貿易戦争の後には生産活動レベルが低下した。労働者は都市に移動し、ギグ・エコノミーが作り出す無数の仕事に就いている。国有企業で働く労働者の集団が人員削減されるようになれば（この過程はすでに進行中であるが、成果を得るのに必要な規模に到達するにはまだ数年かかるだろう）、債務の帳消しがもたらす負の波及効果はさらに小さいものになるだろう。

第二に、債務株式交換（デット・エクイティ・スワップ）は現在進行中だが、債務水準に影響を与えるにはもう少し時間がかかる。

われわれが推す、債務株式交換はレバレッジ問題の解決方法である（第12章参照）。債務の一部を帳消しにすると、その債務全体の価値に疑いを持たせることになる。一方、債務株式交換によって、銀行資産を一度にではなく複数の段階を経て減価償却することができる。不幸なことに、他の多くの解決方法と同じように、これもあまり積極的に実施することはできない。貸方は彼らの融資が損失を抱えていることを認めたくはないし、それについて債権者はまったく熱心ではない。しかし、これらの債務株式交換を非常にゆっくりと進めるマクロ経済的理由として、貸し出しと雇用が徐々に増加するというメリットがある。いったん交換が実行されると、銀行は古い融資を「更新」する必要がなくなるので、マクロ経済の安定性が改善する。しかし、事業を継続するために借り入れを継続しなければならない国有企業の支払い能力が問題視されることになる。そうなると、多くの国有企業は事業を再構築し労働者を削減する必要に迫られる可能性がある。これがすべて一度に行われると、大量の失業者と政治的緊張を引き起こすことになる。したがって、段階的な実行がわれわれの期待できる最良の策である。

第三に、巨額の負債発生のコストは消費とサービス部門のビジネスに必要な信用の不足によって賄われる。

債務株式交換はスムーズなレバレッジの解消を可能にするが、銀行の自己資本を毀損することになる。交換された株式の価値が、当初の借り入れでファイナンスされた不良債権の清算価値に等しくなるようにゆっくりと減価していくからだ。銀行の自己資本が毀損されるにつれて、また実質賃金の伸びが資本蓄積の低下から抑制されるにつれて、銀行の貸し出し能力と意思も低下する。したがって、たとえ消費者と民間部門が経済全体のより大きなシェアを占めるにしても、将来の収入をあてにして現在の消費と成長を促進することはできない。

要約しよう。

中国の消費者にとって今後の消費の見込みはより抑制的になるが、生産性は再び上昇する可能性がある（特に、不良資産と借り入れを積極的に削減する国有企業の生産性に関しては）。こうした傾向は債務の解消によって促進されるだろう。債務解消が危機を引き起こすことはないが、銀行が過去の行き過ぎを清算するのに伴って、将来における信用拡大の流れを抑制することになる。

中国に関して、われわれが議論したことすべてのインプリケーションは次の三つである。

第一に、中国にはもはや世界的インフレを抑制する力はなくなる。

何かが起こるとすれば、それは人口構成からの圧力とルイス転換点によって、経済が今日まで対処する必要がなかったインフレ圧力が現実のものとなり、油断しているわれわれを襲ってくることである。

第二に、人口の高齢化と金融抑圧の終焉による貯蓄の低下が経常収支を赤字にする。すでに議論したように、資本収支が経常収支を黒字に押し上げることもありうるが、家計資産、一帯一路構想の資金、中国国内への外国からの投資など、互いに相反する方向への流れが合わさり、最終的にどのような帰結をもたらすことになるのかは明らかではない。中国の以前の経常収支黒字が生み出した先進国への継続的な資本の流出がなくなれば、この要因によって支えられた米国および世界の債券利回り（したがって、資産価格）には逆の作用が働くことになる。

第三に、労働節約的で生産性向上をもたらす技術を導入する中国の能力は、自国内で相当の程度イノベーションを実現できるかどうかにかかっている。

外国企業による技術移転の助けがなく、さらに中国企業による外国企業の技術の獲得をめぐるセンシティブな政治的状況においては、有機的な技術進歩の実現はより困難なものになるだろう。

第3章　人口構成の大逆転と将来の成長に対する影響

1　人口構成の幸運な時代は終わり……徐々に悪化していく

この章では、はじめに、過去35年ほど続いた人口構成の幸運な時代が世界の産業全体の中で転換しようとしていることを示す。中国の労働人口は減少しつつあるが、それは過去数十年にわたって世界労働人口の急増に貢献した状況とはきわめて対照的である。次に、第2節では、この人口大逆転が生産に対して与える影響について議論する。インフレに対する影響は第5章で、金利に対する影響は第6章で、不平等に対する影響は第7章で議論することにする。この章におけるデータは、（そうではないと明示されていない限り）すべて国連人口データベースが出所である。

人口構成の幸運な時代は急速に終わりを告げつつある。世界的な依存人口比率はまさに転換点に

図３・１　出生率（女性一人当たりの子供数）は先進国ではすでに下落、新興国でも急速に低下している

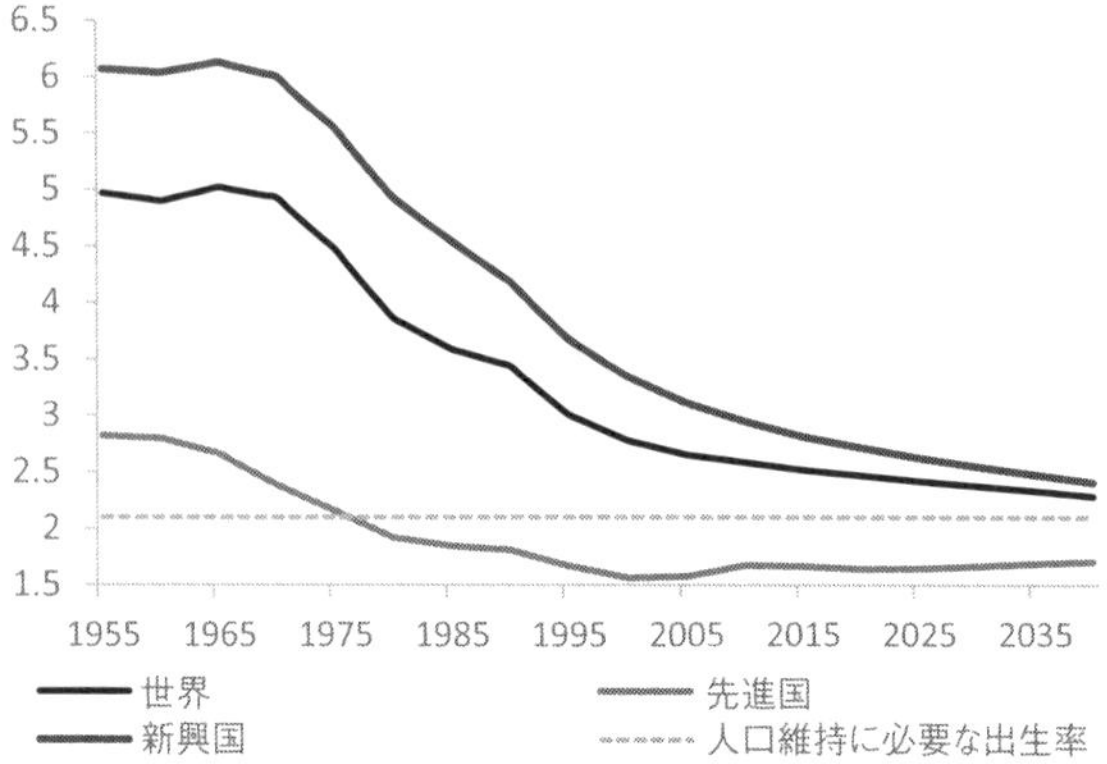

あり、その比率の上昇はほとんどの先進国および多くの主要な新興国において（特にドイツと中国で）これから加速することが予想されている（図３・３）。１９７０年から２００５年にかけて急速に増大した世界の労働人口は今後減少していくことになる。先進国と北アジアにおいては、労働人口に対する高齢者の比率が大きく増加するのと同時に、労働人口は明確に減少していく。

１９８０年代以来多くの先進国では出生率が人口持続可能な水準以下で安定しており、上がってこない（図３・１）。他方、平均寿命は上昇し続けている（図３・２）。その結果、退職するベビーブーム世代はより長生きすることになるが、先進国では高齢者の急増を相殺するのに十分な出生数の増加はない。

新興国の平均寿命は急速に先進国の平均寿命に追いついてきている（韓国のような国ではすでに追いついている）。しかし、出生率については各国の間に大きなばらつきがある。中国、韓国、そしてロシアの出生率は今では先進国と同水準にある。それとは対照的に、

図３・２　平均寿命（年数）は世界的に上昇

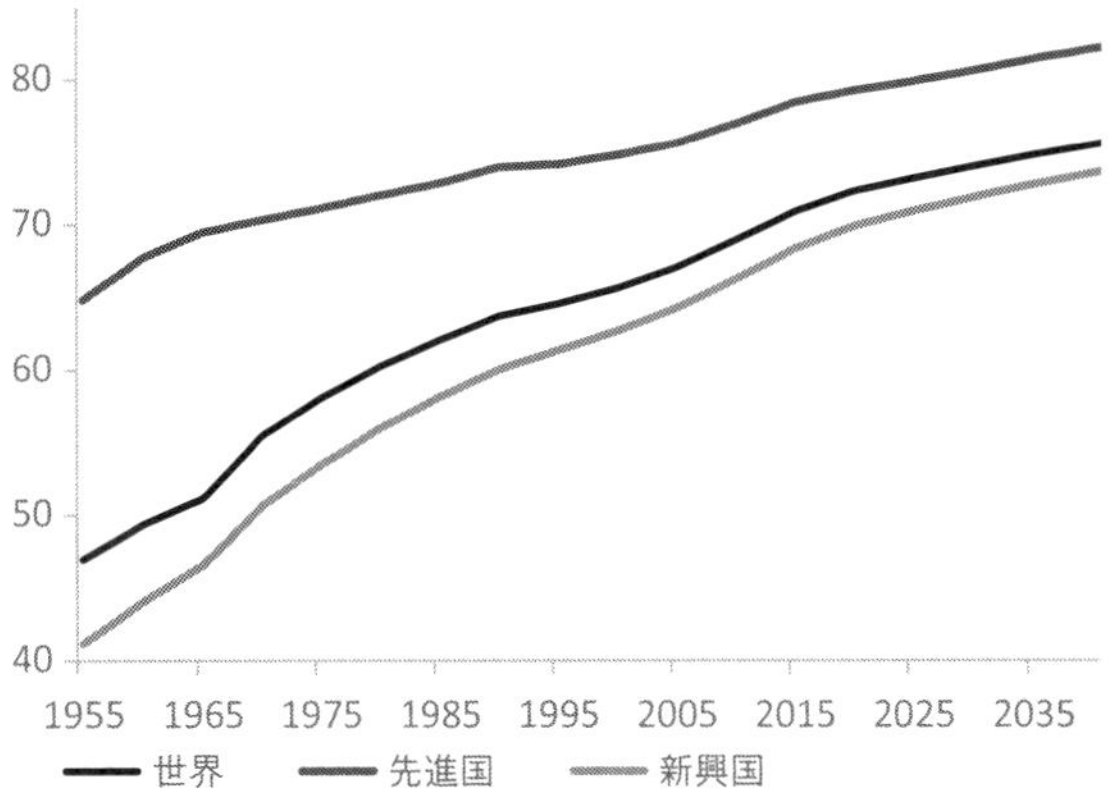

注：先進国は高所得国を含む、新興国は中・低所得国を含む

図３・３　依存人口比率が上昇する先進国とさまざまな状態の新興国

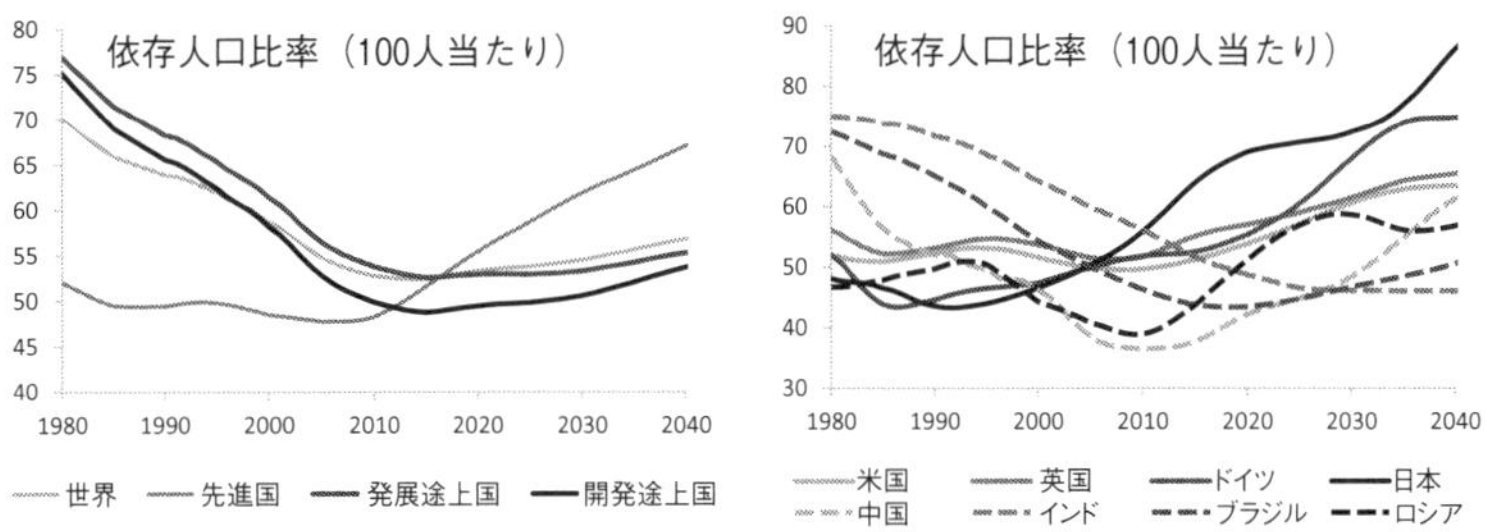

北アジアと東欧以外の国々は今でも出生率が高い水準から減少し続けている。それは、先進国からずっと遅れて依存人口比率が増加することを意味するが、世界的な高齢化のトレンドが地域によっては緩やかに進む面もあることを示している。

結果として、依存人口比率は先進国では急速に上昇し、それ以上に北アジアと東欧の新興国では上昇することになる。日本は人口構成上、逆風が吹いていることで広く知られているが、ドイツの依存人口比率もこれから数十年にわたってかなり増加する。日本とドイツの依存人口比率の谷は1990年代に生じたが、2010年頃には米国と英国で同じく谷が生じた。米国とほぼ同じ時期に、中国とロシアの依存人口比率が底を打って上昇し始め、韓国がその後に続いた（図3・3）。大きな新興国の中では唯一、インドがずっと先に転換点迎えることになるが、この点については後でまた議論することにしよう。

先進国、北アジア、東欧における全般的な依存人口比率の上昇が、労働人口に対する高齢人口の比率（高齢依存人口比率）の増加によるものであることは注目されてよい。

国連リポート：高齢化する世界人口2015

このリポートは、これから数十年後の世界がいかに異なって見えるか、そして、どこに一番大きな変化が起こるかを的確に示している。

世界人口の高齢化の速度が加速している：推定によると、世界の60歳以上の人口比率は、今後15年にわたって２０１５年の12・３％から２０３０年の16・５％へと４％以上増加する。２０００年から２０１５年までの15年間における増加率が２・３％だったのに比較すると大幅な上昇である。

60歳以上の高齢者の圧倒的な増加：２０１５年から２０３０年の間に、世界の60歳以上の高齢者人口は９億１００万人から14億人まで56％も増加すると推定されている。そして、２０５０年には、世界の高齢者人口は２０１５年の２倍以上に増加し21億人に達すると推定されている。

２０１５年には、世界的に見ると８人に１人が60歳以上の高齢者であった。２０３０年には、世界的に６人に１人が高齢者になると推定されている。21世紀中頃には、５人に１人が60歳以上の高齢者になる。

超高齢者の増加が最も速い：世界的に80歳以上の超高齢者の数は一般の高齢者よりもさらに速く増加している。推定によると、２０５０年には超高齢者は４億３４００万人に達し、２０１５年の１億２５００万人から３倍以上に増加することになる。

世界的に80歳以上の超高齢者の人口比率は、２０１５年の14％から２０５０年には20％以上に上昇すると推定されている。

高齢者が生活する国々：世界で最も高齢化が進んでいる地域はどこだろうか？ ２０１５年から２０３０年までの間に、60歳以上の高齢者人口はラテンアメリカとカリビアンで71％増加、次いでアジア（66％）、アフリカ（64％）、オセアニア（47％）、北アメリカ（41％）、欧州（23％）が増加すると推定されている。

水準で見ると、高齢化は高所得国で最も進んでいる。日本が世界で最も高齢化が進んでいる国であり、2015年時点で60歳以上の高齢者は人口の33％を占めており、その後にドイツ（28％）、イタリア（28％）、フィンランド（27％）が続いている。

2030年までに、60歳以上の高齢者人口比率は欧州と北米では25％以上、オセアニアでは20％、アジアおよびラテンアメリカとカリビアンでは17％、そしてアフリカでは6％に達すると予想されている。

2050年には、世界人口の44％の人々が、60歳以上の高齢者が少なくとも人口の20％を占める比較的高齢化した国に住むことになる。そして4人に1人は、60歳以上の高齢者が30％以上を占める国に住むことになる。

2　人口構成のサイクル：地理的には一様だが、経済的には偏りがある

世界銀行は、人口ボーナスをすでに受け取った国とこれから受け取る国との間で、人口構成サイクルに関する有益な四つの分類を提示している。すなわち、人口ボーナス前の国、ボーナス初期の国、ボーナス後期の国、そしてボーナス後の国という四つの分類であり、それらは人口構成の移行期にある世界経済の状況をうまく捉えている。

図3・4　平均寿命（年数）と人口ボーナスの地理的な分布

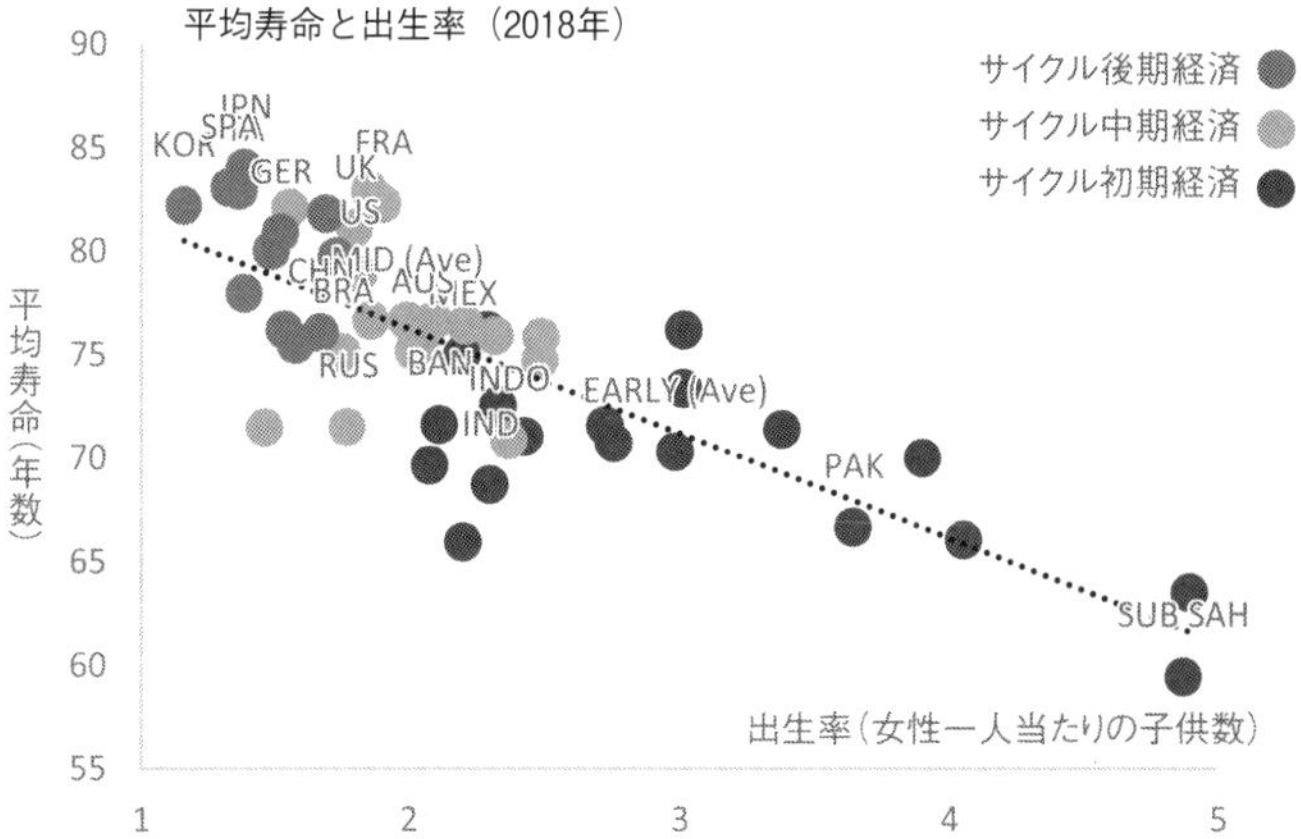

出所：世界銀行

これらの国々の間の出生率と平均寿命の組み合わせの違いによって、四つの分類を説明することができる。高い出生率と低い平均寿命の国は、まだ人口ボーナスを享受していないグループに属する。世界的なトレンドにしたがって、予想通りに出生率が低下し平均寿命が上昇するにつれて、将来人口ボーナスを生み出すことになるだろう。それとは対照的に、出生率が急落しそのまま低水準でとどまり平均寿命も世界の頂点に向けて上昇していく国は、すでに人口ボーナスが終了したグループに属する（図3・4）。

一見、このように分類された国々はかなり広範に分布しているように見える。そうであれば、世界的な人口構成の展望は将来有望であるように思われるかもしれない。しかし、現実には、2040年の世界人口増加率は、先進国、あるいは、われわれの分類でいうところの新興国よりも高くなるであろう。なぜならば、国際連合（UN）によって予想されている人口増加率がもっと高いアフリカを中心とした後発開発途上国の国々が存在するからである。

表3・1　人口構成サイクルの段階に基づく各国のグループ分け

グループ分類	
サイクル初期	インド、パキスタン、バングラデッシュ、サブ・サハラ諸国、メキシコ、エジプト、アルゼンチン、アルジェリア、イラク、アフガニスタン、ウズベキスタン、ベネズエラ、ネパール、イエメン、ミャンマー、フィリピン、グアテマラ、エクアドル、カザフスタン
サイクル中期	米国、ブラジル、ベトナム、トルコ、イラン、コロンビア、カナダ、スリランカ、サウジアラビア、ペルー、マレーシア、オーストラリア、ロシア、ウクライナ、英国、フランス、モロッコ、インドネシア
サイクル後期	中国、日本、ドイツ、タイ、イタリア、韓国、スペイン、ポーランド、ルーマニア、チリ、オランダ

注：サブ・サハラ諸国には約50か国が含まれる。

表3・2　サイクル初期、中期、後期国の人口（2019年、100万人）

サイクル初期	3,540	49%
サイクル中期	1,666	23%
サイクル後期	1,966	27%
合計	7,172	

注：このサンプルは世界人口の90%をカバーしている

本書では、国々を三つのカテゴリー（時には中国〔CHN〕とインド〔IND〕を分離して取り扱う）に分類する。すなわち、人口構成の「サイクル初期経済」（人口ボーナスが将来獲得できる）、「サイクル中期経済」（将来悪化するがそれほど極端ではない）、「サイクル後期経済」（際立って高齢化が進行している）の三分類である。各国のグループ分けは表3・1にまとめてある。

これら3グループは、おおよその人口サイズ（50、25、25）によって比較的明確に分類することができる（表3・2および図3・5、図3・6を参照）。

不幸にも、現在の比較的むらのない人口分布は、人口構成サイクルの間における偏った経済的分布とは大きく異なっている。

ほとんどの高齢化国（すなわち、人口ボーナス後と人口ボーナス後期の段階）は経済的に豊かな国である。表3・3が示すように、

図3・5　人口構成サイクルのグループ別依存人口比率

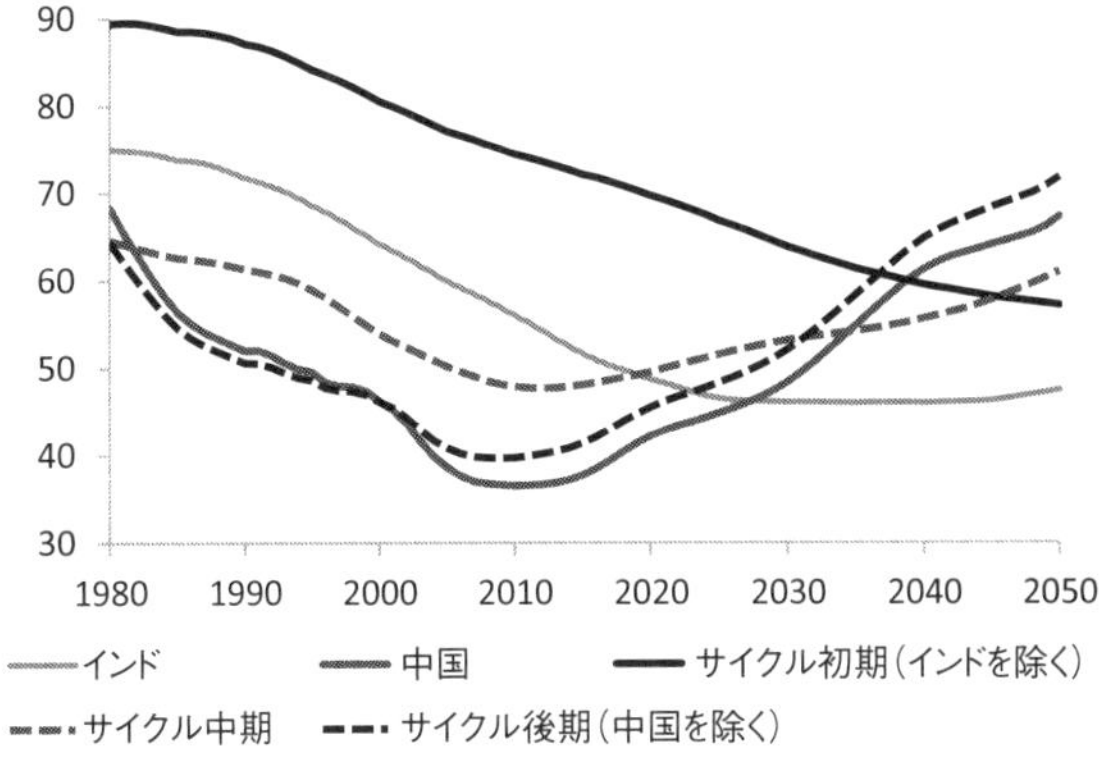

図3・6　人口構成サイクルのグループ別 GDP

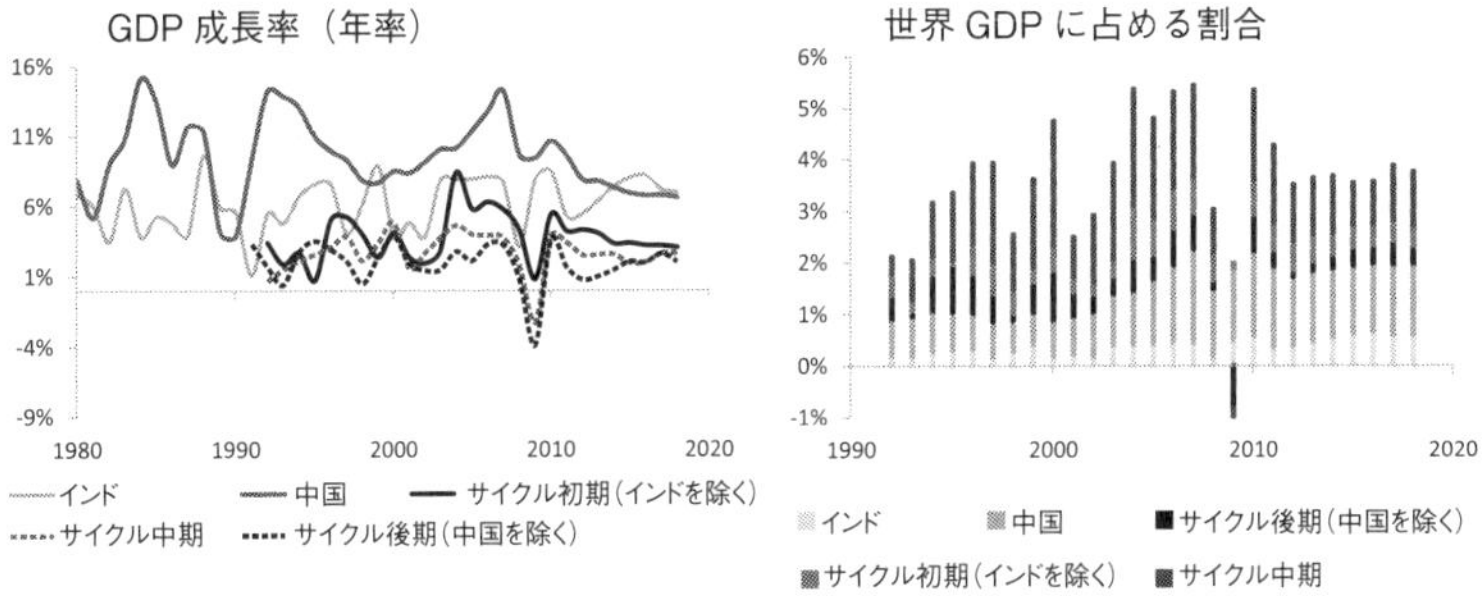

表３・３　人口構成サイクルの異なった段階にある国々の成長割合　（%）

2012～2018年の期間	GDP成長	世界GDP成長への貢献	購買力平価で見た世界GDPの割合
サイクル初期経済	4.9	27	21
サイクル中期経済	2.4	28	41
サイクル後期経済	4.5	45	38

経済力は大きく高齢化国に集中しており、これらの国々は人口ボーナスをすでに使い切っている。

特に懸念されるのは、高齢化国が世界ＧＤＰに占める割合が圧倒的であるだけではなく、過去15年間の世界経済の成長についても非常に大きな割合も占めていることである。期間を過去35年に延長してみても、全体像はほとんど変わらない。

世界経済が直面しているのは、経済成長を牽引してきた国々が最も深刻な高齢化社会の問題を抱えているという危険性である。そしてそれは、たとえ世界全体が今後人口増加に向かうとしても、過去35年にわたって世界経済の成長を牽引してきた国々が人口構成上の逆風に直面することを意味する。いいかえれば、人口大逆転が世界経済の成長に傷跡しか残さないとするなら、過去数十年間、ほとんど世界経済の成長に貢献しなかった国々が将来、きわめて大きな貢献をする必要があることになる。この観点からすれば、先進国の人々はイノベーションによる混乱（創造的破壊）を恐れているが、実際にはそれが必要不可欠なものであることが明らかであろう。それなくしては、グローバル経済が受けるダメージは、はるかに厳しいものになる。

3　経済成長率

経済成長率はいうまでもなく、労働人口の成長率と労働生産性の上昇の相互作用で決まる。第1節で示したように、インドとアフリカを除く潜在的な労働人口の増加率は、多くの場合急激に低下することになる。この労働人口の低下が、潜在的な労働参加人口（退職者が働き続ける場合を含む）の急激な増加によって、または労働生産性の上昇によって相殺されなければ、経済成長率は下落するほかはない。人口構成の大逆転はまだ始まったばかりであるにもかかわらず、現在の経済成長率はすでに期待外れの状態にある。

ここで、労働参加率について確認することから始め、将来の労働生産性の推移について考察することにする。Mojon and Ragot（BIS 2019）は、55歳から64歳の労働参加率が米国や日本ではあまり上昇していないが、多くの欧州諸国でどのように上昇しているかを示した。さらに、このほとんどの国々において、高齢者の失業率が国全体の失業率を左右し、高い相関関係にあることを示した。

彼らの研究の結論の一つは、55～64歳の年齢グループの労働参加は賃金に対して若い世代よりも弾力的であることだ。これは、第8章でより詳しく議論するが、フィリップス曲線をよりフラットにする要因である。一方、図3・7を見ると、労働参加率を40%から65%まで上昇させることよりも、65%以上にさらに上昇させることのほうがより困難であることがうかがわれる。そうであるならば、労働参加率を上昇させるには65歳以上の年代の労働参加を増やさなければならない。図3・

図3・7　労働参加率（対人口比％）は先進国の55～64歳の年齢グループですでに急上昇している

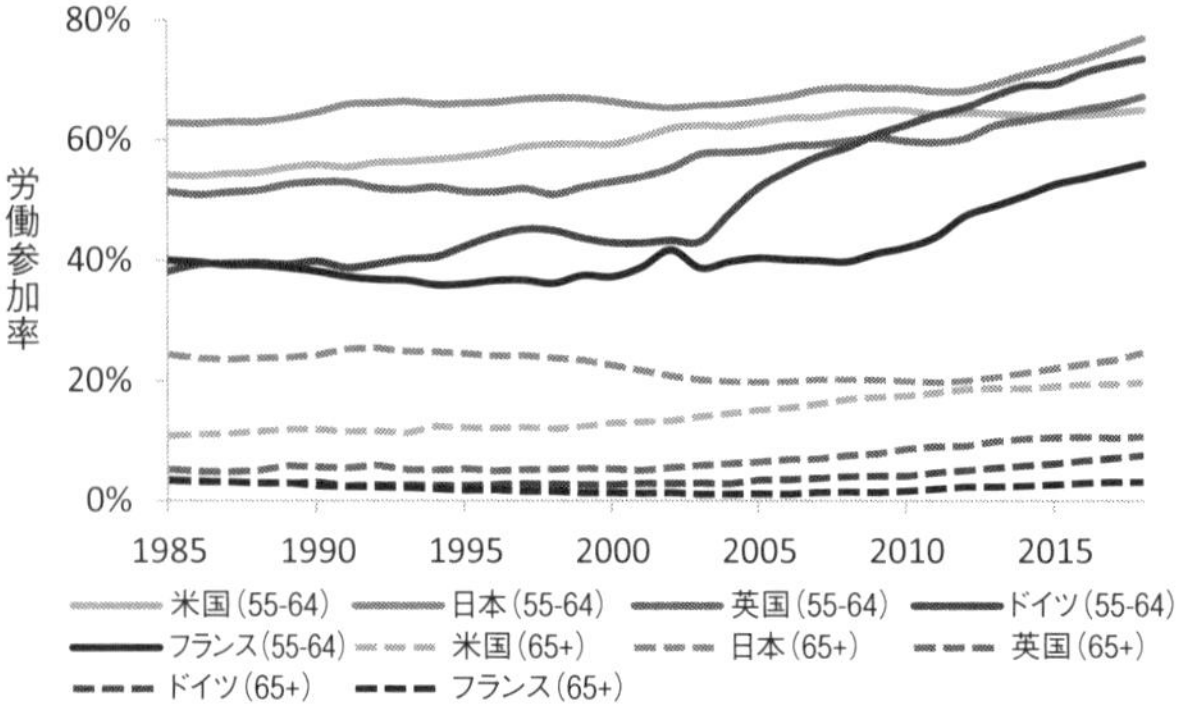

図3・8　年金支給率と労働参加率には負の相関関係がある

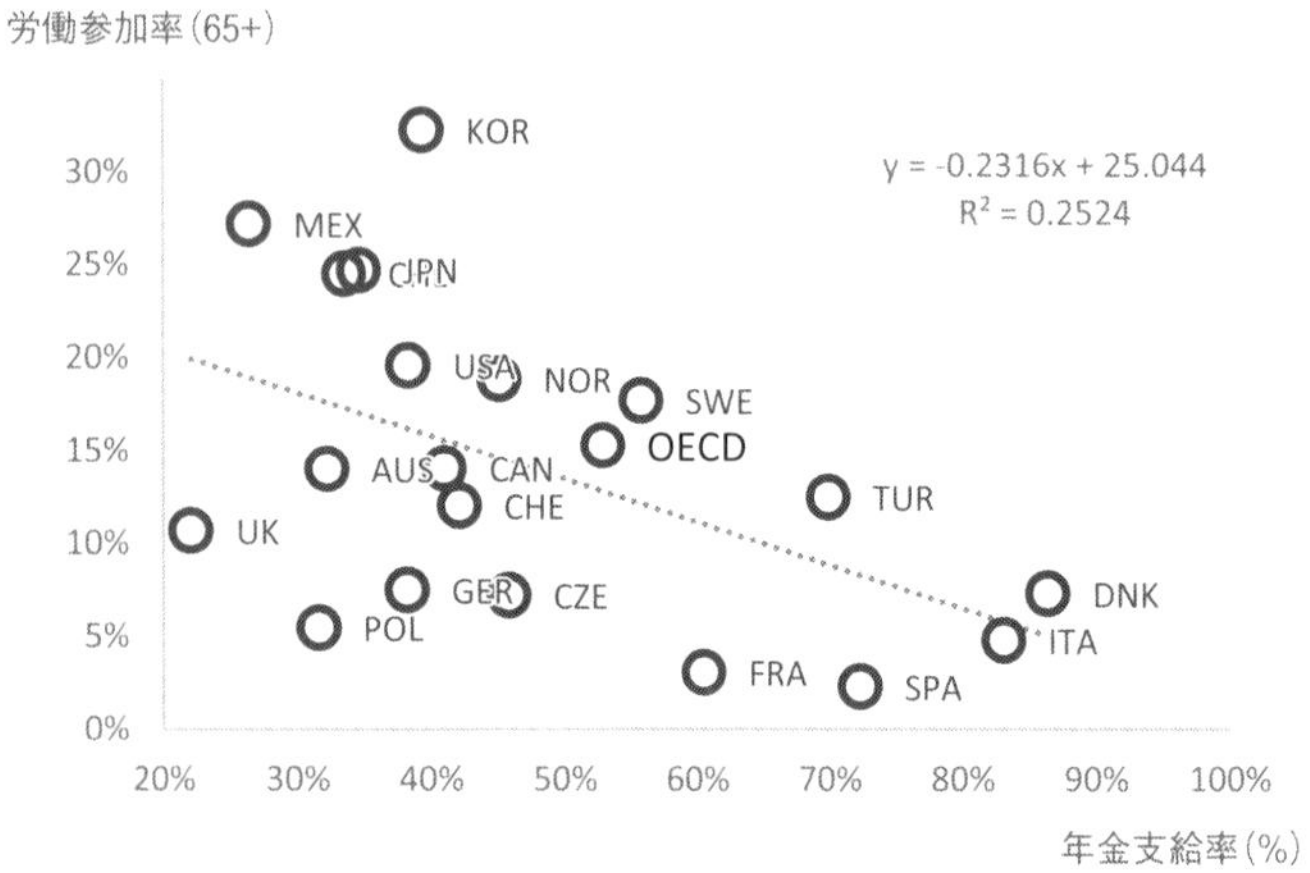

7は米国、日本、英国、ドイツ、フランスにおける55〜64歳の年代の労働参加率と65歳以上の労働参加率を示している。

さらに、高齢者がどのような仕事ができるか、どのような仕事をしたいか、という問題がある（Maestas and Jetsupphasuk〔2019〕を参照）。高齢者は一部の肉体労働（そしてほとんどのスポーツ）に従事することは期待できない。それでも英国の農家の平均年齢は65歳を超えているし、農業は他のほとんどの仕事よりも手のかかる作業である。図3・8は、横軸に最終賃金に対する公的年金支給率を、縦軸に65歳超の就労比率を示したものである。米国の労働力における高齢者の労働参加についての議論はButton（2019）を参考にするとよい。

図3・8に明らかなとおり、また当然のことだが、高齢者の労働参加率は年金給付額と負の相関にある。したがって、予想される経済成長の下落の一部は、退職年齢を引き上げることによって、また標準的労働賃金に対する年金給付の比率を引き下げることによって取り戻すことができる。しかし、実効退職年齢はごく最近、ようやく上昇し始めたばかりであり、しかも一般に平均寿命の伸びを下回っている（図3・9参照）。

いずれにせよ、この議論の道筋はどこまで追求できるのか、また追求すべきなのだろうか？

年齢を重ねるほど生産性が落ちることは、以前はほとんど公理として受け入れられていた。しかし、最近の生産性上昇の弱さは、ベビーブーム世代の高齢化にもよるという見方が多かった。実際、第10章で詳しく議論するように、この見解は見直されつつある。一方、たとえ生産性が高齢者の労働参加の増加によって実際に悪影響を受けないとしても、昇進に関する問題が起こりうる。もし高齢者に働き続けるように仕向けたら、それは若い世代の昇進をブロックすることにならないだろう

図3・9　実効退職年齢の上昇は平均寿命の上昇より小さい

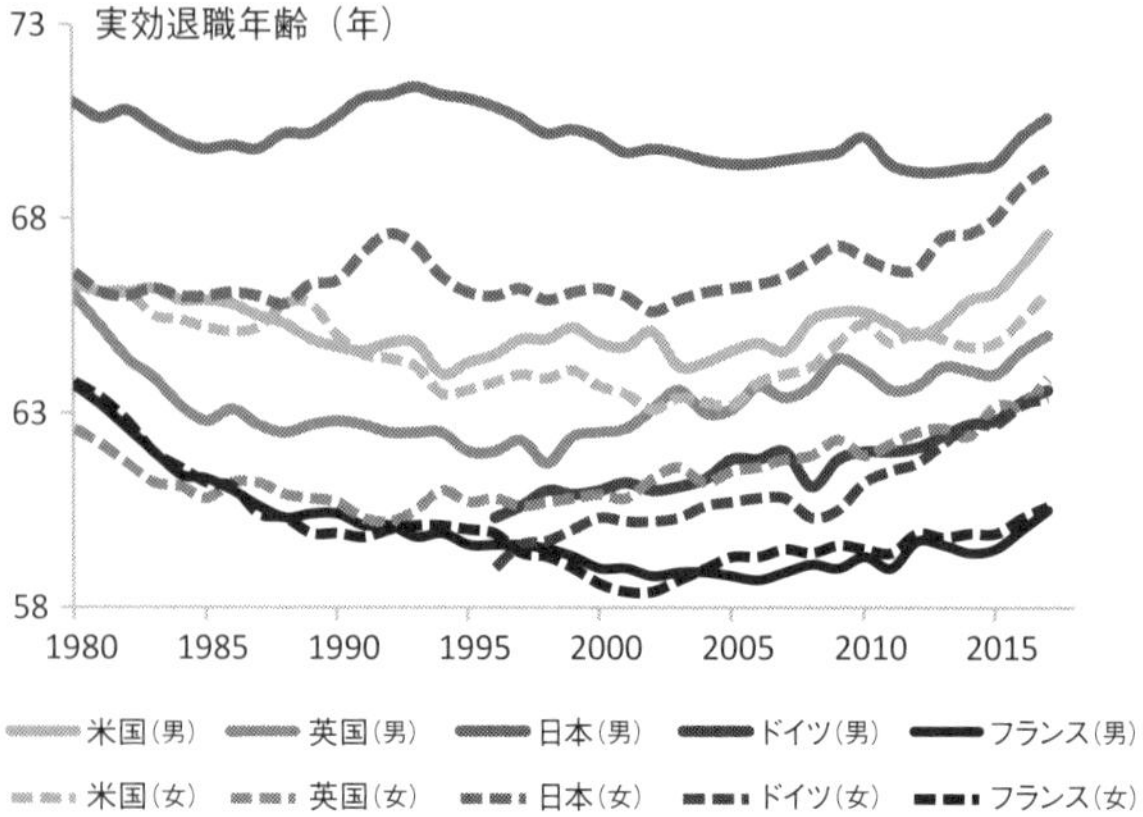

か？　さらに、退職後の快適な生活は世代間の公正および公平の問題として見られている。最後に、通常、高齢者は若者よりも投票する傾向が強い。高齢者が正当な報酬とみなしている利益を彼らから奪うことは政治的リスクが大きい。ロシアの政治システムを支配しているプーチン大統領でさえ、年金給付を抑制するプランを撤回せざるをえなかった（BBC News, 2018年8月29日）。また、高齢者の労働参加率を引き上げる労働市場改革に対する激しい反発については、Börsch-Supan et.al.（2014）を参照するとよい。さらに、2019年末にフランスの退職・年金制度改革に際してマクロン大統領が直面した困難を思い出すとよい。

多くの国には定年退職年齢を引き上げるプランがある。そのうちいくつかでは、例えばブラジルの公務員のように長い間必要とされながら滞っているケースもある。しかし、低下する（可能性のある）生産性と、（すぐに70歳以上になる）65歳以上の人々に対して定期就労するよう求める圧力が生み出す政治的な反発と

表3・4　労働1時間当たりのGDPの増加率

	米国（%）	ドイツ（%）	英国（%）	フランス（%）	日本（%）
2010	2.8	2.5	2.2	1.3	3.3
2011	0.2	2.1	0.3	0.9	0.2
2012	0.3	0.6	−0.5	0.2	0.9
2013	0.4	0.8	0.3	1.4	2.1
2014	0.4	1.0	0.2	1.0	0.1
2015	0.8	0.6	1.7	0.8	1.5
2016	0.3	1.4	−0.6	0.1	0.3
2017	1.0	0.9	0.8	1.0	0.9
2010年からの変化率	6.2	10.3	4.3	6.7	9.6

出所：OECD

を考慮すると、高齢者による労働参加の増加は、労働人口増加率の低下のほんの一部しか相殺できないのではないかと思われる。

したがって、現在の期待外れの成長率を上昇させることはいうまでもなく、維持するためにも、労働者一人当たりの生産性を大幅に引き上げることが必要になる。ところが、新型コロナウイルス感染症拡大以前は、経済成長率の低迷と労働市場の引き締まりが合わさり、労働者一人当たりの生産性が上昇基調となることはなかった。全体的な経済成長率を維持するためには、労働者一人当たりの生産性上昇の力強い回復が必要になる。

これはとても厳しい目標のように見えるかもしれない。しかし、いくつかの期待が持てる兆しもうかがえる。第一に、表3・4に示されているように、すでに10年にわたり労働人口が減少してきた日本の労働者一人当たりの生産性上昇率が他のほとんどの先進国よりも良好であることである。質の高い働き手を見出して雇うことが難しくなればなるほど、雇用する側は競争力を強化するために、獲得した労働者の生産性をより引き上げられるように努力することを内外から迫られよう。この点については、第5章で再び議論しよう。

次に、過去数十年における労働者一人当たりの生産性上昇の低迷は、第7章で議論するように、科学技術による半熟練から非熟練への雇用の移行と高齢者の労働参加の複合要因によると考えられる。そのような科学技術のトレンドが今後も続くのかどうかは不明だが、より大きな社会的・政治的な問題に直面することなく高齢者の労働参加率を引き上げるのは困難になるだろう。最後に、高齢者による看護や医療サービスの利用は増えていくが、こうした分野は製造業に比べ生産性の向上が難しい（Cravino et al.〔2019〕参照）。

したがって、われわれはかなりの自信を持って、インドとアフリカを除けば、経済成長は今後数十年にわたって顕著に停滞、おそらく年率1％ほどに落ち込むと予想する。この点に関しては日本が先駆者である。日本の成長率は1999年以来平均0・87％である。他の先進国が2040年までの今後20年にわたって、この実績に並ぶことができれば良いパフォーマンスだといえるだろう。

第4章　依存、認知症、そしてやってくる介護危機

1　はじめに

前の章で描いた未来の依存人口比率の増加が意味する内容は、高齢化に伴って健康が悪化することを考慮するとより深刻なものとなる。平均寿命の延びに伴って、高齢者人口のより大きな割合が、認知症やその他の依存を引き起こす病気によって身体能力を失っていくことになる。その中にはパーキンソン病や関節炎が含まれるが、しばしば多疾病罹患を伴うケースもあり、介護が必要になる[1]。介護は個人的そして感情的なサポートを伴う。それをロボットが提供することはできない。もっとも、ロボットは身体的そして観察的な活動をいくらかサポートすることはできるかもしれない。いずれにしても、その結果、家族内または家族外にかかわらず、労働力のより大きな割合が高

齢者の介護に向けられることになる。バイオジェン（Biogen）のアデュカヌマブ（Aducanumab）と中国のオリゴマネイト（Oligomannate）の導入は、その分野の専門家に、慎重ながらも楽観的になりうる根拠を与えた。しかし、検出、診断、治療、そして政策のすべてが、人工股関節置換術、白内障手術などの他の医療分野の成功から大きな後れをとっている。健康に関する文献では、依存とは、外部からの介護と支援が必要な状態と定義されている。一方、マクロ経済学の文献では、依存とは、身体条件には関係なく、単にある特定の年齢グループを意味している。

この章の三つの節では、今後の依存と認知症の発生率に関する厳しい予測について議論する。第3節ではその費用を推定し、第4節ではそのマクロ経済的な帰結について考察する。

2　歳をとることは危険なことである

アルツハイマー病が特によく知られているが、認知症の発病はしだいに日常生活が送れなくなるほど患者から能力を奪う。患者は介護と支援が必要とするようになる。認知症の発症率は歳とともに指数関数的に増大する。65歳に到達する前に認知症にかかることはきわめて運が悪いことだが、85歳以上で認知症になるリスクスコアは75歳の高齢者またはアポリポプロテインＥ４（ApoE4）保有者の４倍も大きい。後者は年齢と並んで認知症の最も高いリスク要因の二つを形成している（Kivipelto et al.〔2006〕、Noeton et al.〔2014〕参照）。認知症は、例えば、年齢とともに増加する関節炎、パーキンソン病と並んで、依存を引き起こすいくつかの要因の一つである。Kingston et al.（2018b）の論文によると、非依存人口を加えた全人口に対する低・中・高依存人口の比率が示す依存状態の発生率は、次のようになっている（表4・1）[2]。

表4・1　英国の高齢者年代別人口における医療依存比率（2015年）

		全人口（千人）	依存人口（千人）	比率（%）
低・高齢者	65-75	5,276	1,621	30
中・高齢者	75-85	3,130	1,539	49
高・高齢者	85+	1,318	1,023	78

現在のわれわれの社会は、これからやってくる社会に比べると比較的まだ若く、ガンや心臓病についてもよく知っている。そのような社会においては、死亡が比較的早く、時には突然やってくる。ガンや心臓病で長期にわたり、時には何十年にもわたって強度の苦痛を経験する患者はあまりいない。しかし、それがまさに認知症が患者とその家族にもたらすものなのである。ほとんどの人々は、そして間違いなく社会全体は、高齢化社会がいったい何をもたらすこ

1　したがって、Kingston et al.（2018a, p.3）によると「２０１５年には65歳以上の高齢者の半分以上（54％）が、二つもしくはそれ以上の病気を抱えていた。予想されるように、多疾病罹患は年齢とともに増加する。２０１５年には65~74歳の高齢者では45・7％、そして85歳以上の高齢者では68・7％であった。さらに時間とともに、例えば、２０２５年には64・４％、２０３５年には67・８％というように、65歳以上の多疾病罹患の割合は増加すると予想されている」。

2　もちろん、名前を忘れるなどの中依存と低依存の間の区別基準は明確ではない。しかし、これらのデータを提供した英国のPopulation Ageing and Care Simulation model（PACSim）は最先端の技術水準にある。

となるのか気づいていない。おそらく、その認識の欠如が、認知症（およびパーキンソン病）の治療に医学的奇跡が起こっていないにもかかわらず、平均寿命の一貫した延びに対する楽観があまりにも多く、懸念があまりにも少ない理由である。
世界アルツハイマー報告（World Alzheimer Report：Patterson〔2018, p.41〕）の中に次のような引用文が存在する。

鳥羽研二が私に次のように話した。「日本では今、新生児の3分の1が100歳まで生きることになるだろう。日本において100歳の高齢者の認知症リスクは99％である。誰もが「それは私の話だ」と理解しなければならない。それはあなたの話ではない。『認知能力の低下は私の話である』」

100歳まで生きる人生は、もしそれが単に認知症の長期化を意味するのであれば、あまり良い結末とはいえない（Gratton and Scott〔2016〕、Scott〔2019〕）。
世界保健機構（WHO）は、99％の予測は確実な出来事とはいえない、少なくともいくつかのケースにおいて認知症は予防可能だと主張している。WHOの最近のキャンペーンは、認知症のリスクを低下できる生活習慣を特定することに向けられている。そのキャンペーンは、人々の関心が低く、認知症によって引き起こされる問題を解決しようとする政治的意欲も高まらないために苦戦を強いられている。World Alzheimer Report（2019）の155カ国7万人の調査によると、(i)4人に1人が認知症を防ぐ方法はないと考えている、(ii)3人に2人が認知症は高齢化の自然な過程であると考えている、ⅲもっと心配なことに、医師の62％が同じように考えている、という。したがって、たとえＷＴＯの勧告を遂行することに大きな利益があるとしても、それに対する否定的な考え方が広まっているので、勧告を積極的に遂行する意思は弱いに違いない。ガンの場合には、早期発見が生存のための確実な方法である。認知症の場合には、この慢性病を早期に特定するためのバイオマーカーに関する多くの研究がなされたが、成功はいまだに覚束ない状況にある。たとえ早期発見に成功しても、認知症の進行を遅らせる見通しは良くてもいまだに不確実であり、完全な治療の目途はまったく立っていない。

データの中に見つけることができる一つの明るい光は、認知症の年齢別有症率が中国と日本では上昇しているものの、米国、英国、スウェーデン、オランダでは低下しているおり、今後もこのトレンドが継続すると予測されていることである（Livingstone et al. *The Lancet Commission*〔2017〕)。ただ、英国の場合、この低下のほとんどすべては65～75歳の年齢の男性が中心になっている（Kingston, et al.〔2018b, p. e450〕参照）。英国の結果は、女性よりも男性のほうがたばこをやめる割合が高いという事実が理由である可能性が高い[3]。そのほかについては、高依存人口が中依存人口よりも早く増加すると予想されていること以外は、発症率はほとんど同じである。表4・2にあるように、Kingston et al.（2018b）が低・中・高依存の定義を与えている。

中依存または低依存の認知症患者を自宅でケアをするのは可能かもしれないが、高依存の患者に

3　また、肥満は女性に多い。

表4・2　介護必要性の範囲に基づく低・中・高依存の定義

	CFASII	ELSA
高依存	MMSEのスコアが0～9すなわちトイレの使用、椅子やベッドからの移動、失禁、靴や靴下を履く、食事（代理面接による)、失禁や服を着る（代理面接)、などに補助が必要	トイレの使用、椅子やベッドからの移動、排泄抑制能力の問題、靴や靴下を履く、などに補助が必要
中依存	毎日またはほとんど毎日、靴や靴下を履く、温かい食事を作る、衣服を着る（代理面接)、などに補助が必要	靴と靴下を履く、温かい食事を作る、などに補助が必要
低依存	お風呂で全身を洗う、爪を切る、家事をするのが非常に困難（代理面接）	お風呂に入る、シャワーをする、大きなものを押したり引いたりするのが困難、家の周りや庭の手入れをするのが困難
自立	上記のよう描かれることのない状態、他の範疇からの不足分がない状態	上記のよう描かれることのない状態、他の範疇からの不足分がない状態

CFAS＝認知機能と高齢者の調査研究
ELSA＝英国の長期高齢化調査
MMSE＝ミニメンタルステート検査（認知症テスト）
出所：Kingston et al.（2018b）

関しては困難であろう。Kingston et al.（同上所収、表4・2）によると、2035年までの英国の認知症患者の数および2015年からの変化率は表の通りである（表4・3）。

高依存人口の数字は78万3000人から106万5000人へと36％ほど増加することが予想されている。すでに述べたように、認知症に関わる負担増大は主に平均寿命の延びが原因であり、発症率の上昇ではない。認知症の問題は高所得国でのみ発生しているわけではない。認知症が最も増大しているのは、低位および中位所得国（LMICs）である（World Alzheimer Report〔WAR〕〔2018〕のまえがき参照）。同報告書の中で、認知症を患って生活する人々の数が2015年の5000万人から2030年には8600万人、2050年には1億5200万人（同上所収、p.35）へと35年間で3倍に増加すると予測されている。

しかし、いまだに効果的な治療方法は見つか

表４・３　予想される英国の依存人口（2035年）および2015年からの変化率

	1,000人単位							
	全人口		依存人口					
		%△	低	%△	中	%△	高	%△
65－75歳	6,908	+31	967	−15	98	−49	241	−15
75－84歳	2,778	+51	1,400	+29	171	+5.7	378	+42
85歳以上	2,815	+114	1,537	+148	293	+73	446	+92

っていない。ＷＡＲ（2018, p.7）は次のように述べている。

１９９８年以降、１００種類の薬がテストされたが、たった４種類のみしか使用が認可されていない。しかも、それらは魔法の薬ではない。それらはある人々の、しかもある一定の人々のみの認知症のいくつかの症状を和らげる助けになるが、世界のほとんどの人々はそれらの薬を入手することはできない。しかし、認知症について少しでも知識がある人ならば誰でも魔法の薬が見つかることはないと知っている。

２０１９年10月に、不思議な状況の中で、アデュカヌマブと呼ばれる新しい薬が現れた。それは、はじめのテストでは失敗したが、その後の検証ではある特定の人々にとってはアルツハイマー病の発症を遅らせる効果があると考えられた。この薬が英国報道陣によって大躍進として歓呼をもって迎えられたことは必死さの表れだったが、あまりにも早計な祝福であった。

われわれは医学のブレークスルーを期待するが、それが実現するという前提のもとに計画を立てることは賢いとはいえない。その一方で、（脳より下の）身体部分の治療・交換あるいは若返りはある程度進んで

図４・１　平均寿命が長くなると認知症の負担が増大することになる

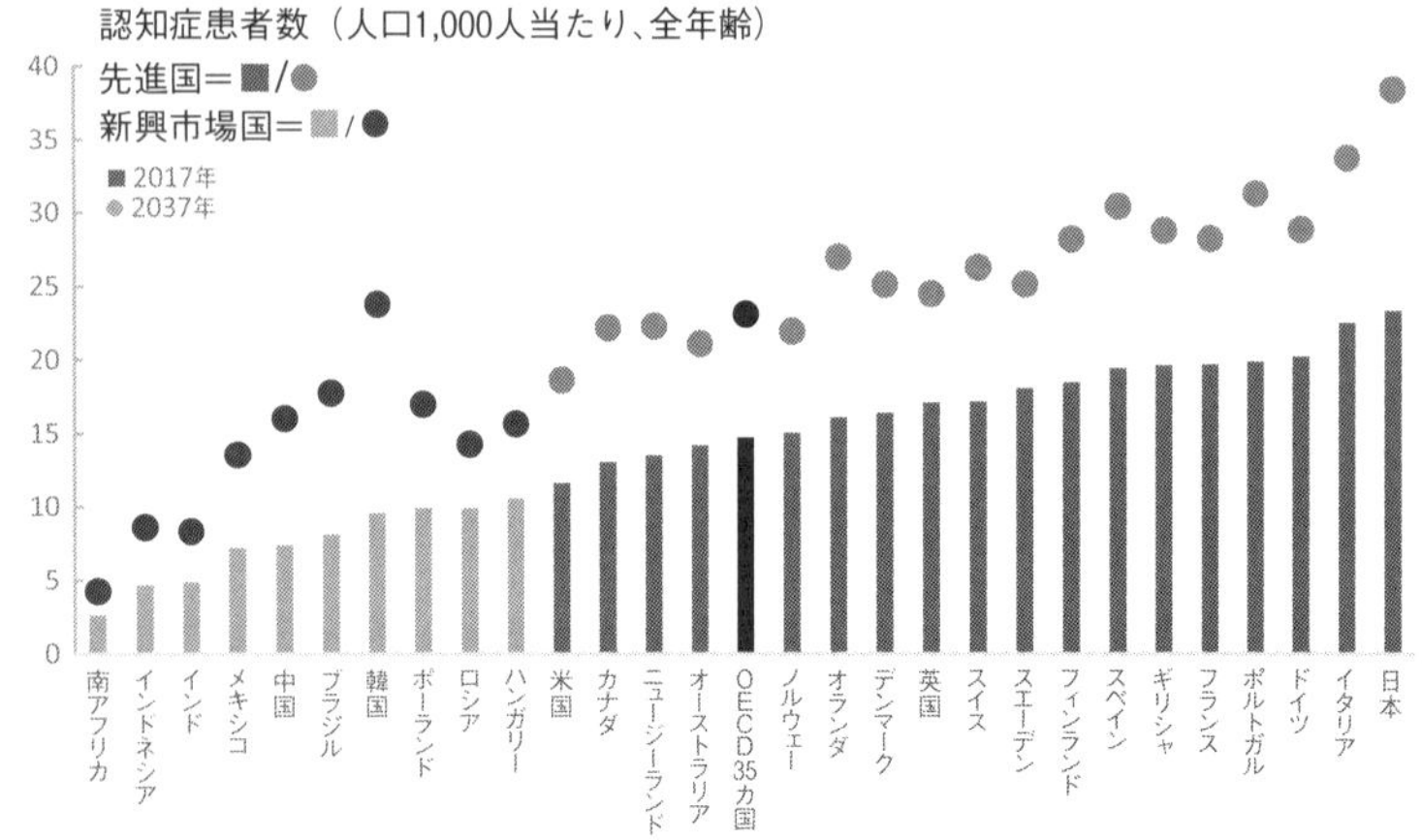

出所：OECD Health Statistics 2017

いるが、脳損傷の修復の成功度合いははかばかしくなく、そのギャップはより広がっている。ところが、神経変性疾患の研究・資金は、ガン単独の研究・資金と比べてもはるかに少ない。先に挙げたＷＡＲ（2018, p.4）の序文には次のように書かれている。

　全般的に、この報告書は、認知症の研究支出を増加させる提案がどの程度適切であるかを明確にすることを目的としている。そして、実際、それはまったく妥当なのである。認知症を発症する人々の数（それは3秒に1人）に比較して、認知症研究に費やされる金額はわずかでしかない。第一に、十分に独創的な研究が少ない。神経変性疾患の論文数とガン研究の論文数の比率は、驚くべきことに1：12である。同時に、認知症を研究する研究者の数が全然足りない。その理由は沢山あるが、最後に大きなブレークスルーがあった時から40年も経過していることを考えれば、驚くべきことではない。

最近のフィナンシャル・タイムズ紙のアルツハイマー病に関する報道（２０１９年6月25日）の中に図４・１のチャートが掲載されている。

3　認知症のコスト

最も広く引用されている認知症のコストはPrince et al.（2015）からのものだが、２０１８年時点で、おおよそ1兆ドルに達する。世界認知症審議会（World Dementia Council）は報告書「認知症の克服：２０２５年への道（Defeating Dementia: The Road to 2025〔December 2012〕）」の中で、このコストが２０３０年までに2倍の2兆ドルに増大すると予測している。

認知症のコストの多くは表には出てこない。なぜなら、それらは計測できる生産量、所得、支出としてＧＤＰの計算の中に含まれていないからである。しかし、認知症のコストは現実のものである。認知症に関連するコストには三種類ある。第一は、認知症患者自身にかかるコストである。第二は、患者を介護する人々に発生するコストである。そして第三は、認知症研究開発（Ｒ＆Ｄ）にかかるコストである。それには、サンクコスト（埋没費用）や成功および（今まではほとんどすべての）成功に至らなかった試行実験などが含まれるが、それらの合計額は、ガン治療の研究費や認知症問題の巨大な社会的コストに比較すると極端に少ない。

主要なコストは、もちろん、明らかに目に見える医療費、そして生活の質の悪化という形で、認知症で苦しんでいる本人自身に降りかかることになる。

ところが、認知症の研究や介護により多くの資源を振り分ける提案に向けた費用便益分析で、生活の質の悪化に伴うコストを明確に測定する試みを見たことがない。「健康な高齢化の経済価値を測定する」簡潔な議論について知りたければ、Egglestone（2019）が参考になる。しかし、それは質問による調査方法によっても可能であるし、おそらくそうすべきものであろう。その調査方法の例は脚注4に示してある[4]。

二番目に大きな負担は、介護者に降りかかることになる。

介護者がプロではない場合、通常は家族が介護にあたる（時々、友人であることもある）。多くの場合、介護者は配偶者または子供たちである。彼らは認知症患者の無給介護者として行動するが、認知症や併存疾患が重症化すると、患者は病院での専門治療を受けるか、または介護施設へ移動しなければならない。The Lancet Commissions（2017, p.2710）の中の論文「認知症の予防、干渉、介護（Dementia prevention, intervention, and care）」によれば、たとえ介護負担がすべて降りかかってこようとも、家族は認知症患者の生活の質を守るために患者の介護を家で行うことを選好する。認知症患者の介護を行う家族は、意気消沈や不安、いっそう悪いことには健康や仕事への悪影響に悩まされる傾向がある。

そのような認知症コストの取り扱いに対する現在の英国のやり方はまったく受け入れることができない、とわれわれは考える。

ダミアン・グリーンは次のように述べている（２０１９年6月）。

医療制度は異なる健康状態の間で差別すべきではない。ガンなど診療が長期にわたる場合は国民保健サービス（NHS）を通じて治療を受ける。したがって、その時点で治療は無料である。認知症などの他の健康状態については、主に社会介護制度を通じて対処される。したがって、個人に大きな医療負担がのしかかってくる。新しい社会介護制度は、この「認知症宝くじ」を終わりにしなければならない。

この認知症宝くじは、変化する社会構造と組み合わさると、さらに難しい問題になりうる。Kingston et al.（2017, p.1681）によると、家族の分散（離婚、家族間の地理的な距離の拡大、女性の労働参加率上昇）が家庭で認知症介護を行うことを難しくしている。それは低依存と判断される認知症患者の状況を悪化させることになる。著者たちによると、英国当局は公的資金を使用する介護の資格基準を非常に高く設定した。その結果、低依存の認知症患者たちは資格基準を満たさないために、公的資金や広域に分散した家族による世話も受けられない状態に置かれている。

4　はじめに大人のサンプル（標本）に話しかける。年齢とともに認知症の確率が上昇することを説明する。次に、認知症になる確率を10％確実に削減することができるとすれば（例えば、82歳で40％の確率を30％に削減することができれば）、（現在から退職までの）年収の何パーセントを支払う意思があるか質問する。この仮定調査の結果は主観的、暗示的ではあるが、何もないよりは有効である。このトピックに関しては、Kydland and Pretnar（2018, 2019）を参照するとよい。

Prince et al.（World Alzheimer Report 2015）は、これらの直接的（私的と公的）および間接的な認知症のコストを推定し、2018年時点で1兆ドル前後すなわち世界全体のGDPの約1％に達するとしている（同書、Chapter 6.1, p. 56）。

介護コストが大きいものの数量化が困難で不明瞭なインフォーマルケア（家族／友人／親戚など身近な人による介護）を別としても、特に低中所得国において、懸念の大きさに比較すると認知症関連の支出合計額はあまりにも小さい、というのがわれわれの結論である。

Prince et al.（2015, Chapter 6, pp. 56-67）の中の論文“2015 Estimate of Dementia Costs”では次のように書かれている。

人口一人当たりのコストは、三つのサブ・カテゴリーに分類される。すなわち、直接的な医療コスト、直接的な社会介護コスト（プロによる有料介護、住宅または介護ホーム）、インフォーマルケアのコスト、である。

これらのコストは左記のように分類される（表4・4、表4・5）。三つのサブカテゴリーは表4・5（同書、Table 6.6, p.60）に掲載されている。

そのようなコストは、フィナンシャル・タイムズ紙記事（前掲）に示されている図4・2のように、国によって大きく異なる。

その結果、現在、「認知症は十分に検出されていない、十分に診断されていない、十分に開示されていない、十分に治療されていない、さらに初期医療において十分に対処されていない」（WAR

表4・4　認知症のコスト

国	認知症患者数（百万）	コスト（10億ドル）	一人当たり（ドル）
G7	12.9	508.7	3,943
その他の G20	24.6	245.5	998
その他の世界	9.3	63.6	683
世界	46.8	817.9	

表4・5　認知症サブ・カテゴリーのコスト（2010年と2015年の所得水準別）

	直接的な医療コスト		直接的な社会介護コスト		インフォーマルケアのコスト	
	US$（10億）	%	US$（10億）	%	US$（10億）	%
2015（WAR2015）						
低所得国	0.2	20.4	0.1	10.4	0.8	69.2
低中所得国	3.7	23.9	2.0	13.2	9.6	62.9
高中所得国	19.3	22.	17.7	20.5	49.3	57.1
高所得国	136.0	19.0	308.1	43.1	271.1	37.9
合計	159.2	19.5	327.9	40.1	330.8	40.4

図4・2　長期的介護のための公的支出額は豊かな国々の間で異なる

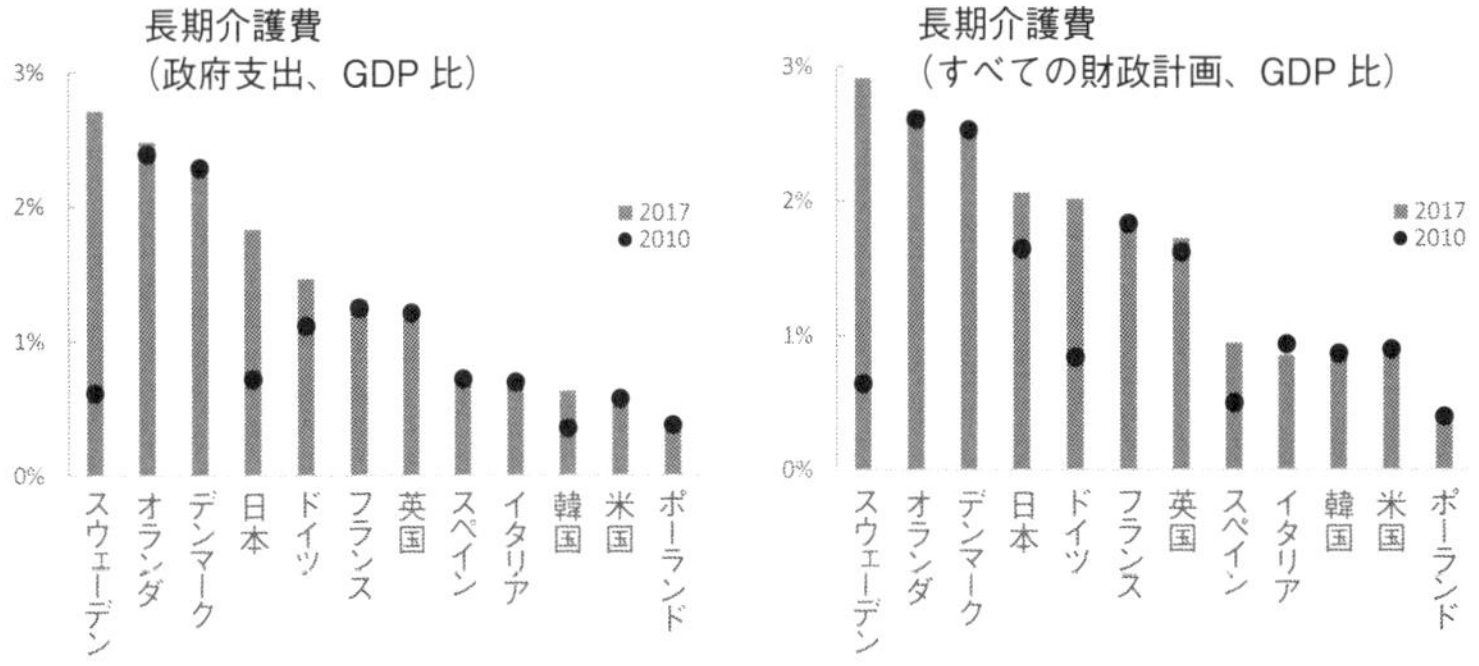

出所：OECD

2016, Executive Summary, p.1)。われわれが参考にした認知症の主要な研究報告書（例えば、The Lancet Commissions,"The World Alzheimer Report")には不十分な例が数多く示されている[5]。

The World Alzheimer Report（2016）の中にある論文'Improving healthcare for people living with Dementia'において著者たちは、「認知症医療の経路に関わるコスト・インプリケーション」のモデル化を試みている（Chapter 7、pp.110-121)。その経路は、特に認知症と診断された人々によって消費される医療サービスのコストを測定するように作られている。

その結果推定されたコストは、GDPまたは医療全体の支出額に比較すると非常に小さい（同書、Table 7.4)。その割合は、最大の韓国の0・04％（対GDP比）および0・5％（対医療支出総額比）から最小のメキシコの0・0003％（対GDP比）および0・01％（対医療支出総額比）と、国によって大きく異なる。この事例のポイントは、予想される必要性の大きさに比較して、すでに実施されたこと、および現在検討中の対応策がいかに不十分なものであるかを説明することにある。

次の疑問は「なぜか？」ということになる。なぜもっと多くの（公的および私的）資源が認知症の予防、阻止、改善のために割り当てられていないのだろうか？

三番目のコストである認知症治療のためのR&Dコストは、今のところどの基準で見ても非常に低いままである。

その第一の理由は、最近まで、薬や簡単な支援方法など何も有効に機能しなかったからである。認知症分野の専門家の間では、バイオジェンのアデュカヌマブおよび（影響は小さいが）中国のオリゴマネイト（GV-971としても知られている）の発売を受けて慎重ながらも楽観的意見もある。これらの薬が生み出す結果を別としても、初期のアデュカヌマブの不認可とその後の復活という一連の出来事は、その効能に疑問を生んでいる。一方、中国における認可過程をめぐる不透明性は多くの人々に懸念されている。これが現時点における認知症に対する医療の戦いの唯一の小さな成功であり、それを慎重に利用することは歓迎すべきであるのみならず必要なことでもある。それがもっと多くの資金の投入と研究の参加を促す可能性があることも、楽観論の根拠になっている。

どちらの薬も認知症の発病を遅らせることが期待されている。しかし、条件を特定できるバイオマーカーはまだ試験に成功していない。ましてや、認知症の回復に向けた研究の進捗については楽観的な見方は存在しない。

第二の理由は、公的な支援の欠如である。先の議論が示唆するように、認知症関連の治療は公的資金で助成されていない。次に、それは民間企業に安定した公的資金が流れないことを意味する。いくつかの制度的変更が見られるものの、それらは事の重大さに比較するとあまりにも小さく、氷河の進行を思わせるように遅い。そして、ここで強調した他の問題と同様に、公的支援となると国によって大きな違いがある。

5 例えば、診断について、The Lancet Commissions（2017, p.2690）は次のように述べている。
タイムリーな診断、すなわち認知症患者と介護者が介入と援助から利益を受けることができる時に診断結果を伝えることは、良好な認知症介護のための必要条件である。多くの認知症患者は診断を与えられていない。初期医療記録に診断が載っているのは、たった20～50％の認知症患者にすぎない。そして、この数字は低所得国において高所得国よりも低い。多くの症患者が認知症の診断を受け取る時には、自分自身および家族の未来に関して自ら判断する能力をすでに失っているのである。

米国では認知症は、糖尿病と高血圧と同等の慢性的な病気とみなされている。そして、HCC51／52リスク調整に基づき、認知症患者にはメディケア（65歳以上の老人を対象とした老人医療保障制度）による医療費補助が認められることになっている。この変更によって、グローバル・アルツハイマー・プラットフォーム基金は「２０２０年には約20億ドルの資金がこれらの規定のもとで認知症の検出、診断、治療に向けてメディケアに流れる」と推定している（Dwyer〔2019〕）。その金額は、過去10年間の米国企業によるベンチャーキャピタル投資、推定額10億ドルの2倍である。しかし、過去10年間にガン関連薬につぎ込まれたベンチャーキャピタル投資額の１６５億ドルに比べると、それはほんのわずかな金額にすぎない（Vradenburg〔2019〕）。

認知症に関する認識と治療は、日々増加している挑戦に影響を与えるにはあまりにも変化が遅いのである。

4　マクロ経済に関するインプリケーション

高齢者の増大するニーズに対して適切に対応できないことは、苦しんでいる高齢者自身にとっても家族にとっても悲劇であり、また社会として恥ずべきことでもある。しかし、その問題とは別に、高齢化の定量的なマクロ経済的インプリケーションは何か、明らかにしてもいいだろう。追加的な医療支出の必要性はその一つであるが、それについては第11章と第13章でより詳しく議論する[6]。ここでは、その代わりに、三つの課題に焦点を合わせて考えてみたい。すなわち、第一に、高齢者、特に認知症患者の介護に向けて労働力のより大きな割合を再配分することについて（第1項）、第二に、ケア・ホームや高齢者介護施設で雇われた介護者、自宅での高齢者の無給介護者など、介護者の供給がいったいどこから来るのか（第2項）、第三に、結婚および子育て年齢の延期と高齢依存人口の増大の組み合わせが、個人のライフサイクルに与える影響は何か（第3項）について考察する。

1　医療分野へ向けて増大する労働力の再配分

基本的な問題は、ちょうど労働力が減少し始めている時に、高齢化によってより多くの労働者を高齢者介護に向けて再配分する必要がある点である。ここには、考慮すべき二つの原動力が働いている。

第一に、高齢者を介護する労働力の一部は、耐久消費財ではなく、今、直接消費されるサービスを生産する。これらのサービスは、前章で議論したように、機械的自動化（オートメーション）によって置き換えられることはありそうもない。ということは、将来の国内総生産を増やすには、他部門の労働力が生産性を上昇させなければならないことを意味する。第3章で議論したように、経

6　ダミアン・グリーン（前出）は、その論文"Fixing the Care Crisis"の中で、租税に基づく新しい普遍的介護権利（Universal Care Entitlement）を提唱している。それは、全員に適切な基準を満たした介護を補償するものであり、私的に購入可能な介護追加保険（Care Supplement）によって補足されるものである。Kydland and Pretnar（2018, 2019）も参照。

済全体の生産性を適切に向上するには、他の経済部門において可能な限りの自動化が必要となる。それは、高齢者の介護のために失われた労働生産性を埋め合わせるためにも必要だ。

第二に、これらの特異なサービスは、製造業が付加価値の最も低い生産活動を海外移転したように海外に生産拠点を移すことはできない。しかも、製造業のサプライチェーンをグローバル化する過程で、その利益のほとんどはすでに実現されている。したがって、グローバル化から得られる追い風は、まさに高齢化が世界的に大きな問題となっている時に弱まってしまっているのである。

2　介護者の供給

高齢者層が増大するにつれて、関連する専門家、老人病専門医、神経科医、そして精神科医の必要性が高まる。財政的な制約や他の競合する資源の需要次第ではあるが、そのような必要性に高所得国（HIC）が対応することに関して基本的には障害が存在しない。しかし、低中所得国（LMIC）となると、困難になる。しかも、実際には高所得国においても対応は不十分なままである[7]。同様に、高齢者の数とニーズが拡大するにつれて、かかりつけ医、一般開業医、手術に対応する上級看護師は、診断と潜在的治療の両面で多くの知見を身につけ訓練されることになるが、これらもまた高所得国よりも低中所得国においてより困難となる。

この分野における有資格の専門家の供給は、低中所得国よりも高所得国において多く、将来も多いままだろう。しかし、無給の家族（そして友人）による介護を除けば、初歩的な介護を担う雇用者に関しては事情は反対で、今後も状況は変わらない可能性が高い。認知症患者が自分ではできない日常の活動、例えば、服を着たり、風呂に入ったり、トイレに行ったり[8]、散歩したり、本を読んだり、などをサポートすることは、魅力的でもないし（教育で得られるような）働きがいを感じるものでもなく、しかも賃金が低い。また、その上に、介護の仕事には共感力、忍耐力、親切さ、そしてコミュニケーション能力などさまざま重要な資質が要求される。

カミラ・キャヴェンディッシュは *Extra Time*（2019, p.97）で次のように述べている。

ＥＱ（心の知能指数、感情知能）が重要な職業は、老人などの介護である[9]。人口が高齢化するにつれて、介護者の需要が急速に増加する。そして、最も必要とされる技能はロボットが提供できないものである。すなわち、感情的な強靭さ、直感力、共感力である。しかし、介護の仕事をしている人たちは、アカデミックな才能を持っていないという理由で軽んじられ、「ス

7　World Alzheimer Report（2016, p.6）からの次の引用を参照。
低中所得国（ＬＭＩＣ）では、認知症の専門家が不足している。老人病専門医、神経科医、精神科医、そして病院または診療や介護などのコミュニティサービスが極端に不足している。高所得国（ＨＩＣ）においても、診断が低水準であることが理由の一部であるが、継続的な介護サービスの提供は限られている。さらに、急増する認知症患者の数に対して専門家による継続的かつ責任ある介護サービスを提供するのが困難な状態にある。

8　日本では、高齢者のおむつのほうが赤ん坊のおむつより多く売れているという。

9　ロボットのＥＱはゼロである。ロボットは限られた役割を果たすことができるが、その役割には限界があることについて強調されるべきだ。フィナンシャル・タイムズ紙（June 10, 2019, p.22）のＬｅｘコラム（"Robot/ageing Japan: I, carebot"）参照。

キルのいらない」仕事とみなされることが多い。

このことを、わたしは2013年に英国中を回って若い看護師や介護者に面接していた時に自分自身で目撃した。それは、保健省によって委託された独立したインタビューだった。わたしは、何百人もの素晴らしい職員と面会することになった。彼らは病院で働いていたり、自宅で人々のケアをしたりしていたのであるが、彼らの並外れた成熟ぶりや強靭さにわたしは驚いた。それらは、他人である高齢者の家を訪れて、良い関係を築き、シャワーを浴びるのを手助けするためには必要な資質であった。わたしは、何人かの年上の看護師や医師が病院の若いヘルスケア・アシスタントに対して示した上位者ぶった態度に驚きそして心配した。彼らは、ヘルスケア・アシスタントの仕事を、単にお茶を淹れたり、患者をベッドから起こしたり、食事を助けたりしているにすぎないと見ていた。しかし、彼らアシスタントこそが患者のベッド脇でほとんどの時間を過ごし、異常があれば気づく可能性が最も高い人たちであり、患者が安心できるか怯えるかの大きな違いを生み出すのである。

前作の *The Cavendish Review* (July 2013) の概要 (Executive Summary, p.7) では、キャヴェンディッシュは次のように書いている。

必要最小限の「基礎的介護」という言葉は、このグループの仕事内容をとても過小に表現している。高齢者が食事をしたり、飲んだり、お風呂に入ったりするケアを相手の心を傷つけずに威厳をもって行い、初期の認知症患者とコミュニケーションをとるには技術を必要とする。これらのことを知的な親切さ、威厳、気配り、そして尊敬の念をもって行うには技術が要求される。赤の他人の家で、地区の看護師が何もノートを残さずに帰宅した後で、しかも30分間だけの賃金が支払われる条件のもとで、そのようなことを自分一人で行うには、かなりの成熟度と忍耐力が要求される。

ヘルスケア・アシスタントと同じように、社会福祉支援員は、より身体の弱い高齢者のケアをすることにより、しだいに多くの挑戦的な仕事を引き受けるようになってきた。しかし、彼らが受ける訓練には多くの違いがある。ある雇用者は、職員を有能に教育する義務を果たしていない。わたしは、現場で仕事を始める前に自宅で見るＤＶＤを与えられただけの職員と話をしたことがある。また義務的な訓練を受けるための費用を自分の給与から支払ったという職員と話したこともある。これが、*The Cavendish Review* が監督なしに職員が仕事をする前に必要な最低限の能力基準および雇用者の行動規範（Recommendation 3, 15）を提案する理由である。前者は「基礎的介護証書（Certificate of Fundamental Care）」という形で満たすことができる。

高いＥＱが要求されるが賃金が低く、未熟練労働とみなされ、社会的評価が低く、かつ難しい仕事を成し遂げる良い手本をどこで見つけることができるのだろうか？　この分野の介護者に対して増え続ける需要は、一部の人が提唱している就業保証プログラムの無意味さを暴露している。介護者の成り手不足が続いている[10]、例えば、若い学歴のない男性はそのような仕事を望まないかもしれないし、また適してもいない可能性もある。*The Cavendish Review*（July 2013）の第6章は募集と訓練に関する優れた記述だが、そこでは適切な訓練を受ける人々の供給がどこからやってくるのかという問題には取り組んでいない。

われわれは、英国および他のほとんどの高所得国において、適切な成り手の慢性的不足状態が継続すると見ている。この問題については、2019年6月にポルトガルのシントラで開催された中央銀行をテーマとした欧州中央銀行（ECB）フォーラムでA・M・メイダが行った発表を参照するとよい。最も実現可能性のある解決方法は、ターゲットを絞った移民政策だとわれわれは考える。そのためには、男性よりも女性を、未熟な若者よりも人生経験豊富な人々を優先するビザのカテゴリーが必要だ。そして、新規加入者は介護者として働くことに例えば2年間コミットし（英国にはそのコミットメントを成功裏に満たしてのみ滞在可能）、その代わりに準備のための訓練の機会が与えられる（必要があれば言語教育も含む）。さらに、当初は無料で住宅を援助し（ただし、資格証書の獲得に失敗したら帰国）、決まった年数を完了した後に英国で別の職に就き滞在することができる。フィナンシャル・タイムズ紙の「高齢化する日本」という見出しの付けられたLexレポートでは「外国人労働者で欠員を埋める政府の政策は必ずしも成功していない。文化的そして言語的な障壁が高い。移民政策は政治的な波紋を呼んでいる」と述べられていた。

3　変化するライフサイクル

平均寿命の延び、さらに認知症件数の増大という問題のほかに、マクロ経済的なインプリケーションが十分に考慮されていない人口構成の変化が存在する。それは、結婚年齢と女性が第一子を出産する年齢の上昇である（図4・3、図4・4）。

これら二つのトレンドを組み合わせると、人々のライフサイクルは、例えば、40年前や50年前とは大きく異なっていることが明確だ。当時の簡単な時間軸においては、人生を四つの段階に分類することができた（表4・6）。

認知症は年齢とともに指数関数的に増大し、社会福祉による介護も限られているので、現在50～67歳になっている当時の子供たちは、40年前、50年前とは違って、今（認知症の）両親のケアをしなければならない状況に置かれている可能性が高い。中国の一人っ子政策を考えてみてほしい[11]。一人の孫が四人の祖父母のケアをしなければならないのである。そのうちの一人はどこかの時点で認知症を患っていることになるだろう。

昔は、給与が最も高く退職が視界に入ってきた40歳から退職までの期間、ほとんどの人々は扶養

10　フィナンシャル・タイムズ紙（Lex, Monday, June 10, 2019, p.22）には次のように書かれている。日本は世界で最も急速に高齢化が進んでいる。低い出生率が30年間も続いている。人口の3人に1人がほとんど65歳以上である。彼らのケアをするためには、日本は介護者の数を、今後30年間で現在の150万人から7倍近く大きく増加させなければならない。有料の介護者は労働力の10分の1を占める。

11　フィナンシャル・タイムズ紙（July 16, 2019, p.14）の「外国人経営者が中国の高齢者介護を引き受ける（Foreign operators take on Chinese elderly care）」に関するリポートの中で次のように書いている。コンサルタント会社のQianzhan Industry Research Instituteによると、中国の高齢者の約90％は家族が介護しており、7％が地域のコミュニティが提供する介護サービスに依存しており、3％が老人ホームに依存している。

図4・3　子供が生まれた時の両親の平均年齢（英国）

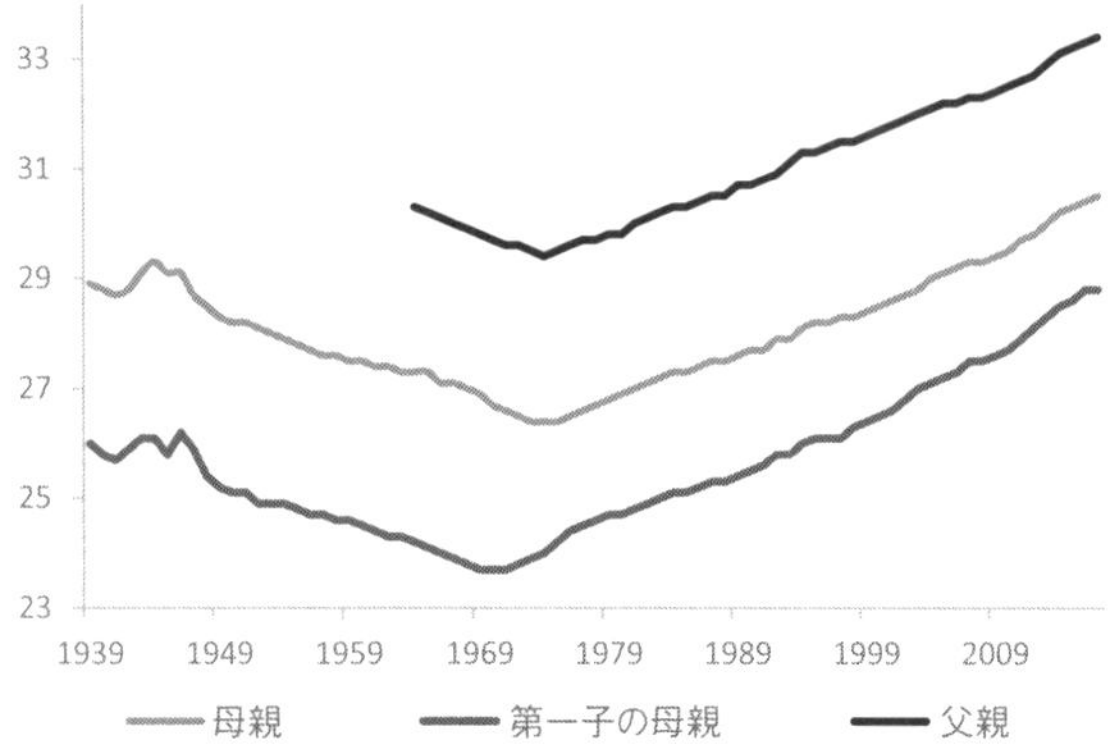

出所：Office of National Statistics

図4・4　第一子の誕生時における女性の平均年齢

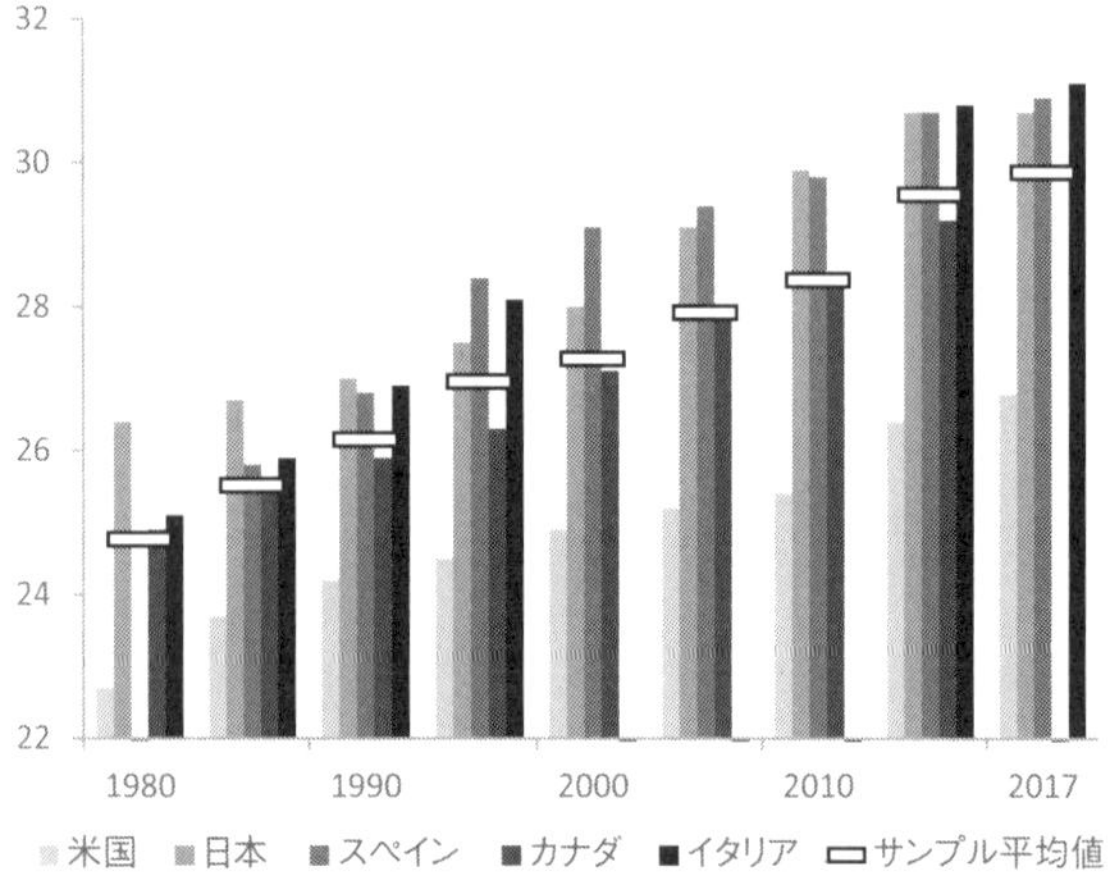

出所：OECD

表4・6　変化するライフサイクル

過去のライフサイクルは4段階

0-20	20-40	40-60	60-70＋
若者	結婚（就労）扶養子供あり	就労・扶養家族なし	退職

現在のライフサイクルは5段階

0-20	20-30	30-50	50-67	67-80＋
若者	独身（就労）	結婚（就労） 扶養子供あり	就労・ 扶養両親あり	退職 多くの場合、扶養

家族のケアをする必要がなかった。したがって、貯蓄に励むことができた。今日、扶養家族のケアをする必要がほとんどない20代の間は給与も低く、90歳を超えて生きるという見通しがまったく想像できず、貯蓄には向いていない。そして、30代以降退職するまで、あるケースでは連続的に、自らの子供の面倒を見終わったら[12]、すぐに両親のケアをしなければならない（Bauer and Sousa-Poza〔2015, 2019〕参照）。扶養家族のケアには、それが子供であれ両親であれ、多くの時間と労力とお金が必要になる。家族の深い感情の絆と時間的割引（未来より現在がより重要）の組み合わせを考慮すれば、扶養家族の支援のほうが不確実な未来のために貯蓄することより優先されると考えられる。

いいかえると、変化するライフサイクルは、家計貯蓄率を減少させ、高齢者が満足する生活と医療の基準を満たすサービスを提供するために、公的部門に一般と大きな財政負担を強いる力として作用することになる。

12　そのような一家族当たりの扶養子供の数は減少している。それは、扶養子供を抱える期間を2～3年縮小することになる。しかし、この効果を相殺しているのが高等教育への進学率の上昇であり、それはおそらく子供が両親と家で同居する期間の長期化を意味する。

第5章　インフレの再来

インフレはさまざまな要因の相互作用の結果である。それらの中には、潜在的な構造トレンド、人口構成、グローバル化、貯蓄と投資のマクロ的バランス、そして純粋な貨幣的現象などが含まれる。直感的には、消費よりも生産が大きい労働人口と、生産よりも消費が大きい依存人口（高齢者と若者）とのバランスがインフレの重要な決定要因である。より複雑な議論は、経済のさまざまなセクター（家計、企業、政府）が、高齢化に対応してどのように貯蓄と投資の行動を変化させるかという問いに基づいている。

社会的セーフティネットが引き続き存在するという政治経済的な仮定が正しいとすれば、年齢に伴う消費パターンはフラットで推移するか、もしくは右上がりになるだろう。高齢者は政府のサポートに依存する（そのために投票する）ので、彼らが受け継いだ長い寿命のための貯蓄は今後も増えることはない。その必然的な結論は、労働者から高齢者への資金移転のため労働者の税負担を著しく増やす必要があるということである。

しかし、労働者は無力な傍観者ではない。先進国（そしていくつかの新興国）における労働者不足は、過去何十年にもわたる停滞から反転し、彼らを労使交渉において強い立場に置くことになるだろう。労働者は強い立場を利用して賃上げを要求するようになる。これが、インフレ圧力が再燃する構図である。

世界はこれから構造的に発生するインフレに対して、いまだに考える準備ができていない。中央銀行は、まもなく通常の金融政策に戻っていくだろう。ゼロ金利制約は、主に世界経済における中国効果、前例のない人口構成の背景、さらに大恐慌以来の深い景気の谷底、すなわち　度目は世界金融危機、そしてもっと最近では新型コロナウイルス感染症拡大による谷底などが合わさった結果、生じた現象である。

これからの人口構成の変動が引き起こすさまざまな影響の中で、われわれが最も確信しているのはインフレの再来である。そして、金融市場も政策担当者も、ともにインフレ再来の可能性を無視することで、そのリスクを暗黙裡に引き受けているのである。では、従来とは大きく異なるわれわれの推論の背後にある論理は何か、説明しよう。

1　貯蓄と消費行動から生じるインフレ

インフレ上昇圧力の復活は、次の三つの視点の相互作用と関連性に起因している。

・依存人口比率に基づく直感的バランス
・フィリップス曲線として知られている労働市場の需要と供給に基づく分析
・（非金融）民間部門における貯蓄と投資の相対的バランス、および、それが公的部門と政策に与える影響に関する考察

1 依存人口から生じるインフレ圧力と労働人口から生じるデフレ圧力

労働者を雇って利益を得るために雇用者が支払う賃金は、必然的に労働者の生産物の期待価値を下回ることになる。労働者が過去に蓄積した富を取り崩すのでなければ、労働者の報酬は彼らの生産よりも必然的に小さくなる。これはデフレ圧力になる。一方、非労働者である依存人口は消費するが生産しない。依存人口はインフレ圧力になる。

定義により労働参加率の全般的な改善はほぼ、労働者が非労働者を上回ることになるのでデフレ圧力になる。依存人口比率が低下するにつれて、より多くの労働者から生じるディスインフレ圧力が依存人口から生じるインフレ圧力を圧倒する。同じ理由によって、依存人口比率の上昇は（より多くの人がより稀少な食べ物を求めるので）インフレ圧力を生み出す。一般にインフレは貨幣的現象であるとみなされる。しかし、最近数十年の金融緩和政策のもとで、その理論を使って現在のディスインフレ圧力を説明するのはなかなか困難である[1]。

もちろん、資本収益すなわち利益も考慮しなければならない。しかし、改めて述べれば、労働者の数がより多ければ利益も増える傾向がある。例えば、Kalecki（1954）によれば、利益から生み

出される消費は賃金から生み出される消費より少ない。労働参加率の上昇はデフレ圧力を生むことになる。

実証的にも、高齢化はインフレ圧力を生むことが知られている。Juselius and Takáts（2016）は次のような実証的な関係を発見している。すなわち、「低周波（長波、長期）インフレと人口構成の間の謎の関連性：若年層と高齢者という依存人口はインフレ的であり労働人口はディスインフレ的」という関係である。彼らは、1955年から2014年の間の22カ国のデータをインフレとデフレの偏向が生じないような期間に分けて使用している。彼らの分析によると、1975年から2014年にかけての米国のディスインフレの6・5％は人口構成で説明できる。彼らは、人口構成は「予想可能であり、これからの数十年間はインフレ圧力が増大する」と主張している。

この結果の理由は直感的に理解できる。消費の増加そのものは、所与の財・サービスのインフレ圧力を生み出す。生産活動そのものは、所与の消費水準の財・サービスの量を増大させる力を持っているのでディスインフレ圧力を生む。依存人口（若年層と高齢層）は純粋な消費者であるのでインフレ圧力を生む一方、労働者はこのインフレ圧力を生産によって相殺する。（幸運な人口構成の時にそうであったように）経済における労働者の増加率が依存人口の増加率に勝れば、世界経済は過去数十年間と同じように、ディスインフレ圧力の期間を経験することになるだろう。これからの数十年間、依存人口の増加率は労働者の増加率を超えることになる。絶対水準で見ると、当分の間、労働者の数は依存人口の数を上回るであろう。しかし、変化しているのは増加率であり、ここではそれが重要なのである。

2　フィリップス曲線と差し迫る自然失業率（ＮＲＵ）の上昇

失業率の急激な低下にもかかわらず、賃金上昇は驚くほど低迷するトレンドが継続している。この問題については第8章で詳しく議論するが、ここでは、それが自然失業率の低下から生じているとわれわれが考えていることを明記するだけで十分だろう。自然失業率の低下は、生産性が低く賃金も低い未熟労働者に雇用が移動したことに加えて、労働組合の交渉力がしだいに弱まってきたことから生じた。

これらの要因が組み合わさることによって、賃金（物価）上昇率と失業率の関係を表すフィリップス曲線の傾きがより平坦になったのである。しかし、そのようなトレンドには限界がある。すでに示唆したように、まもなく退職する予定の人々の労働参加率をさらに引き上げるのはしだいに困難になっていく。なぜなら、55歳から64歳までの年代層の労働参加率はすでに相当な水準にまで上昇しているからである。グローバル化の後退、移民への反対運動、新しく労働人口に加わる若者の減少が重なる効果は、人口構成上の問題を抱える国々に労働人口の減少をもたらすことになる。あいにく、そのような国々における労働組合の交渉力は再び強くなる。これまで続いていた自然失業率の低下と民間部門の労働組合の規模縮小と交渉力低下は当初は安定的だが、次に逆転し始めることになる。

自然失業率は、表舞台からは見えない形で再び上昇することになるであろう。いつも通り、それ

1　1500年から1700年の間における人口構成および貨幣要因の相対的重要性に関する分析については、Melitz and Edo（2019）を参照。

に気が付かない政策当局は不意を突かれることになる。１９５０年代から１９７０年代まで、政治家と官僚は自然失業率が徐々に上昇しインフレ圧力が強まる時代が数十年にわたって継続することを認識できなかった。同じように１９８０年代末期からつい最近に至るまで、政策当局は逆のトレンドの発生、すなわち数十年間に及ぶデフレ圧力の発生を見過ごした。政策当局はまたもや根本的な（人口構成の）トレンド変化を理解できずに、今後数十年にわたって維持可能な水準以上に成長率を高め失業率を低下させようと試みる可能性が高い。

2　民間および政府部門のバランス：民間の黒字は失われるが、政府は赤字を削減できるか？

非金融民間部門（家計と企業）が赤字に戻り始めるとすると、マクロ経済バランス上、政府部門が黒字に転換することが必要になる。しかし、高齢化に伴う政府支出が急増する時に、政府支出を赤字から黒字に転換するのは非常に大きな痛みを伴うことになるので政治的には不可能だと考えられる。すると、マクロ経済バランスを実現するための方法はインフレーションということになる。

1　家計の黒字は失われていく

Ben Bernanke（2005）が１９９０年代以降の金利低下の原因を「過剰貯蓄（savings glut）」に求めたことはよく知られている。それには二つの主要な動因があった。一つは、ベビーブーム世代

図5・1　依存人口比率が上昇するにつれて家計貯蓄率は減少する

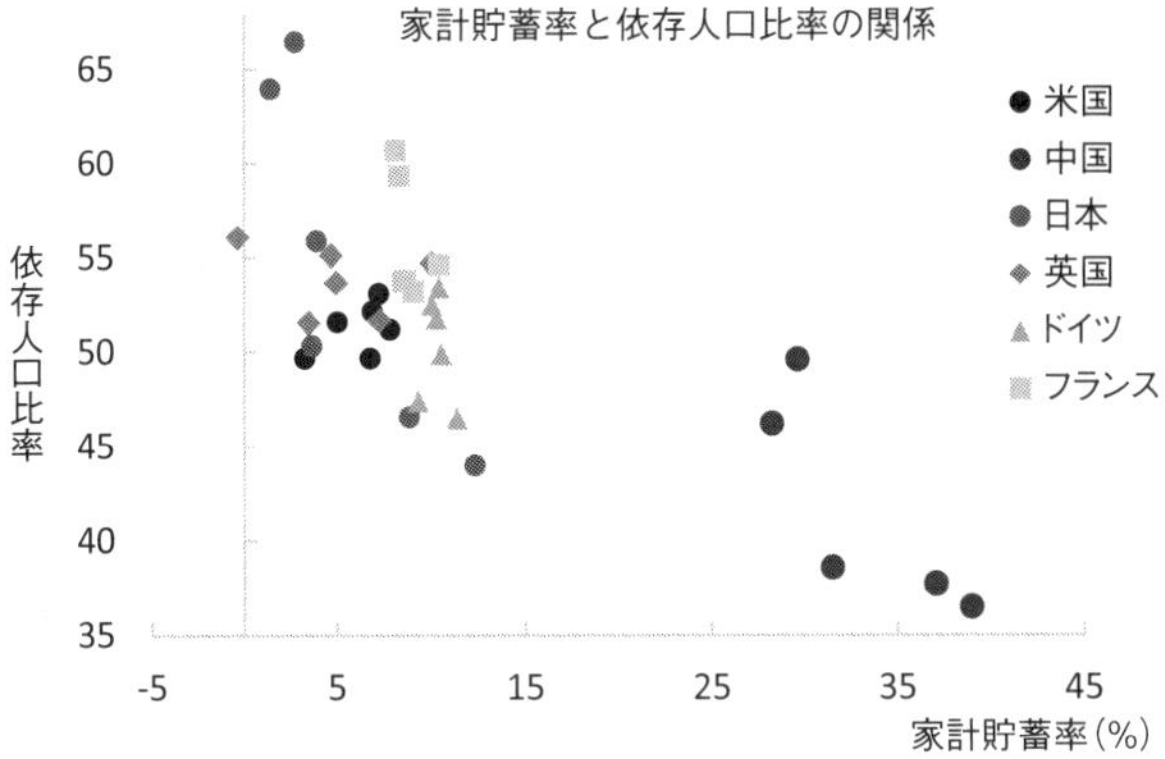

注：目印は1995、2000、2005、2010、2017年のデータ・ポイントを示す
出所：OECD

が将来の退職後の生活のために貯蓄したことである。もう一つは、高齢だが裕福になってきたアジア（特に、中国）の労働者が不備な社会的セーフティネットのもとで老後の生活のために貯蓄したことである。しかし、家計貯蓄率が高かったベビーブーム世代が退職し、（貯蓄する）労働者に対する（金を使って貯蓄を減らす）高齢者の比率が上昇するのに伴い、家計の貯蓄率は減少し始めた。家計貯蓄率と依存人口比率の関係を描いてみた。それによると、依存人口比率が悪化（すなわち、上昇）するのに伴い、家計貯蓄率が下落していることがわかる（図5・1）。

　依存人口比率が一定の安定した状態では、家計貯蓄率は成長率の増加関数である。なぜならば、老後の生活のために貯蓄する労働者は、貯蓄を崩す退職者よりも多くの所得を貯蓄に向けるからである。しかし、依存人口比率は今後数十年にわたって上昇し、成長率は低下することになる。家計貯蓄は今後も高い水準で維持され、実質金利、総需要は低レベルで推移すると議論する人々（長期停滞論派）の多くは次の二つの仮定を想定している。第一に、死亡年齢よりも退職年齢のほうが相対的に上昇する、第二に、政府による高齢者への給付が労働者の平均所得よりも相対的に低下するという仮定である。このうちの一つの仮定でも成立すれば、高齢者への給付の増加率は労働者の生産の増加率を下回ることになる。しかし、どちらの仮定も成り立つ可能性はあるが、社会的・政治的理由によって、どちらも成立しない可能性のほうが高い。

家計部門におけるバランスを考えるためには、他の二つの要因も考慮しなければならない。一つは、しばしば無視されている住宅の役割であり、もう一つは結婚と出産、実家を離れる年齢の延期の影響である。

各部門の黒字は、投資と貯蓄のバランスに依存する。家計部門の投資の多くは住宅に関連するものである。ほとんどの国の人口予測によると、全人口は今でも増加しているが、人口に占める65歳未満の割合は低下し、65歳以上の割合が上昇している。これは家計部門の住宅投資にどのような影響を与えることになるだろうか？（表5・1、図5・2）

家の引っ越しにはストレスがかかる。いくつかの計測によると、それは離婚と同じくらいストレスのかかる行動である。高齢者は総じて住宅ローンを完済しているので、能力を失ったり自らの世話をできなくなったりしなければ、引っ越す必要がない。したがって、引っ越しの頻度は年齢を重ねるに伴って減少する（図5・3、5・4）。高齢者が自分にとっては大きすぎる家に住み続けることによって、人口に対する住宅の面積は上昇することになる。その結果どうなるのか？　住宅投資は労働人口の減少ほど低下することはない、という結果になる。

表５・１　主要６カ国における65歳以上の人口

	中国	フランス	ドイツ	日本	英国	米国
1990	66,260,464	7,953,776	11,784,388	14,776,819	8,997,978	31,837,211
2000	87,910,417	9,476,271	13,421,569	21,659,273	9,364,766	34,745,496
2010	110,523,965	10,596,478	16,612,172	28,919,547	10,515,123	40,115,166
2020	172,262,174	13,546,510	18,170,597	35,915,865	12,663,012	55,048,806
2030	238,692,673	15,721,999	21,232,513	36,371,963	14,767,610	69,676,851
2040	313,675,347	17,017,206	22,081,244	37,407,235	16,013,250	73,864,807
2050	306,142,560	16,773,107	20,827,136	35,869,447	16,447,864	74,265,283

出所：UN Population Statistics

図５・２　65歳以上の人口比率

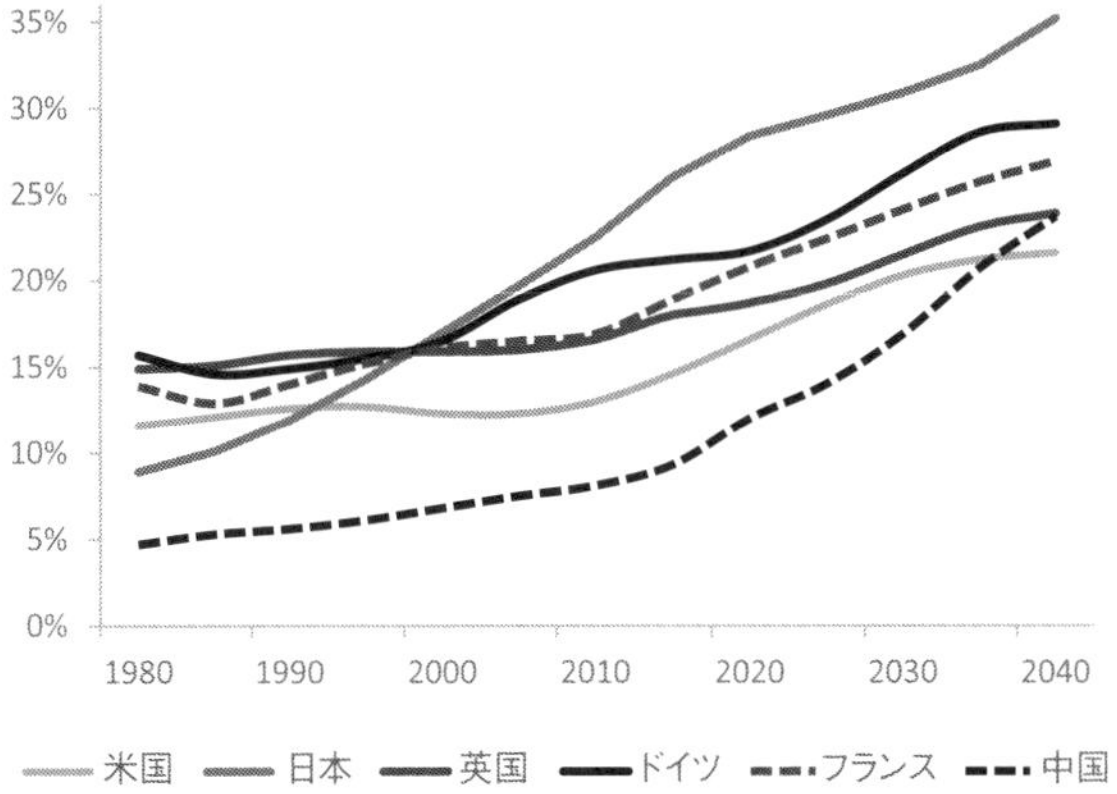

出所：UN Population Statistics

図５・３　米国では、高齢者ほど引っ越しの頻度が低下する

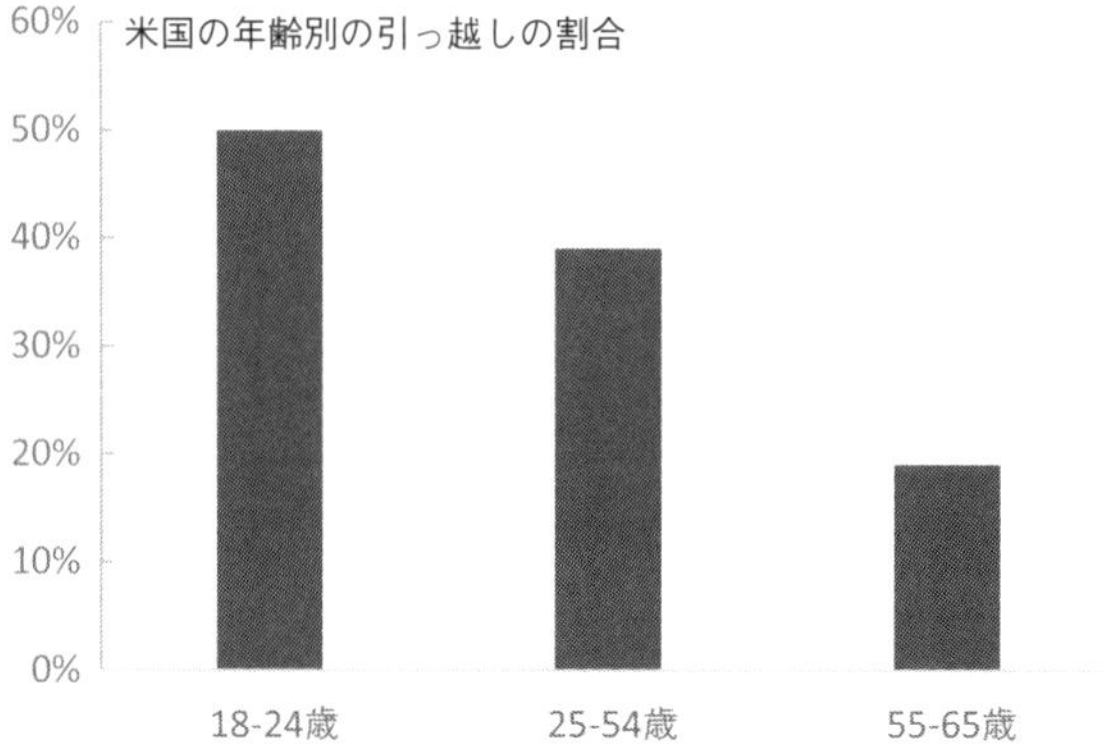

出所：Hernandez-Murillo et al.（2011）

図５・４　英国でも、高齢者ほど引っ越しの頻度が低下する

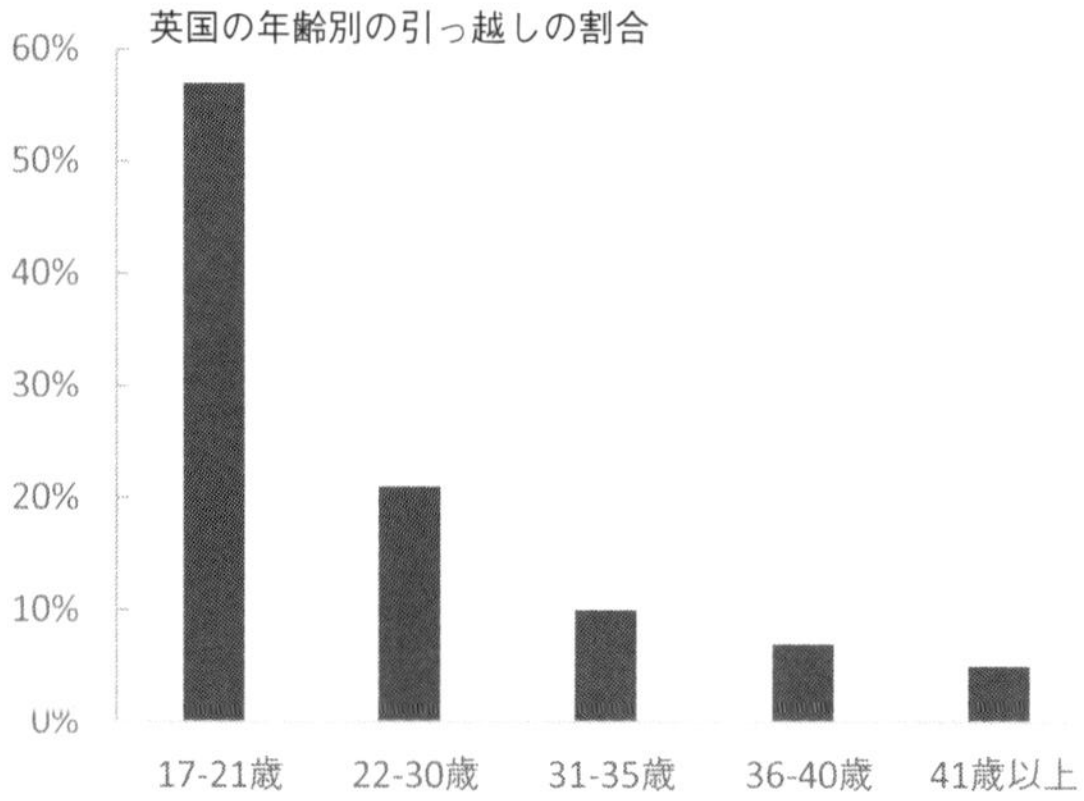

出所：Meen（2005）

Financial World (June/July, 2019) L. Mayhew (2019) "Home alone explosion (1人世帯の爆発的増加)" Cass Business School, (pp 13~15) より引用[2]

過少な入居率は主要な問題の一つとして認識されている。世帯の平均人数は、主に人口の高齢化によって、１９８０年の２・48から２０１８年の２・36まで低下した。仮に今日の一世帯人数が１９８０年と同じ水準ならば、今よりも１３０万の住宅がさらに利用可能になっていたことになる。もし人々が自らのニーズにもっと合った家に住んでいたならば、毎年５万件の家は新築される必要がなかったことになる。主要な発見の一つは、主に高齢化によって、１人世帯人口が２０４０年までに30%も増加するということである。

２０２０年から２０３０年の間に、世帯数は２００万増加し３０７０万に到達すると予想されるが、この増加の35%は高齢者世帯であり、さらにその61%は高齢者の１人世帯である。２０３０年から２０４０年の間の予測も似たようなものであり、世帯数はさらに１６０万増加し３２３０万に到達するが、この増加の38%は高齢者世帯であり、さらにその67%は高齢者１人住まいの世帯である。何も改革が行われなければ、これは非常に非効率な住宅の利用であるだけではなく、１人で住んでいる多くの体の弱い高齢者たちの健康と社会的配慮に関する問題を

2 The London Institute of Banking and Finance より許可を得て掲載。

抱えることになる。

結婚し家庭を持つ年齢の上昇、特に出産の高齢化（図5・5、5・6）は、家計の投資／貯蓄バランスに影響を与えることになる。40代で出産する女性の増加に注目すべきだ。1970年代および1980年代には、ほとんどの人々は20代で結婚し、35歳になるまでには子供をほとんど出産し終わっていたものだ。そして、40代後半になるまでに子供たちは自立して家を出て行った。その場合には子供の世話に妨げられることなく、20年間ほどは退職後の生活を計画し貯蓄する準備期間があったことになる。

最近では、こうした節目の年齢がすべて数年単位で上方にシフトしている。30歳未満の未婚の若者たちは高齢退職期間の確率を割り引いて考える傾向があるので、老後のための十分な貯蓄を行わないと考えられる。さらに、若者たちの失業や住居費および長期にわたる教育にかかる費用の増加によって、子供たちは実家により長く居住し続けている。若者の視点からすれば、実家に居続けることは家賃や他の設備の節約になる。しかし、例えば、住宅購入の頭金や人的資本形成など将来の目的のために、彼らは貯蓄を配分する必要がある。親の立場からすれば、最も重要な老後のための貯蓄期間を大きく縮小（例えば、45～65歳の期間を52～67歳の期間に短縮）することになる。住居費と教育費の増加は両親の銀行預金にプレッシャーをかける。もしその銀行預金から子供たちに資金提供するのであれば、将来の退職生活のために貯蓄する資金が減少することになる。

ある研究者たちは、将来を見越した家計が年金プランにしたがって消費を減らすと考えている。

図５・５　出産時の親の平均年齢（英国）

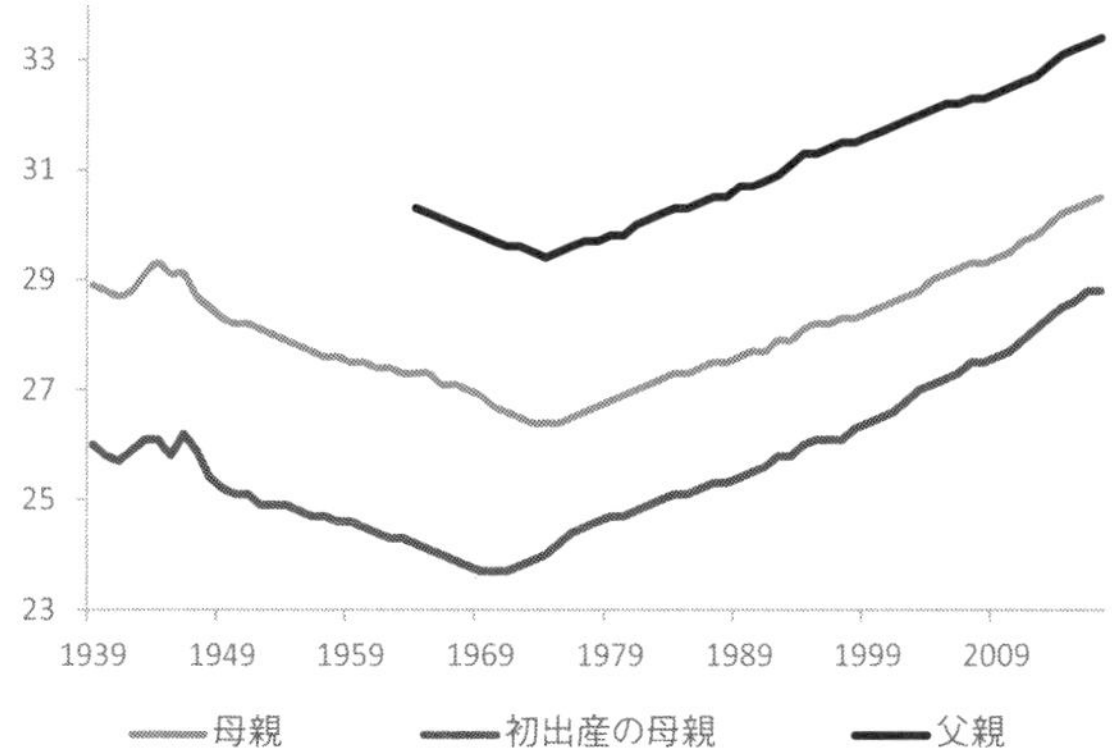

出所：Office of National Statistics

図５・６　初出産した女性の平均年齢は先進国において軒並み上昇してきた

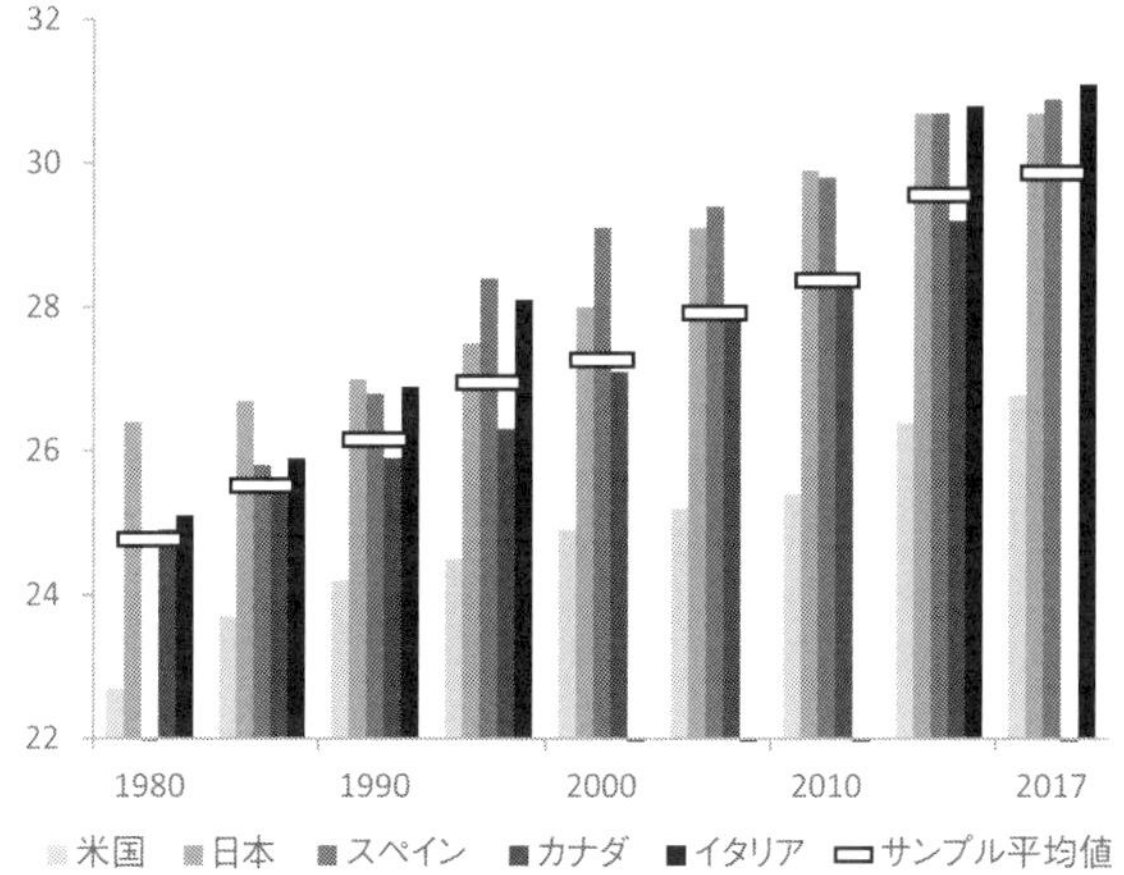

出所：OECD

Papetti（2019）は次のように議論している。

将来を完全に予見できる代表的な家計は、すべての消費者（全人口）をサポートする有効な労働者数の増加率はしだいに縮小していくことを認識する。したがって、他の条件一定のもとで、将来の年金制度に依存し一人当たりの消費を一生通じて平準化する目的のために、代表的な家計は人口変化を予想し消費を減らし貯蓄を増やす選択をする。すなわち、家計はより辛抱強く行動することによって実質金利を低下させることになる[3]。

このようなことは、近視眼的思考や想像力の欠如などの明確な理由によって、この数十年間、ほとんどの先進国において明らかに起こらなかった。人々は拡張したライフサイクルを通じて消費を平準化させるために必要な十分な貯蓄をしていない。世界経済フォーラム（World Economic Forum :WEF）のために書いた論文の中で、Wood（2019）は次のように主張している。

研究論文に含まれている6カ国（米国、オランダ、英国、オーストラリア、カナダ、日本）の男性退職者のほとんどは、彼らの年金基金が支払える年数よりも10年近く長生きすると予測されている。貯蓄不足は女性の場合もっと深刻である。なぜならば彼女らは2年ほど男性よりも長生きするからだ。

国によって大きな違いもある。日本の退職者は平均寿命が長く、また収益の少ない安全資産に長期にわたって投資するために平均貯蓄が少ないことから、老後生活は特にリスクにさらされている。

Wood（2019）はさらに次のように述べている。

なぜ人々は、退職後の生活のための貯蓄では間に合わないほど長生きするのだろうか？　医療の進歩と改善された健康保険給付額の増加によって貧困は減少した。

これは、健康な食事と定期的な運動から得られる利益に関する世界的認知度の広がりなどの他の要因と並んで、人々がより長く生きることを意味する。

しかし、国連のデータによると、今世紀の半ばまでに、世界人口に占める60歳以上の人口比は22％に到達すると予測されている。これは２０１５年の比率の2倍に近い数値である。

高齢者人口は維持不可能な圧力を政府と企業年金システムに与えることになる。それは退職後の生活は自己責任であるという認識を広めることになる。しかし、貯蓄は従来の年金プランの減少に合わせて増加してきていない。その結果、老後のための貯蓄不足が現在生じているのである。

世界経済フォーラムも、家計貯蓄不足が将来解消されるとは見ていない。その代わりに、上記6

3　Schön and Stähler（2019）を参照。彼らは24ページ目に「人々が高齢化世界に住んでいることを認識する瞬間に貯蓄を衝撃的に（そして突然）増加させるので、世界金利の下落はその瞬間最大になる」と書いている。

カ国に中国とインドを加えた8カ国すべてにおいて、2015年から2030年の間に日本の年率2％から中国の7％、インドの10％（WEF〔2018〕"How we can save for the future," Figure1を参照）に至る範囲で、家計貯蓄の不足は顕著に増大すると予想している。退職後の貯蓄不足に関するリスクをハイライトしたいというWEFの意図を考慮するとしても、結論は明確である。すなわち、少なくとも現時点においては、人々はより長くなった平均寿命期間の消費を平準化するのに必要な十分な貯蓄を行っていないということである。

このようにライフサイクルにおける消費を平準化することには長期にわたって失敗してきている。それがすぐに変わると仮定することは、いくら控えめに言っても非現実的である[4]。この点に関しては、McGovern（2019）およびButton（2019, p.10）も参照するとよい。

結論として、家計部門の黒字は今後数十年にわたって急速に失われていくと予想される。

2 （非金融）企業部門の異常な黒字は赤字に転換する

世界金融危機によるパニックが和らいだ2009年以降、ほとんどの先進国において企業部門が置かれている状況は非常に良くなってきている。2010年から2017年において、国民所得における企業利益の比率は、イタリアを除くほとんどの国で強力に上昇してきた。そして、それは1990年から2005年における比率よりもずっと高くなっている（図5・7）。同じ時期に日本以外の国々では、実質および名目金利が急速に低下し、株価は持続的な強気相場の中で上昇した。

このような状況において、設備投資は著しく増加したと思われるかもしれない。しかし、欧米先

図５・７　GDP における企業利益の割合は、特に世界金融危機以降、上昇し続けている

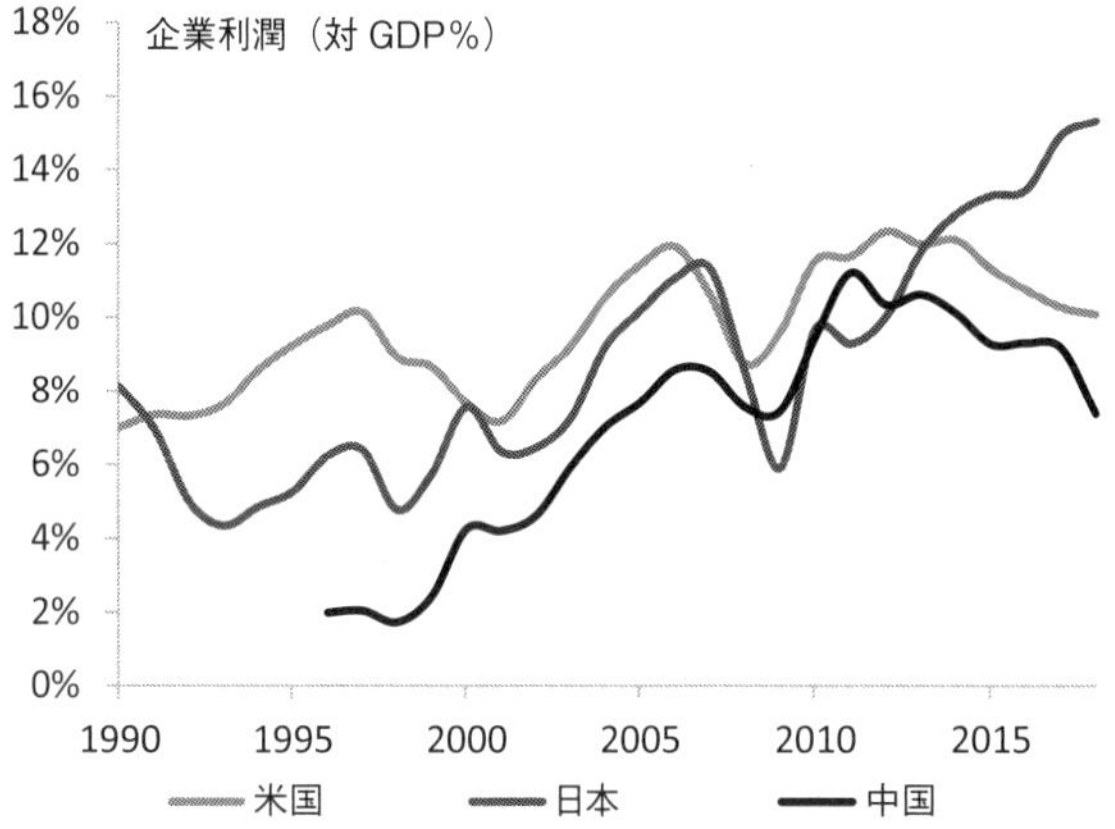

出所：Bureau of Labor Statistics, China Ministry of Finance

進国において投資比率は停滞したままであった。ただし、中国の投資比率は高い水準を維持した（図５・８）。

その結果、過去数十年にわたって、いくつかの欧米先進国において非金融企業部門は黒字を継続している。主な例外は、高い水準の投資を借金によって維持し続けた中国である（図５・９）。

したがって、重要な問いは次のようになる。すなわち、最近の良好な環境にもかかわらず、なぜ

4　より短い期間においても、消費を平準化するために主に家計によって借金または貯蓄がなされているという理論は実証的に十分に支持されていない。したがって、Hundtofte et al.（2019）は、概して人々は失業のような一時的な負の所得ショックを経験した時に、消費を平準化するために借金を利用しているわけではないと述べている。その代わりに、人々は消費を調整して、クレジットカードの負債や当座貸越を平準化している。その結果、クレジット需要は正循環的であり景気循環を増幅することになる。

図5・8　総固定資本形成（対 GDP 比）は先進国では停滞、しかし中国では高水準

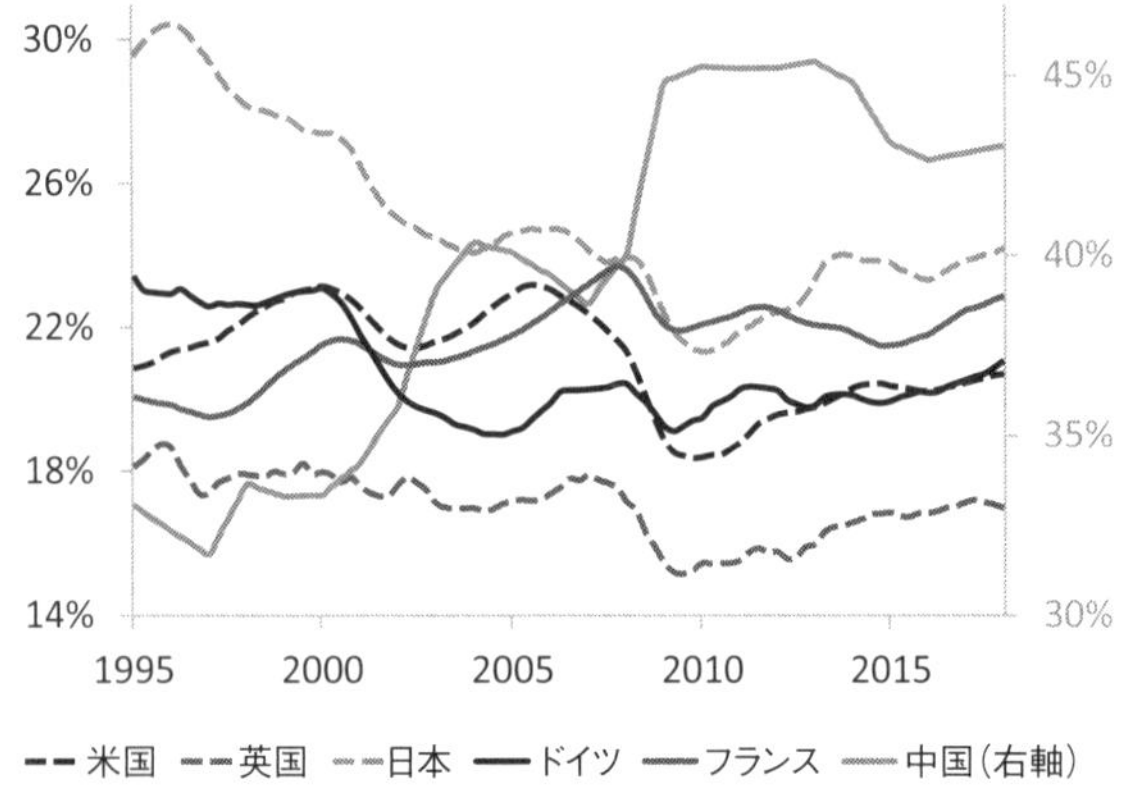

出所：IMF

図5・9　企業部門の純貯蓄（対 GDP 比）は赤字に向けて動いていく

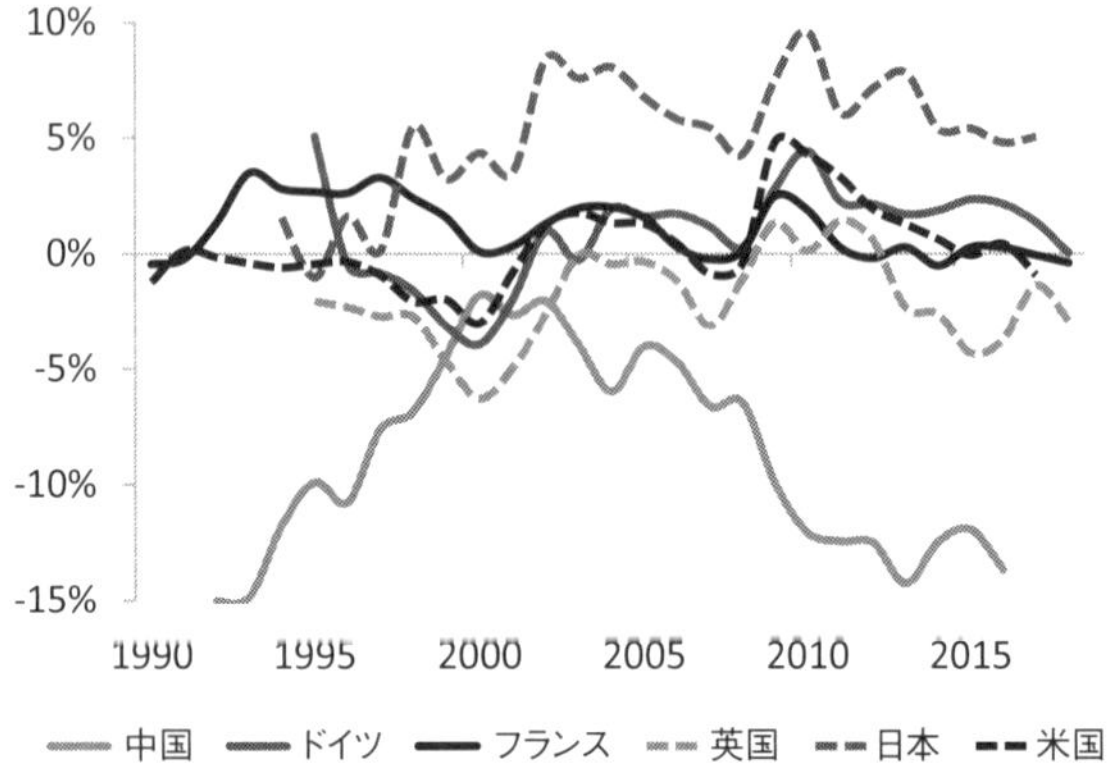

出所：OECD

設備投資比率がそれほど低い水準にとどまったままなのか？　この問いに対しては、お互いに矛盾しない、そして部分的に有効な複数の説明が可能である。おそらく、次の四つの主要な説明がありうる。

① 強まる企業の集中と独占化
② 科学技術
③ 経営者のインセンティブ
④ 安価な労働力

① 強まる企業の独占化

主に米国に関するものであるが、企業部門において集中化と独占化が進んだという証拠が存在する。例えば、Autor et al. (2017, 2019)、Covarrubias et al. (2019)、Crouzet and Eberly (2019)、Philippon (2019) である。もしそうであるならば、企業の独占化によって高い利益率、高い利益の対GDP比率、低水準の投資につながる。最近のNBERワーキングペーパーでLiu et al. (2019, January) は、低金利の継続はそれ自体が市場集中を引き起こし、市場の活力を弱め、生産性の成長を抑制したと主張している。これについては同ワーキングペーパーの5ページ脚注2に掲載されている、低金利と産業集中さらに高い企業利益の間の関係についての文献も参照するとよい。

② 科学技術

経済をリードする部門は、鉄や建物、重機などの固定資本よりも人的資本に依存するハイテク企業からなっている。例えば、ソフトウェア開発には多くの人間の技術と努力が必要であるが、固定資本は比較的少なくて済む。技術進歩が固定資本から人的資本に比重を移しつつある限り、すべての収入と生産に占める固定資本への支出の割合は、急激に減少する可能性が高い。

③ 経営者のインセンティブ

第11章、12章でより詳しく議論するが、有限責任を享受する株主の利益と連動する経営者のインセンティブは、短期的な株価最大化にフォーカスするように導く。これは自社株の買い戻し、すなわち株式を債務で交換することでレバレッジを上げるために利益を使うことによって最も簡単に達成される。しかし、長期の設備投資や研究開発を削減することで短期的な利益を増大させることもできる。このような議論は、Smithers (2009, 2013, 2019) によって強調されている。

④ 安価な労働力

グローバル化と人口構成の恩恵によって、世界貿易システムにおける前代未聞の急激な労働供給の増大がもたらされた。生産拠点を海外移転することによって(例えば、中国や東欧への移転、または移民を雇って)安いコストで生産を増大することができる時に、生産性の上昇のために国内で高額な設備投資を行う合理的な理由があるだろうか? 一方で、生産能力をめぐる海外移転先との競争と国内への移民流入によって、民間部門の労働組合の力が低下し、実質労働賃金を過去数十年にわたって低く抑えることになった。このような条件のもとで、設備投資は労働賃金の安い国々へと移り、それは労働集約的かつ資本節約的な産業技術の形をとった。

これら四つの説明の重要性のバランスを見極めるのは困難であり、ここでそのような判断を試みるつもりはない。しかし、これらすべての説明にはメリットがあり、おそらく最後の二つの説明、すなわち経営者のインセンティブが社会全体から見ると整合性がないこと、そして中国や東欧に生産拠点を移転することで欧米先進国経済の投資が抑制されたことは特に重要だと思われる。

グローバル化と人口構成のトレンドは今、逆転し始めている。過去30年にわたって実質賃金が停滞した国々において、ポピュリズムと保護主義が大きな政治的影響力を持つようになってきている。同時に、労働人口の大幅な増加と依存人口比率の減少をもたらした幸運な人口構成は、すでに日本で起こったように、急激に逆転する間際にある。この人口構成の逆転は、ほとんどの欧米諸国において実質賃金を上昇させる効果を持つ。それは労働生産性を引き上げ、単位労働コストを引き下げるために投資を増やすように経営者を導く可能性が大きい。

ただ、経営者に短期志向を促すインセンティブのもとで低い投資比率が維持される限り、この特殊な設備投資停滞の要因は解消されないだろう。

第12章において、われわれは次のように主張する。特に非金融企業において過剰な債務の蓄積を免れる重要かつ、おそらく必要な方法は、経営者のインセンティブをシフトさせ、負債の代わりに株式発行による資金調達（エクイティ・ファイナンス）に切り換えるように促すことである。いずれにせよ、われわれは、労働市場がしだいにタイトになり、賃金と単位労働コストが上昇すると主張する。これらの理由により、もちろん確実ではないが、将来、労働者一人当たりの投資が増加する可能性が高いと考えている。それが、労働人口増加率の低下による投資減少の影響を十分相殺するかどうかは明らかではない。したがって、企業投資は上昇することも下落することもありうるが、大きく下落することはないだろう。

一方、グローバル化と人口構成、金融緩和がもたらした1980～2020年の輝ける資本家天国の時代と比較すると、単位労働コストの上昇、労働組合の相対的交渉力の高まりは企業利益を抑制することになる。輝ける時代は急速に過去のものとなりつつあり、利益を獲得するのは将来もっと困難になるだろう。

歴史的にも、また通常でも、投資は留保利益より大きいので（非金融）企業部門は赤字の状態にある。本節で示したように、きわめて異常なことに、多くの国において非金融企業部門は黒字に移行している。しかし、上記の理由により、黒字は比較的短命であり、今後失われていき、これからの数十年のうちに赤字に転換すると考えられる。

3　高齢化時代に公的部門は赤字を転換することが本当にできるのか？

すでに述べた理由から、最近、家計部門と（非金融）企業部門はともにかなりの黒字になる傾向があった。したがって、マクロ経済の均衡を達成するためには単純な計算でわかるように、公的部門は必然的に赤字になった。しかし、個々の国々にとって、そのような公的部門の赤字は、経常収支が赤字（すなわち、その他の世界経済は黒字）なのか黒字なのかに多かれ少なかれ依存している。ドイツのように経常収支が大幅な黒字の国は、公的部門の低レベルの赤字で、もしくはデンマークのように黒字であっても、マクロバランスを達成することができる。英国や米国のように大幅な経常収支赤字の国々では逆のことがいえる。

マクロバランスを維持するために公的部門の赤字が必要とされるという要件は、より多くの政府支出と税の減少を意味するので望ましいことだと思うかもしれない。しかし、それが正しいことは

図5・10　一般政府財政（対GD比）は継続的に赤字である

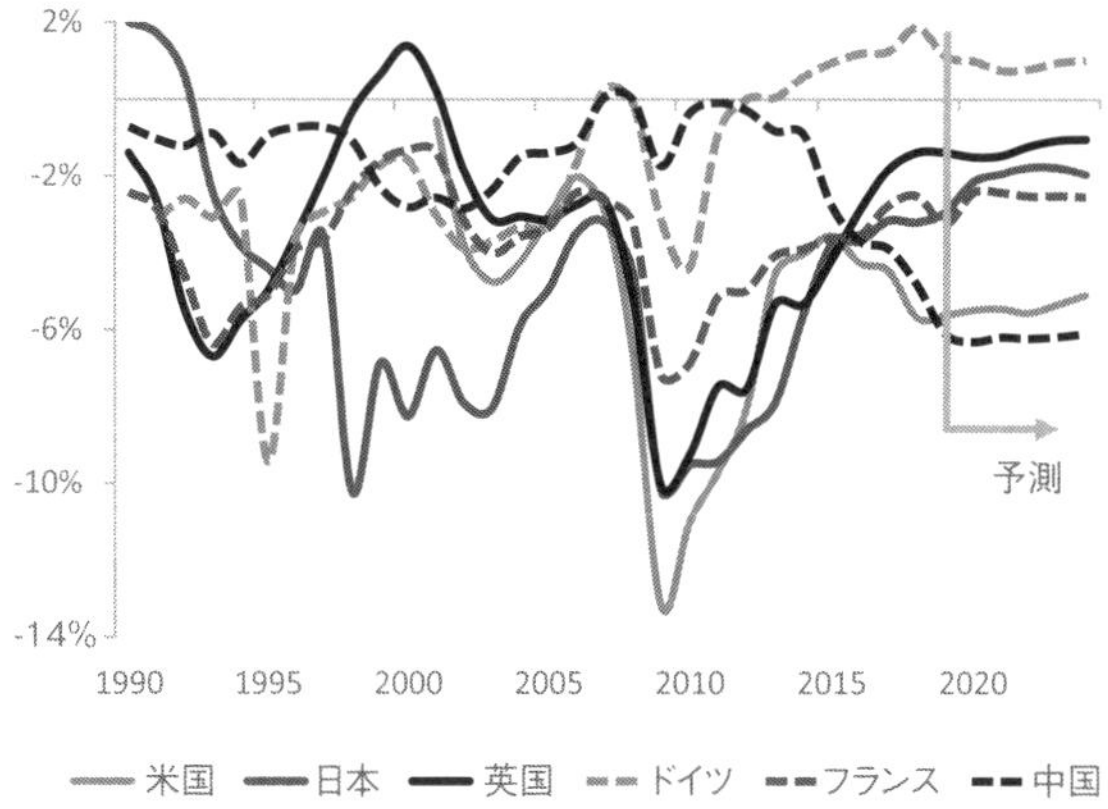

出所：IMF

なかった。歴史的には過去20年間、一定規模の赤字が継続された（図5・10参照）のは戦時にのみ見られた現象であり、緊縮財政による持続的な黒字と（予期されぬ）インフレの両方の組み合わせが求められる場合が多かった。世界金融危機後の平時における財政赤字と公的債務の規模と水準は未曽有の出来事である。さらに悪いことに、米国の議会予算局と英国の予算責任局の長期予想が示しているように、現在の所得と高齢者支援のトレンドを延長してみると、第1章の図1・8、1・9で示したように債務比率が指数関数的に上昇していく可能性が高い。この問題については第13章でさらに議論する。特に、この上昇は高齢者の現在の健康保険と年金制度のもとでのコスト増大によるものである。ある意味において、そのようなコストが現在は著しく過小評価されている。高齢者における認知症の急増や他の病的疾患に関連している事柄であるが、その課題については第4章ですでに議論したとおりである。

この憂慮すべき事情に対して、財務相（ポピュリスト以外）や多くの分別のある政治家は自然な本能から、景気循環抑制的な方向に向かい、慎重すぎるほど慎重な姿勢をとってきた。また、管理可能な水準まで赤字を減らし安定させ、さらに債務の水準を徐々に低下させ始める機会を逃さないようにしてきた。要するに、われわれが置かれている状況では、財政政策がマクロ経済的なデフレ圧力をかけ続けることを容認しているのである。これはユーロ圏において特にそうで、ドイツの保守的な政策とユーロ圏各国の財政赤字に対する制約が組み合わさって、デフレ圧力が強化されてきた。

われわれは、家計部門と企業部門を合わせた黒字が今後数十年の間に赤字に転換すると述べた。そうであれば、再び簡単な算式にしたがって、公的部門が赤字から黒字へとシフトしなければならないことになる。それには、政府支出を減らしたり税金を増やしたりする政治的に痛みを伴う決断が必要になる。それは（赤字や債務を増やす場合とは異なり）直ちに政治的苦痛を伴うために、なかなか実施されないか、少なくともマクロバランスを達成するほど十分には実行されない傾向がある。その結果、ほぼ確実に、一貫して絶え間なく続くインフレ圧力が生まれる。こうした人口構成とマクロ経済的なさまざまなトレンドが示す将来の財政金融政策に対するインプリケーションについては第13章で詳しく議論する。

3　総合的なマクロ経済的影響

これらのマクロ経済的影響をどのように総括すればよいのだろうか？　それはとても大変な作業

表5・2　人口構成の変化による経済効果

	β_1（若年層0－20歳）	β_2（労働層21－60歳）	β_3（高齢層60+歳以上）
成長率	0.04	0.10	-0.14
投資比率	0.07	0.09	-0.16
家計貯蓄率	0.33	0.23	-0.56
労働時間	-0.70	1.70	-1.00
インフレ率	0.75	-0.87	0.12

出所：Aksoy et al.（2015）

になることだろう。幸いにも、ロンドン大学バークベック・カレッジの経済学者グループ（Aksoy et al.〔2015〕）が、そのような人口構成の変化がもたらす影響について実証的かつ理論的な研究を行っている。彼らの研究の方向および結果の概略はほぼ受け入れることができるので、その主要な結論を示した表をそのまま掲載することにする（表5・2）。

われわれが同意する彼らの主要な研究結果は次のようになる。

・全般的な成長と総労働時間は高齢化が進むにつれて減少する（この結論は、人口における高齢層の係数を表すβ_3が成長については負であり、労働時間についてはさらに大きな負の数値であることから読み取れる）。

・若年層と高齢層の人口に占める割合は、ともに経済にとってインフレ的である（これは、係数β_1とβ_3がインフレについて正であることから明確に読み取れる）。

・投資と家計貯蓄率はともに人口構成の高齢化に伴って低下する（これは、係数β_3が投資についても家計貯蓄率についても負であることから読み取れる）。

これらの結論は人口構成（高齢化）の影響に関するわれわれの考え方

と次の点において一致する。

・成長は最初の、そして最も明白な犠牲者である。成長が全般的に低下し、総労働時間も必然的に減少する。しかし、人間の幸福は、一人当たりのGDP以外の多くの要因に依存している。したがって、成長の低下が必ずしも幸福度の全般的な低下を意味するわけではない。

・若年層と高齢層の人口比率の上昇はともにインフレ的であるが、労働者層のみが経済にとってデフレ的である。若年層と高齢層は財・サービスの純消費者であり、労働者層のみが生産活動によって財・サービス需要を相殺することができる。

・投資と家計貯蓄率はともに低下する。ただし、われわれは（すでに述べたように）貯蓄のほうが投資よりも速く低下すると考えている。

第6章　人口大逆転における（実質）金利の決定

1　はじめに

われわれの研究の重要かつ核心的な結論は、人口構成とグローバル化の趨勢の大逆転がインフレを引き起こす、ということである。この見方が定着するにはあと数年かかるかもしれないが、インフレ予想が定着し人々の期待が調整された時には、名目金利が上昇することになる。この結論について、われわれは自信を持っている。しかし、より難しく興味深い問いは、インフレ率以上に名目金利のほうが上昇するのか、すなわち実質金利が上昇するか、もしくは逆に低下するのか、である。

それぞれの国ごとに実質金利の変化予想を見ていくのではなく、グローバルな要因に焦点を合わせて考える必要がある。世界経済すなわち閉鎖経済においては、貯蓄と投資は事後的に等しくなら

表６・１　世界金利は長期的にどこに向かっているのか？

決定要因	実質金利へ与える影響
貯蓄曲線のシフト	上方
・人口構成：高齢者人口の増加	
・新興市場における低貯蓄率	
投資曲線のシフト	少し上方
・民間部門のデレバレッジからの圧力の緩和	
・政府部門の投資の若干の増加	
・無形資産への投資の高い重要性	
ポートフォリオのシフト	変化なし？
・国債への規制上の選好は不変	
・安全資産への投資家の選好は不変？	
生産性の向上	少し上方
・情報通信技術からの正のインパクト	

出所：Heise（2019）。Brand, et al.（2018）および Smith（2015）も参照。

なければならない。したがって、ある特定の国、例えば中国を見れば貯蓄が投資より大きく経常収支は黒字であるが、このことは、定義によって、貯蓄が投資よりも小さく経常収支が赤字の他の国（英国や米国など）が存在することを意味する。われわれが見るべきものは、グローバルな視点から見た事前の望ましい貯蓄と投資のダイナミクスである。そして、貯蓄と投資を均衡させる金利をグローバルな市場価格として考えることである。

実質金利のありうる動向を分析する際の困難の一つは、あまりにも多くの要因が関係していることである。例えば、ヘイズの著書 *Inflation Targeting and Financial Stability* では、表６・１に示してあるように四つのカテゴリーと８個の要因をリストアップしている。

本章では、六つの一連の問いを立て実質金利の将来ありうる動向について検討する。第一に、次の節で、均衡金利の決定に影響する経済成長の役割について議論する。次に、三部門における事前投資と貯蓄のありえそうなトレンドについて調べる。すなわち、家計部門から始めて非金融企業部門、そして経済を均衡に導くために公的部門はどうすべきかについて議論する。続いて、少し脇道にそれるが、リスクと非流動性回避が無リスク資産の利回りに与える影響について短く議論する。いいかえると、安全資産の（継続的な）供給不足がありうるかどうかという問いである。最後に、中央銀行の2％のインフレ目標堅持を修正させようとする政治的圧力が強くなっていくかどうかについて議論する。

2 成長率の低下で実質金利を低く維持することになるか？

われわれは本書以外のいくつかの研究において、成長率（g）と実質金利（r）の関係の重要性について考察し、rがgよりも大きくなるとマクロ経済運営はより難しくなるという見解を持つようになった。もう一つの主要な結論は、労働人口の成長率が低下し、しかも多くの国では絶対値で減少するにつれて、実質ＧＤＰの成長率gが低下しなければならないということである。

さらに、一般に、潜在成長率と均衡実質金利の間には本質的な関係が存在すると考えられている。例えば、Laubach and Williams（2003）のよく知られたモデルは、ラムジー・モデルの枠組みを使って、潜在成長率と均衡実質金利の両者に共通の長期的要因を組み込んでいる。その仮定は、他のどの要因にもまして、推定期間における均衡実質金利の推定値を決定づけている。しかし、この仮定はデータによってあまり支持されていない。

米国の均衡実質金利の決定要因を調べるための実証研究において、実質金利の唯一の重要な関係は、それが米国を除いた世界実質金利と共和分であることを Hamilton et al.（2015）が見出している。1858年から2014年のデータを使って分析してみると、他の要因と同じように、成長率は部分的に影響を持っているが均衡実質金利を決定する支配的な関係にはない。この結果については、Rachel and Summers（2019, pp.11-12）および Rachel and Smith（2015）も参考にするとよい。

景気循環から見た場合も、成長率と金利に見られる関係のほとんどは、景気後退期に成長率も金利もともに低下することから生じているものと考えられる。景気循環における実質金利の低下は、事前貯蓄に対する事前投資の相対的な動向、特に投資の振れ幅が貯蓄の振れ幅に比較して大きいことに関連している。望むべき投資が景気循環の底に向けて急速に落ち込むのに伴って（その間望むべき貯蓄のほうはあまり変化しない）、金利も低下する。同じように、景気上昇局面においては、望むべき投資が貯蓄に比べて増加するので金利の上昇を引き起こす。このようにして、成長と金利の関係が構造的に長期にわたって成立するものと（誤って）認識されているのである。

3　各部門における事前貯蓄と事前投資の変化

経済成長率を均衡実質金利の決定要因と考えるよりも、われわれは標準的な古典派理論を使うことにする。すなわち、（中央銀行の金融政策による地域的な実質短期金利への一時的影響が拡散した後）中期および長期において、実質金利は事前貯蓄と事前投資の差を調整する方向に動くという理論である。予期された貯蓄が予期された投資よりも大きい場合には実質金利が低下し、その逆の場合には実質金利が上昇する。1980年から2015年の最近数十年にわたって実質金利が低下するトレンドが見られたことは、同じ時期に事前貯蓄が事前投資を上回っていた一応の証拠になる。しかし、この状況はこれから転換していく可能性が高い。

1　家計部門：平均寿命と退職年齢のギャップそして中国

大きな問題は、通常、人口構成の変化が事前貯蓄と事前投資に与える影響が同じ方向である点である。（依存人口比率が一定という条件のもとでは）人口増加率が低ければ貯蓄率も低くなるが、同様に資本、住宅、設備などの需要も減少する。しかし、このことからは資本／労働比率が上昇するか低下するか、したがって資本の限界生産性を上げることになるのか下げることになるのか判断できない。事前貯蓄と事前投資がともに同じ方向に動くと、貯蓄投資バランスがどう動くのか予想するのが難しくなる。社会的セーフティネットが存在する場合のライフサイクル仮説および中国の人口高齢化が貯蓄に与える影響を考慮すれば、家計貯蓄は将来減少することになる。

もしすべての退職後の消費が事前に蓄えた貯蓄の取り崩しによって賄われるとすれば、若者はより大きな生涯所得を享受できるので、年齢ごとの消費プロファイルは右下がりとなる。ライフサイクル仮説によると、個人は消費を平準化する。近視眼的な消費行動や寿命の過小評価があれば、年齢ごとの消費プロファイルはより右下がりになるであろう。しかし、データ（図6・1）を見ると、年齢ごとの消費プロファイルは平坦もしくは年齢に並行して少し右上がりである。これは実際には年齢ごとの消費プロファイルは平坦もしくは年齢に並行して少し右上がりである。これは労働者から高齢者へかなり大きな所得移転が行われていることを意味する。

図6・1　ライフサイクルを通じて消費は上昇している

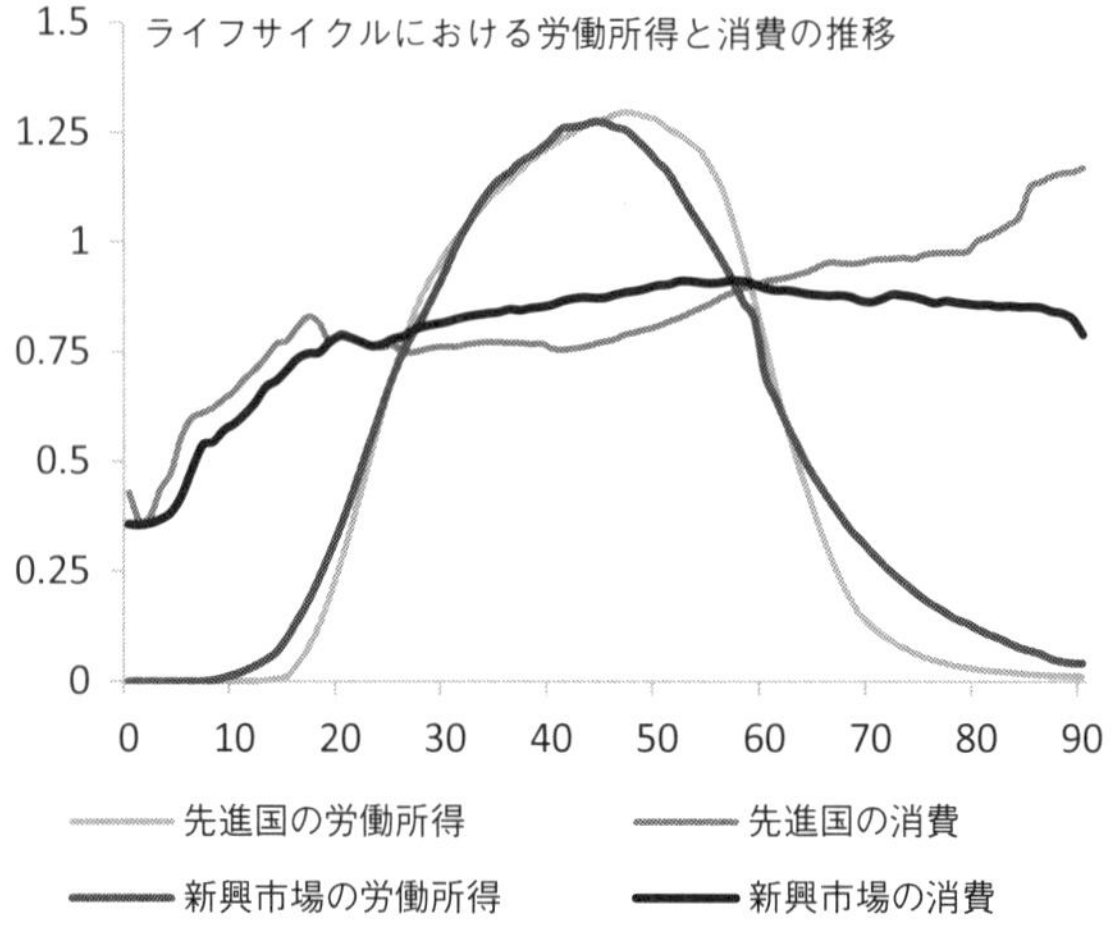

出所：National Transfer Accounts

これには二つの理由があると考えられる。第一に、高齢者の支出の中で医療費が大きな割合を占めていることである。特に、人生の最終段階においてその傾向が顕著である（図6・1は先進国において人生末期の消費が急上昇していることを示している）。医療の多くは公的部門（英国では国民健康保険、米国ではメディケイドとメディケア）によって無料で提供されている。第二に、医療費を払えない高齢者が貧困に落ち込むのを防ぐために、ほとんどの先進国にはセーフティネットが存在する（French et al.〔2019〕を参照）。

われわれの政治経済に関する重要な仮定は、平均寿命の上昇に比例して貯蓄が増大するのを防ぐ社会的セーフティネットが存在し続けるということである。セーフティネットによる保障が縮小することはあっても、年金と健康保険のセーフティネットは多かれ少なかれ今の形のまま存続するであろう。それは個人の貯蓄行動に

図6・2　医療支出は世界的に増加しているが、特に高所得国において顕著である

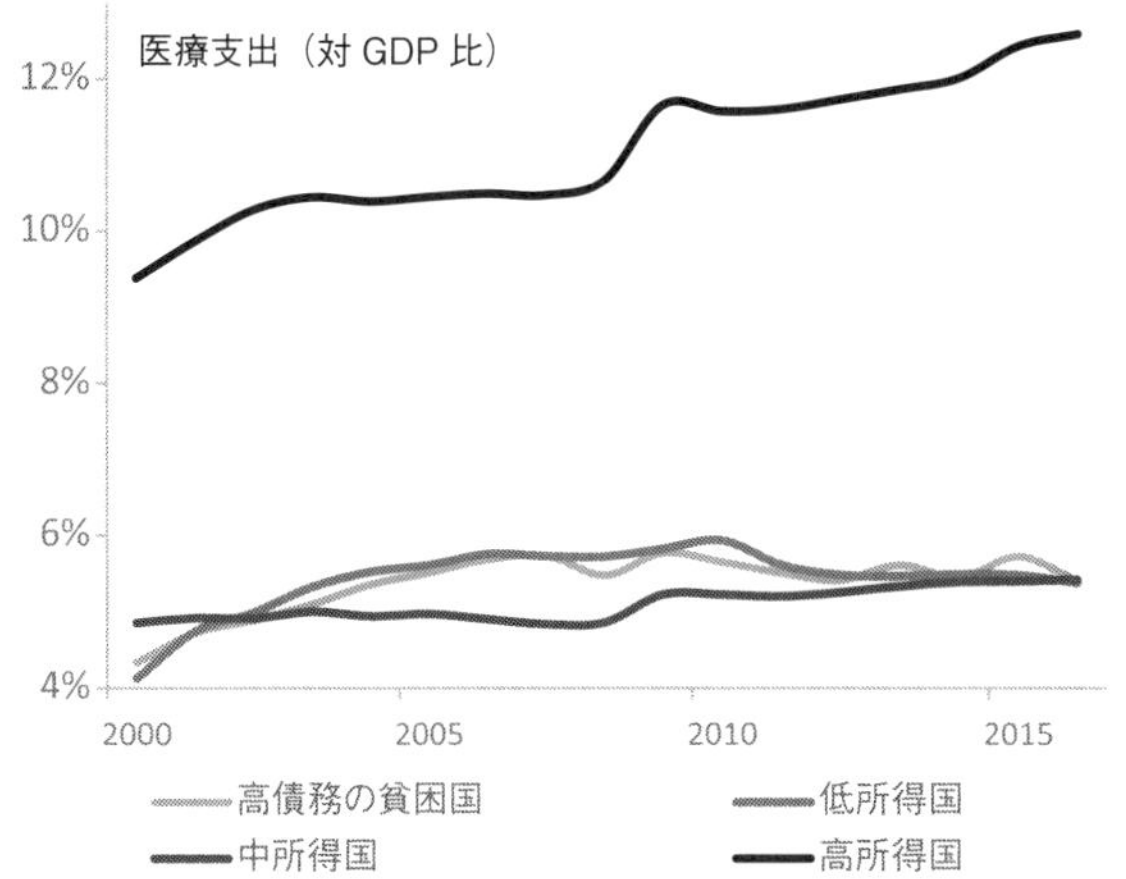

出所：世界銀行

慣習として組み込まれることで、退職後の生活を予定して貯蓄を増やすのを妨げることになる。

するとほとんど必然的に、退職年齢が平均寿命に比例して上昇せず、医療支出はもっと増大していくことになる（図6・2）。先進国の高齢化に伴って、医療支出と公的年金の支出（図6・3）は増大していく。今のところ、退職年齢を上げて労働に参加するように要請することは、若干の退職年齢を遅らせるように強制した少数のケースを除いては成功していない。一方、医学の進歩によって平均寿命はすでに大きく延びたが、高齢化に関する科学が急速に進歩すればさらに延びる可能性がある。その結果、寿命と退職年齢のギャップは寿命が延びるのに並行して拡大していく（図6・4）。

そして中国である。中国に関してはすべてが巨大である。すでに第2章で述べたように、中国の人口構成の動向は際立って注目すべきである。その人口動態の影響を受けた中国の貯蓄と投資の動

図6・3　公的年金支出は増加し続ける

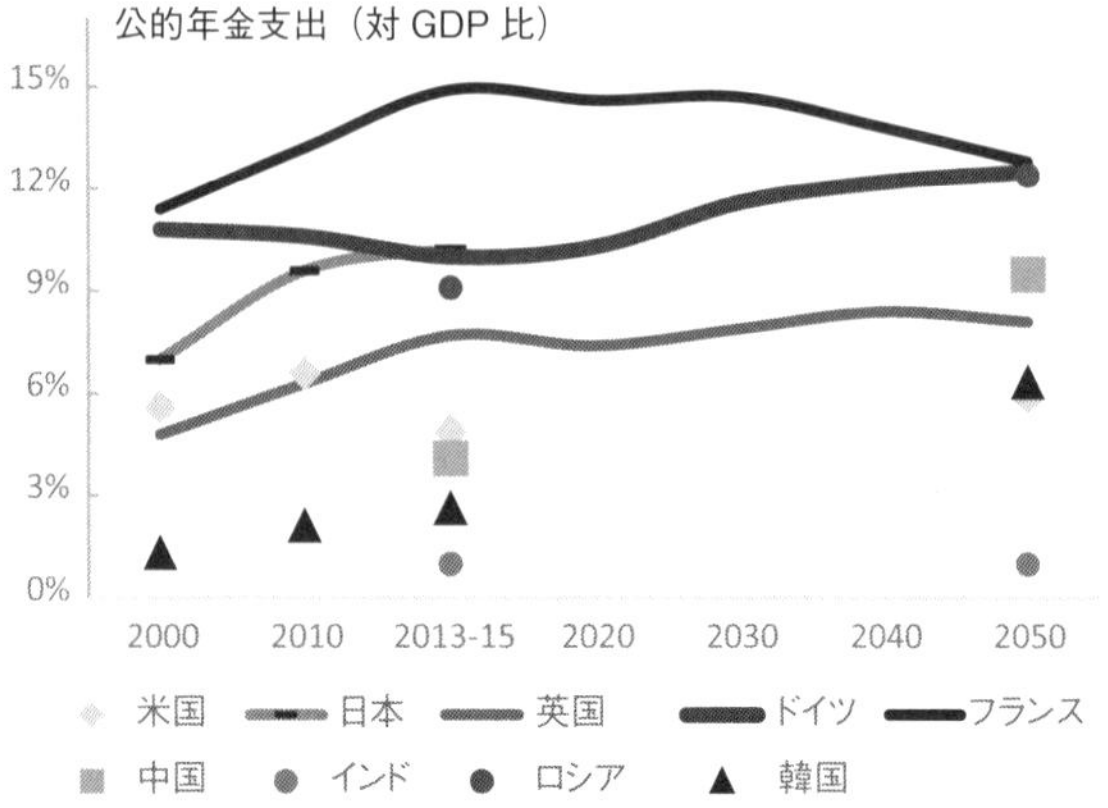

出所：OECD

図6・4　「平均寿命－実効退職年齢」は先進国で上昇している

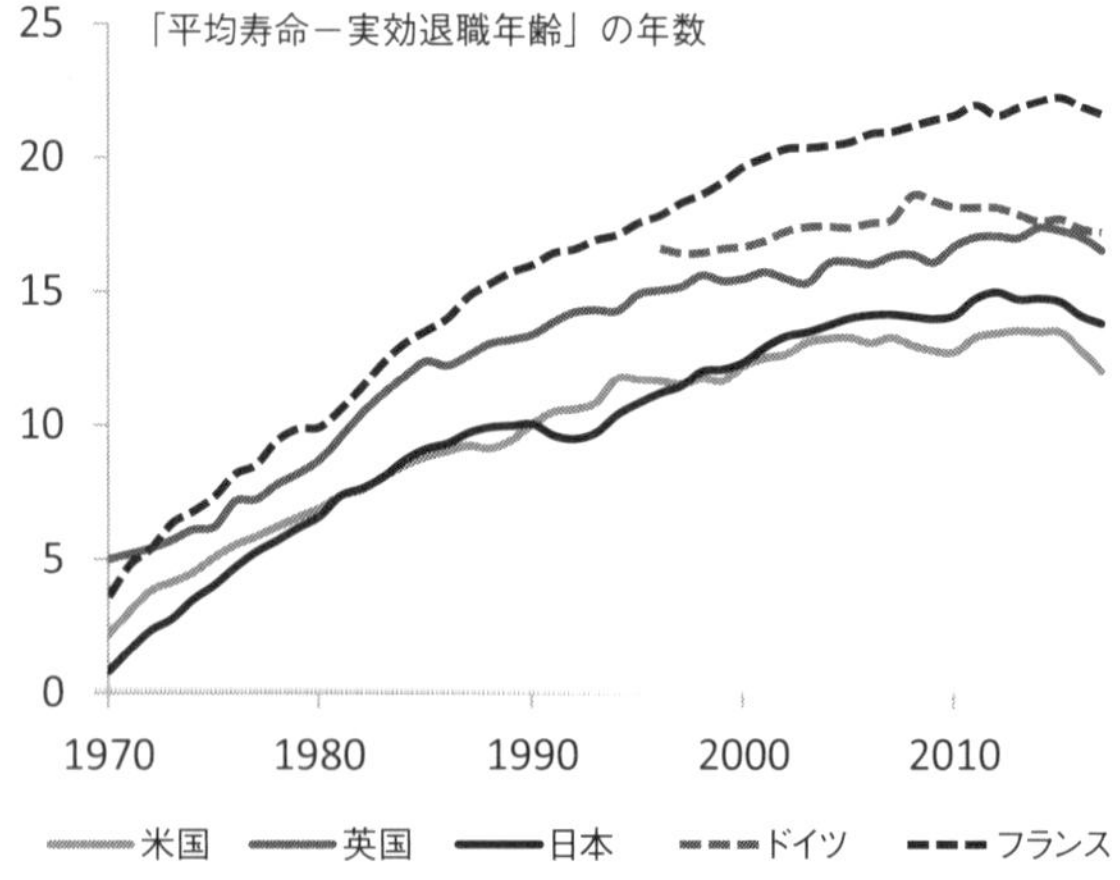

出所：OECD

きは驚くべき規模になる。中国の労働人口の動きが方向を変えるにつれて、結果として中国国内はもちろん、世界の貯蓄・投資動向にさえ変化をもたらすであろう。

人口構成の変化は中国の巨大な貯蓄を確実に低下させることになる。最近まで、(比較的少数の)中国の高齢者たちは拡大家族の中でケアを受けてきた[1]。しかし、長期にわたって維持された一人っ子政策によって、高齢者への支援がしだいに手薄になっている。不十分な社会的セーフティネットのもとで、退職後の生活のための家計貯蓄が増大したのである。これに加えて、利益を配分するよりも内部留保したがる国有企業の経営者たちのインセンティブを考慮すると、家計と企業の貯蓄の大きさの理由が明らかになる。

将来、貯蓄はどのように変化するだろうか? 欧米に比べて、アジアではより多くの割合の高齢者が働いているが、上昇し続ける平均寿命は中国や他の国々において依存人口比率を引き上げることになる。その結果、家計貯蓄率は低下し、中国の経常収支も減少せざるをえない。実際、第2章で述べたように、この傾向はすでに表れ始めている。

中国の高齢化は石油輸出国の過剰貯蓄もまた減少させることになるだろう。中国が世界経済に与えた影響は巨大である。その一つの側面は、原油を含む原材料価格に対する上昇圧力である。原油の多くは人口密度の低い国々で生産されている(サウジアラビア、ペルシャ湾、ノルウェー)。中国の成長が低下していき、そして化石燃料から再生エネルギーへの転換が必要になってくると、オ

1 コンサルタント会社の Qianzhan Industry Research Institute によると、中国の90%の高齢者は主に家族の世話に依存している。7%は近所のコミュニティによるケアサービスに依存し、3%は老人ホームに依存している。

イルマネー諸国の純貯蓄と経常収支の黒字はしだいに損なわれていく可能性が高い。

実際、経常収支が黒字（大きな純貯蓄）の国々は、急速に高齢化している国々（中国、ドイツ）か、もしくは相対的な強みが低下していく国々（オイルマネー諸国）である。

全体的な資本の割合の多く、そして個人の富の多くは、住宅もしくは住宅関連の基本的施設と結びついている。多くの人は、人口増加が減速するにつれて住宅需要が急速に減少すると考えている。しかし、その予想は高齢者の選好を考慮に入れていない。国が経済的に富むにつれて、高齢者は子供たちの家に移るのではなく既存の家に住み続ける。引っ越しはストレスを伴うものであり、第5章ですでに説明したように、すでに住宅を所有している高齢者にとって引っ越しをするインセンティブはほとんど存在しない。若者が大人になり経済的独立を得ると、高齢者が空き家にした既存の住宅に移るのではなく、新しく建築された住居に移ろうとするだろう。われわれの見方では、所与の人口のもとで、より多くの高齢者とより少ない労働者への人口構成の変化が起これば、住宅需要は減少するのではなく増加する。これは住宅関連の投資を支えることになる。

社会的行動は変化するだろうか？　高齢者は自宅を売却して拡大家族と一緒に住むだろうか？それはもちろんありうる。しかし、それは先進国よりも新興国で起きる可能性が高い。先進国において長い間保たれてきた社会習慣が破壊され、そのような変化が広範に起こるには、人口構成が大幅に悪化することが必要となるだろう。

2　非金融企業部門はどのように反応するか？　これは微妙な問題である

人口構成の変化が単純明快な答えを持たない問いは、企業部門の行動に関するものである。二つの両極端な議論がある。よくある議論は、人口構成の逆風に対する企業部門の反応は資本／労働比率が減少するほど資本形成のスピードを減速させる、というものである。われわれの見方はそれとは反対だ。不足気味で高価な生産要素である労働を補うために企業部門が資本を追加することによって、資本／労働比率は上昇することになる。

労働コストは上昇し、資本コストは低下するだろう。知る限りでは歴史上、二つの生産要素価格が明らかに正反対の方向に動いた時代はない。人口構成の変化が賃金を上昇させる前に、資本財の価格はすでに下落し始めている。賃金が上昇し始めるにつれて、費用のかかる労働を補うことは資本財の価格低下のおかげでより容易になる。結果として生じる生産性の向上は、ある程度賃金上昇とインフレを和らげることになるだろう。この企業の反応については、貯蓄と投資の視点から見ることもできる。著しく安い資本財価格を与件とすれば、ある一定の資本を蓄積するための費用を賄うのに必要な経済全体の貯蓄は少なくてすむ。これはある程度、人口の高齢化による貯蓄不足を埋め合わせ、そして金利と賃金の上昇をいくぶん和らげることができる。

オイルショック後の歴史的経験が、そのような代替行動の証拠を提供してくれる。生産要素の価格について有利または不利なショックに直面した多くの国の製造業は、資本／労働比率の大きな変化を経験している。１９７２年から１９８８年までの米国製造業のデータによると、１９７０年代のオイルショックは大きくエネルギーに依存する製造業の凋落をもたらした（Davis et al.〔1992〕）。当時、そしてその後の原油価格の乱高下に対して米国経済が強力に対応するにつれて、工場、雇用、賃金のすべてが収縮した。まったく正反対の効果がエネルギーの純生産国では見られた。原油の生産・輸出に依存していたロシア経済における知識集約型製造業部門の空洞化は、この変容をきわめてよく表している。

われわれは、イノベーションが生産性にかなりの望ましい効果を持つこと、したがってインフレと名目金利を抑制する効果があることに十分期待している。しかし、イノベーションのスピードを予測するための専門知識を持ち合わせていないので、不可知論者の立場を取りたい。実際、イノベーションに関する多くの議論は、イノベーションのペースに関するものなのか、それともそれが統計データに適切に記録されているのかをめぐるものなのか、判断するのが難しい。例えば、Gordon（2012）によると、米国の生産性は1973年以降下落しているが、そこから上昇することはありそうもない。しかし、Mokyr et al.（2015）によると、統計データはイノベーションを適切に捉えていないので誤解を招きやすい。この生産性に関する問題はすぐに解決を見る可能性が少ないので、われわれはこのトピックに関して不可知論者の立場を変えない。

構造的に見ると、人口構成の逆転はまだ始まったばかりであり、おそらくつい最近まで生産拠点の海外移転は魅力ある選択肢であり続けた。人口構成の逆風や関連する賃金上昇はまだ多くの先進国に影響を与えていない。人口構成の圧力がすでに表面化し始めている日本や中国、韓国においてでさえ、それらは比較的まだ初期の段階にある。もっとも、ある程度の賃金上昇圧力は日本の労働市場で表れ始めており、これら三国すべてにおいて労働力はすでに減少している。

この初期段階においても、日本では新しい投資支出サイクルの兆しが見え始めている。過剰設備能力がいまだに問題である中国と韓国においては、当然、同じような反応は表れていない。ほとんどの先進国は次の二点において日本に似ている。(i)労働はまもなくより高価になり、相対的にも絶対的な意味においてもコスト高になるが、(ii)製造業部門には大きな資本支出の増加は見られていないし、新興市場のような民間部門の債務増加も生じていない。したがって、先進諸国の人口構成に対する反応は、中国や韓国（そして過去の日本の経験）ではなく、最近の日本の経験に似たものになるだろう。

景気循環的に見ると、企業部門がなぜ投資よりも貯蓄に向かっているのかやや困惑する（特に、先進国と中国において）。世界的な過剰設備能力が緩慢にしか解消されないことと需要も緩慢にしか増えないために、企業の物的資本への投資が妨げられてきた可能性は十分ある。新興市場においては、資本財（投資の合理的な先行指標）の輸入が過去5年間で初めて増大し始めている兆候がいくつかある。しかし、カギは米国の投資サイクルの錠を開けることにある。今まで米国の企業部門は、レバレッジを利かした自社株買いを通じて株主資本利益率（ROE）を引き上げることや、雇用を増やして生産量を拡大させることを選好してきた。仮に最近始まったように賃金上昇が企業利益を食いつぶすようだと、労働生産性を向上させ企業利益を保護するために投資する意欲が生まれるだろう。そのような経済的合理性が投資を始動させるのに十分かどうかはまだわからない。

一方、非金融企業の債務比率はきわめて大幅に上昇したので、金利が少し上昇したり利益が低下しただけで高いレバレッジを持った多くの企業は倒産の可能性に直面することになる。その場合には、企業は身を守るために短期的に新しい投資を厳しく削減する必要に迫られる。そうなると、マクロ経済状況はさらに悪化することになる。これについては、第11章およびKalemli-Özcan et al.(2019)を参照するとよい。

全体的に見れば、非金融企業の貯蓄投資バランスの未来を予想するには、頭が混乱するほどのあまりにも多くの相反する要因が存在している。

3　そして公的部門はどうなるか？

前の二つの項と第5章で、家計部門と非金融企業部門において貯蓄が投資よりも大きく減少すると議論した。家計部門は過去の黒字から赤字へ向けて転換する。すると、ほぼ定義にしたがい、経済全体の均衡を維持するためには、公的部門は赤字から大きな黒字へと転換しなければならなくなる。

しかし、これは実現が非常に困難である。なぜならば、すでに何度か議論してきたように、医療・年金関連支出を増大させる必要があるからである。政府支出を減らし税金を増やすことは常に政治的に難しい。

現在までの金利低下トレンドの原因の一つは、このような長期見込みから財務省が経済均衡を達成するのに十分な水準まで赤字を増大させず、それが、ベン・バーナンキFRB議長が「貯蓄過剰（savings glut）」と呼んだ世界経済における（特に中国による）事前投資を大きく超える高い貯蓄率が発生していた時と重なったためである。同じ理由で、民間部門でこれから発生すると予想される大幅な赤字を相殺するために、財政状況が十分に強力な黒字の方向に動くとは考えにくい。

過去30年間、マクロ経済の均衡を維持するために必要な財政赤字が不十分な水準にあったために、中央銀行は金利を下げざるをえなかった。それが「唯一の政策（the only game in town）」であった[2]。同様の理由で、将来、公的部門の貯蓄は不十分になると予想される。そのため、マクロ経済の均衡を維持するには実質金利が上昇しなければならなくなる。

4　リスク回避と不足する安全資産？

最近数十年の金利低下の原因に関する多くの研究において、リスク回避と安全資産への逃避が強調されている。実際、安全資産が不足しているとするカバレロによる研究、例えばCaballeo et al.（2017）など、関連する多くの文献が存在する。例を挙げると、欧州中央銀行による研究論文“The Natural Rate of Interest: Estimates, Drivers and Challenges to Monetary Policy”（Brand et al.〔2018〕）の中で、「リスク回避と安全資産への逃避が世界金融危機の発生時におけるさらなる金利低下に貢献した」（p.5）と述べられている（同論文のBox2, pp.16-20も参照）。

この期間、中央銀行は量的緩和政策（QE）を通じて安全な国債残高の多くを吸収していった。債務不履行とデノミネーション（通貨単位の変更）の可能性が、いくつかの欧州諸国とラテンアメリカ諸国の国債をよりリスクの高いものにした。リスク回避と流動性不足によって資本収益率と無リスク金利の間のギャップが拡大したという議論が、上記の著者およびMarx, Mojon and Velde（2019）によって提起された。すなわち、要求される資本収益率が高く維持されたので、それによ

2　Rachel and Summers（2019）は、最近の財政赤字を中立的実質金利上昇の原因とみなしている。財政赤字がより小さかったならば金利ももっと低かっただろうという意味ではその通りである。しかし、財政赤字の規模が小さすぎたために金利を急速に低下させざるをえなかった、という意味では誤りである。

図６・５　AAA社債とBBB社債の間の利回りギャップ

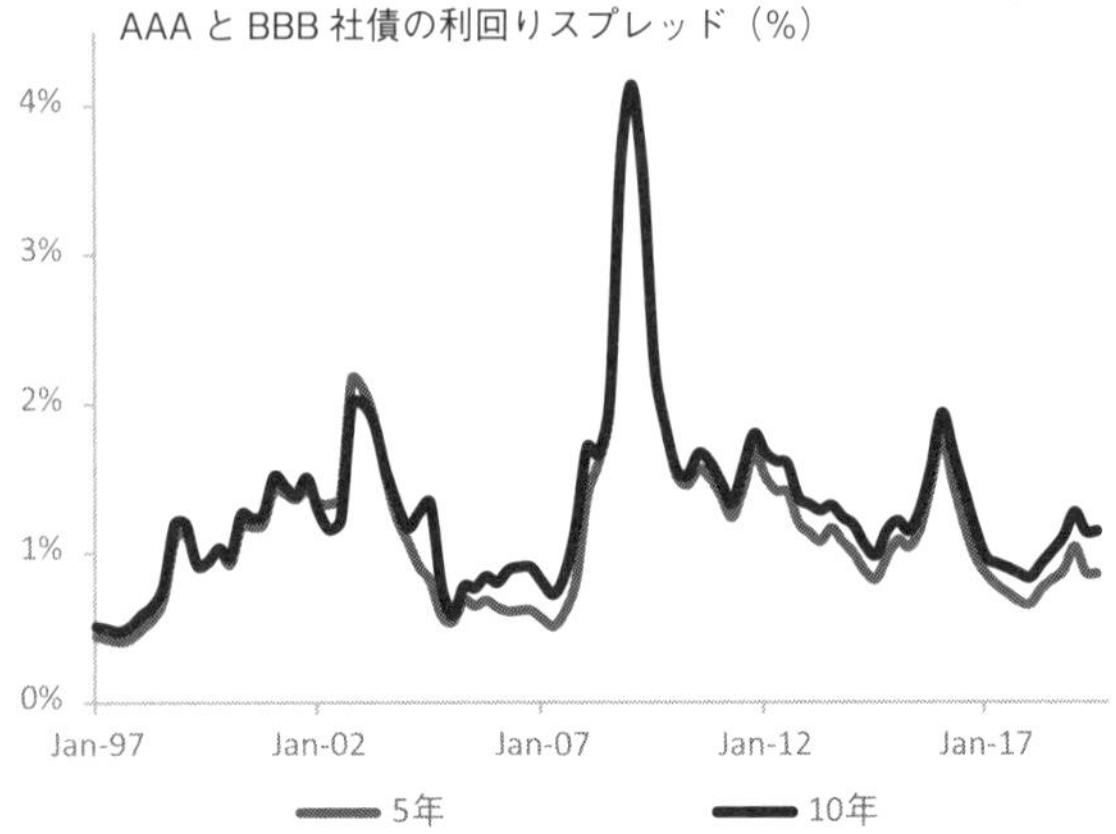

出所：Federal Reserve Economic Data

って投資が妨げられ、しかもマクロ経済を均衡させるために無リスク金利はさらに低下しなければならなかったというものだ。

われわれは、こうした議論に納得してはいない。もし流動性不足の懸念があれば、比較的安全な債券とリスクの高い債券、例えばＡＡＡ債券とＢＢＢ債券の間の利回りギャップが拡大しているはずである。図６・５は、このギャップ（スプレッド）の動きを１９９７年から２０１８年にわたって示したものである。図を見てわかるように、世界金融危機の際にギャップは急速に拡大したが、その後現在の低い水準へと着実に縮小してきた。実際、最近の金融政策の主要な目的と特徴の一つは、人々にもっと高い利回りを目指してリスクをとるように促すことである。この目的が達成されたことは証拠が示している。Rachel and Summers（2019, p.2）も同じ結論に到達している。

無リスク金利に比較して、資本収益率がなぜそれほど高かったのかという問いがまだ残っている。われわれの見解では、株式評価額の上昇は無リスク金利低下の自然な結果である。なぜならば、金利が低下すれば、株を保有して得られる将来の期待収益率がリスク調整済みの期待収益率と無リスク金利が一致する水準まで株価は上昇しなければならないからである。したがって、増加したリスク回避から生じるギャップを表す株価の動向を示すことはできない。残る重要な問いは、利益率がそれほど高く、株価が極端に高く金利が極端に低い状況で、なぜ企業投資需要が大きく増加しなかったのか、という問題である。われわれの見解では、この問いに対する答えはリスク回避とは何の関係もなく、短期の株主資本利益率（ＲＯＥ）を最大化させようとする企業経営者のインセンティブにある。この問題に関しては、第11章でさらに詳しく議論することにする（Smithers〔2009, 2013, 2019〕も参照）。

5 政治的圧力

もう一つのテーマは、過去30年にわたって良好だった政治家と独立した中央銀行との関係が今後はもっと対立的なものになる、というものだ。過去30年間、中央銀行は財務相の最良の友であり続けた。中央銀行は金利を着実に低下させることによって、急速に上昇する債務比率に伴う債務負担の増加を完全に相殺させたのである。将来、この状況は変化することになるが、それは両者の政策運営をより困難なものにする。財政赤字が継続し、時には悪化し、さらに債務比率が急上昇する状況が予想される時に、名目金利の上昇は財務相や首相の立場をよりいっそう困難なものにする。さらに、銀行を除く企業部門における債務比率の上昇は、インフレ目標を維持しようとする試みが企業部門とマクロ経済をより深刻な債務不履行と不況のリスクにさらすことを意味する。

そのような状況において、政治家を中心として、またそれに加えてポピュリストと呼ばれる人々からの圧力が高まるだろう。このトピックについては第13章で再び触れる。詳しくはそこで説明するが、欧州中央銀行を例外とすれば、中央銀行の独立性は実際には大きく制限されている。そのため中央銀行は政治的に機敏にならざるをえず、また、政治的圧力に対抗する能力は限られている。

6 結論

少なくとも短期、中期においては、短期金利は公的な采配によって決まる。一方、長期金利はより市場の力によって決まる。大まかにいえば、現在の政治の流れからすると、短期金利は今後数十年にわたってインフレ率よりも低く抑えられる可能性が高いだろう。それとは対照的に、この新しい厄介な世界が目の前に現れてくるにつれて、長期金利は上昇し始め、インフレ率よりも高く上昇する可能性が高い。したがって、現在異常なほど平らなイールドカーブ（利回り曲線）はおそらく鋭い急勾配になる、というのがわれわれの結論の一つである。

すなわち、短期金利はこれからも低い水準にとどまり続ける可能性があるが、同時に、例えば10年物などの長期金利は実質的に上昇する可能性がある。

第7章　不平等とポピュリズムの台頭

1　はじめに

中国の世界貿易システムへの参加とその後の劇的な経済成長は、過去30年の中で最も際立った出来事である。これによって、労働者はまだ貧しいものの、きわめて人口密度が高く、ある程度の教育水準があり、比較的効率よく統制され組織化されている国が、より技術力が高く富と資本を有する欧米先進国と深い経済関係を持つようになったのである[1]。その結果は、ある意味においてマクロ経済学の勝利であった。すなわち、欧米諸国は専門的技術、経営手法、そして資本を中国に輸出し、中国は安い製品を世界へ輸出したのである。

2000年以降、中国に導かれて大部分のアジア地域で実質所得と実質賃金が上昇し欧米諸国に追いついてきたことによって、グローバルな不平等は縮小し始めた。過去2世紀にはグローバルな不平等は絶え間なく拡大してきた。それは、各国国内での不平等が拡大したからではなく、各国間の所得格差が広がったからである（Milanovic〔2016〕Chapter 3）。過去2世紀において、実質所得は欧州、北米、オーストラリア／ニュージーランドで大きく伸びた一方、アジアとアフリカでは最低生活水準に近いレベルで停滞した。グローバルな所得階層における位置は、両親が誰であるかではなくて、どこで（どの国に）生まれたかで決まったのである。

過去30年間の主たる勝者は中国と近隣アジア諸国の韓国、台湾、ベトナム、タイ、マレーシア、シンガポール、インドネシアなどの農民と労働者のほかに、高度な技術と資格を持った人材、企業の経営者層、そして資本投資を行える富の所有者たちである。第2章、第3章で示したように、グローバル化（特に中国効果）と人口構成の有利なトレンドの組み合わせが、過去数十年間に労働供給の前例のない大波を引き起こした。それは30年の間に、2倍以上の労働供給を世界経済にもたらした。そのような状況においては、巨大な労働供給力とともに、それを有効な経営管理、スキル、装備で支えることのできる能力を持つ国が繁栄するのは当然のことだった。

しかし、同時に敗者も存在した。敗者は欧米先進国の下位中産階級であった。第7章第2節、3節で示すように、彼らはグローバルな競争と中国の安い製品のみならず、技術発展にもまた苦しめられた。先進国の下位中産階級の没落は、ブランコ・ミラノヴィッチ（Milanovic〔2016〕, Figure 1.1, p.11）の有名な「エレファント・カーブ」の図に描かれている（訳注1）。

この節では、過去30年間に、欧米先進国の下位中間層がどのようにして、またなぜ徹底的に没落したのか、より詳しく説明する。はじめに、グローバル化と人口構成の総合的な効果が世界経済にいかに大きな利益をもたらしたかを振り返ってみよう。1988年から2008年までの20年間は、成長、雇用、そして低位安定のインフレの観点からランク付けすると、今までで最高であった。それを考えれば、勝者が敗者（Kaldor/Scitovsky 厚生基準による）のために穴埋めをすることもありえたかもしれない。しかし、勝者はもちろん、そのようなことをしなかった。先進国で生じた衰退の「錆びついた工業地帯（ラスト・ベルト）」は、さらに都市部へ、さまざまな職種へ、そして労働者層へと広がっていった。

資本家よりも労働者のほうが圧倒的に多いので、労働者階級の大きな集団が現行の政治経済体制に不満を抱けば、変化を求めて投票するだろう。第4節では、そのような不満は、なぜ（より伝統的な）左翼の社会主義者ではなく、右翼のポピュリスト指導者への支持の高まりという形をとるのかを示唆する。それに対する答えを事前に示せば、カギとなる要素は移民に対する左翼指導者たちの姿勢が、その伝統的な支持者であるブルーカラー労働者とは対照的なことである。左翼指導者たちの大部分は人類の兄弟愛を信じる理想主義者である。彼らの党は、通常、過去、現在、未来の移

1　Pace Desmet et al.（2018）参照。われわれは、人口密度それ自体がイノベーションを刺激し生産性を上げるための十分または必要な条件だとは考えていない。このトピックについては、インドとアフリカに関する第10章で詳しく考察する。

（訳注1）エレファント・カーブは、中国などのグローバル中間層、そして、先進国内の超富裕層の所得が、ベルリンの壁崩壊からリーマンショックの間（1988～2008年）に急伸しているのとは対照的に、先進国の中間層の所得および最貧国の貧困層の所得がほぼ停滞している事実を明瞭に示した図である。

民たちの支持を得ている。したがって、彼らは国内に入ってくる移民には寛大である。それとは対照的に、典型的なブルーカラー労働者は移民を競争相手とみなし、さらに、移民は賃金上昇を抑える原因であって、望ましくない文化を持ち込み、社会に変化をもたらすと見る。右翼政治家は、国家主義的な愛国心の価値（例えば「アメリカをもう一度偉大にしよう〔Make America Great Again〕」、「コントロールを取り戻そう〔Take Back Control〕」）を強調し、大規模な移民の流入に反対する。それが多くのブルーカラー労働者と彼らの家族の立場と共鳴するのである。

2 不平等

国家間の不平等が急速に縮小するのに伴って、グローバルな不平等は縮まり始めたが、国内の不平等は数多くの国において拡大してきた。しかも多くのケースにおいて、１９１４年から１９８０年頃まで続いた不平等改善の流れが逆転し猛烈に拡大した。したがって、クズネッツ曲線に体現された初期の仮説、すなわち経済発展の初期段階では不平等は拡大するが、そのうちピークアウトし継続的に縮小するという仮説は否定されたように見える[2]。ここでは初めに、この仮説について実際に何が起こったのか結果を記録することにする。次に第3節で、その結果を説明するために提案されたさまざまな理由について議論する。

不平等については二つの主要なデータベースが存在する。一つは世界銀行のPovcalNetデータベースであり、もう一つはWorld Inequality Databaseである。多くの潜在的な不平等の指標の中

図7・1　OECD諸国の家計可処分所得に関するジニ係数

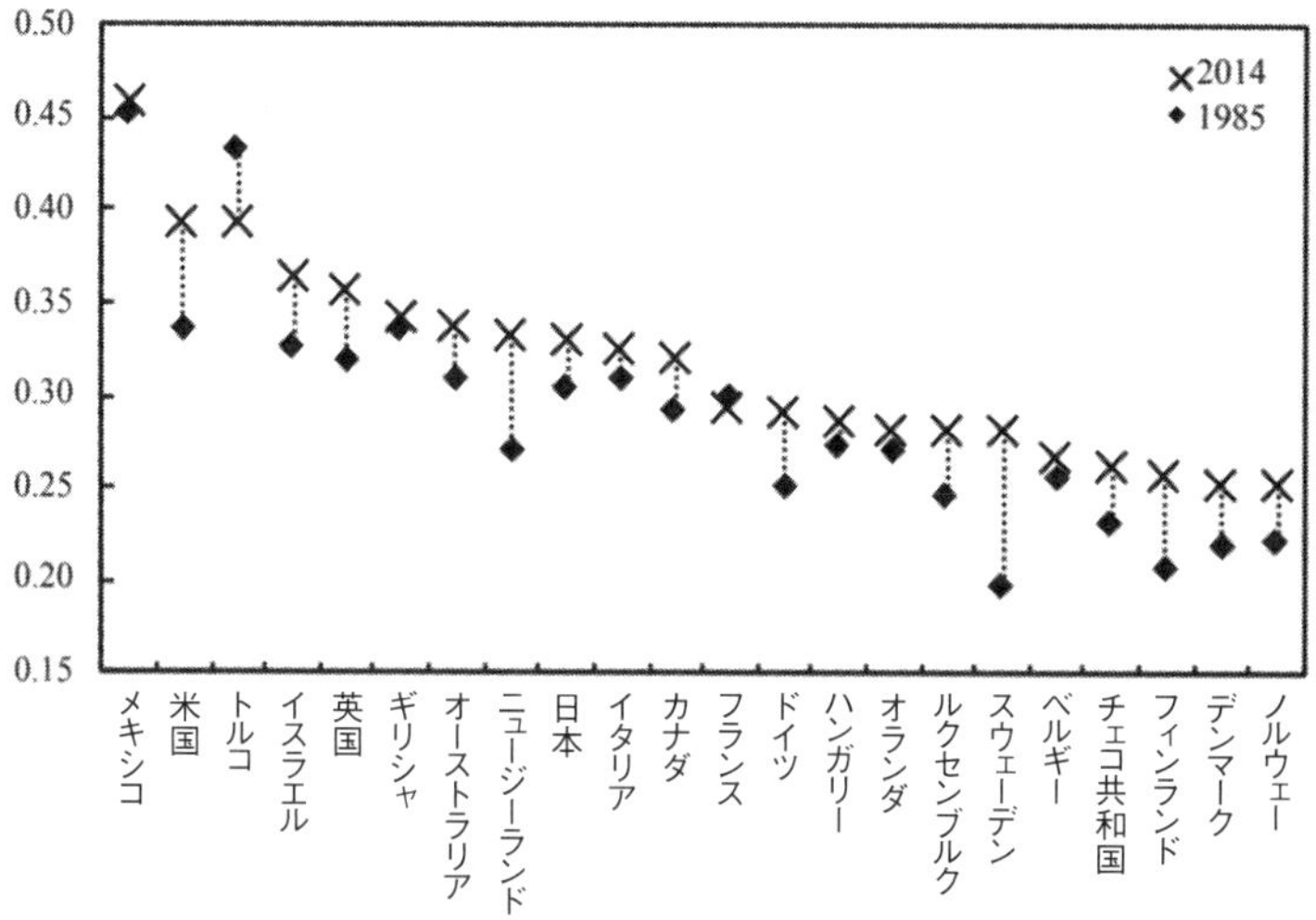

出所：Rachel and Summers（2019）

から、はじめに四つのデータを選択した（しかし、それらはすべて同じ方向のトレンドを示している）。それらは、(i)いくつかのOECD加盟国のジニ係数[3]（図7・1）、(ii)いくつか選択した国の上位10%および上位1%が占める所得の割合（表7・2）、(iii)上位10%が占める富の割合（表7・3）、である。これら不平等のデータ・ポイントを米国、中国、ドイツ、英国、フランス、日本、スウェーデン、ブラジル、インド、エジプト、イタリアについて5年間隔で示している。富の不平等データに関しても、米国、中国、英国、フランスの4カ国について示してある。

　これらの表は、期間末の時点で、表中の

2　クズネッツはノーベル賞を受賞したハーバード大学の実証経済学者である。グッドハートは1960～1961年にリサーチアシスタントとして彼と一時期一緒に研究したことがある。

表7・1　上位10％が占める所得の割合

	1990	1995	2000	2005	2010	2015
米国	0.39	0.41	0.44	0.45	0.46	
中国	0.30	0.34	0.36	0.42	0.43	0.41
ドイツ		0.32		0.39	0.40	
英国	0.37	0.39	0.41	0.42	0.38	
フランス	0.32	0.32	0.33	0.33	0.33	
日本	0.39	0.36	0.38	0.42	0.42	
スウェーデン	0.22	0.26	0.26	0.27	0.27	0.28
ブラジル				0.55	0.55	0.56
インド	0.33	0.38	0.40	0.45	0.52	0.56
エジプト	0.51	0.51	0.51	0.49	0.46	0.49
イタリア	0.26	0.28	0.29	0.29	0.29	0.29

出所：World Inequality Database

表7・2　上位１％が占める所得の割合

	1990	1995	2000	2005	2010	2015
米国	0.15	0.15	0.18	0.19	0.20	
中国	0.08	0.09	0.10	0.14	0.15	0.14
ドイツ		0.08		0.13	0.13	
英国	0.10	0.11	0.14	0.14	0.13	
フランス	0.09	0.09	0.11	0.11	0.11	
日本	0.13	0.09	0.09	0.11	0.10	
スウェーデン	0.05	0.08	0.07	0.08	0.08	0.09
ブラジル				0.28	0.28	0.28
インド	0.10	0.13	0.15	0.19	0.21	0.21
エジプト	0.19	0.19	0.19	0.18	0.17	0.19
イタリア	0.06	0.07	0.08	0.08	0.07	0.07

出所：World Inequality Database

表7・3　上位10%が占める富の割合

	1990	1995	2000	2005	2010	2015
米国	0.64	0.66	0.69	0.67	0.73	
中国	0.41	0.41	0.48	0.52	0.63	0.67
英国	0.46	0.47	0.51	0.51		
フランス	0.50	0.51	0.57	0.52	0.56	

出所：World Inequality Database

国々の中ではスウェーデンとイタリアにおいて所得の不平等度が最も小さく、ブラジルとインドにおいて最も大きいことを示している。同じように、そのような所得の不平等が最も拡大したのが中国、ドイツ、インドであり、日本が最も増加が少なかった。

この憂うべき結果の中での唯一の救いは、ほとんどの国の下位20%の課税後および移転支出後の家計所得は、主に生活保護、最低賃金、そして医療支援などの政策によって保護されていることである。これは欧州と日本ではより明瞭だが、米国と発展途上国ではそれほどではない。

Gbohoui et al.（2019）は論文 "The Great Divide : Regional Inequality and Fiscal Policy" の中で次のように述べている。

> 所得再分配政策は国内の拡大する所得不平等を削減するのに役立ったが、

3　ジニ係数（Gini Index）は、ある国の所得または富の分配を表現する統計的な分散の尺度である。最も広く一般に使用されている不平等の基準である。ジニ係数のデータ（世界銀行推定）は、各国政府統計局および世界銀行の各国部局から得られた主要な家計調査のデータに基づいている。より詳しい情報および計算方法についてはPovcalNetを参照するとよい。ジニ係数ゼロは完全な平等を示し、絶対値1は完全な不平等を表す。したがって、ジニ係数の上昇は不平等の増大を意味する。

完全には相殺していない（ＩＭＦ〔2017〕、Immervoll and Richardson〔2011〕）。ＯＥＣＤ先進国では、課税と移転支出の前後で変化したジニ係数で測った財政政策の平均再分配効果は約3分の1である（２０１５年において市場所得不平等を表すジニ係数０・49から可処分所得不平等を表すジニ係数０・31への変化）（Figure 6の左上パネル）。財政政策による再分配効果の4分の３は移転支出によるものであり、残り4分の1が累進課税によるものであった。家計所得階層に対して横断的に行われる福祉給付と移転支出のほうが税制や社会保障よりも不平等削減に大きな効果があった。

財政政策の再分配効果は全国規模に及ぶが、いくつかのＯＥＣＤ諸国において１９９０年代中頃から低下してきている。累進的な財政政策は、積極的な政策手段なしに所得不平等拡大を抑制する自動調整メカニズムを提供する。財政政策の再分配効果は、（多くの欧州諸国において）フラットになるか、（米国のように）減少したように見える。平均的な再分配効果（課税と移転支出の前後におけるジニ係数の変化）は、選択されたＯＥＣＤ諸国において過去10年間に53％から50％へ低下している（Figure 6の右上パネル）。これは、財政政策による再分配の役割が１９９０年代半ばから２０００年代半ばにかけて低下したという従前の発見を補強するものである（Immervoll and Richardson〔2011〕）（図７・２）。

このような不平等のトレンドには二つの主要な原因が存在する。第一は、第3章で議論したように、同じ30年間において資本収益率の上昇トレンドが実質賃金の増加よりも強かったことである。不平等拡大の第二の原因は、教育達成度（学歴）で代理している人的資本の収益率が固定資本と金

図7・2　財政政策の再分配効果は、いまだに大きいが、いくつかのOECD諸国において減少している

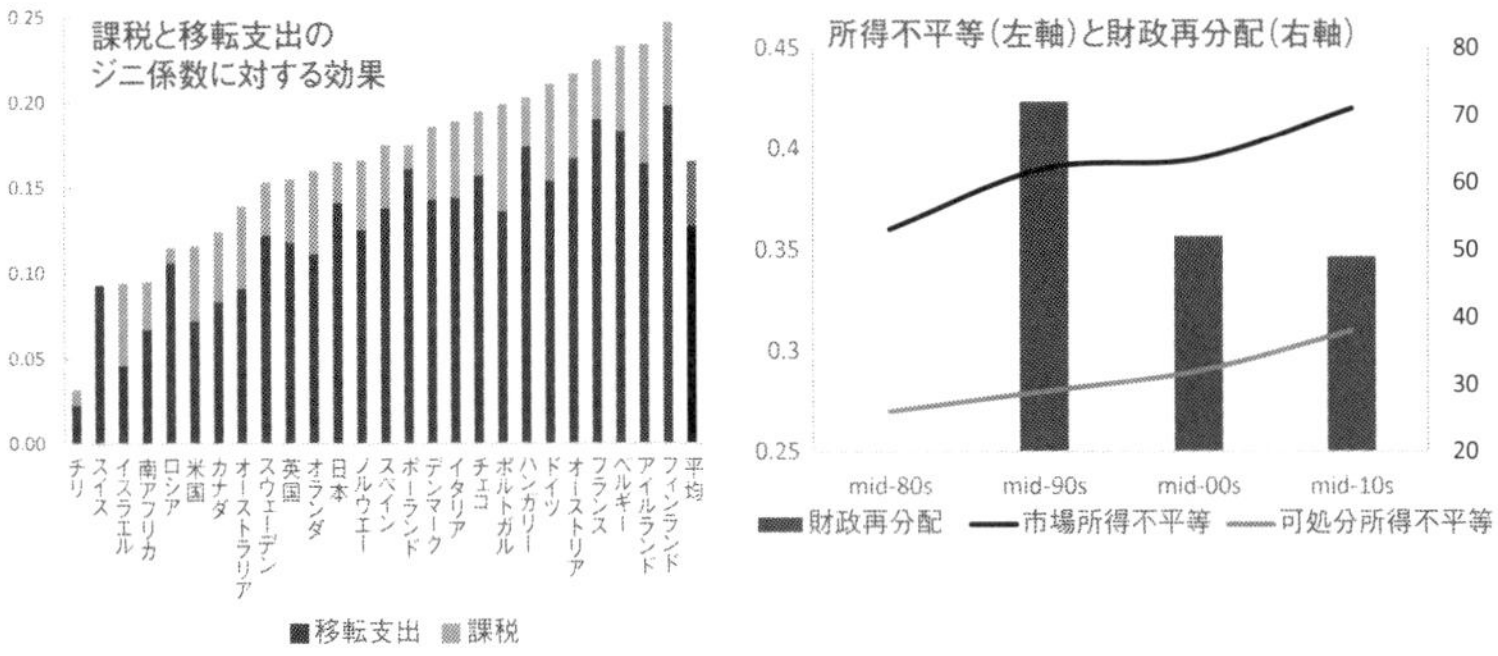

出所：OECD、Income Distribution Data Base、Immervoll and Richardson（2011）

融資本に並んで上昇したことである。対照的に、肉体労働や単純労働の収益率は停滞している。米国のデータはAutor（2019, p.2）から引用したものである（図7・3）。

最貧困層は政策によって保護される一方、人的資本および固定資本の収益率は未熟練および準熟練労働者に対して相対的に暴騰した。これらは、低中間層（例えば、所得分布の20パーセンタイル～70パーセンタイルに位置する所得階層）が最悪の結果を経験した、ということを意味する。これと同じ現象のもう一つの見方は、中間熟練労働者の所得は低熟練労働者と高熟練労働者の両方に比較して相対的に低下したというものである（図7・4）。したがって、人的資本を増大できなかった低中間層の労働者は低熟練職に戻されたということである[4]（Autor〔2019, figure 5, p.10〕およびBorella et al.〔2019〕参照）。この事実は米国のデータによって最も明確に示されているが、他の先進国でも同じ状況だったと思われる。

図7・3　労働年齢（18～64歳）の大人の1週間の実質給与の累積変化、1963～2017年

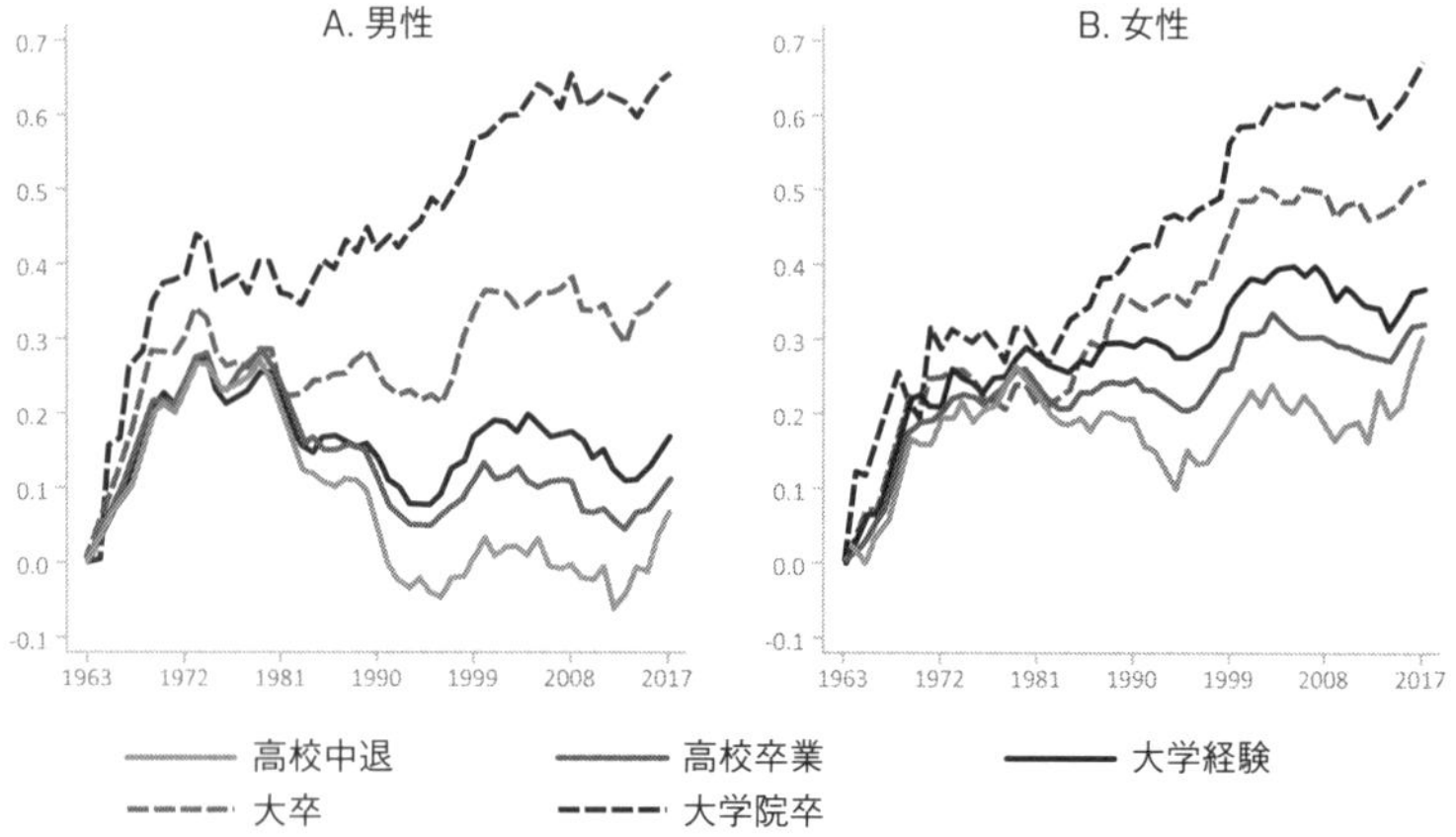

出所：American Economic Association

図7・4　労働年齢人口の職業雇用割合の変化、1980～2016年

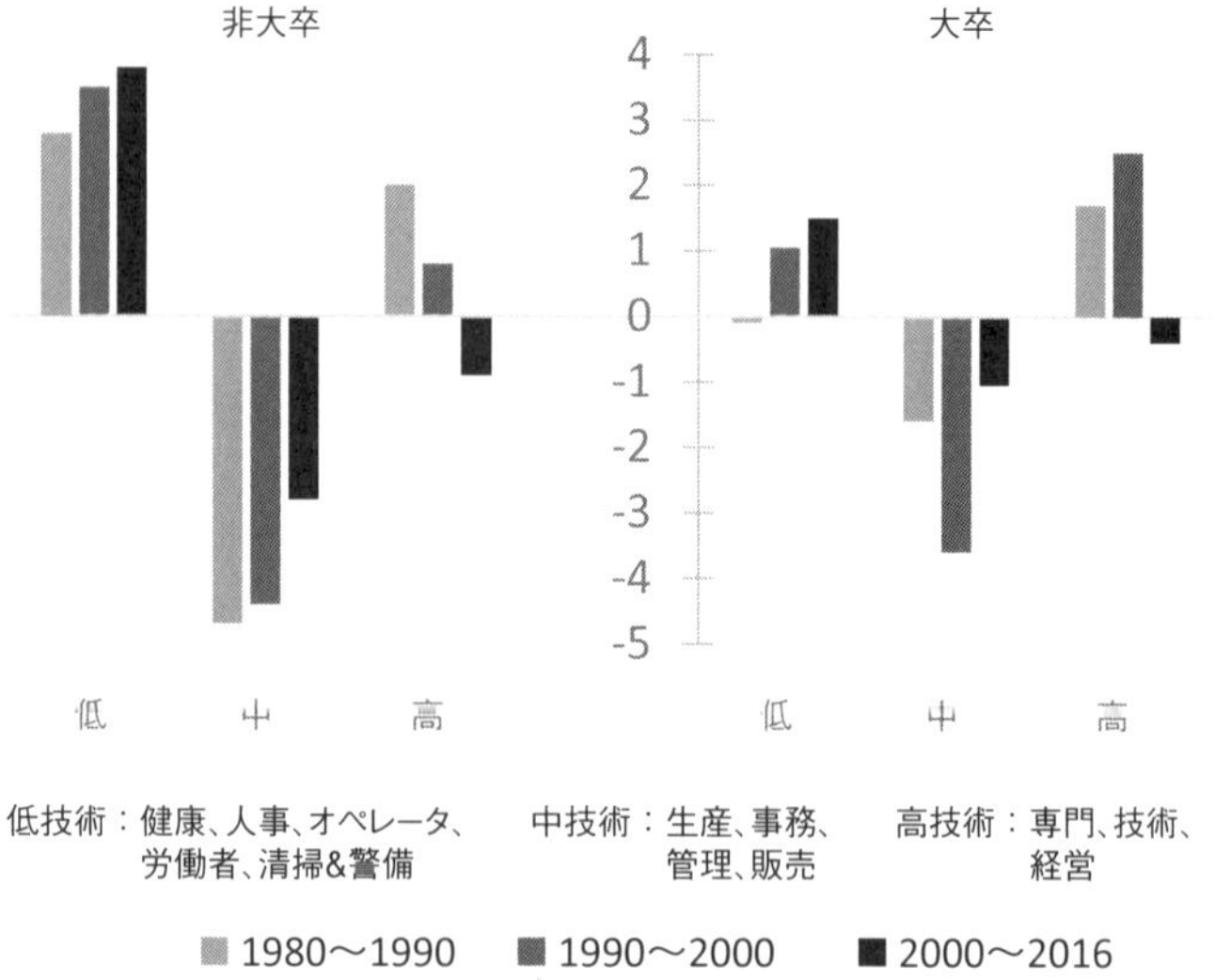

最低賃金

半熟練職から低熟練職への移行に関する懸念、その結果失われるギグ・エコノミーにおける交渉力、さらに悪化する不平等などのすべてが先進国と新興国の両方における最近の最低賃金引き上げ要因となったように見える。先進国の中では最近、次の国々が最低賃金の引き上げ、または導入を行った。

・英国

２０１９年４月より、25歳以上の法的最低賃金であるNational Living Wage（ＮＬＷ）が４・９％増加して１時間８・21ポンドに変更された。それより若い労働者の賃金もインフレと平均賃金率以上に引き上げられた。

・カナダ

4　Autor（2019）は、人口密度が高いほど中熟練職業の損失は多かったことを示している（pp.13-15, Figure 6）。すなわち、中熟練職業損失の割合は都市圏および大都市圏で最も大きかったという。なぜそうなのか、また他の先進国でも同じケースが見られるのか、についてはあまり明らかではない。Bayoumi and Barkema（2019）によると、より大きい不平等と高い住宅価格が米国内の人々の移動を抑制し、その結果、衰退した地域に閉じ込められた人々の状況をさらに悪化させた。

２０１７年に13％引き上げられた。過去10年の平均上昇率は年間３・５％に達する。過去にこれほど上昇したことはなかった。

・ドイツ

最低賃金制度が最近導入された。

新興市場経済の中では、次の国々が注目に値する。

・ポーランド

与党が２０２０年に15・６％の増加で上昇サイクルを開始し、５年間で80％に近い上昇を提案した。平均最低賃金は（２０１０年以降）年率約６％で上昇している。

・ハンガリー／チェコ共和国

過去数年における強い最低賃金の伸びが見られる（両国において平均年率11％）。

・メキシコ

最低賃金は２０１８年に10％上昇した後、２０１９年に16％引き上げられた。さらに、米国との国境から25キロメートル内の地域では最低賃金が95％も引き上げられる！

・ロシア

過去2年間の平均上昇率は31％であった。それに対して、それ以前の7年間では平均５％の上昇であった。

・韓国

２０１７年に11％上昇、２０１８年には16％の上昇であった。さらに、合法的に１週間に働くことができる労働時間が制限された（約60時間から50時間へ）。

3　悪化する不平等の原因

このように悪化する国内不平等のトレンドの説明として、少なくとも四つの要因が考えられる。それらは次のようになる。

i. 不可避のトレンド
ii. イノベーション
iii. 独占と集中の増大
iv. グローバル化と人口構成

これらの要因について順番に考察していく。

1　不可避のトレンド

不可避のトレンドとして不平等を説明する著者たちにとって異常だと考えられたのは、多くの、いやおそらくほとんどの国で不平等が全般的に低下した１９１４～１９７９年の期間であった。彼らはその原因を特別な要因が連鎖した結果だと解釈する。すなわち、二つの世界大戦、大恐慌、戦後のインフレ、共産主義／社会主義／物価・家賃統制などの出来事が、すべて自然に上昇するはずの不平等を一時的に抑制したというわけである。Piketty（2014）によれば、不平等は資本収益率（i）が通常かつ自然に経済成長率（g）を上回る結果である。また、Scheidel（2017）によれば、大災害（ヨハネ黙示録）、戦争、疫病、そして反乱という世の終わりにやって来る四つの悪の一つによって抑制されない限り、不平等は強者が弱者を常にいじめ脅かすことによって生まれる。この点に関しては、Durant（1968）の第8章も参考にするとよいだろう。

そのような悲観的な原理主義を反証することはできないが、それを信じることはない。われわれは、Piketty（2014）の不等式（$i>g$）が必然または自然に成立するという理由を見つけることができないし、Scheidel（2017）が明言するほど人類の本質や性格、さらには未来に対して暗い見方もしない。それとは対照的に、以下の三つの説明のそれぞれに、もっと長所があると考えている。

2　イノベーション

Autor（2019）の研究によって示されたように、イノベーションがある特定の労働者カテゴリー（半熟練労働者）の需要を消滅（大きく減少）させたことに疑いの余地はない。速記者と法務書記の仕事は消えてなくなった。秘書は消えゆく職種だ。溶接工はロボットに置き換わった。GPS（英国ではSatNav）導入前には、ロンドンのような複雑な街のタクシー運転手は地図を暗記して（「ナレッジ（Knowledge）」と呼ばれる）テストに合格しなければライセンスを取得することができなかった。今はそのような資格なしに、誰でもウーバーのために運転できるようになった。実際、携帯画面のグーグル・マップが利用できるようになってから、地図を使って読み解く能力は失われてきている。

より大きな問いは、個々の職種分類それぞれへの明確な影響が、経済全体における実質賃金と所得の労働分配率の相対的な停滞をどれだけ説明できるのか、である。一見すると、労働節約的なイノベーションが原因であったのなら、過去20年間、生産性はもっと上昇していたはずだと思うかもしれない。しかし、総需要と完全雇用の維持をねらいとする政策が、主に国内の生産性の低いサービス産業とギグ・エコノミーに実質的な影響をもたらしていたとすれば、どうだろうか？　ありうる話である。

質問を少しいいかえてみよう。なぜ、そのような技術進歩がフィリップス曲線の傾きと位置を変化させたのだろうか？　なぜ、同じ水準の失業率のもとで、対応する全体の賃金や価格水準が低いのだろうか？　ここでの示唆は、技能が要求されない部門の単純労働者は、半熟練部門で以前働いていた労働者よりも交渉力が弱く労働組合にも加入していない可能性があるということである。おそらくそうであろう。しかし、これは次の二つの問題につながっていく。すなわち、雇用者と非雇用者、または資本家と労働者の相対的な交渉力に直接関係する問題である。

3　市場集中と独占

米国で過去数十年にわたり市場集中（寡占状態）と独占が増大してきたことを示す証拠はたくさんある（Stiglitz〔2019〕、特に第3章と過去の文献に関する脚注および Philippon〔2019〕を参照）。そのような寡占状態は、関連する労働市場において買い手独占をもたらす（Stiglitz〔2019〕、特に過去の文献に関しては脚注20を参照)。よくあることだが、同じようなことが他の先進国で起こっているかどうかについては証拠があまりない。ただ、察するところおそらく同様であろう。

そのような市場集中と独占の増大は、(少なくとも米国において)高い企業利益と低い設備投資の組み合わせの主な原因であったと考えられるが、それがなぜ、どのようにしてフィリップス曲線の傾きと位置を変化させたのかはそれほど自明ではない。しかし、考えられるところを「再度」いえば、被雇用者に対して雇用者が相対的に大きな力を持っていれば、同じ実質賃金の上昇を獲得するために労働市場がより逼迫していなければならず、したがって自然失業率(NRU)は低くなるはずである(カンザスシティ連邦準備銀行での討論会でKrueger〔2018〕が行った昼食会スピーチ“Changing Market Structures and Implications for Monetary Policy”を参照)。しかし、影響の方向性は明確であるが、全体的な実質賃金と所得の労働配分比率への影響を測定することはまたしても非常に困難な試みである。

4 グローバル化と人口構成

グローバル化と人口構成の経済的影響については、すでに前の章で議論したテーマなので、ここでは簡潔にまとめよう。とりあえずは、次の点を再度強調するだけで十分だろう。すなわち、雇用者にとって前例のない労働供給の増大は部分的には国内への移民流入および海外へのアウトソーシングを活発化させたが、それは労働者および労働組合の相対的な交渉力を大きく弱めることになった(Boehm et al.〔2019〕参照)。したがって、それは実質賃金上昇率と自然失業率を減少させるのに重要な役割を果たしたのである(再びKrueger〔2018〕参照)。

このように、技術進歩、市場集中と独占、そしてグローバル化と人口構成の変化という三つの異なる力が、すべて労働者の交渉力を低下させる方向に働いている。これらの影響の相対的な大きさについて定量的に推定することは非常に難しい。われわれにはそのようなことをここで試す技術がない。しかし、たとえ主観的であっても、何らかの比重を与えることは重要である。もし、われわれが考えるように、グローバル化と人口構成の変化が賃金と労働分配率の低さの主要な原因であったならば、それは今後数十年の間に逆転することになる。もし主要な原因が技術進歩であれば、例えば、人工知能（ＡＩ）などが導入されることによって、それは継続するかもしれない。そして、将来、民間市場で集中と独占が進むか後退するかを問わず、政策次第でどちらの方向にも動くことがありえる。

われわれの見方によれば、主にグローバル化と人口構成の変化による前例のない労働供給の大波が世界経済に到来したことが、各国の国内で不平等が悪化した主な原因である（第1章と第3章）。それが労働者の交渉力の劇的な低下をもたらしたのである（第5章）。そうだとすれば、ピケティの議論はすでに過去のものだ。もちろん、われわれが間違っていることもありえる。

4　ポピュリズムの台頭

過去30年間、熟練労働者と高学歴労働者は資本家と並んで大いに繁栄を享受したが、その人数は下位中産階級の人数を大きく下回っている。社会における最も貧困な人々は政策によってある程度救われていると述べたが、労働者および社会の大部分の人たちは実質生活水準がほとんど上昇しない厳しい時期を過ごしてきた。そして、これらすべてのことは、彼らの上司が驚くほど巨額の報酬を受け取っていた時に生じたのである。最高経営責任者（ＣＥＯ）と平均的な労働者の賃金格差（比率）は、過去数十年にわたり、日本を除くほとんどの先進国で前例のない水準までうなぎ登りに上昇した（図７・５、図７・６参照）。資本主義システムはまったく公正であるようには見えない。特に、倒産企業を経営していた最高経営責任者たちでさえ、蓄積された巨大な富だけでなく、きわめて恵まれた年金給付を約束されて去って行く時にはそう思われる。

報酬パッケージには、通常、基本報酬に加えて、年度ボーナスおよび長期インセンティブ制度（ＬＴＩＰ）が含まれている。１９９０年代末以降、報酬の上昇は安定していたが、業績に連動した支払額が劇的に上昇し、同期間における全体の支払額は急上昇した。

そのような状況において、過去30年にわたって相対的に敗者となった労働者は国内の左派政党の投票支持者になったと思うかもしれない。何といっても、通常、左派政党は労働者階級の福祉と利益を向上するために設立されるものだからだ。しかし、確かに南米では予想通りに進展したが、欧州と米国においては予想通りに事は進まなかった。置き去りにされた労働者階級は、土に過激でポピュリストの右派政党の支持に回った。その例は簡単に見出すことができる。米国のトランプ、英国の欧州連合からの離脱（Brexit）、イタリアの国粋主義政党（the League of the North）、フランスの国民連合（Rassemblement National）、ドイツのＡＦＤ、ハンガリーのオルバン、ポーランドの法と正義、フィンランドのトゥルー・フィン（True Finn）などである。このような右翼化への

図7・5　世界各国の平均的労働者に対するCEOの報酬比率、2014年

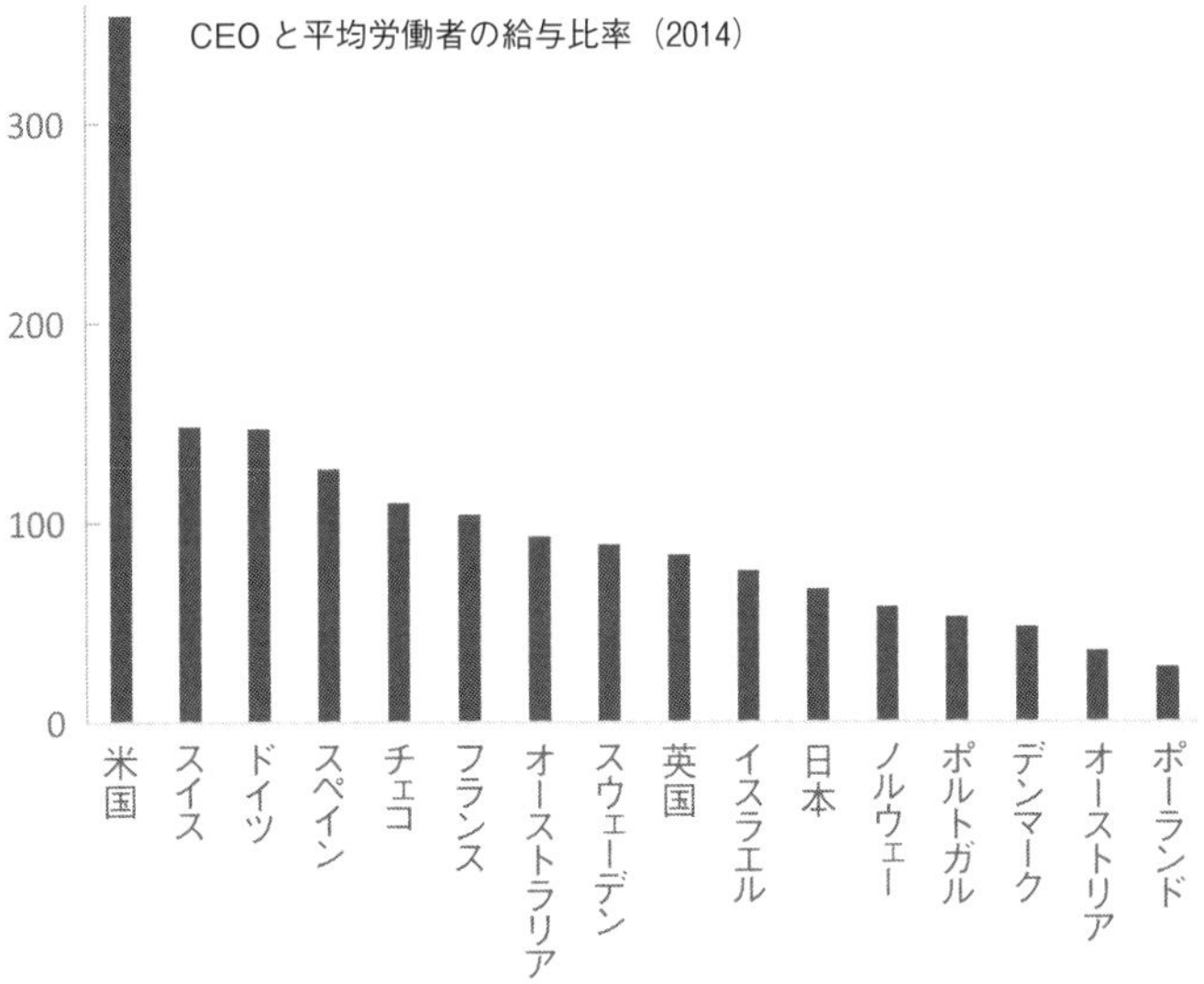

出所：Washington Post, September 25, 2014

動きについての優れた議論を知りたければRodrik（2018）を参考にするとよい。

なぜ、このようなことが起こったのか？　一つの簡単な答えは「移民に対する態度」である。政治家や左派政党の活動家は、総じて理想主義者である。彼らは、国籍、人種、性別、その他の差別なしに人類はみな同胞であるという考え方を支持する。すでに示したように、グローバル化は、各国国内の平等に悪影響を与えたにもかかわらず、実際には世界により大きな平等をもたらしたのである。Desmet et al.（2018）の中で強調されたように、著者たちは「分析結果は完全に自由化された移民は世界の社会厚生を約3倍に増加することを示している」と主張している。さらに、選挙になれば左派政党は移民たちが総じて支持する政党である。したがって左派政党にとって、移

図7・6　FTSE100上場企業の最高経営責任者に対するキャッシュ・インセンティブ中位支払い額の推移、1996～2013年

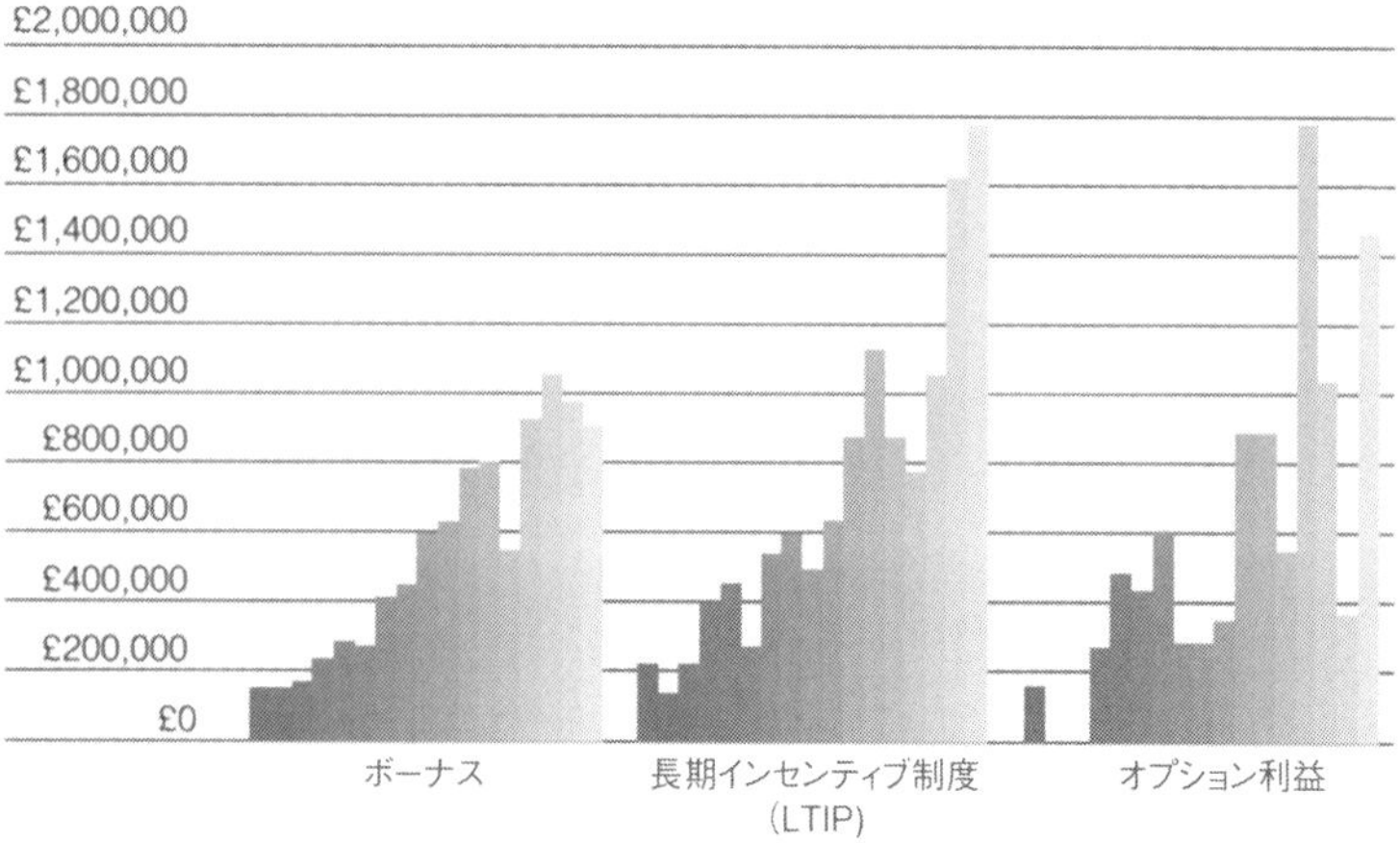

出所：High Pay Centre

民の国内流入に対して厳しい制限を提案することは非常に難しい。右派政党は、愛国的ナショナリズムと地域文化を守る美徳を強調する。グローバル化が雇用と仕事の海外調達を通じて低中間層により悪影響を及ぼしたと考えがちだが、労働者が実際に自分の目で見るのは移民の流入が国内の経済発展に与えた影響である。移民の流入が国内の労働者に何か有害な影響を与えているかどうかについては経済学者の間で論争が続いているが（例えば、Mayda〔2019〕は有益な効果を指摘している）、ほんのわずかな個人的な経験でも抽象的な専門家の意見よりも何十倍も価値がある。その上、世論を形成するのは、移民の実際の影響ではなくて、移民の増加がもたらすかもしれないことへの恐怖である。したがって、英国の欧州連合離脱（Brexit）の国民投票では各選挙区の既存の移民の水準と離脱賛成票の間に負の相関関係があったが、最近の移民の増加率と離脱賛成票の間には正の相関関係

が存在する。異なった文化や民族の違いに人々は実際には比較的容易に適応する傾向があるが、世論を動かすのは文化的、社会的、経済的な変化に対する恐怖心である。そのような恐怖心は、特に高齢者において強まる傾向がある。もっとも、Comertpay et al.（2019）は、欧州連合域内では移民に対する態度（恐怖心）は横軸に年齢をとるとU字形をしていると述べている。

移民に反対する世論

いくつかの例については、次のRolfe（2019, p.R1）を参照（またBratsberg et al.〔2019〕も参照）のこと。

欧州連合（EU）における労働者の移動の自由のもとで、EU移民を雇用するのは簡単である。そのために、雇用者は地元労働者を訓練する代わりに、そして低賃金で働かせるために、移民の雇用を選好するとしばしば思われている。しかし、多くの研究結果は、これらの主張は証拠によって支持されていないことを一貫して示している（George et al.〔2012〕、Rolfe et al.〔2018〕、MAC〔2018〕参照）。

さらに、Rolfe（2019, p.R5）。

マスメディアや公開討論会での議論は世論調査に反映される。それによると、移民に対しては公共サービスと並んで経済に与える影響への強い懸念が一貫して示されている。しかし、これらの懸念は、最近、英国移民諮問委員会（Migration Advisory Committee〈2018〉）が再調査した証拠では支持されていない。それによると、移民が地元住民の就業見通しや平均賃金を減少させたという証拠を発見できなかった。ただし、地元の低賃金で未熟練労働者に対してはいくつかの非常に小さな影響は存在した。財政への移民の影響は、税収が増加したことを通じてポジティブな効果があった。そして、公共サービスに対する潜在的な負の影響に関する広い懸念はおおかた根拠のないものであった（同書）。同時に、移民はイノベーションの促進を含めて生産性の向上をもたらした。さらに、他の「文化的な」要素も世論が移民に反対する理由だと信じられている（Hainmueller and Hiscox〈2007, 2010〉、Kaufmann〈2017〉）。これらの懸念要因が、別々にせよ組み合わさるにせよ、証拠に基づいているにせよいないにせよ、欧州連合（EU）における移動の自由に対する支持を終焉させる結果になっている。

そして最後に、Rolfe（2019, p.R10 and 11）。

利用できるデータによると、移民に反対する世論は英国において広く行きわたっている。歴史的に、人々は移民による経済的そして文化的影響を圧倒的にネガティブに認識している。世論調査は、英国民が英国への移民の削減を望んでいることを一貫して示している

（Ipsos MORI〔2018〕、Duffy and Frere-Smith〔2014〕）。実際、調査研究によると、人々は移民人口に占める避難民と亡命者の割合を過大に見積もっている（Blinder〔2015〕）。

このように、移民とナショナリズムの強化に関する右派ポピュリズムの排他的な立場は、左派政党のより包括的な立場より、取り残された下位中産階級の基本的な見方と一致している。この政治的路線の再編成が変化するかどうか、どう変化するか、については明らかではない。ある意味において、右派ポピュリスト政党に投票している人々は正しい。彼らの生活を最近数十年にわたって苦しめた原因の中で、グローバル化は最も重要なものである。よりナショナリズム色が強くポピュリスト的な政党が権力に近づくことは、グローバル化の障害となることから歴史の時間の流れを巻き戻すことになる。しかし、これは、すでに説明した人口構成の影響と組み合わさって各国の取り残された人々に相対的な利益をもたらす傾向がある一方、同時に世界経済の成長と平等に悪影響を与え、国家的・地域的な政治的緊張を高めることになる。

何がまちがったのか理解するのは容易だ。しかし今、米国と欧州の政治システムを悩ませている混乱から、どのようにすれば脱出できるのか、その方法を見つけ出すのははるかに困難である。

第8章　フィリップス曲線

1　はじめに：歴史的展開

フィリップス曲線は失業率と賃金（または物価）の関係の軌跡を描いたものである。失業率が低い時には労働需要が供給よりも大きく、賃金が速く上昇する。失業率がより高い時には、労働供給が需要を上回るので、賃金と物価が低下する可能性がある〔Phillips〔1958〕を参照。特に、1861～1913年については Figure 1〔p. 285〕、1913～1948年については Figure 9〔p.294〕を参照〕。

まったく同じ関係は、雇用比率（より簡単に表現すると、利用可能な労働力から失業者を引いた割合）と賃金（物価）の相互作用によっても表現できる。初期のケインジアン分析では、これは反

図8・1　ケインジアン逆Ｌ字型の供給曲線

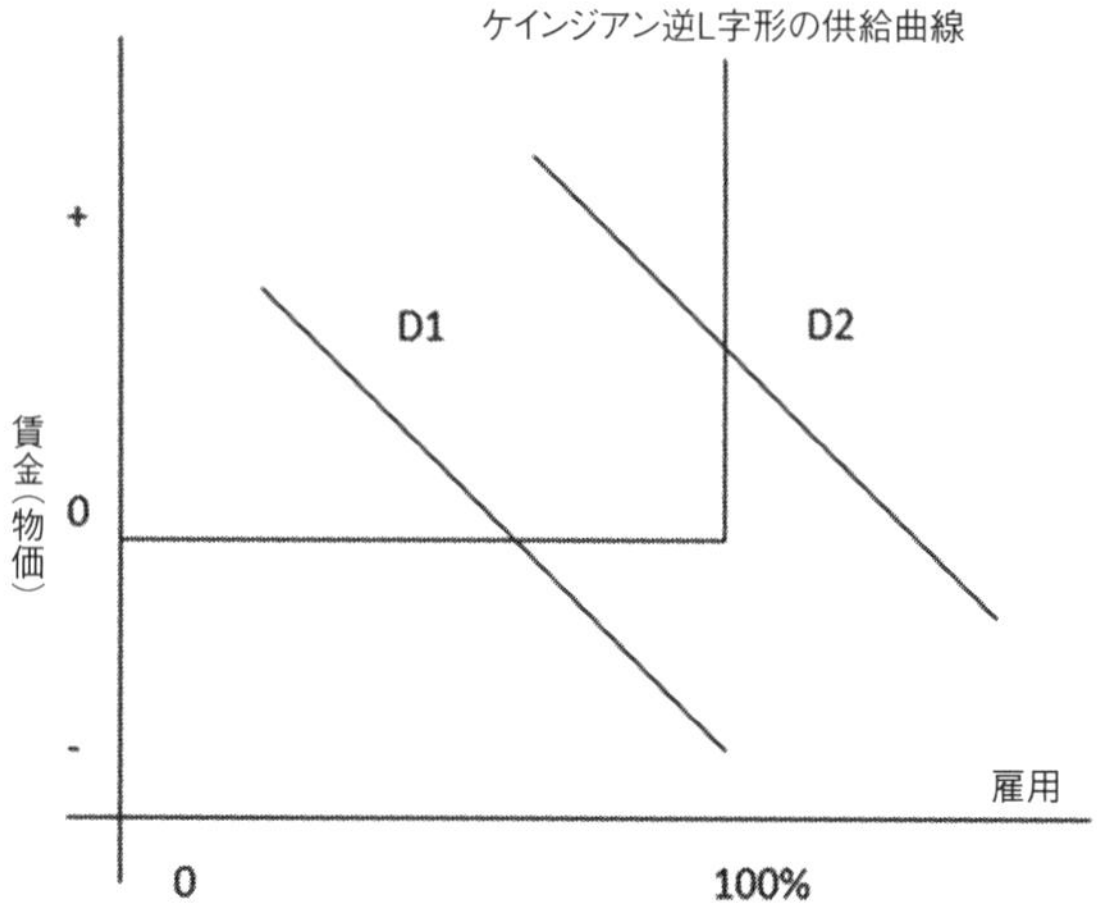

転したＬ字の型をしたもの（下記の例）として考えられていた。すなわち、賃金（物価）は現在の水準で全員が雇用されるまで一定である。ただし、完全雇用が達成された所で、過剰労働需要は高い賃金（価格）に反映されなければならないので、それまで水平だった関係はそのポイントで垂直に変わる（図８・１）。

このアプローチは、実は見かけほど素朴でも過度に単純化しすぎたものでもない。賃金（物価）は、英国で１８１５～１９１４年の期間ほぼ一定の水準で推移した。一時的な上下の変動は、主に気まぐれな収穫高の動きによるものであり、長期的なトレンドは北米大陸の開拓（食料価格の低下）や金鉱の発見などのグローバルな出来事に左右された。第一次世界大戦が終わると、トレンドは戦時中のインフレではなく再びデフレに戻った。したがって、インフレは主に戦争や政治的な混乱の結果のように見えた。ケインズが『一般理論』を書いていた時の圧倒的な関心事は、インフレを

図８・２　フィリップス曲線上の政治的最適点の選択

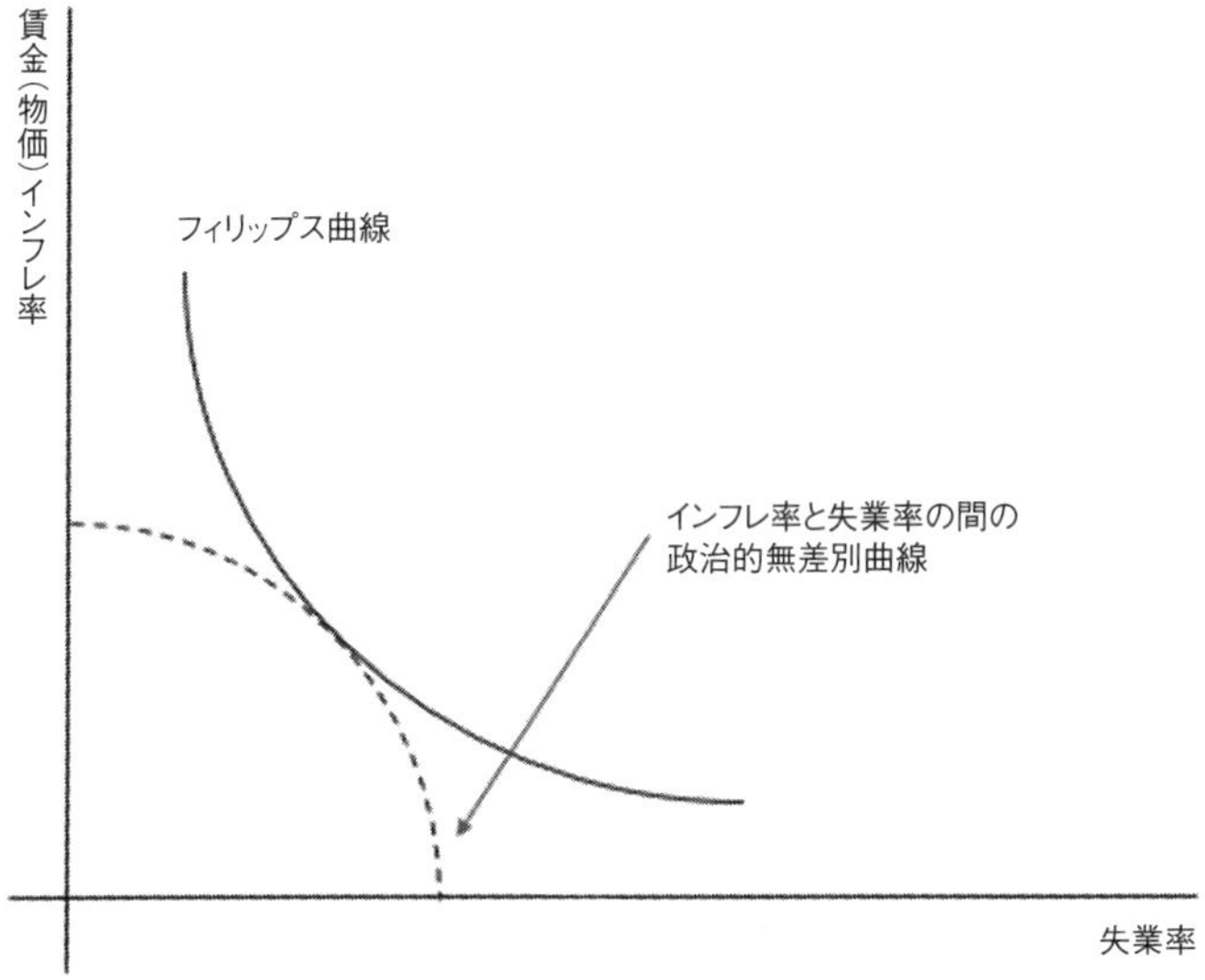

コントロールすることではなく、ある程度の完全雇用を復活させ維持することであった。

第二次世界大戦以後少なくとも21世紀までの間、われわれが直面した主な問題が完全雇用と価格安定を適度に両立させることであったのは、ケインジアン経済学の成功を物語っている。もちろん、１９３０年代末と１９４０年代初期に完全雇用に一度復帰したのは、ケインジアン経済学よりも再軍備と第二次世界大戦によるところが大きい。しかし、第二次世界大戦後そして１９５０年代初期まで、当初の主要な関心と予想は、先進国がさらなる不況とデフレに再び落ち込んでいくのではないかというものであった。ケインジアン総需要政策によって適度の完全雇用が維持できるという自信が広まったのは、１９５０年代後期そして１９６０年代になってからであった。

その段階にたどり着いて、ケインジアン逆

図8・3　先進国におけるスタグフレーション

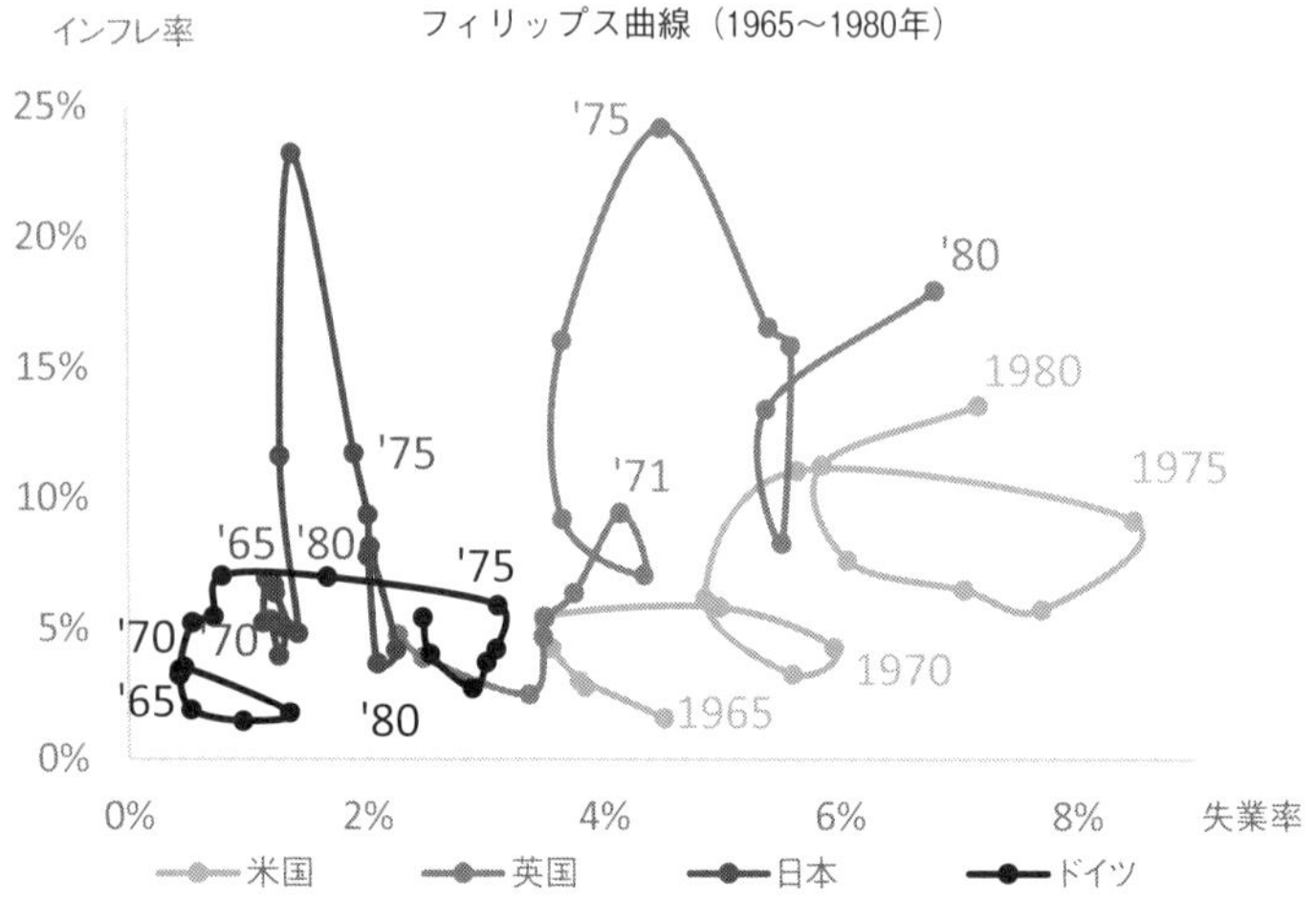

出所：Federal Reserve Economic Data（FRED）, St. Louis Fed

L字型の供給曲線は明らかに過剰に単純化したものであると考えられるようになった。産業と労働者は、それぞれの特徴と多様性において異なっているので、需給のボトルネックは総需要のそれぞれ異なるプレッシャーポイントで生じることになる。したがって、失業（雇用）と賃金上昇（物価インフレ）の間のマクロ経済的な関係は、全体的には一定の直線が折れ曲がっている逆L字型ではなく、明らかに曲線の形をしているはずである。こうして、フィリップス曲線の分析が歓迎される状況に至ったのである。政府官庁、特に財務省で働いているエコノミストたちはすぐさま、彼らの政治指導者たちを補佐する仕事において、フィリップス曲線が役に立つことに気が付いた。すなわち、主に財政政策を通じて、失業率とインフレ率の組み合わせの中から政治的な失点を最小化するフィリップス曲線上の点を選択し、それに対応する総需要の水準を設定することができる、というわけで

表8・1　悪化するインフレ、1956〜1970年

	米国（%）	英国（%）	フランス（%）	日本（%）
1956−1960	2.1	2.8	6.7	1.6
1961−1965	1.3	3.8	4.0	6.6
1966−1970	4.6	5.0	4.6	5.9

出所：IMF

ある（図8・2）。

朝鮮戦争から1973年頃までの期間は、マクロ経済学の束の間の黄金時代であった。メインフレーム・コンピュータ（IBM）が定量化できるマクロ経済モデルの開発を可能にした。経済成長は良好であり、雇用水準も高く、インフレ率も高くはなく、フィリップス曲線分析に基づいたマクロ経済政策がある程度可能になった（と思われた）。その時点において、マクロ経済学者は最適な経路に沿って経済を操縦するための工学的なタイプの計画を利用できると感じ始めた。

しかし、それらの計画は1970年代にすべておかしくなってしまった。ちょうど、マクロ経済学の第二の黄金時代（1992〜2008年）が世界金融危機の後で狂ってしまったのと同じように。何が起こったかといえば、1960年代に始まって1970年代に劇的に悪化した失業とインフレの並存、すなわち当時名付けられた「スタグフレーション」である。それは、インフレと同時に失業が起こる現象であり、フィリップス曲線を図の右上方向である外側に移動させる効果を持った（図8・3）。

1940年代以前、戦時中を除いて、物価水準の期待値は安定していた。しかし、1930年代の大恐慌の時の恐怖を意識して高い雇用を維持するために採用されたケインジアン総需要管理政策が定期的なインフレを引き起こし始めた。1956年から1970年までの間の5年間ごとの平均インフレ率は表の

ようになっている（表8・1）。

もちろん、労働者と雇用者は予想インフレ調整後の労働契約の「実質的」な結果を最も重視していた。したがって、（はじめは低い水準の）インフレが広まって経済全体に組み込まれていくと、賃金交渉に関わる人々はそのようなインフレ予想を考慮した実質賃金の上昇を要求または提示し始めた。政治家、公務員、エコノミストたちは、完全雇用という彼らの目的に関して譲歩することを嫌ったので、より速いインフレを引き起こした。実際、人々が加速するインフレ、すなわち正の二次微分で表されるインフレを期待するようになり始めた時期もあったのである（Flemming〔1976〕参照）。

インフレ期待値の重要性がPhelps（1968）とFriedman（1968）によって経済分析に組み入れられると、それは自然（すなわち、インフレが加速しない）失業率（ＮＡＩＲＵまたはＮＲＵ）という概念を生み出した[1]。これは、期待が完全に調整された長期において、インフレ率が一定に維持されるような失業率の水準である。自然失業率（ＮＲＵ）でフィリップス曲線はおおよそ垂直になる、という評価である[2]。期待が主として一定である短期では、フィリップス曲線は右下がりの曲線になっている。しかし、政策当局がそのフィリップス曲線を利用して失業率を自然失業率よりも低く下げようと試みると、その結果として、上昇し続けるインフレを引き起こすことになる。

この垂直な長期フィリップス曲線の概念は、その後に続いて起こった中央銀行の独立性への動きの重要な支えとなった。それは、インフレ目標を通じて物価の安定に集中するという任務を中央銀行にもたらしたからである。そのようなフィリップス曲線のもとでは、中央銀行による物価安定を維持する手段は、それ自体、長期雇用や経済成長、生産性に影響を与えることはない。それらは

（長期的には）供給サイドの要因によって決定されるものであって、金融政策や短期の需要サイドの政策で決まるものではない[3]。したがって、金融政策を通じてインフレをコントロールすることに集中することは、それ自体が利益のあるものであり、それを相殺するような不利益は存在しないのである。

この自然失業率という言葉は、それが一定であることを示唆している。フリードマンは、自然失業率をすべてが均衡して安定した状態にある時の失業率と定義した。均衡（自然）実質金利（r^*）および維持可能な均衡成長率（g^*）の水準が潜在的に変化することについては議論が続いているが、自然失業率（u^*）は固定していて一定であるという仮定は共有されている。

しかし、エビデンスはその仮定に反している。自然失業率（u^*）は、時間がたつにつれて均衡実質金利（r^*）や均衡成長率（g^*）よりも変動が大きいように見える。アジア諸国（中国と日本）を除けば、この数十年、先進国における維持可能な成長率は年率約3・5％と1・5％の間で、均衡実質金利は2％と0％の間で変動しているように思われる。それとは対照的に、自然失業率

1　インフレ率を加速させない失業率（ＮＡＩＲＵ）と自然失業率（ＮＲＵ）の間にはいくつかの技術的な違いがあるが、その違いに興味を持っているのはその分野の専門家のみである。

2　もしくは、高インフレによる被害を避けるために努力と資源（例えば、課税）を使うことによって、少し後方に曲がっているということである。

3　いつも通り、それにはもちろん条件がある。例えば、短期の経路が長期の均衡に影響を与えるヒステリシスのような現象が存在しないという条件が必要である。

図8・4　労働組合の加入者数が1980年頃から減少している

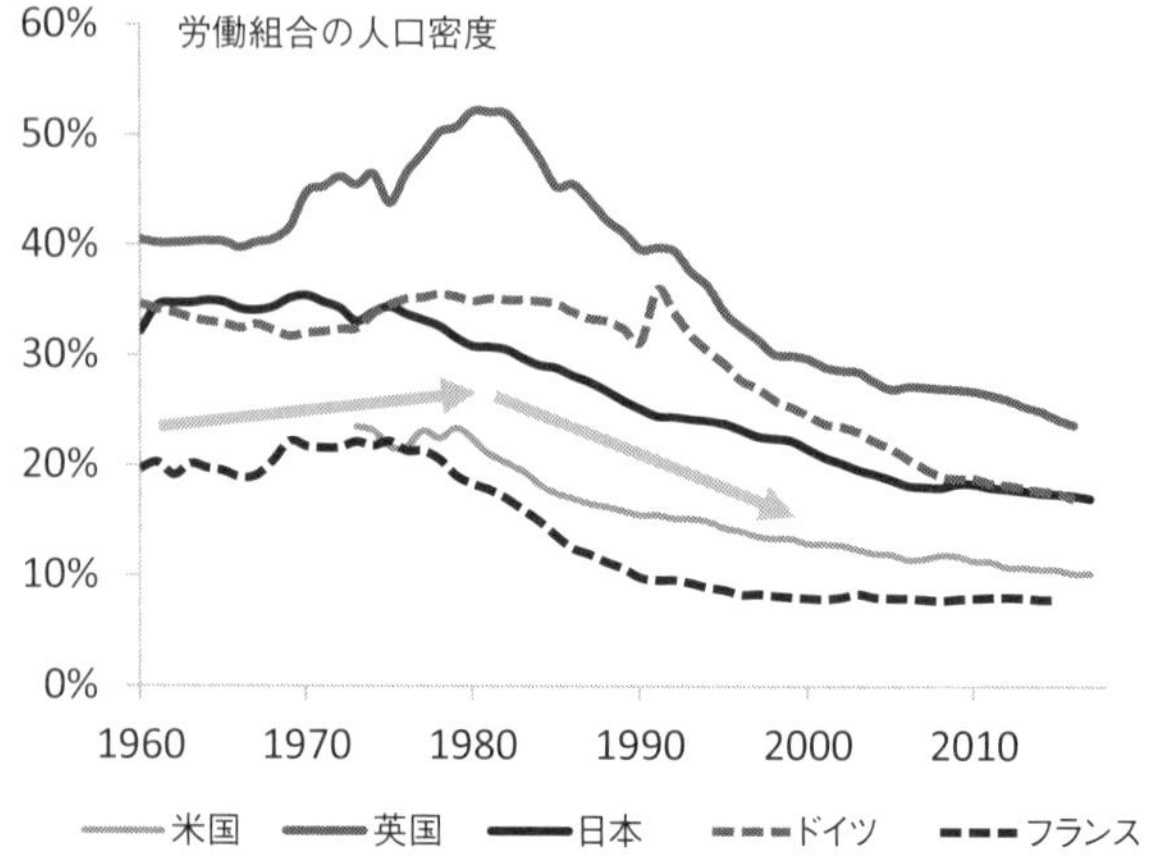

出所：OECD

（u^*）は5%と2%の間で変動している。1930年代の不幸な経験の後で、ベヴァリッジやケインズなどの経済学者は、失業率4～5%の水準は良い結果であると最初考えた。しかし、第二次世界大戦後、完全雇用政策がはじめほとんどインフレを引き起こすことなく失業率を1・5%前後まで下げることに成功したので、失業率を2%以下にすることが政策目標になっていった[4]。

総需要管理政策と完全雇用政策は、労働者と労働組合の交渉力を大きく高めた。雇用者が提示した賃金に合意しない時の選択肢は、失業ではなくて他の企業での雇用になる。また、第3章と第5章で述べたように、人口構成の変化は依存人口比率の減少をもたらした。そして、労働組合の加入者数は1980年頃までおおむね上昇したのである（図8・4）。

自然失業率を記述するもう一つの方法は、労働生産性の向上がもたらす実質賃金の増加に労働者が満足する時の失業率を表すというものである。

図８・５　水平なフィリップス曲線、2006〜2018年

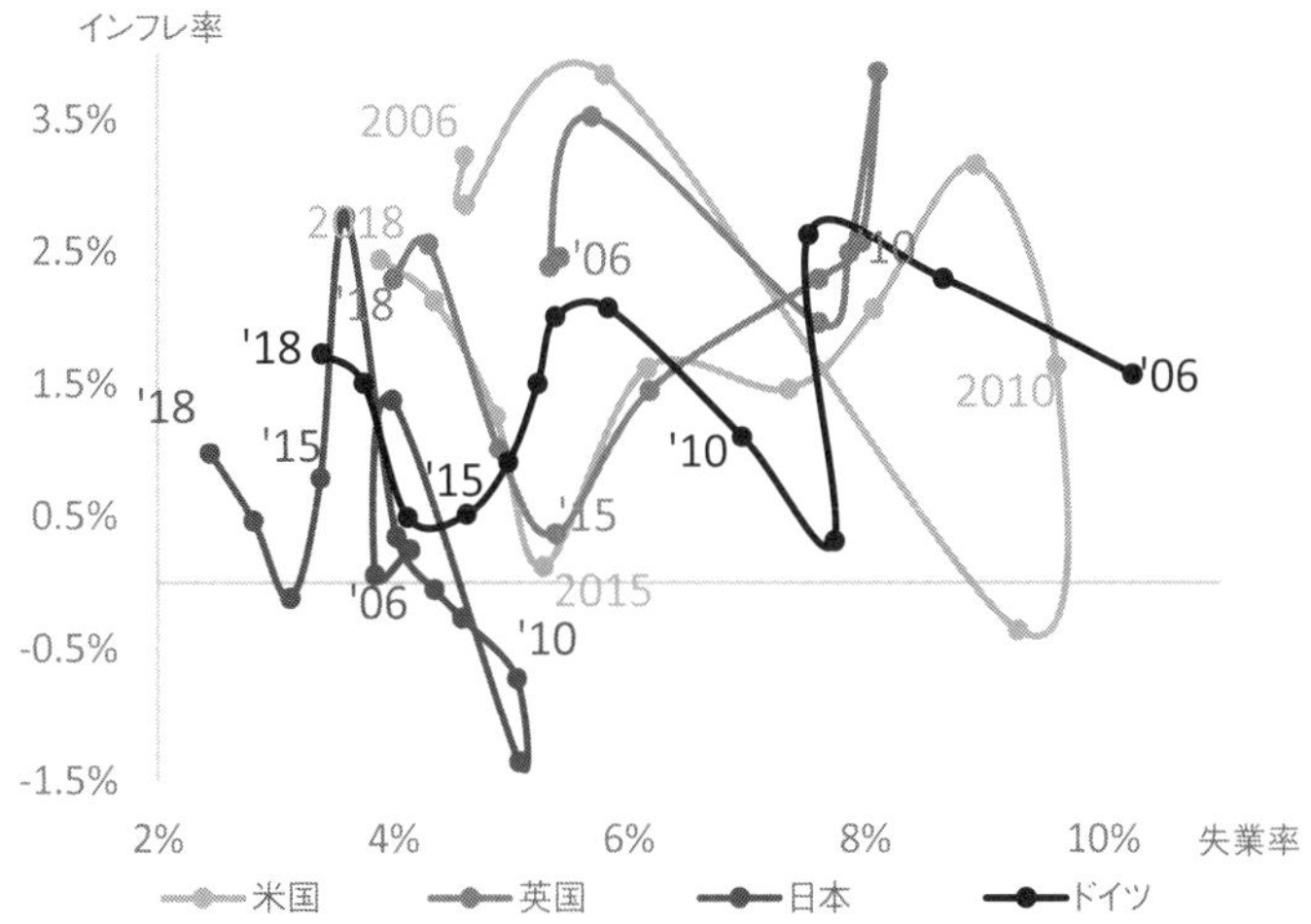

出所：FRED

１９４５年から１９８０年までの期間、（雇用者に比較して）労働者の高まる交渉力は、それに対応して潜在的な自然失業率もおそらく５・５％ほどまで上昇させることにつながった。ケインジアン総需要管理政策が無情にも自然失業率をより高くしてしまったのは、とても皮肉なことである。

最近でも、２００７〜２０２０年の期間において、この話にもう一つ意外な展開があった。（不幸な）フィリップス曲線にあったが、正反対のこと（垂直な）１９７０年代における焦点は、（垂直なが（同じように不幸な）世界金融危機とその後の年に起こったのである。過去10年ほどの期間において、フィリップス曲線は垂直どころか、

４　デニス・ロバートソンやフランク・パイシュなどの経済学者は、経済均衡には平均失業率２％以上が必要かもしれないと示唆したことによって激しく非難された（例えば、Robertson〔1959〕参照）。

ほとんど水平になったように見える（図８・５）。失業率は２００９年のピーク水準から２０１９年の底まで大きく変動した一方、インフレ率は低く安定していた。はじめに、（２００９〜２０１０年に失業率が高く上昇した際に広く予期されていた）インフレの低下が起こらなかったことに加えて、それに続いて次に、世界金融危機から回復し失業率が大きく低下したにもかかわらず、その前の低迷状態からインフレの上昇は起こらなかった。フィリップス曲線が示す２００６〜２０１８年の期間の失業率とインフレ率の組み合わせは、米国、英国、ドイツ、そして日本について別々に示されている（図８・５）。

この結果は、政府内外のエコノミストを驚かせ困惑させた。彼らのインフレ予測は、失業率が低下するのに伴って、その後の結果を一貫して過大評価していた。この現象を理解し説明することは、われわれの経済に関する包括的な長期展望にとってきわめて重要なことである。

次の節では、われわれは少なくとも六つの異なる説明について検証することにする。

i．消滅したフィリップス曲線
ii．重要なのは期待
iii．金融政策の成功
iv．雇用の構造変化
v．グローバルな要因の重要性
vi．シフトする自然失業率

2　水平なフィリップス曲線？

1　フィリップス曲線は死んだ

今日、フィリップス曲線は死んだ、そして、経済は名目賃金上昇率2～3％前後、実質生産成長率1％前後、インフレ率1～2％前後の軌道に落ち着いている、という言葉を頻繁に聞く。いいかえると、最近の過去の経験が無期限の将来にも当てはまると考えているわけである。

そのような推定には、何も理論的な根拠がない。さらに、フィリップス曲線が消えてしまうことはありえない。なぜならば、それは単に労働市場の需要と供給のバランスを反映したものにすぎないからである。理論的な極限においては、そのバランス状態を初期のケインジアン分析の（逆）L字型の曲線として表現することも可能だが、実際にはその可能性はほとんどない。フィリップス曲線はその傾きと形を変えるかもしれないが、その場合、変化の理由を評価し理解する必要がある。しかし、それがただ消えてしまうことはない。

2　期待が支配する？

当初、短期フィリップス曲線が不安定になったのは、期待の役割を十分に考慮していなかったからである。対照的に、今日では、期待がすべてであると時々断言されることがあるが、それは次のような意味合いを持っている。すなわち、将来のインフレ期待が中央銀行のインフレ目標値に「しっかりと固定（アンカー）」されている限り、賃金上昇そして実際のインフレはほぼ現在の水準で安定を維持する、という意味である。

しかし、理論上および原則として、それはありえない。なぜならば、すべての潜在的労働者が雇用された後、さらなる需要の増大は高いインフレ率として反映されなければならないからである。さらに、産業と労働の多様性によって、需給の逼迫やインフレは完全雇用が達成される以前に物価上昇圧力として表れてくるはずである。

「しっかりと固定」されたインフレ期待が意味するものは、インフレ目標からの乖離は一時的であって永続するものではない、ということである。したがって、２００９～２０１０年に物価が低下した時に、人々はこれが継続するものとは予想しなかった。反対に、２００８～２００９年に英国ポンドが減価した後の数年間のように、インフレが目標値を超えて上昇した時にも、人々はそれが継続するとは予想しなかった。それは、短期フィリップス曲線を多少水平にする効果を持つが、それだけでは長期フィリップス曲線の位置も垂直性も変えることはないからである。もし長期フィリップス曲線の位置が同じであったならば、過去10年間に生じた失業率の着実な低下はインフレの加速を引き起こしていたはずであるが、実際には起こらなかった。

Lindé and Trabandt (2019) は、非線形フィリップス曲線によって、２００８～２０１０年の「消えたデフレ」とその後の遅い回復の両方を説明できると主張している。「いいかえると、深刻な経済不況の後に経済成長が回復しても、経済の余剰能力が残っている間は物価と賃金のインフレはゆっくりとしか上昇しないだろう」(p.3)。しかし、米国、英国、日本における今日のように歴史的な低い失業水準のもとでは、それだけで十分な説明にならない。ただし、その前にすでに自然失業率がシフトしていたならば話は別である。この可能性は後述する第6項での議論につながっていく。

3　金融政策の成功

McLeay and Tenreyro (2018) は、その論文"Optimal Inflation and the Identification of the Phillips Curve"において、金融政策の目的はインフレを目標値で安定させることである、と思い起こさせてくれる。すべてのショックが需要サイドによるものであれば、インフレと生産量はともに同じ方向へ変化するので、インフレ安定化政策は完全に成功する。そうすれば、定義によって、インフレは一定である。そのような条件のもとでは、他の構造的な要因によっても影響される失業率と賃金・物価インフレの相関関係はゼロになる。この関係は、たとえ労働市場の緩み (スラック) とインフレの間の構造的な基本関係 (フィリップス曲線) が強く安定的で一定であったとしても成立する。経済に影響を与えているショックが原油価格の変動、間接税の変化、関税や (外生的な) 為替レートの変化などの供給サイドによるものであれば、政策は均衡生産量の損失とインフレ目標未達成による損失の間でバランスをとらなければならない。そのようなことが同時に起こるという条件のもとでフィリップス曲線を見極めるためには、供給サイドのショックおよび (または) 金融政策の失敗を評価し数量で表さなければならない[5]。

5　政策手段とそれが賃金・物価インフレに与える結果の間の時間差によって、(公式な) 失業とインフレの予想と実際の事後的なインフレとの間の予期されぬ乖離が、基本的な構造関係を見分けるのを助けてくれるかもしれない。

それは簡単ではない。しかし、例えば、1973～1974年、1979年、そして1986年のオイルショックのような供給ショックが1970年と1990年の間ではより頻繁に起こったという事実と、商品価格ショックや金融政策の失敗は、その後すべてのマクロ経済変数が安定していた1992～2005年の「大いなる安定（Great Moderation）」の期間に比べるともっと頻繁に起こっていたことが知られている。したがって、この後者の数十年間において測定される失業率（または生産量ギャップ）と賃金（物価）インフレ率の関係の傾きがより水平に見える事実は、潜在的な構造関係が変化したことの表れというよりも、より適切な金融政策とより少ない供給ショックによる人為的な結果にすぎない可能性がある。そうならば、例えば、金融政策が地域間の多様性を相殺できないような単一の金融地域の個別のフィリップス曲線は、より大きな（負の）傾きを示すはずである。これは最近のいくつかの実証研究で証明されているようだ[6]。例えば、先のMcLeay and Tenreyro（2018）や、Hooper, Mishkin and Sufi（May 2019）による論文"Prospects for Inflation in a High Pressure Economy: Is the Phillips Curve Dead or is it Just Hibernating?"などがある。

4　変化する雇用構造

カール・マルクスは、賃金は「失業者の予備軍（相対的過剰人口）」によって抑制される、と述べた[7]。今日では、賃金上昇を抑制しているのは高齢者の予備軍である、と言うほうがより適切かもしれない。雇用参加・退出、失業、労働参加には二つの期間がある。20～54歳の働き盛りの労働者は主に雇用と失業の間を行き来する。一方、55～75歳の労働者は雇用と労働不参加（例えば、

〔早期〕退職）の間を行き来する傾向がある。

第3章で示したように、最近、多くの国で労働参加率は急速に上昇している。特に、雇用機会が増大するにつれて、高齢女性の参加率が上昇している（ただし、米国では労働参加率の上昇は限られている）。高齢者の労働供給は、適切な労働の機会と賃金に対して高い弾力性をもって反応するように見える。実際、Mojon and Ragot（2019）によると、高齢者を除外することによって調整したフィリップス曲線はより理想形に近い。

この発見にはいくつかのインプリケーションがある。第一に、就業と退職の間を弾力的にスイッ

6　これが賃金と失業率の関係を表すフィリップス曲線について成立しているように見える一方、物価と生産量ギャップ（潜在的なGDPと実際のGDPの差）の関係を示すフィリップス曲線についてはあまり成功していない。このような違いが生じた原因（例えば、時間とともに変化する利益マークアップ）は何かという問いは、本書の範囲を超えている。

7　Wikipedia（https://en.wikipedia.org/wiki/Reserve_army_of_labour）より引用：

労働者の産業予備軍という考え方は、マルクスと密接に関連付けられているが、それは1930年代までには英国の労働運動においてすでに広く流布されていた言葉である。マルクスよりも先に、エンゲルスは彼の有名な著書 *The Condition of the Working Class in England*（1845）の中で労働予備軍について議論していた。マルクスの著書の中で労働予備軍という言葉が最初に出てきたのは、1847年に書かれた原稿「on Wages（賃金について）」の中であったが、それは出版されなかった……

労働力を「軍隊」とみなす考え方は、マルクスとエンゲルスによる共著『共産党宣言（The Communist Manifesto）』の第1部にも出てくる（Engels and Marx〔2018〕参照）。

チする準備ができている高齢者が大きな緩衝材として存在している限り、フィリップス曲線はより水平に見えることになる。なぜならば、雇用者は賃金を大きく引き上げることなく高齢者（および移民）によって求人を満たすことができるからである。第二に、高齢者予備軍の存在は、自然失業率が低下することを意味する。なぜならば、高齢者予備軍が安全弁として機能する限り、需要圧力の高い経済状態を維持できるからである。

しかし、それにもやはり限界がある。すべての高齢者が就労に魅力を感じて復帰するわけでもない。高齢者の中には働くことができない人もいれば、働きたくない人もいるだろう。さらなる労働参加率の上昇は、労働供給の弾力性を低下させることによって、しだいに実現するのが困難になっていくかもしれない。有効な予備軍がすべて活用されてしまった時には、再び総需要に対する圧力を緩和する必要が出てくる可能性もある。

5　グローバル要因の増大する役割

Kristin Forbes（2019）が詳しい研究論文"Has globalization changed the inflation process?"を書いている。それは賃金インフレよりも物価インフレに注目しているが、その結論の一つは次のようになる（p.30）。

グローバル要因が与えるインパクトは時間とともに大きく変化してきた。特に、インフレとその循環的要因について影響が大きい。例えば、フィリップス曲線およびトレンド循環的要因の両枠組みにおいて、世界における生産量ギャップと商品価格の変化は過去10年にわたってＣＰ

Iインフレとその循環的要因により大きな影響を与えるようになってきた。インフレモデルは、世界経済における変化をもっと注意深くコントロールする必要がある。さらに、モデルの中の係数が動学的で時間とともに変化することを可能にする必要がある。

これと多少似た考え方として、Stock and Watson（2019）は、循環に敏感なインフレ指数CSI（Cyclically Sensitive Inflation Index）を使用することを提唱している。それは、国際的に決まる価格、もしくは正確に測定されていない価格に対する比重を小さくした物価指数である。彼らは次のように結論している（p.90）。

CSI指数は、インフレ率の動きを見るための新しい窓を提供する。CSI指数は、地域内で決まる価格を持った部門に重点を置く傾向があるので、国際市場から大きな影響を受ける価格から国内市場で決まる価格を分離する方法を提供する。

トレンドを消去し循環的変動に焦点を当てるインフレの構成要素とフィルターを使うことによって、フィリップス曲線の安定性に関する異なった姿が現れてくる。インフレ率と生産量ギャップの関係を示す標準的な加速仮説に基づくフィリップス曲線の傾きが平らになる一方、循環インフレ率と循環生産量ギャップの関係は実質的にもっと安定している。

図８・６　ストライキで失われた労働日数（左図）；労働停止した労働者数（右図）

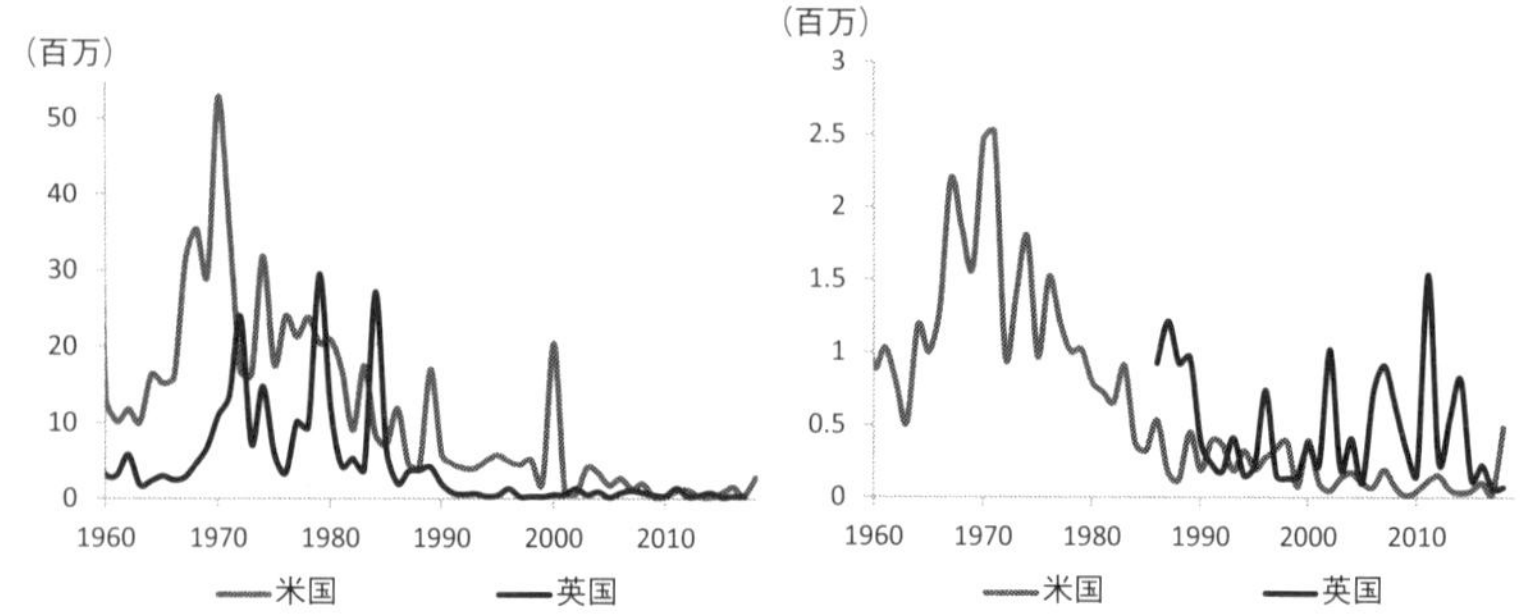

出所：Bureau of Labor Statistics、Office for National Statistics

6　シフトする自然失業率

ケインジアン総需要政策と上昇する依存人口比率は、ベビーブーム世代が労働年齢に達する前の１９４５年から１９８０年の期間、労働者の交渉力を相対的に高めた。それは、（民間部門の）労働組合の加入者数、闘争性、影響力の増大をもたらすとともに、それらを補う要因にもなった。そのような闘争性の指標として、米国および英国でのストライキで失われた労働日数および労働停止した労働者数を時系列で見ることができる（図８・６）。

　認識されにくかったのは、そのようなトレンドが自然失業率を着実に上昇させた点である。平均失業率は１９６０年代には若干上昇傾向にあり、その傾向は１９７０年代には強まったが、政治家と有権者は自然失業率を一貫して過小評価し続け、インフレが加速したのである。ボルカーＦＲＢ議長、レーガン大統領、サッチャー首相、そしてローソンとハウ財務相が、一時的に総需要ターゲットをやめて通貨ターゲット（マネーサプライの増加目標値）を採用するまで、インフレ・スパイラルは収束しなかった。

　本書前半部の命題は、１９９０年代初め頃から、人口構成要因（依存人口比率の減少など）とグローバル化（特に、中国の世界貿易への登場）の組み合わせが、経済状況の基調をインフレからデフレへと劇的に変えた、というものである。そして繰り返せば、その結果であり、補足的な原因ともなったのは、（民間部門の）労働組合の加入者数の減少と闘争性の後退であった。内容は逆だが、前の時期（1945～1980年）とまったく同じように、政策当局および彼らに助言するエコノミストも、労働者の交渉力低下と並行して自然失業率（NRU）が今まで以上に低下していることを認識していない。

しかし、今、労働者は、賃金交渉の場ではなく、投票を通じて報復している。ちょうど人口構成要因が労働者優位の方向へ逆戻りしている時に、グローバル化はポピュリズムによって抑制されている。一方、長期的な決定要因を無視して最近の経験を延長して未来を予測している人々は、われわれが長期停滞（secular stagnation）に落ち込んだままであろうと強く主張している。

ゆっくりと動いている振り子は、今再び逆戻りしようとしている。これから1年もしくは2年間は、物価安定と低失業率の組み合わせを維持することができるかもしれないが、その状態は長く続かないだろう。この章のメッセージは、長期フィリップス曲線は自然失業率（u^*）で垂直であるだけではなく、自然失業率の位置（u^*）が長期的な人口構成の変化および政治・経済の動力学によって持続的かつ体系的に移動している、ということである。そのようなトレンド変化を無視することは危険である。それらを無視する予測は、一貫して一方的な間違いを犯すことになるであろう。

第9章 「それは、なぜ日本では起こっていないのか?」修正論者による日本の変容の歴史

1 はじめに:伝統的な分析の欠陥

「それは、なぜ日本では起こっていないのか?」――これが、高齢化がインフレ、そしておそらく実質金利も上昇させるというわれわれの結論に対する単純であるが最も強力な反論である。何といっても、日本は人口が高齢化し減少している人口構成変化の最先端にある。日本は、高齢化する世界における経済について信頼できる青写真を提供する実験の場なのである。

一見したところ、日本で起こったことは本書の命題と矛盾しているように見える。日本では、1980年代に土地、住宅、株価が急騰し資産バブルが起こった。そして1990年代初めに資産バブルが崩壊し、さらに労働力が急速に減少した後、企業によるレバレッジの解消、投資と成長の崩

壊、不景気、さらに賃金と物価のデフレ現象が続いた。これらは、われわれが高齢化世界に伴って発生すると主張していることのほとんど真逆の変化である。

しかし、日本からの教訓を右に述べたようにして得ようとする見方には二つの欠点がある。

第一の欠点は、日本経済の変容に関する従来の分析を詳しく読めばわかるように（以下の囲み欄参照）、分析が閉鎖経済に限られている点である。そこには日本以外の世界が存在していない。したがって、日本国内の要因（資産バブル崩壊、日本というローカルな地域の人口構成）によって日本で起こった出来事（デフレ、投資と成長の停滞など）を説明せざるをえなくなっている。

おそらく次の比喩がわかりやすいであろう。今、ニューヨークの6番街で全面的な交通渋滞を引き起こす建設作業が行われているとしよう。これはローカルな出来事だが、住宅地区や街を横切る他の道を車で運転することが妨げられるわけではない。すなわち、救いはローカルな震源地の外に存在するということである。交通はすぐにこれらの他の道路に移るであろう。そして安定した状態においては6番街での交通渋滞はほとんどなくなるであろう。しかし、ラッシュアワーはまったく異なる。住宅地区への道路はすべて同じように混雑する。これは救いのないグローバルなショックである。第一のシナリオが、過去数十年にわたって日本がたどった道である。国内での労働力の逆風と国外での労働力の増大に直面して、日本は救いを労働力が豊富な海外に求め、グローバルな潮流を国内に引き入れたのである。第二のもっと困難なシナリオは、人口構成における全面的な交通網渋滞から抜け出す明らかな方法が見つからない状況、すなわち今日のほとんどの世界が直面している状況である。朝のコーヒーを飲んでいる読者は地下鉄があるではないかと指摘するかもしれないが、地下鉄網であっても、ラッシュアワーには道路と同じぐらい混雑することをニューヨーカーは知っている。これは比喩を広げすぎかもしれないが、人口構成の圧力を相殺する科学技術の力について、第10章で行う議論と似ている面がある。

日本の変容に関する従来の解釈

従来の見方は、日本の人口構成（高齢化）が成長、インフレ、そして金利を低く抑えているというものである。この議論は十分に単純であるがゆえに説得力を持っている。労働供給の減少は生産性の急上昇をもたらす急速な資本の蓄積によってのみ相殺される。しかし、住宅バブル崩壊と日本経済の上昇期に積み上げられた巨額債務のデレバレッジが重なって、企業部門が麻痺してしまった。投資の下落は貸付資金需要を減少させ、金利が低下した。成長の下落は名目そして実質金利の低下を強める継続的なデフレ圧力を生み出した。

日本における成長の低下、デフレ、そして金利の低下はすべて事実である。しかし、なぜこれらの事実が起こったかについての説明には重大な欠点がある。その説明はグローバルな力の大きな影響を考慮に入れていないからである。同様に、それは従来の漠然とした説明と矛盾する他の事実を説明することができない。すなわち、このような状況下で、印象的な生産性の実績とまずまずの賃金の上昇が起こっている事実である。

この章は、これらの欠点を修正し、１９９０年代初めに起こった資産バブル崩壊後の日本経済の変容について修正論の立場からの歴史解釈を提供することを目的とする。

どのような経済も、特に日本のような開放経済が、世界経済を襲った容赦のないグローバルな力の影響から逃れることができるとは考えがたい。グローバルな要因が支配的な時代に、それらの要因が明確に作用しているのであれば、その解釈それ自体も変わらなければならない。

ごく簡単にいえば、1990年代以降、中国の台頭が世界経済のすべてを変えてしまったのに、それが日本経済の変容を説明するのに何の役割も果たさないということがありうるだろうか？

この単純な問いに答えるためにわれわれがとる調査分析のアプローチは、日本が歩んだグローバルな足跡にヒントを見出すものである。簡潔にいえば、日本で労働供給が引き潮である時に世界では労働供給で溢れかえっていたがゆえに日本は実際に歩んだとおりに変容してきたという帰無仮説のもとで調査を進めるものだ。日本企業は国内の労働力不足を相殺するためにグローバルな労働供給の追い風を利用する行動をとった。国内外の相反する力に対する日本企業の合理的な対応に基づいて、われわれは真にグローバルな日本経済の歴史修正論を明確に説明することができる。

第二の欠点は、過去30年にわたる日本経済の変容が資産バブル崩壊に続く10年間によってダメージを受けていることに関わる。1990年から1999年までは実際に失われた10年であった。1991年の資産バブル崩壊に対する対応にはいくつかの重大な政策の失敗が含まれていた。それによって危機が持続したのであり、1995年頃に複数の銀行が倒産することによって危機の二番目の頂点がやってきた。それに続いてすぐに、1997~1998年にアジア危機が発牛した。したがって、これらの時期には失業が増加し、賃金が低下し、生産は停滞した。

しかし、1990年代初期から現在までの期間を日本経済の一つの時代とみなすのは間違いである。2000年以降は、経済状態は回復し、より健全になってきている。

労働力が年率1%で減少したにもかかわらず、生産量は年率1%で成長してきた。両者の差は生産性の向上である。労働者一人当たりの生産量は平均して年率2%で増加してきたことになる。世界のほとんどの他の先進国であれば、仮に過去20年間労働者一人当たり年率2%の生産性向上を提示されたら文句なしに大歓迎だろう。日本の労働力が減少するにつれて、平均年率0・5%のインフレのもとで賃金はほとんど停滞し続けた。これらの出来事はすべて低い失業率のもとで起こった。国内の労働力が減少するという条件のもとで、2000年以降、日本経済のパフォーマンスは実際にはむしろ良好であったといえる。

それでは日本の何が問題なのか？　三つの主要な課題がある。

第一に、生産量の増加が貧弱な状態が続いている。全生産量の増加という点では、他国に比較して日本は確かに貧弱に見える。しかし、人口一人当たりの生産量は低いが、労働者一人当たりの生産量で測る生産性は2000年以降ほとんどの先進国よりも良い状態にある。

第二に、インフレ率が低いままである。年率0・5%ほどのインフレ率が本質的に望ましくないかどうかは議論の余地があるが、日本銀行のインフレ目標は首尾一貫して2%であって、その目標を達成することに失敗している。

第三に、われわれの命題にとって重要な問題となるのは、そもそも日本の失業率はけっして高くはないが、それにしても欧米諸国の基準では非常に低い水準まで低下したにもかかわらず、それが賃金の上昇を引き起こしていないことである。したがって、フィリップス曲線は日本では20年間ほど非常にフラットな状況にあったように見える。それは標準的な分析によると、これから欧米諸国において起こると予想される状態である。では、そのようなフィリップス曲線をどのように説明するのか？　そして、この点で、欧米諸国が日本の後を追わない理由があるのだろうか？

そこで、日本のフィリップス曲線に関する議論における二つの課題について考察することにする。重要な問いは、フィリップス曲線が本当にフラットだったのか、それとも失業率が示唆する以上に日本の労働市場にはスラック（余剰）があったのか、ということである。日本の労働市場のユニークな特徴を分析に取り入れると、健全に見える日本の失業率の背後には、日本の労働市場に存在するかなり大きな余剰が隠れていることがわかる。

ここでわれわれは、第一の課題、すなわち日本の生産性のストーリーから始めることにする。それは、単に生産性自体が重要だという理由だけではなく、日本のフィリップス曲線の本質を理解するためのステップとしても重要だからである。

日本の生産性の急上昇と海外直接投資に具体化されているグローバルな手がかり

日本の生産量の成長率1％と労働力の減少率1％とのギャップは、生産性の貢献を示す。図9・1によると、労働者一人当たりの生産量において、日本は他のほとんどの先進国よりもパフォーマンスが優れている。

実際のところ、企業の生産性の向上は、日本が失われた10年から脱出した理由を説明する二つの

図９・１　日本の労働者一人当たりのGDPは他の先進国よりパフォーマンスが良い

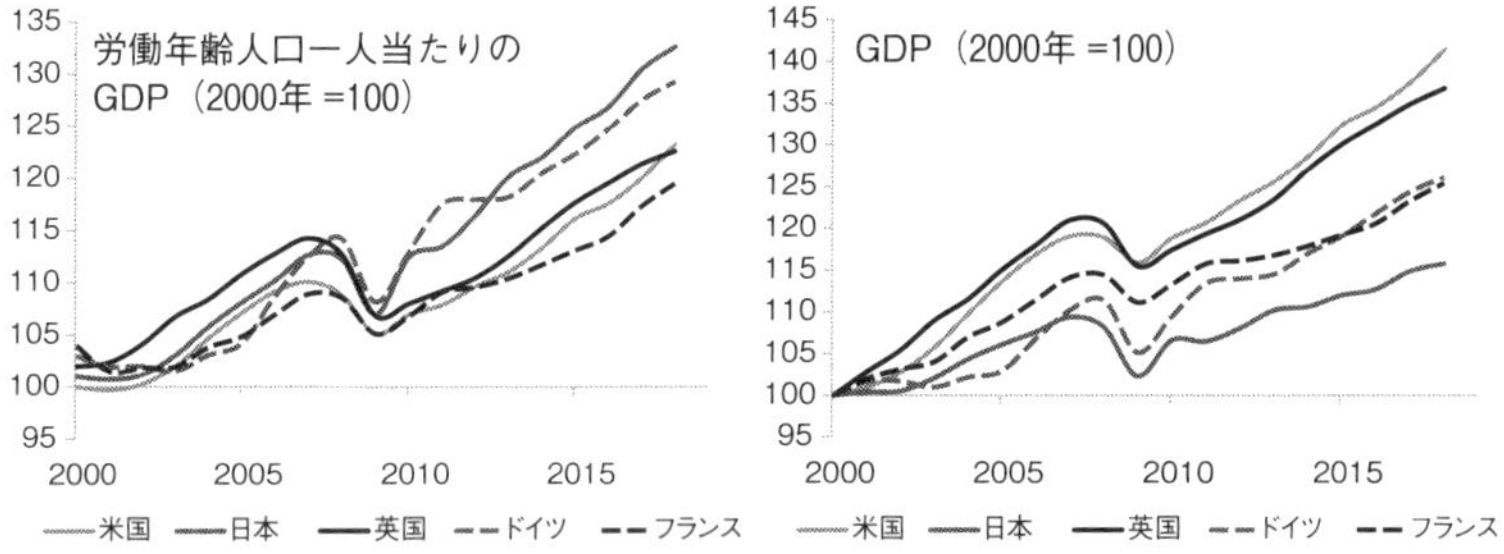

出所：IMF

仮説のうちの一つである。もう一つの仮説は、２０００年に始まった輸出の増大がその後10年にわたってＧＤＰの成長に貢献したことである。Ogawa et al.（IMF 2012）は、輸出関数を二つの部分に分けて調査している。一つは日本の貿易相手国の所得に依存している部分であり、もう一つは企業の全要素生産性と要素価格の関数である。彼らによると、全要素生産性が輸出増加における変化の約50％を説明している。一方、貿易相手国の所得はたった20％しか説明できない。彼らは、１９９０年代からの企業によるリストラの奮闘がこの原動力になった可能性があると主張している。

　これは構造的な逆風に直面している企業の利益最大化行動と解釈すべきだが、日本企業がどのようにそれを実行したか、その方法にこそ、日本の生産性のグローバルな足跡の証拠を見つけ出すことができる。

　日本のストーリーにおけるグローバルな足跡の第一の手がかりは、国内ではなく海外で行われた日本企業の旺盛な投資活動（海外直接投資）である。日本企業が積極的に行った海外投資は、国内で行った散漫な投資と非常に対照的である。海外直接投資は、国内の弱い需要と高い労働賃金の逆風を避けて、グローバルな人口構成の変化よって引き起こされた海外の強い需要と安価労働力という二つの追い風に乗るために設計された安全弁のようなものである。海外直接投資は「失われた10年」の期間でさえ力強く、その後も高い水準を保ち続けている。

2　国内投資のブーム&バスト

日本の国内投資についてのストーリーは、きれいに二つの時代に分類できる。企業活動が拡大していた沸き立つ１９６０年代、１９７０年代、そして１９８０年代は、失われた10年とその後数十年に及ぶ貧血状態の時代とは大きく異なっていた。

1　企業活動の拡大：沸き立ち酔いしれた時代

日本企業に急速な資本蓄積のインセンティブを与えた二つの際立ったレジームが存在する。

第一に、日本は「奇跡」と呼ばれた１９６０年代と１９７０年代に急速な資本蓄積を行った。その時代、人口構成には追い風が吹いており、通産省（ＭＩＴＩ）は日本経済が日陰から急速に上昇するのを巧みに組織化した。

Johnson（1982）によると、日本の奇跡が実際に始まったのは１９６２年になってからである。そして、１９７５年までに製造業が3倍に、１９７８年には4倍にも拡大していた。実際には、この時期の拡大のほとんどは1966年以降に起こったものである。この驚くべき成長の時期は、日本株式会社が発展するのを舞台脇から静かに指導していた通産省の産業政策だけではなく、他国と比較すると当時の好適な人口構成にも深く関係していた。日本が台頭する時代、通産省は特別のインセンティブを与えて資本の流れを指図していた。ジョンソンらは、日本のひたむきな成長の多くを通産省の努力に帰している。通産省は後に経済産業省（METI）に再編され、以前の通産省ほど挑戦的ではなくなったが、今でも影響力を持ち続けている。

そのような経済の急速な成長が起こったのが、日本の依存人口比率がそれまでの数十年に及ぶ低下を経て50を下回った時であることは、なぜ生産量がそれほど急速に増加したのか説明してくれる。日本の依存人口比率（労働者100人に対する扶養者数）は、1940年代に70だった水準から1970年代末には40まで減少した。同じ時期（特に、1946年から1976年まで）に、ジョンソンは産業生産量が55倍と驚くほど増大したことを示している。急速な資本蓄積と（人口構成と国内移動による）労働力増加の組み合わせは、製造技術が体化された資本財の輸入を促進した通産省の方針と非常にうまく合致した。日本の国土面積は世界のたった0・3％にすぎず、人口も世界人口のわずか3％であるにもかかわらず、1976年には日本が世界生産量の10％を占めるようになっていた。

第二に、1985年のプラザ合意以降、資本蓄積は急速に増加した。

1960年代と1970年代が奇跡的な経済であるとすれば、プラザ合意以降の時代は典型的なバブル経済であった。プラザ合意後に急速な円高が進み、政策担当者はこの動きに対して国内の経済政策で対応しようと動いた。急激な円高の影響を相殺するために行った強力な金融財政緩和政策によって、資金が不動産そして日本企業に投資されていった。その結果が、企業部門における過剰設備、過剰レバレッジであり、文献などで如実に描かれている住宅バブル災厄であった。

2　数十年の投資ブームから数十年の投資不況へ

１９９１～１９９２年に起こった株価、地価、住宅価格のバブル崩壊によって、日経平均株価は約４万円の高値から最終的に1万円以下の底値まで下落した。資産バブルの崩壊後、日本経済および企業部門は、それまでの経済に存在したあらゆる過剰の反動に激しく打ちのめされた。

日本企業は国内で積み上げたレバレッジを積極的に解消した。非金融企業部門の国内債務の対ＧＤＰ比率は１９９４年の１４７％から２０１５年の97％まで下落した。ただし、それは同じ期間に上昇した公的部門のレバレッジによって相殺された。しかし、企業部門から見ると、レバレッジの削減は不可欠だった。簡単な計算によってわかることだが、収入が伸びていない時に借り入れのペースを落としたり債務を削減することは、他の支出を切り落とさなければならないことを意味する。これがまさに日本企業の国内投資が示していることである（図９・２）。

この変化の軌跡を明確に捉えるために、平準化した投資の数量変化を見てみよう。５年移動平均値を見ると、投資の伸び率は資産バブルに至るまでの20年間に平均３・９％であり、高い値では10％近くまで上昇している。バブル崩壊後は平均値は０％であり、世界金融危機後と最近の一時的上昇以外は、ほとんどの期間にわたって投資伸び率はマイナスであった（図９・３）。

失われた10年のほとんどの期間、投資の伸び率は消費の伸び率よりも低かった。この変化を反映して、企業部門の構成も時間とともに変化してきた。製造業は経済状況の変化に対してサービス業

図９・２　日本の企業部門のレバレッジは低下し、公的部門のレバレッジは上昇した

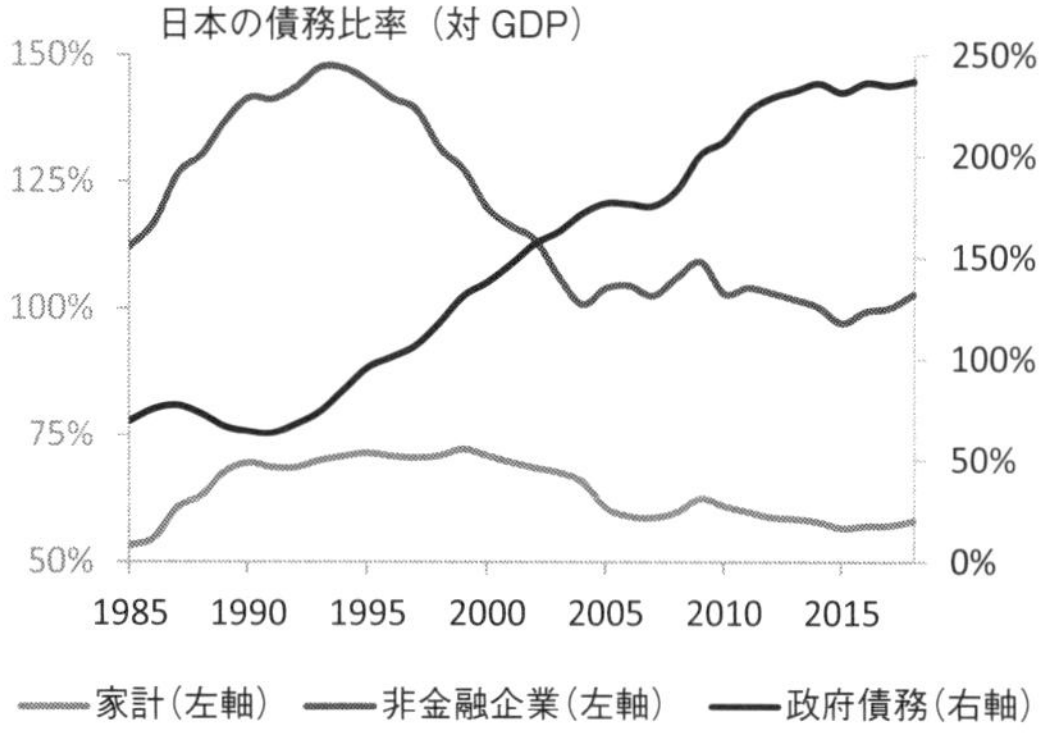

出所：家計・非金融企業（BIS），政府債務（IMF）

図９・３　投資の下落後、日本の消費は低下

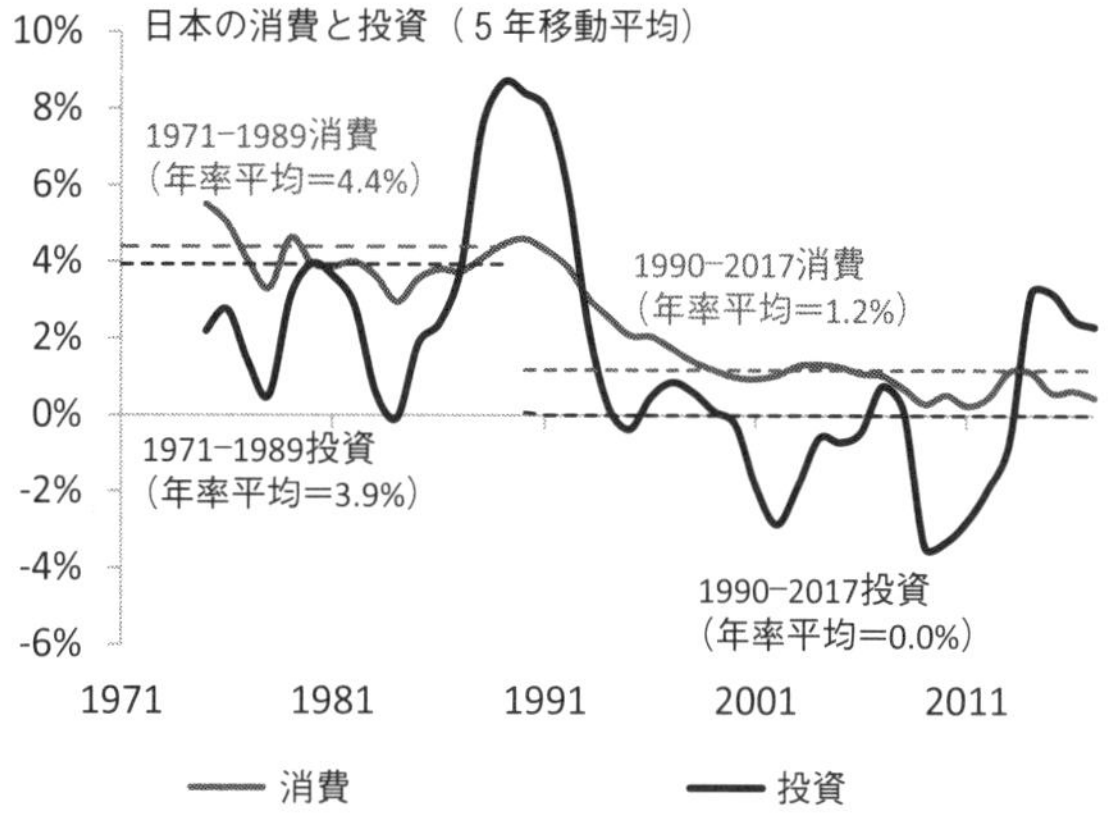

出所：IMF

よりももっと敏感である。製造業企業の投資も大幅に減少した。投資全体に占める製造業の割合は、1980年代初めの45%から2002年には30%ほどの水準まで下落した。製造業の雇用もその影響を免れることはできなかった。製造業の雇用者数割合は、1970年代後半には全体の約28%、資産バブル崩壊直前には25%だったが、2017年には16%あまりにまで下落した。

これまでのエビデンスに基づいた企業部門に関する従来の見方によれば、過剰なレバレッジと設備能力削減の重圧に押しつぶされそうな日本企業の暗い姿を描くことになる。**しかし、これらの重圧に戦わずして屈服する日本の企業の姿を描くことは、企業の生産性を向上しようとする活気に満ちた賢いグローバル戦略を大きく見誤ることになる。**

われわれは、これから次のような議論を展開する。すなわち、日本企業は積極的に利益最大化行動を海外に拡張していったのである。彼らは、日本国内のもがく経済と減少していく高コストの労働力に依存するのではなく、成長が期待できる海外の安価な労働力市場へ戦略的に生産拠点を移転することによって、利益最大化を成し遂げていったのである。

3 海外直接投資：日本の国境を越えた投資ブーム

日本の国内経済における製造業の割合は、バブル崩壊前の時代の45%から2000年代初期には30%まで下落した。すでに述べたように、これは投資が減少し、またわずかしか伸びないという背景のもとで起こっていた。こうした投資の衰えは、債務負担によって衰弱し混乱した企業部門の姿を想起させる。しかし、海外直接投資と海外生産の力強い活動はそうではないことを示している。時がたつにつれて、海外直接投資のトレンドは非製造業の分野まで広がっていき、最近では、サー

図9・4　海外直接投資は対内直接投資を大きく上回っている

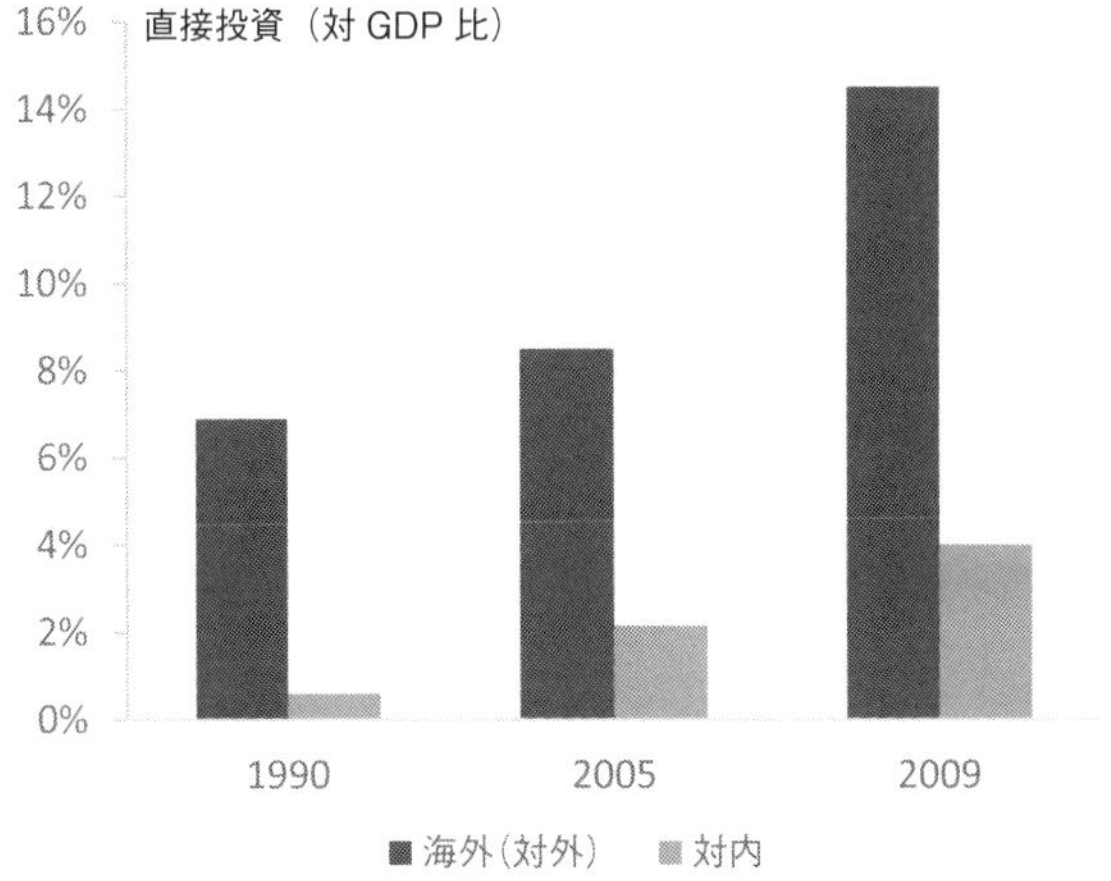

出所：経済産業省

ビス業の海外直接投資の増加が目立つようになってきている。

1985年以降の急激な円高が、当時の日本企業には新しい選択だった海外直接投資の引き金になった。しかし、そのような単純な説明を超えたストーリーが存在している。このトレンドが数十年にもわたって続いているということは、その表面下に強力な構造的な原動力が存在していることを示唆するからである（図9・4）。

国際通貨基金（IMF〔2011〕, Japan Spillover Report）によれば、生産拠点の移転傾向を調べてみると労働コストが一番の動機であり、対象国の成長期待は二番目である。経済産業省の調査によると、動機の順番は大きく逆になる。企業からの回答によると、70％は対象国市場における需要が最大の動機であり、資格要件を満たす安価な労働力の重要性は最近低下している。二つの調査は、中国における単位労働コスト（生産性を調整した労働賃金）の上昇と日本における生産性向上による単位労働コストの安定を考慮すれば、必ずしも互いに矛盾しないだろう。日本の海外直接投資は2017年にほぼ20兆円近くに達していた。これは1990年代半ばの水準に比較すると6倍以上の増加にあたる。

海外直接投資の急激な増加

経済産業省による20年にわたる日本企業による海外ビジネス活動の豊富な調査は、海外直接投資の進化に関する詳しい情報を提供している（通産省は2001年に経済産業省に再編された）。これらの調査（2018年の最新調査は第49回目の年次調査にあたる）をさかのぼることによって、日本の海外直接投資についての豊富な情報と当時の急激な変化の雰囲気を感じ取ることができる。

- 投資：1996〜2012年の期間に、海外直接投資の円ベースの価値は3倍に増加した。一方、1985〜2013年の期間に、国内企業による国内投資に対する海外関連会社による海外投資の比率は10倍に増加した。
- 関連会社の数：1987年に、日本企業は約4000の海外関連会社を所有していた。その数は比較的急速に増加し、1998年には1万2600、さらに経済産業省による2018年の調査では2万5000に達している。
- 雇用：海外関連会社は1996年には230万人雇用していた。その数は2016年には560万人に増加した。

これらの絶対数はそれ自体印象的で興味深いが、一方、それらを日本国内のトレンド、特に大きく国内で下落した製造業のトレンドと比較した時に、われわれの目的にとって非常に興味深いものになる。

日本国内のトレンドと比較した海外直接投資

１９９０年代の中頃、国内投資が急速に減少していたまさしくその時に、海外直接投資は年率７%で成長していた（Kang and Piao〔2015〕）。それとは対照的に、１９９０～２００２年の間、日本の国内投資は平均年率４%、非製造業の投資は同じく２%も減少した。

海外資本投資比率（国内企業の資本投資に対する海外関連会社による資本投資の比率）は１９８５年には３%であったが、１９９７年には４倍の12%に、そして２０１３年には30%に到達した。最近の海外／国内投資比率の低下は、国内投資が増加し海外投資が減少したまれな状況の一つである。日本の企業部門が活力を失っていたと見られた重要な期間において、海外投資のパフォーマンスは国内投資を圧倒していたのである（図９・５）。

２０１７年において、海外展開している日本企業は全生産の40%近くを海外で生産する一方、海外生産比率（製造業全体の国内生産量に対する海外関連会社による生産量の比率）は25%であった（図９・６）。主要な輸送部門では、その比率はちょうど50%近くに達している。

製造業の割合は海外投資においても下落しているが、それは非製造業が時間とともにしだいに投資を強化してきたからである。全体の背景は国内とは大きく異なっている。投資および生産の海外／国内比率が劇的に増加すると同時に、海外直接投資の総額は１９９０年以来６倍に増大している。

図９・５　海外／国内投資比率（製造業）は国内よりも海外に投資する戦略を示している

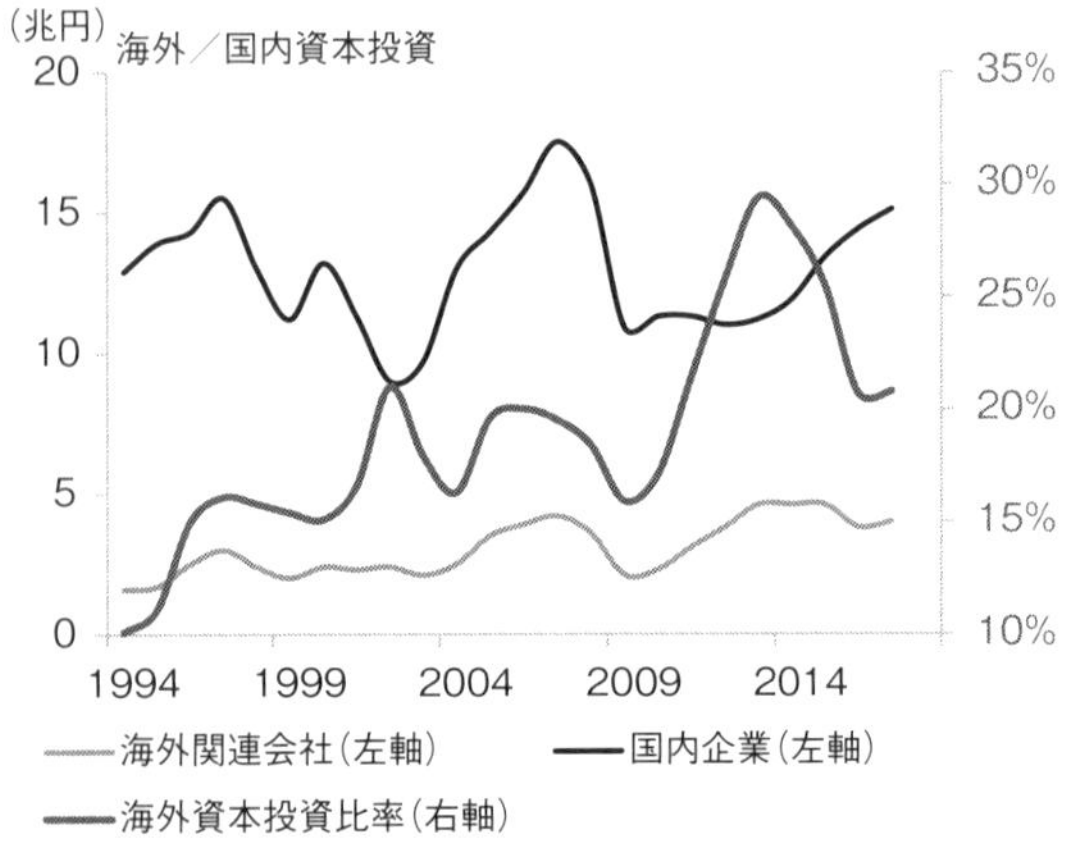

出所：経済産業省

図９・６　海外生産比率は日本企業が海外関連会社を通じてより多くの生産を行っていたことを示している

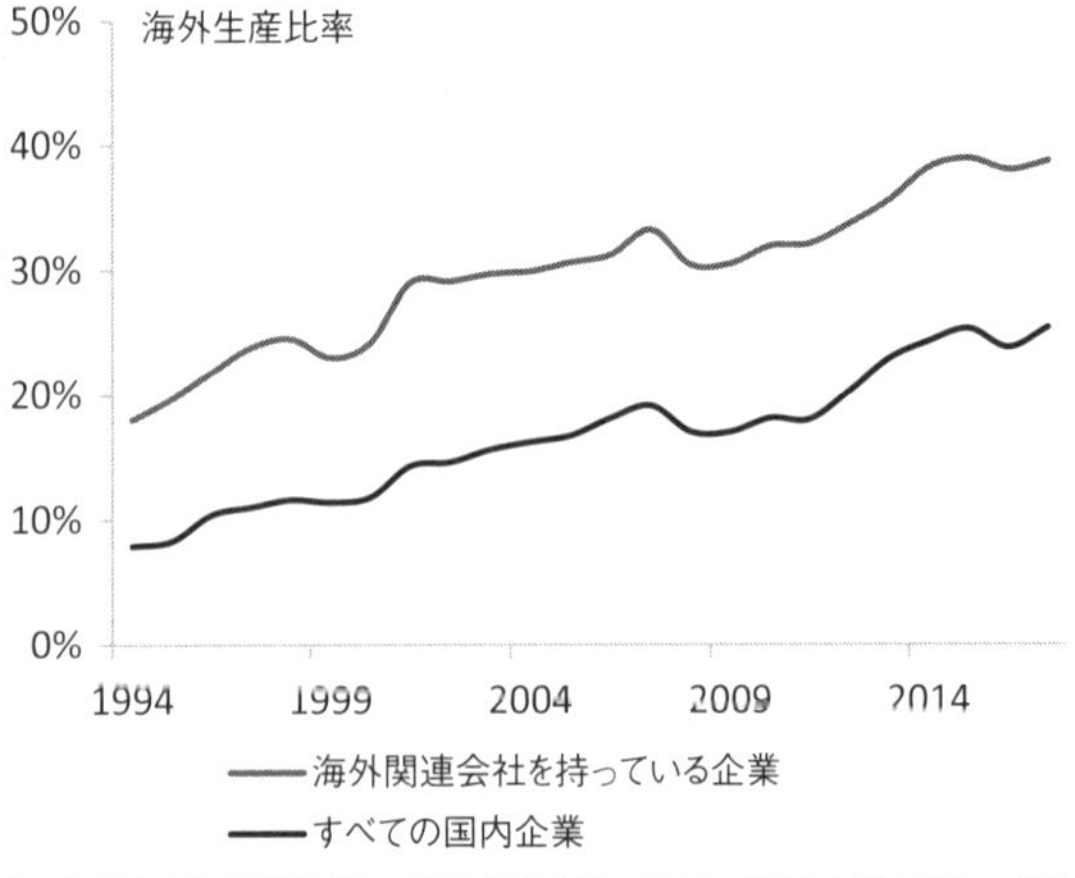

注：海外生産比率(製造業)＝(海外関連会社の売上)／(国内企業の売上＋海外関連会社の売上)
出所：経済産業省

日本国内と国外の製造業雇用数も、これから示すように、同じように異なるトレンドに従っている。

4　なぜ、海外直接投資がもっと注目されないのか？

非常に説得力あるナラティブにもかかわらず、少なくとも日本を人口構成の観点から分析する時には、海外直接投資のストーリーは独立したトレンドとして取り扱われてきた。なぜか？　単純な推測だが、部分的には二つの理由が考えられる。

第一に、国内のデータが、レバレッジの解消と人口構成の変化という矛盾のないナラティブと整合性が高いので誰も疑問を差しはさもうとしないからである。

第二に、海外展開が日本の企業部門における会計上の利益に貢献しているようには見えないからである。Kang and Piao（2015）によれば、海外展開で得られた利益のほんの一部のみが日本に送金され、多くはさらなる海外展開の拡大のために海外で再投資されている。なぜ利益は本国に送金されないのか？　日本企業の目的の一つが安価な労働力を利用し海外市場を拡大することであれば、海外で稼いだ利益をさらなる拡大のために留保することが求められるのは当たり前のことだろう。海外での設備能力と雇用の驚くべき増加は、そのことが実際に起こったことを示している。さらに、日本の配当控除政策によって、企業は海外利益を本国に送金するインセンティブを持たない（「経済産業省白書2011」）。事業の海外展開は魅力があり何十年にもわたって積極的に追求されてきたが、日本企業は海外で得た利益を本国に送金しようとはしなかった。

日本国内では、海外直接投資はあまり望ましくないものとして注目を集めている。海外直接投資は国内雇用の減少につながる「産業の空洞化」を引き起こすとして、多くの人々が懸念しているためだ。海外直接投資と国内雇用の負の相関関係を示す証拠はいくつか存在する。経済産業省は１９９０年代から負の影響を推定しているし、その結論を裏づける最近の研究もある〔Kiyota〔2015〕参照〕。

相関関係は一つの事実ではあるが、因果関係は双方向に走っている可能性があるのではないだろうか？「産業の空洞化」仮説は、通常、あたかも日本の海外直接投資は国内雇用を減少させる外生的要因として検証されている。Sakura and Kondo（2014）によると、海外に挑戦する企業は、日本の中で最も革新的な企業である。それが本当であれば、海外での雇用を拡大することは、国内での高価な雇用を減らしながら、海外市場を開拓して安価な労働力を利用しようとする精力的な企業の欲求の関数だ、と主張できよう。そのように考えれば、経済的な因果関係は、国内の雇用の減少から海外の雇用増大への流れを示していることになる。

3　国内生産と雇用の構造変化

日本国内の雇用再配分

製造業と農業部門の就業者の割合は、１９９６年のそれぞれ22％、5％から２０１８年の16％、3％というように直線的に下落している。減少分は、当然のことだが、サービス業に移動している。生産性に本質的に直結している利益水準を維持すること以外に、製造業部門を保護するものはないに等しい。一方、サービス部門はインフレを利用して収入と費用の間にくさびを打つことによって（いいかえると、例えば、賃金に対して価格を上げることによって）、局所的に自らを守ることができる。製造業とは違って、多くのサービス業は海外に移転したり輸入したりすることはできない。そのため、競争によって、サービス分野の企業による防衛目的の価格引き上げを防ぐことは難しい。

日本の賃金に対する下方圧力の理由の一つは、縮小する製造業と拡大するサービス業の軌跡にさかのぼることができる。そして、それは雇用の再配分を引き起こしたグローバルな要因の重要性を示すものである。この再配分の背後にある独特の力学は比較的明快である。

・資産バブル崩壊後の状態と二つの逆風、停滞する経済成長と高コストの労働供給力の減少が投資不況をもたらした。
・国内で保護することができない製造業は三つの方法を通じて生産性を向上し始めた。第一に、資本ストックの増加をすべて凍結し、次にゆっくりと労働投入量を減少させた。そうすることで、労働者一人当たりの資本量（生産性の測定値）をゆっくりと上昇させたのである。第二に、製造業はしだいに生産拠点を海外に移し始めた。第三に、海外移転する生産活動を選別することで、この過程は完結する。日本企業は非常に高度な技術を要する設計と生産の部分を国内に残し、生産工程のより機械的な部分を海外へ移転した。
・製造業部門は労働者の就業率を維持しようとする意思を持たず、雇用全体に対する製造業雇用の比率は下落した。サービス部門（経済における役割は消費の安定性によって堅実であった）における労働供給が増加した。そして、雇用全体におけるサービス業の割合が増加した。

・次に、利益を維持するために、サービス部門は賃金上昇を抑制することによって価格と賃金の間にくさびを打った。これは、先に述べた力学のみならず、制度的慣習から脱け出そうとする日本の労働市場の変化によるところもある。

要約

日本企業が自らを守るために戦略的に、そして目的を持って生産性の向上をめざして行動するのに伴って、企業の生産活動と雇用は日本の国内および海外の両方に新たに割り当てられた。こうした努力は、失われた10年からの脱出を可能にしただけでなく、世界のほとんどの先進国を上回る実績となる労働者一人当たり生産性を実現した要因として、認識される必要がある。

この間、日本企業は国内の特殊な労働市場規範のもとで活動しなければならず、労働力の減少にもかかわらず賃金上昇が生じないという現象に帰結した。

フィリップス曲線：なぜ、日本では減少する労働力が賃金上昇につながらなかったのか？

「不況期に失業が増加する欧米と違って、日本では失業はあまり増加しなかったが、代わりに賃金が大きく下落した」——黒田日銀総裁の２０１４年講演

この淡々とした簡潔な陳述の背景には非常に複雑な事情が隠れている。その複雑な事情が、ほとんどの分析が整合的な説明ができない経済的事実を解明する手がかりを与えてくれる。それは、労働力の減少がなぜ賃金上昇を引き起こさなかったのか、という疑問である。

われわれは、高齢化と労働力の減少が日本でインフレを引き起こさなかった理由は三つあると考えている。

1　グローバル化

すべに述べたように、世界が安価で効率的な労働供給で溢れかえっていた時、日本の労働力はすでに減少していた。そのため、製造業を中心とした日本の貿易財部門は生産拠点を海外、特に中国に移転した。これは、製造業の雇用が賃金の高い内部の仕事（insider jobs）から賃金の安い外部の仕事（outsider jobs）へとシフトしたことを意味した。

2　インサイダー対アウトサイダー

日本では、企業の内部労働者の忠誠は労働組合よりも主に彼らの会社に向けられる。その忠誠に対する雇用者側の約束は、景気後退時に雇用を守ることである。したがって、この点でフィリップス曲線は非常にフラットであり、景気循環に伴う調整は失業や賃金よりも労働時間に表れていた。長期雇用という日本の特殊な雇用慣行のもとでは、大量の解雇と雇用破壊は実行不可能な選択肢である。

外部労働者は交渉力をほとんど持っておらず、賃金抑制を通じて価格と賃金の間にくさびを打つサービス部門からのディスインフレ圧力をほとんどを背負うことになった。

一つの簡単なエピソードが事情をよく表している。日本の資産バブル崩壊後の最悪期（1993年）および世界金融危機の最悪期においても、日本の失業率はせいぜい5・5％までしか上昇しなかった。他のいかなる時期においても、日本の失業率が3％を超えて上昇したことはない。労働市場の調整スピードも驚くべき速さであった。GDP成長率は1989年の6％から1994年にはマイナス2％まで下落した。失業率は1990年の2％から1995年には3％まで上昇した。失業率がちょうど5・4％で最高点に達したのは2003年であった。それとは対照的に、米国では自ら生み出した住宅市場危機に際して失業率は不名誉にも10％まで上昇した。労働市場から得られる明確な教訓は、日本経済において経済調整の対象とならない部分があるとすれば、それは雇用だということである。すなわち、フィリップス曲線は他の先進国よりもフラットであり、また日本では常にフラットであり続けた、ということである。

日本の労働慣習の起源

第二次世界大戦が日本の労働市場を変えた。それまでは、上位の数名の従業員のみが長期雇用契約の恩恵を受けていた。その慣行は雇用を確保し忠誠心を高めるために、戦争中も維持されていた。戦後、その慣行が労働者の士気と忠誠心に与える効果を雇用者はすぐに認識し、直ちに標準的慣行となった。時間がたつにつれて、こうした慣行は広がっていき、長期雇用のみならず企業内教育、内部労働市場での昇進、年功序列に基づく賃金や昇進給付なども含まれるようになった。

長い時間をかけて、日本社会全体が雇用の確保を最優先とするようになっていった。Ahmadjian and Robinson（2001）は「日本の社会的価値の中で、雇用保障が最優先事項となっている。どんな理由があろうとも、非常にまれな、そして本当に例外的な状況を除いては、雇用者による解雇（雇止め）は非難の目で見られるものであり、不名誉で好ましくない行為である」と述べている。

そのような厳しい社会慣行のもとでは、他の国々とは違って、経済の成長鈍化が失業率の上昇に伴わないことは、驚くべきことではない。

解雇を伴わない調整

日本の雇用は多くの労働者を解雇することによって素早く調整できないので、労働市場の調整は雇用構造の変化と、労働時間および賃金に対する容赦のない下方圧力によって行われた（図9・7参照）。日本的慣行である長期雇用、内部労働市場、さらに年功序列に基づく賃金などは、全体としてこの傾向を強めた。

内部労働市場は組織内における労働者の移動を可能にした。企業系列（株式持ち合いの複雑なシステムによって結ばれた複合的企業グループ）の存在は、その内部での広範な人事異動を可能にした。長期雇用契約は年功序列に基づく賃金上昇を伴うので、外部労働者には不利益をもたらし内部労働者を利する二重構造が現れた。

経営環境が厳しい期間において内部労働者を優先する雇用慣行は企業の労働コストを上げるように作用したが、労働コスト上昇に対する企業の対応は、需要減少時と同様、日本の労働市場の構造と賃金をめぐる力学を変えた。

日本的慣行の役割を明示的に考慮していないが、前掲の黒田日銀総裁の2014年講演はこれらの変化をうまく要約したものといえる。低成長による収益圧迫に対応するためのコスト削減努力の一環として、企業はしだいに賃金コスト削減を追求するようになった。悪化する成長期待に直面して、被雇用者たちは失業のリスクを冒すよりも賃金カットを受け入れた。また企業にとって長期雇用契約の対象外である非正規雇用者の賃金コストはコントロールしやすかった（図9・8）。

図9・7　日本的慣行のため雇用調整ができないので労働時間で調整した

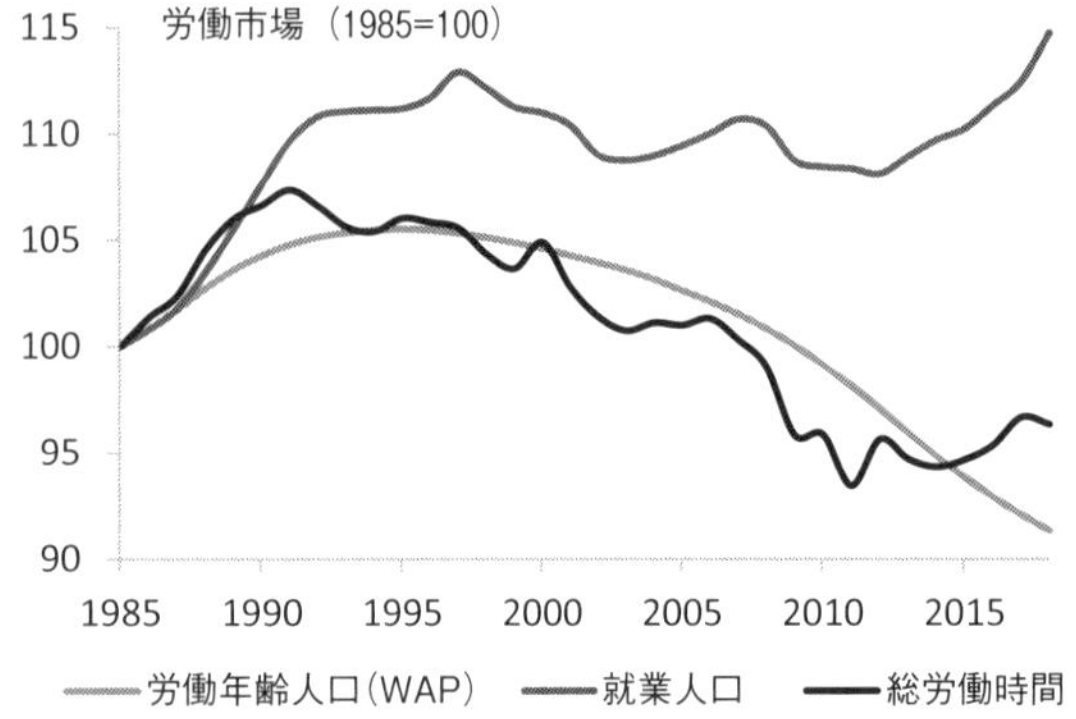

出所：総務省、国際連合

図9・8　労働力におけるパートタイム労働者の割合は急速に上昇した

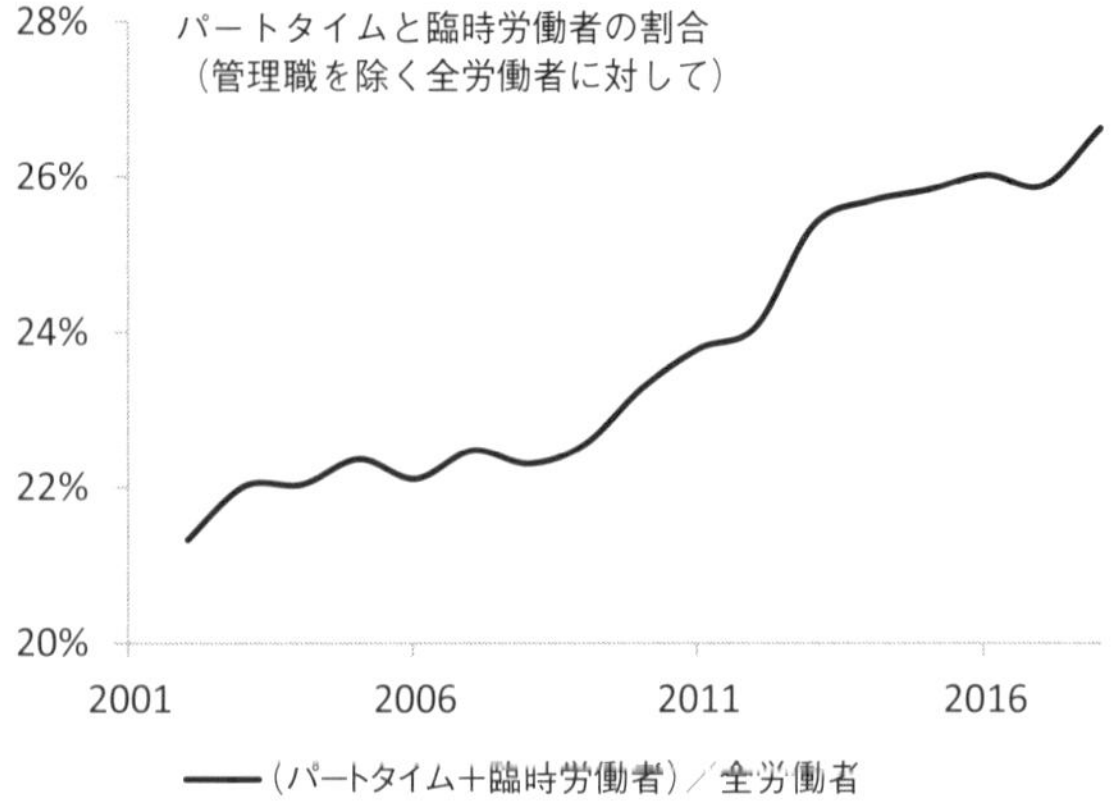

出所：総務省

パートタイムすなわち非正規労働者の役割は、コスト圧力が強くなるのに伴って増大した。全雇用に対するその割合は、1990年の13%から2018年には30%近い水準まで上昇した。企業から見ると、外部労働者に対する内部労働者の割合の低下は重要であった。なぜなら、外部労働者は長期雇用契約の対象外なので賃金を抑えるのが容易であったからである。この割合を変えようとする企業のインセンティブはきわめて大きかったので、正規労働者が実際に解雇されていた時期でさえ、パートタイム労働者の雇用は維持され、時には増加すらした。

要するに、悪化する成長期待のもとで企業は生き残りのためにコスト削減を迫られた。しかし、労働市場慣行により、急激な解雇で失業率を急上昇させる欧米型の調整は容認されないため、企業は雇用構造を変えるとともに、賃金と労働時間を主な調整弁とする、もっと複雑な戦略をとったのである。

3　労働参加率

フィリップス曲線に関する章の中で個別に述べたように、労働力が高齢化し55歳以上の人口が増加する時、重要な指標となるのは、雇用と失業との割合ではなく労働力全体に占める雇用と非就業との割合である。この点において、日本は世界の最先端を行っている。最近の数十年において、他のどの国よりも労働力における55～64歳の人口比率が上昇している。日本では「高齢者予備軍」がどこよりも効率的に動員されている（図9・9）。

日本の55～64歳人口の労働参加率は過去数年間に加速度的に上昇してきており、現在75%にまで達している。この数値を超えているのは、ニュージーランド、スウェーデン、アイスランドの3カ

図９・９　日本の55～64歳人口の労働参加は飛躍的に増加している

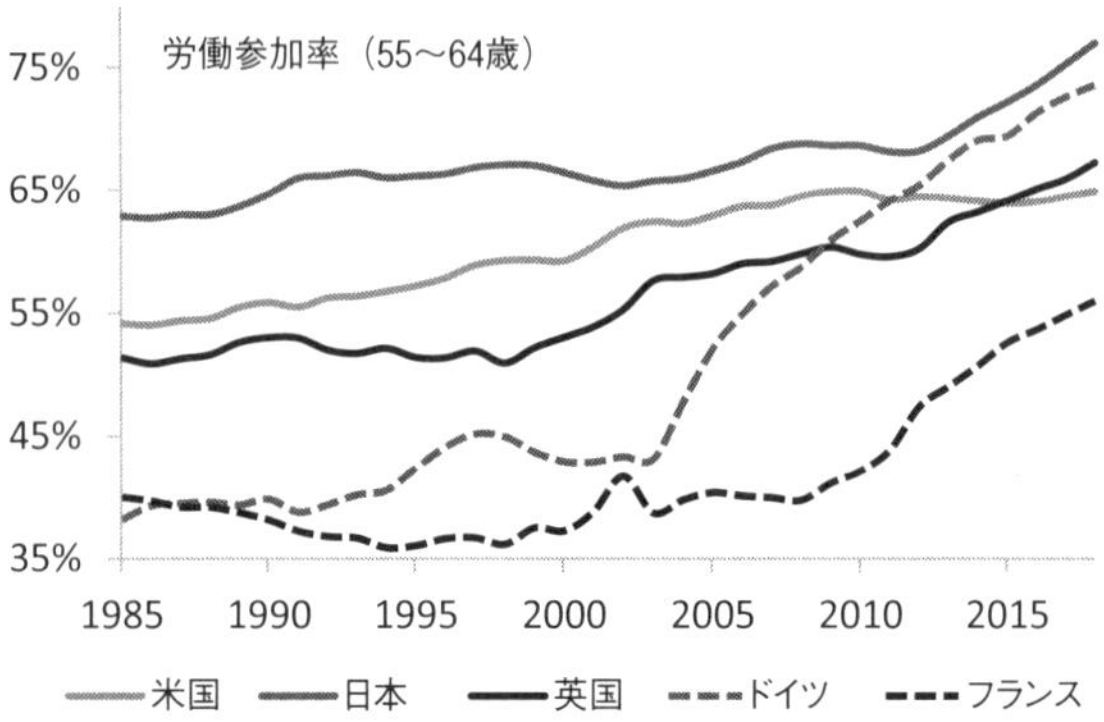

出所：OECD

図９・10　日本の65歳以上の高齢者の労働参加率は OECD 諸国の中でトップグループに属する

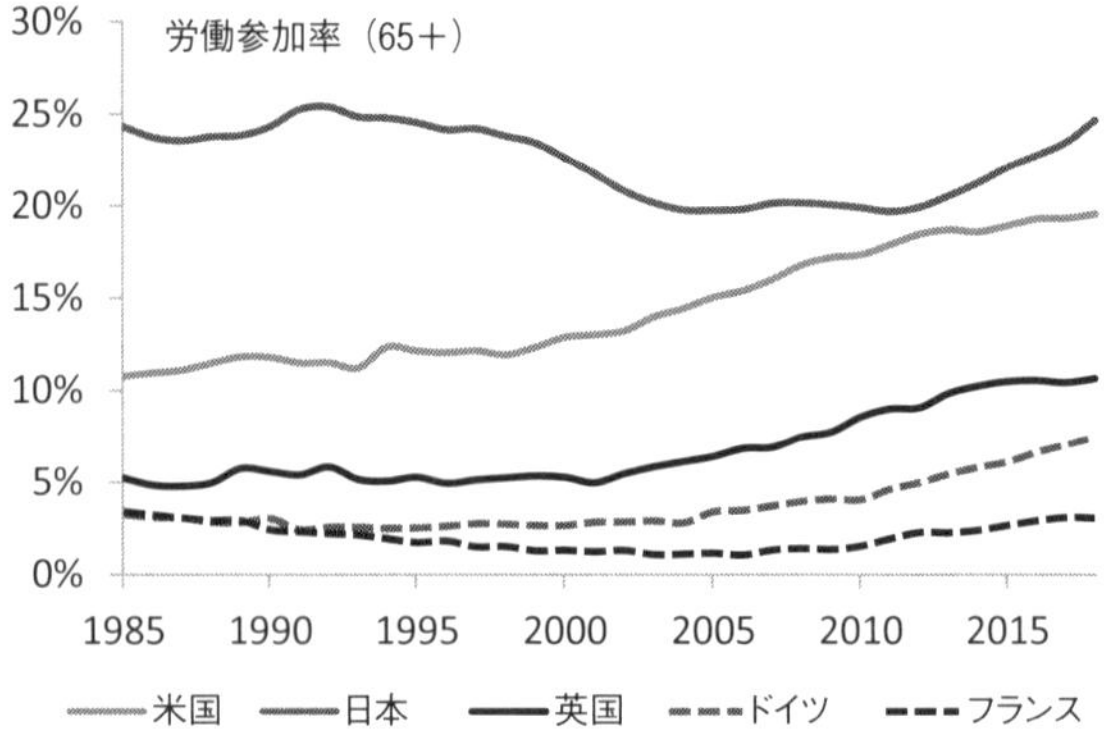

出所：OECD

国のみである。

65歳前の年齢集団で労働参加率が上昇しているのは日本だけではない。この一般的なトレンドには少なくとも二つの理由がある。第一に、寿命の延びに伴い事前に見込んだ貯蓄では不十分であることに多くの人々が気づいたことである。第二に、年金給付の減少（政府の財政負担を軽減するために）が一般化してきていることである。次の章で、この問題について詳しく取り扱うが、特にドイツの退職前の高齢者が、２００３年に始まった年金給付の不利益変更に対してどのように反応したかをミニ・ケーススタディとして詳しく分析する。

65歳以上の高齢者に関しても、日本の労働参加率は25％近くあり、ＯＥＣＤ諸国ではトップグループに属する（図９・10）。

大きな余剰労働力と特異な日本のフィリップス曲線

以上のすべての理由により、２０００年代初めにおいて日本の潜在的な余剰労働力は失業率が示唆しているよりもはるかに大きかった。さらに、内部労働者はおおむね雇用が保証されていたが、外部労働者は交渉力をほとんど持たないという特異な労働市場の特徴を考慮すると、日本ほどフィリップス曲線が本質的にフラットであったところも、また自然失業率が低いところもおそらくないといえる。

4　なぜ欧米諸国は日本の後に続かないのか？

要するに、日本で起こったことはほとんどすべて、高齢化が進む欧米諸国には当てはまらないのである。

第一に、これから30年間に起こる世界の状況は、過去30年間とはまったく異なるものになる。世界は過去30年間の人口構成の追い風のもとで豊富な労働力に恵まれてきたが、これからの30年間は人口構成の逆風の中でもがくことになる。簡単にいえば、日本は国内の労働力が減少していた時にグローバルな脱出口を持っていたが、そのような選択肢は、世界の全製造業の集合体が同時に高齢化を迎える時代には存在しない。

第二に、日本型の労働市場慣行は欧米諸国には応用できない。例えば、ユーロ圏には解雇に伴う深刻な経済コストが存在するが、日本のような社会的制約に直面する欧米諸国は一つも存在しない。その結果、欧米諸国では雇用が労働市場における主な調整弁である。それによって、賃金と労働時間により大きな調整の役割を要求する圧力が緩和されているのである。

第三に、先進国においては、過去20年間に労働参加率がすでに上昇してきている。もっとも労働参加率は日本よりも低く、近づくにはまだ時間がかかるだろう。ほとんどの先進国において、労働参加率は年金給付水準に逆比例している。年金給付水準の高い国の労働参加率は低いので、そこで労働参加率を引き上げるためには年金給付を急速に削減する必要がある。年金給付額と労働参加率をさまざまに組み合わせることによって、日本を上回る変化への高い適応性を持つ先進国も将来には現れるであろう。

第10章　世界的な高齢化を相殺できるのは何か？　インドとアフリカ、労働参加、そして自動化

世界経済は本当に労働者不足に陥っていくのか？　高齢化を相殺する要因として最もよく議論されるのが、自動化（オートメーション）と人工知能（ＡＩ）、高齢者の高い労働参加率、そしてインドとアフリカの人口動態への期待である。これらの各要因はそれぞれ、現在の労働供給または将来の労働供給のフローは十分であり、少なくとも本書が想定しているよりもたいした問題ではないことを示唆している。ロボット工学、人工知能、そして自動化は資本の性質を変えつつあり、多くの分野で労働の余剰を生み出している。人々が長生きし人生の終わりまで働くようになるにつれて、高齢者の労働参加率は高まっている。最後に、インドとアフリカの両者とも、豊富な労働力の供給によって高い成長の時代を享受するのは確実であるように見え、世界経済における両者の役割も上昇している。

これらの事柄はすべて正しい。こうした方向性に関して同意できない理由はない。ただし、すん

なりと同意できないのは、多くの人々が当たり前のように考えている変化の大きさについてである。

高齢化が進む国では、国内外で人口構成の変化を相殺するように努めることが可能だ。国内では、高齢化する経済には三つの選択肢がある。第一に、生産関数に対する負の労働供給ショックを相殺するために科学技術を利用することである。第二に、人々がより長く働くように労働参加率を上げることである。第三に、先進国は海外、特に新興国からの労働者をある程度利用することができる。海外から労働者を輸入することが政治的に現実的でないならば、資本を海外に輸出することができる。また海外で資本を財やサービスの生産に転換し、資本を輸出した先進国に利益を送り返すことができる。この点に関して、最近ではDesmet et al.（2018）による説得力ある論文の中で、若い人口構成に恵まれているインドとアフリカが先進的な役割を果たしていることが示されている。

本書は以下で、これらの方法にはいずれも、人口構成上の逆風および、その悪影響を相殺できる十分な力がないことを示す。

1　国内における自動化、労働参加、そして移民

これら三つの選択肢は、すべて、これからやってくる労働力の減少から国内の生産機能を保護しようとする試みである。自動化は生産機能における労働者の役割を置き換えることによってその実現を目指す。一方、高齢者の労働参加または移民の増加は、労働者の流れを直接改善する試みである。

自動化は労働のグローバルな補完手段であり代用品ではない

自動化は、非常に狭い意味においてのみ労働の代用となる。グローバルな人口構成から見ると、自動化はきわめて重要な補完手段であるといえる。いいかえると、手に入れられるすべての自動化が必要だ。自動化によって余剰になる可能性のある仕事もあれば、そうではない仕事もあるが、高齢者介護に関連する分野においては、ほとんど雇用は失われることなく保障される。自動化がなければ、人口構造の変化はわれわれの想定よりも大きな悪影響を経済にもたらすことになるだろう。

認知症、アルツハイマー病、そしてパーキンソン病は、第4章で示したように、生活の質を大きく低下させる。これらの慢性的疾患の発生は、人生後期の段階において劇的に増加する。さらに、高齢者に多く発生するこれらの病気は、どれも寿命を短くするものではない。実際、平均寿命が上昇し続けるのに伴って、高齢者の多くがこれらの病気を患いながら長生きすることになる。広い意味での高齢者介護は労働集約的な仕事であるが、それが他のサービス部門の職業のように将来のGDP成長に貢献するとは必ずしもいえない。いいかえると、病人介護の多くは、将来に価値を生み出す資本財というよりもむしろ消費財に近い。

雇用の量は製造業では減退し、サービス業へと向かっていくことになりそうだ。その一部は自動化によって起こる。しかし、製造業からサービス業への労働者の再配分のトレンドは新しい現象ではない。ほとんどの先進国では1950年代以降、製造業がGDPに占める割合は縮小してきている。先進国の製造業がすでに直面したあらゆる破壊的な作用にもかかわらず、こうした雇用のトレンドはグローバルな労働供給が急増した期間を通しても（景気循環による変動を別にすれば）安定していた。科学技術の発展がサービス部門さえも巻き込んで容赦なく労働者から仕事を奪うようなことがない限り、サービス業における高齢者介護の需要は自動化の影響を相殺するであろう。米国医科大学協会（Association of American Medical Colleges）は、米国は２０３２年までに12万人の医師不足に見舞われることになると予測している。それは、自動化が医学の分野にいまだに十分なインパクトを与えていないことを示している。

われわれは自動化の最終的な影響については不可知論者の立場をとる。すなわち、自動化の破壊的な力を認めると同時に、自動化が時を超え、あらゆる活動にわたって広がるにちがいないとする積極的な推定に批判的な多くの議論も認めるバランス感覚を持った見方をとる。自動化の破壊的な側面については（いささか過剰に）よく知られているので、今では常識的なものになっている自動化に関する見方の欠点を指摘し発展させることで、もっとバランスのとれた見方を示してみよう。自動化の最終的な結末について何か予言するのではなく、労働者ではなく雇用がなくなるとすれば何が世界に起こるのかについてバランスのとれた見方を試みるものだ。

自動化は「第四次産業革命」の原動力であるとみなされている。それは過去数十年の科学技術による変容を告げる多くの機会によく使用される言葉である。自動化の進歩が速く、かつ広範囲にわたるため、その未来の発展を予想するのは不可能ではないものの難しい。第四次産業革命の実現は、ＡＩが初期段階から持続的に進歩し、それが幅広い分野に応用されることにかかっている。

皮肉にも、自動化が確実に利益をもたらし広く応用されるとわれわれが考えている場所は、人口構成の観点からはあまり自動化が必要とされていないところにある。すなわち、資本蓄積が少なく資本／労働比率が低い新興市場経済である。そのような経済では、自動化が引き起こす破壊作用は非常に小さい。だが、先進国で余分になりつつある古い資本の一世代すべてを飛び越えることによって、自動化は新興市場経済の生産性をより速くより安く上昇させることができる。将来のイノベーションの多くが、初めに自国の目的にあった既存の科学技術を採用し、それをさらに革新する新興市場経済から生まれてくることが期待できよう。最も発展している新興市場経済では、当然、資本／労働比率が高い。しかし、それらは主に北アジアに位置しており、急速に高齢化している人口を抱えている。自動化の広範な採用から最も利益を上げることができるのは、人口構成の逆風がまだ吹いていないより貧しい国々なのである。

グローバルな観点から見ると、自動化の利益はまだ明確ではなく、世界経済の高齢化の悪影響を相殺するのに十分な規模であるとも思えない。しかも、この時点で、高齢者介護が必要とする複雑な仕事をロボットに委託することができると考えることは非現実的である。

65歳以上の高齢者が人生の終盤まで単に働けばよいのではないか？

簡単な答えは「Ｙｅｓ」となる。しかし、難しいのは、いかにして実際に労働参加率を現在の水準からさらに上昇させるか、という問題である。

１９５０年代から１９７０年代までの時代では、ほとんどの先進国において、65歳以上の高齢者の労働参加率は現在の水準よりも高かった。その時代、人口に占める高齢者の割合はもっと小さく平均寿命も短かったので、本当に高齢な人々はとても少数しかいなかったのである。１９６０年代から１９８０年代末まで平均寿命が延びたこともあり、高齢者の労働参加率は着実に減少していった。しかしその後、過去30年ほど、労働参加率が今度は着実に上昇してきている。予想される通り、労働参加率は80代の高齢者よりも60代の高齢者のほうが高い。平均寿命の延びに伴って超高齢者が

図10・1　65歳以上の高齢者の労働参加率はなぜ上昇しているのか？

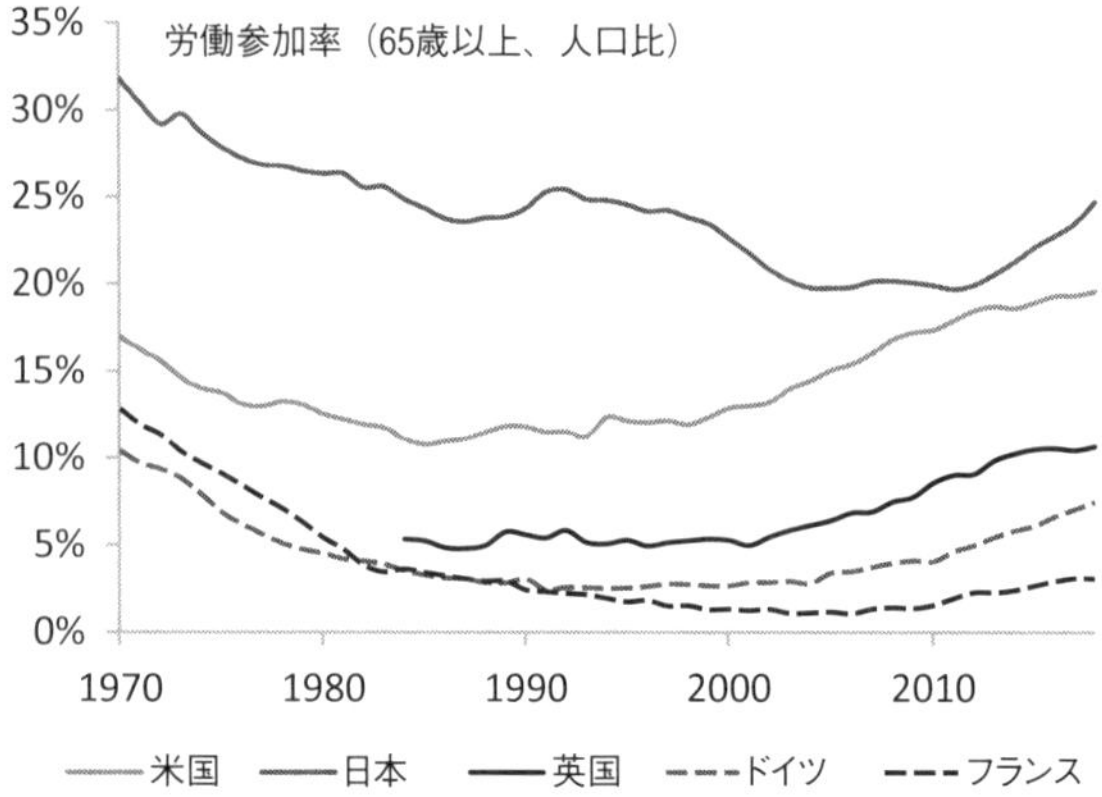

出所：OECD

人口に占める割合が高くなるが、彼らの労働参加率は低い。しかし、平均寿命は延び続けたので、65歳以上の高齢者の労働参加率に対する超高齢者の相対的な影響が増大し、その結果、高齢者の労働参加率は低下し続けたのである（図10・1）。

では、人口構成の変化から考えれば減少し続けているはずなのに、なぜ高齢者の労働参加率は最近になって上昇してきているのか？　その原因として、関連している二つの要因が考えられる。第一に、平均寿命の延びが退職年齢に近づいている人々によって的確に認識されている。第二に、平均寿命と退職年齢のギャップの増大は、政府財政と年金制度の負担を増大させ始め、行政当局も同じトレンドをはっきりと認識している。そして多くの年金給付が、年金制度の維持可能性を高めるために抑制されたり減額されたりした。長寿と年金給付減少の組み合わせが労働参加率の上昇を引き起こした可能性が高い。これらの要因が米国の場合にどう働いたかについての議論は、Button（2019）を参照するとよい（図10・2）。

図10・2　平均寿命は上昇したが、退職年齢はそうではなかった

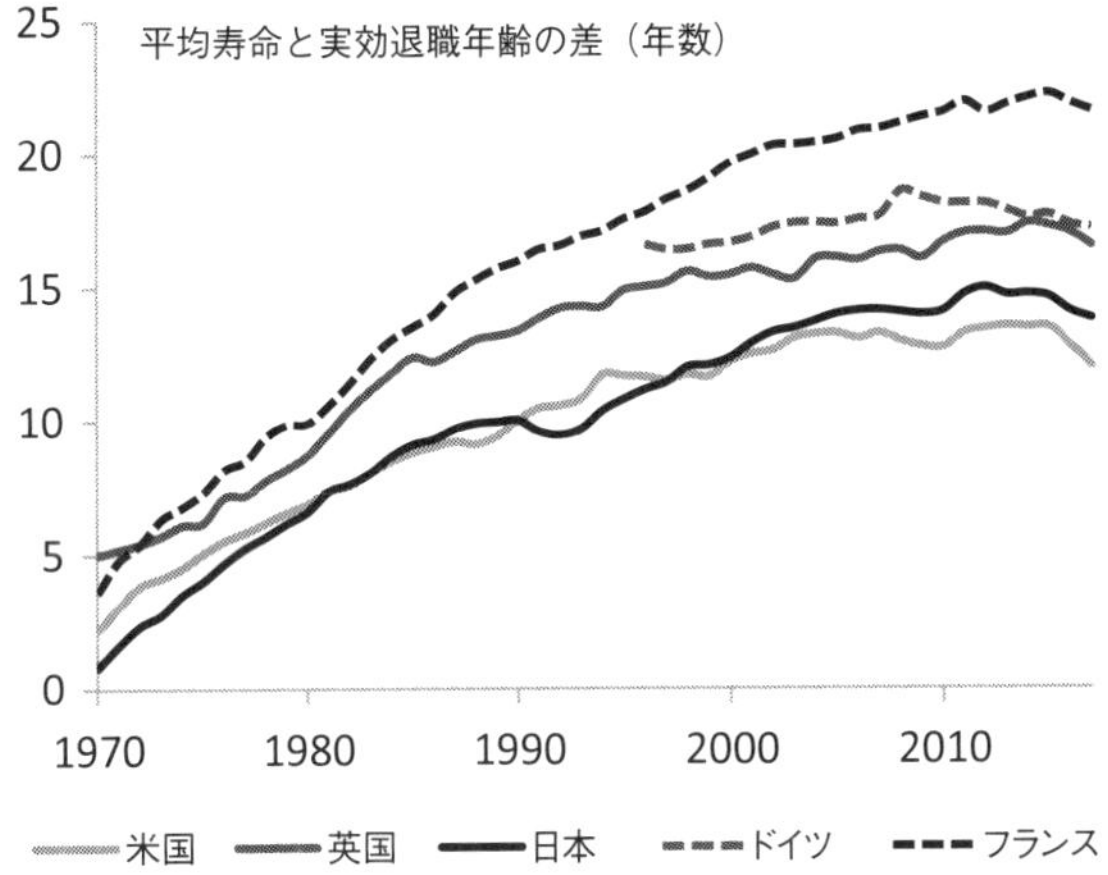

出所：OECD, United Nations

現時点において、年金制度は確かに維持可能ではない。しかも平均寿命は、今なおゆっくりとではあるが延び続けている。それがまさに、少なくとも高齢者の中の比較的若い世代において、労働参加率が上昇し続けなければならない理由である。

残念ながら、将来の労働参加率の上昇余地には限界がある。われわれが以下にリストアップした理由は網羅的なものではないが、そのリストは長く、そして将来期待できる上昇幅はあまり大きくはないと考えざるをえない十分な理由が示されている（と思う）。

第一に、女性と55～64歳世代の参加率が上昇したため、労働参加率はすでに相当上昇している。将来、これからさらにどれほど上昇する可能性があるだろうか？　いいかえると、必要とされる労働参加率の上昇のほとんどがすでに達成されてしまっているとしたら、将来的に人口構成の問題がもっと厳しくなった時に期待できる上昇範囲は限られる（図10・3）。

図 10・3　退職前の労働参加率はすでに大きく上昇している

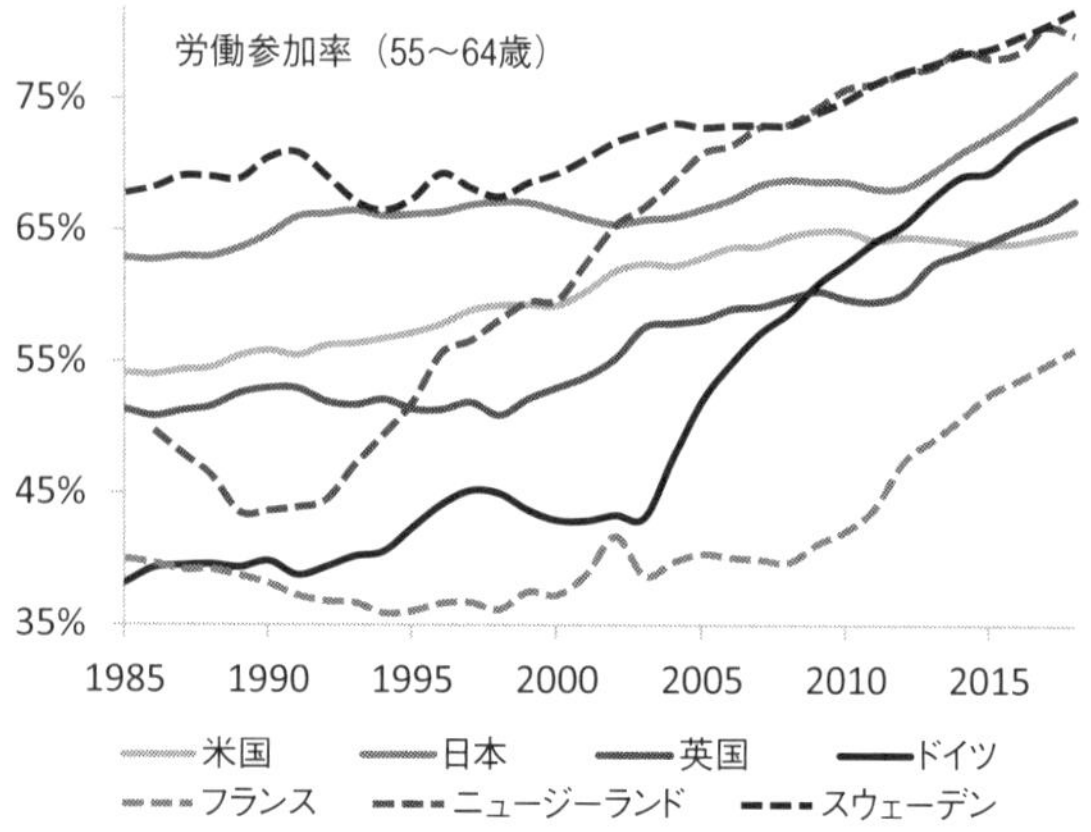

出所：OECD

第二に、国の年金給付は労働参加率に反比例している。ただし、年金・退職給付は減額可能だが、大幅な減額は不可能であることを前提にすべきだ。

図10・4は、国の年金給付が労働参加率の低下を招くことを示している。そして、ミニケースとして以下に研究結果を示したドイツの年金制度改革も、まさにそのような関係を強く示唆している。

〈ミニ・ケーススタディ〉なぜ、ドイツの退職前労働参加率が２００３年から急上昇したのか？

年金制度改革と労働参加率の反応に関するドイツの経験は、両者の関係を頑健な形で例証する役に立つ。労働参加率は、ほとんどのG10諸国で55～64歳の世代で総じて上昇しているが、ドイツの労働参加率は、２００３年中頃に提案され２００４年に法律として成立した年金制度改革に反応して際立った転換を示した。

Börsch-Supan and Wilke（2004）は、１９５８年および１９７２年に行われた規則変更によって、ド

図10・4　年金給付が高い時には労働参加率が低い傾向にある

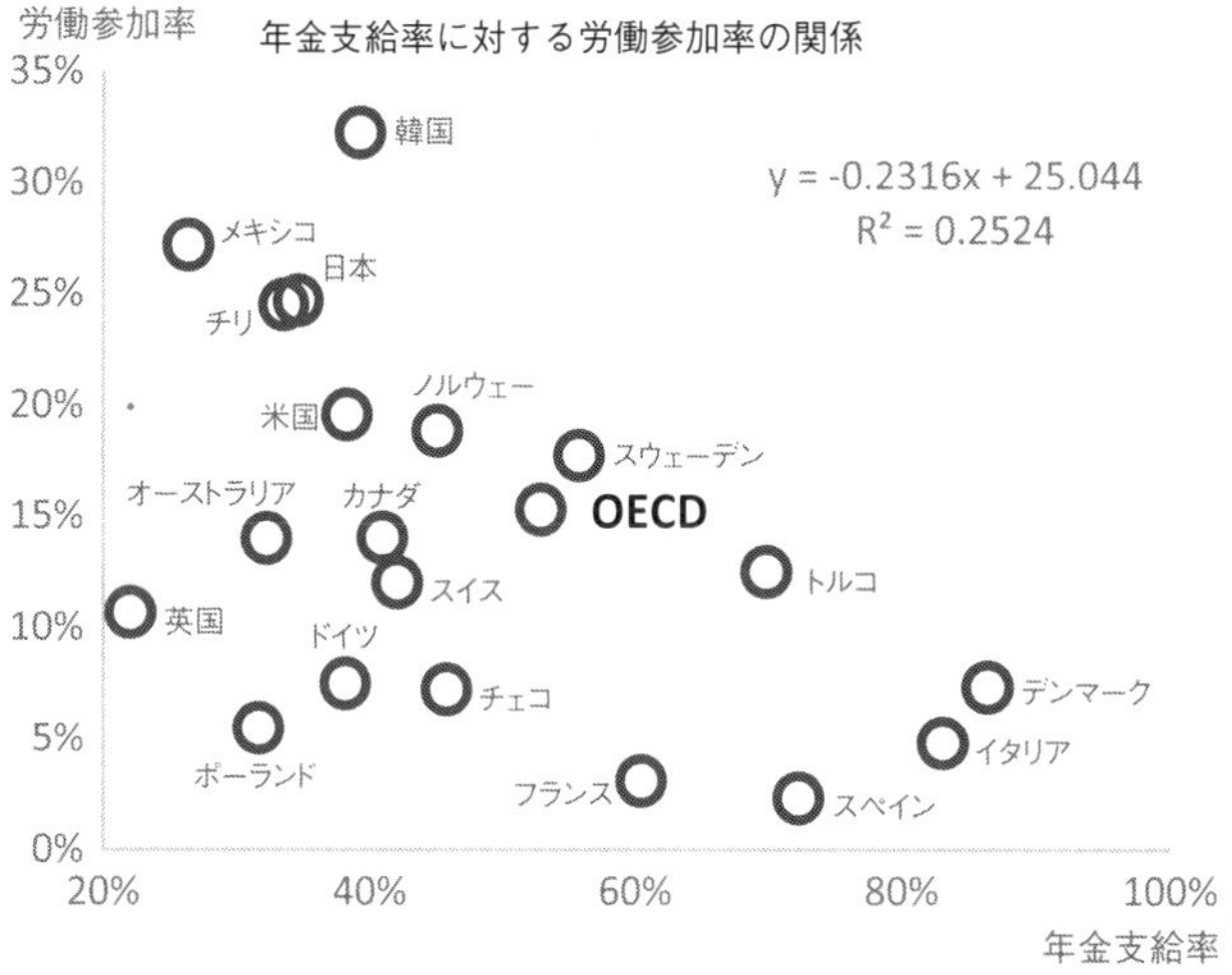

出所：OECD

イツの年金制度が高齢化時代に入ると維持不可能になったことを示している。１９５８年の変更は、年金制度を完全積立方式から賦課方式へ転換するものであった。１９７２年の修正は、退職後の高額の年金給付を保証するだけでなく、労働者が63〜65歳の間であればいつでもペナルティなしに早期退職できることを認めるものであった。この点に関しては、Börsch-Supan et al.（2014）を参照するとよい。

１９９２年の第一の変革は、（総賃金ではなく純賃金を給付基準の指数とし、ほとんどの労働者に対する退職報奨制度を廃止することによって）年金負担の一部を削減する試みであった。しかし、その規模が小さすぎたことに加えて、意味のある変化をもたらすには調整があまりにも遅れて制定された。その後２００１年に、賦課方式から、小さいが増加する積み立ての階を備えた多階構造の年金制度へと変更された。残念ながら、この「世紀の改革」が可決されてから2年も経たないうちに、年金財政はさらなる危機を経験することになった。その対応として、2003年8月にルラップ委員会による具体的な提案がなされ、2004年に法律として制定された。その最も重要な二つの貢献の第一は（2001年の制度から）賦課方式を確定拠出型年金へと転換したことである。それは持続可能な要素を年金スライド制の計算式に導入するもので、以前の制度と概念的には同一のものであった。第二は、退職年齢を引き上げることを勧告したことである。

その結果、55～64歳世代の労働参加率は、ルラップ委員会による提案前の45％から最近の日本とほぼ同じ水準（75％）まで劇的に増大した。この急激な増大は図10・3に明確に表れている。年金行政の負担を削減し個人の自己責任を増大させる方向で改革が行われたので、2003年前後から労働参加率は急速に上昇し始め、その後も上昇を続けている（他のほとんどのG10諸国と同じように）。

このドイツの経験は、平均寿命を追いかけるように退職年齢を引き上げることが、高い労働参加率を確保する一つの（一見）簡単な方法であることを示唆している。しかし、ドイツ自身の歴史およびギリシャの経験は、この非常に不人気な改革へ向けて政府が一歩進むためには、維持不可能な債務危機と市場からの大きな圧力が必要になることを示している。ブラジルは何度も試みた後で、激しい市場からの圧力の結果、やっと最終的に年金改革案を可決することができた。退職年齢の引き上げは非常に不人気な方法であり、退職年齢を2～3年を超えて引き上げることができた政府は存在しない。

図10・5　純移民は加速すべき時に減少している

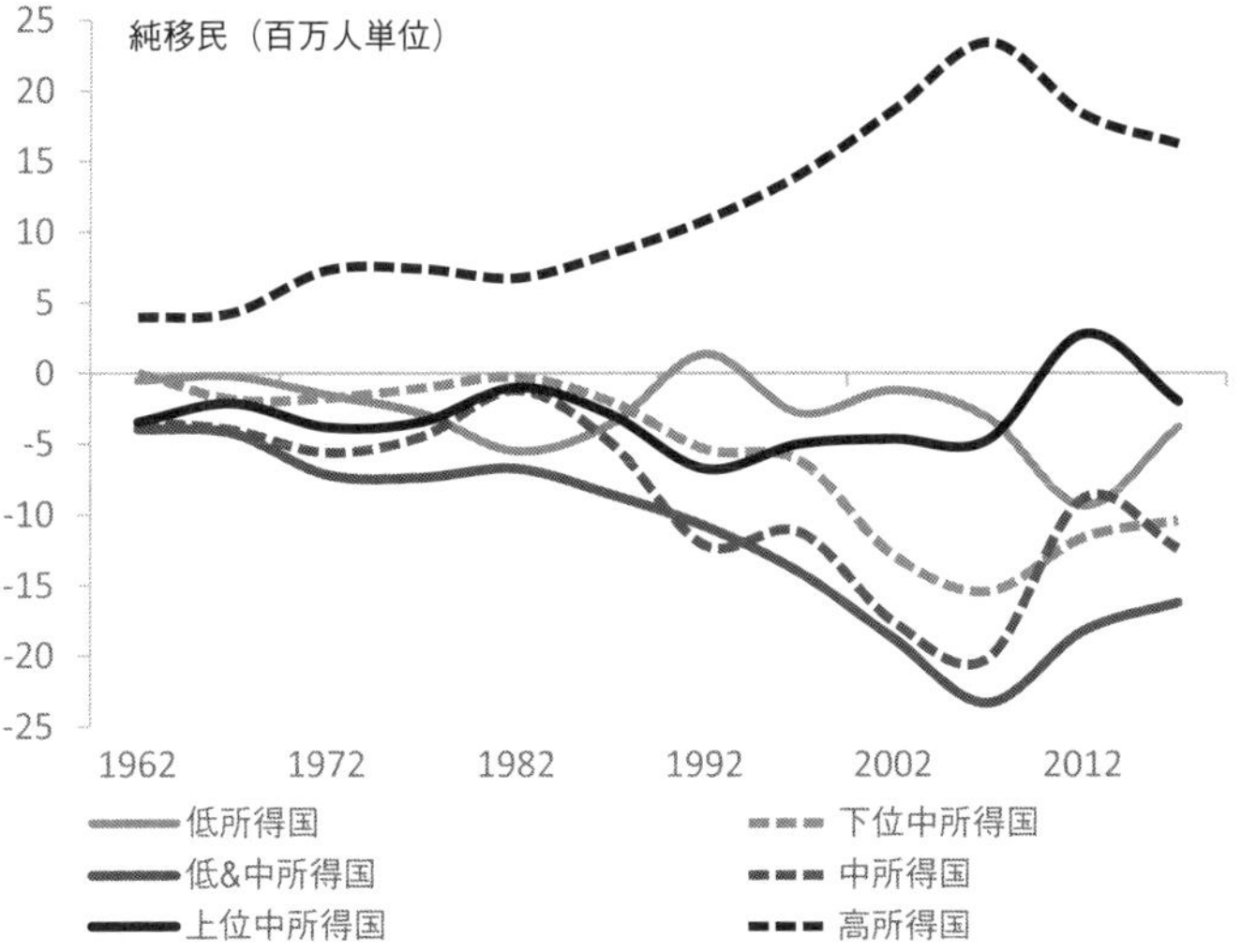

出所：World Development Indicators, World Bank

移民によって人口構成の逆風を相殺できるか？

労働者の移動（すなわち、労働力が豊富な国から不足している国への移民）によって人口構成の逆風を相殺することができるだろうか？　現状の移民のトレンドが続く限り、それは不可能である。新興市場経済から出ていく純移民と先進国に入っていく純移民の流れは、それぞれ2007年に2400万人の水準でピークに達した。しかし、総人口のサイズに対して正規化してみると、これらの移民の流れが労働供給に変化をもたらすには、あまりにも規模が小さすぎる（図10・5）。

純移民はすでに反転している。先進国国内への移民および新興市場経済から外部への移民は減少している。人口構成の逆風が激しさを増している中で、もっと多くの移民が必要になっているが、それは政治的論争を呼ぶ問題である。われわれが予想するように移民に関する現在の政治的緊張が継続するならば、国内における労働力の高齢化を相殺するための移民政策は実行可能な戦略ではなくなる。この問題については、ポルトガルのシントラで開催された中央銀行に関する欧州中央銀行公開討論会で提出された論文、Börsch-Supan（2019, June 17-19）を参照するとよい。

先進国におけるポピュリスト政府、右翼政党や反移民政党の人気などを考慮すると、高齢化する先進国へ大規模な移民労働者を送り込むことはまったく実行できそうにない。

もし労働者が国境を越えて簡単に移動できないならば、その代わりに人口が増大している経済に資本を輸出して生産し、そこから最終製品を輸入したらどうだろうか？

2　インドとアフリカは高齢化経済における人口構成の逆風を相殺できるか？

これは数字的には「イエス」であるが、経済的観点から見るとまったくありえないことだ。数字から見れば、急速に高齢化が進んでいる先進国における人口構成の逆風は、今後数十年にわたって労働力が増大すると考えられる途上国における人口構成の追い風によってかなりの程度相殺することが可能だ。ますます増加するグローバルな労働供給は、インド、サハラ砂漠南部（サブサハラ）の国、そして他のいくつかの新興国からやってくる可能性が高い（図10・6）。

世界経済がこれらの経済の豊富な労働力にアクセスできる方法が二つある。第一に、これらの国から労働力不足の先進国への移民によって、先進国の減少する労働力を直接相殺することができる。

図10・6　インドとアフリカはグローバルな高齢化に対抗する

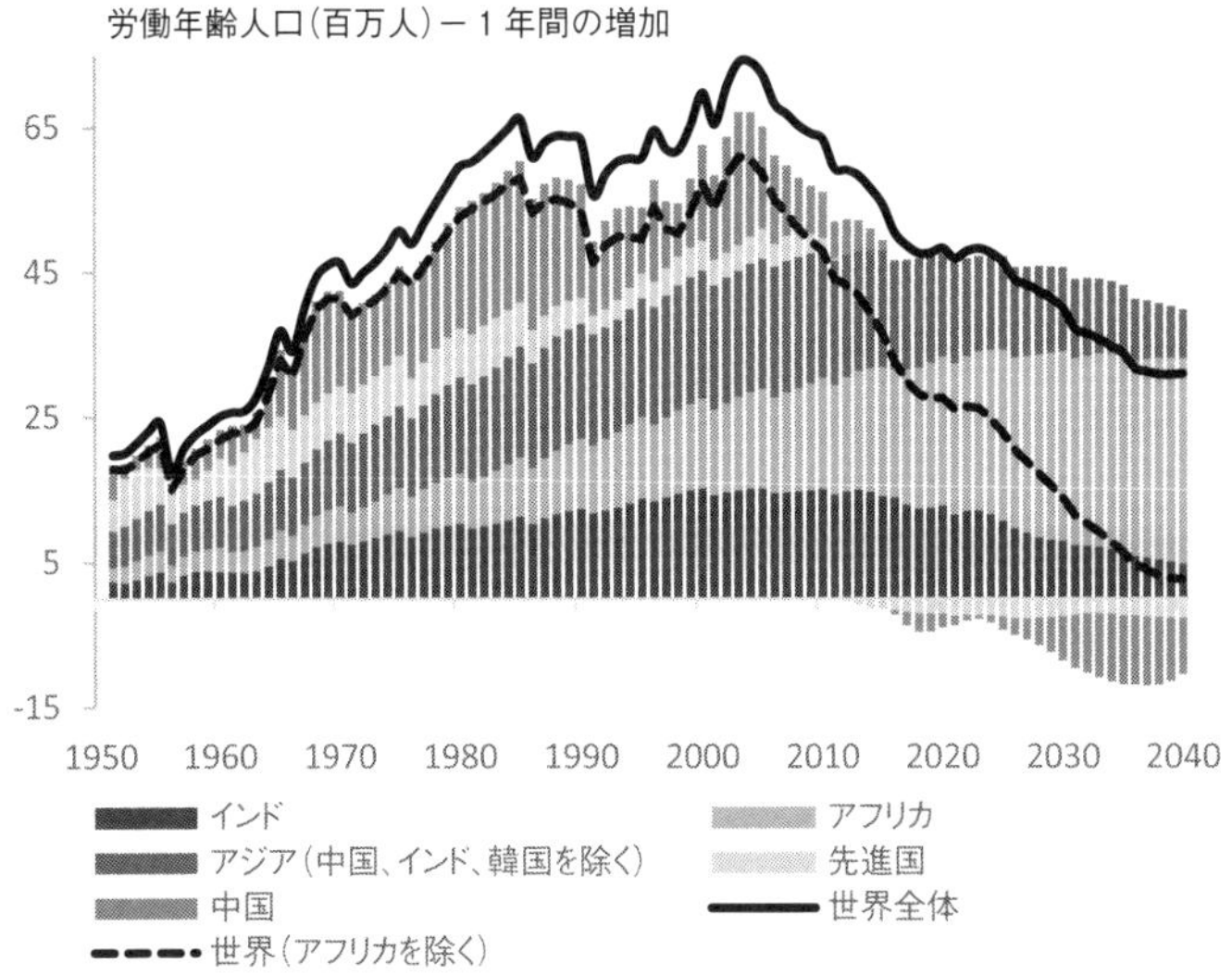

出所：UN Population Statistics

第二に、この移民を通じた労働者の国家間移動による直接的な解決方法が利用できないのであれば、労働力豊富な国へ資本が流れることもありうる。こうした資本の流れが労働力豊富な国における現地の労働者と組み合わさることによって、財とサービスを生産することができ、その生産物を今度は労働力不足の国へ逆輸出することができる。

インドは中国のようにグローバル経済の成長を牽引できるか？

数十年前の中国のように、インドは恵まれた出発点からスタートしているおかげで、いくつかのアドバンテージを持っている。

第一に、インドには２０５０年を過ぎても増加する豊富な労働供給力があり、資本／労働比率は低いので今後向上が求められている。また、インドには新しい科学技術を他の国々よりもずっと早く学習できる人的資本がある。第二に、他国に対するこの対照性（アドバンテージ）が明らかになるにつれて、資本はインドに流れ続ける可能性が高い。極端に低い資本／労働比率を与件とすれば、資本蓄積は大きな生産性の変化をもたらすことになる。第三に、資本の流入とともに、その資本に組み込まれている最新の科学技術が同時に持ち込まれることになる。したがって、資本蓄積が進めば、資本／労働比率を上昇させるのみならず、その資本と労働の多面的な相互作用の質を向上させるだろう。インドの新旧両方の空港または大都市の地下鉄システムを利用したことのある人は、誰でもこの点について証言してくれるだろう。第四に、選挙結果は生活向上意欲の高い有権者に対して良好な経済の未来を約束できる能力を現職政治家が持っているかどうかによって決まるようになってきている。モディ首相はさらに強力な任務を遂行するために選出されたのであり、この単純なお題目によって多くの州の選挙では勝敗が決まっているのである。最後に、規制当局は手に負えないほどのコンプライアンス関連業務を改善するために科学技術を利用している。例えば、中央銀行は義務不履行の銀行や企業に関するデータベースをデジタル化している。インドの国民識別番号（Aadhaar card system）は、お金が途中で消えて「なくなる」ことなく受取人の銀行口座へ直接送金されることを可能にしている。

これらのことがすべて本当ならば、なぜインドの経済成長が２０１８年と２０１９年にあれほどダメージを受けたのか？　インドも中国も、ともに２０１８～２０１９年に大きな経済停滞を経験している。投資家は停滞の理由のあまりにも多くを、それぞれの政治的な傲慢さ（インド）と貿易戦争（中国）に帰している。一方、シャドーバンキングに対する負のショックに原因を求めることはあまりにも少ない。インドの銀行部門は、過去数年間にノンバンク金融企業が行った積極的な貸し出しの余波を受けて、国有銀行の大規模な整理統合と不良債権処理を行っている。現在、貸し出し制限によって多くの混乱が起こっているが、インドが再び資本蓄積に乗り出すためには、不良債権を持たない身ぎれいな銀行がきわめて重要である。

インドの新しい連邦倒産法（ＩＢＣ）は、現在そして将来のために必要不可欠な要素である。連邦倒産法はすでに製造業部門の多くの企業に適用されており、ノンバンク金融企業複合体における義務を怠った貸し手にも適用されている。その解決メカニズムによって、貸し手が1ドル当たり60セント回収することができた（これは歴史的平均である20％の回収に比較して大きい）。同時に、それが債務不履行の借り手に課すコストは、過剰な債務蓄積に対するディスインセンティブを与えることから未来の金融安定を促進することになる。

今後10年、おそらくその後さらに10年にわたって、グローバルな成長においてインドが中国を抜くだろうと考えられる。しかし次の三つの理由によって、インドが中国が成し遂げたように世界経済の成長を牽引することはできないであろう。

第一に、グローバルな環境が次の二つの点において大きく異なっているからである。中国が台頭した期間における（そして、それが大きな原因となって引き起こした）名目および実質金利の低下は、先進国内に良好な経済環境をもたらしたので、中国の台頭がゼロサムゲームとみなされることはなかった。そのため世論においてもグローバル化の意義は前向きに受け止められた。今日、インドは先進国のみならず製造立国である北アジアおよび東欧における労働供給の減少に直面しなければならない。それが実質賃金、インフレ、そして名目金利が上昇することを意味するならば、高齢化する先進国の成長を改善することは難しくなり、その結果、インドに生産拠点を移すことに対する政治的な反対がより大きくなるだろう。

第二に、人口構成のゴールポストが移動してしまったことである。長期にわたり、ひょっとすると二度と、もう一つの中国が現れることはないだろう。世界経済の均等化を進める手段になったのは、中国の動員だけではなく、過去数千年のほとんどの期間において世界経済を支配してきた中国の壮大な歴史である。そのような世界的な支配力は、時がたつにつれて必然的に草の根レベルで、企業家精神、生産技術、そして効率的なシステムを作り上げる基盤となった。あまり先進的でなく、まとまりを欠いた小規模な企業から構成されるアフリカの経済は、そのようなシステムを経済発展の過程で作り上げていかなければならない。インドは、その大部分を支配してきた帝国に支えられ何世紀にもわたって築いてきた豊かな交易の歴史を持っている。しかし、その分裂した社会構造のために、確固とした経済基盤を作り上げられずにいる。

そして、人口構成変化の規模の大きさからすれば、一つではなく三つの中国が必要になるかもしれない。

第三の、そして最も重要な点として、インドはグローバル資本を引きつけることはできるだろうが、行政資本や民主主義的な権力のチェック&バランスのシステムを欠いているために、一つの目標に向かって邁進する中国型の経済発展は実現できそうもない。

インドの行政資本は極端に弱いレベルから出発しているので、多数政党間および各州と連邦政府間の内部衝突によって協調的な成長戦略の運営が困難になっている。世界銀行のビジネス環境改善指数（Ease of Doing Business Index）によると、インドは2015年に190カ国中140位であったが、過去4年間で73も順位を上げている。しかし、それでも67位にすぎない。ある指標（許認可、国境の自由度）に限れば、インドは非常に良いスコアを獲得している。しかし、インフラ設備の質や協調と努力が要求される契約履行に関しては、インドはきわめて低いランクにとどまったままである（例えば、契約履行に関しては163位）。改善・改革は経済発展の初期段階のほうが当然、実現しやすい。インドがその成功に基づいて、さらに科学技術を利用することによって成長の勢いを維持することは十分に可能だが、広範囲な協調的参加が要求される改革となれば達成するのが困難な状態のままであろう。

各州間および州と連邦政府間の政治摩擦によって、民主主義の面でのハードルが一段上がってしまっている。ありふれた世俗的な問題に関してすら政治摩擦が生じる現状は、中国型の動員に向けて金融および実物資源を指揮監督する国家戦略を策定し従わせる可能性は、きわめて低いことを示唆している。

それは必然的に、インドの経済成長を勢いよく進めるのは民間部門であることを意味する。そして、インドの成長の道程を決定するのは、民間部門の成長する意欲と能力の高さである。政府の保護下にある国有企業の成長とは違って、民間部門は成功するために実効性がある公平な競争の場を必要としている。したがって、いかに早く、効率的にインド政府が経済を構造改革し規制緩和を行うことができるかに、多くがかかっている。

仮にグローバルな人口構成の逆風を相殺するのであれば、インドはアフリカからのサポートを必要とするだろう。

その多様な地理的、経済的、政治的な状況を超えてアフリカを動員することは、インドの経済成長を推進することよりもかなり難しそうである。

いくつかのアフリカの経済は、世界銀行のビジネス環境改善指数においてインドよりも高いスコアを得ており、中には中国に勝っている国も少数存在している。しかし、アフリカには先進国の人口構成の逆風を相殺するのに十分な資本を引き寄せ配備する能力を妨げる二つの重要な問題がある。第一に、アフリカは個々に分かれた国家経済の集まりなので、中国に匹敵する製造業の複合体を形成するのに必要な協調的なアプローチが実現する可能性は小さい。第二に、より重要な点だが、アフリカには、インドが享受している人的資本の量および中国が何世紀にもわたって磨いてきた深く広く浸透した徒弟制度、職人組織、効率性が欠如している。

アフリカの人口は２０１９年の時点で約13億２０００万人であり、インドの13億７０００万人とほぼ同じである。しかし、その人口はインドの領土３２０万平方キロ面積のほぼ10倍の広さの土地に分散している。そのアフリカ大陸に54カ国が存在している。したがって、アフリカが直面している重要な問題は、その分断性である。アフリカの54カ国、そしてその中の国それぞれがインドのような国内政治上の摩擦を抱えている。したがって、アフリカ大陸全体の協調的な成長戦略となると、より大きな問題になる。それはまた、アフリカの中での国境を越える移民は、インドの州をまたいだ人々の移動よりも困難であることを意味する。

地理的な分断は、重要な意味において、人口構成と相互に関連している。インドの人口構成は、国内での自由な移動が可能であるおかげで単一構造とみなすことができる。労働者は、素早く成長が速い地域へ移動することができる。そして、その労働はどこでも配備された資本にとって意味ある補完財として機能する。しかし、アフリカの国境はインドの開かれた州境よりも通行性が劣り、各国の人口構成の変化はそれぞれが異なった段階にある。したがって、資本が豊富で効率が劣る国に住んでいる労働者は、国境を越えて労働生産性と経済成長が向上している地域に容易に移動することができない。サブサハラのアフリカ（ＳＳＡ）は、ちょうど今、人口構成の追い風の時期に入るところであるが、人口ボーナスをすでに享受しているアフリカ地域の多くは同時に行政効率の面においても進んでいる地域である（IMF〔2015〕）。

残念ながら、人口構成において恵まれているＳＳＡおよびアフリカ地域全体の統治スコアは、多くの地域でかなりの経済成長が見られ、その他の地域でも相応の着実な前進が見られるにもかかわらず、過去20年にわたり総じて悪化している。アフリカでは、政治の安定と暴力の抑制を実現できているのは、すでにある程度安定し軌道に乗っている国だけである。しかし、はじめから政治的脆弱性を抱える国では、さらに状態が悪化している。ＳＳＡ地域においては、統治スコアは全面的に低下している。

これは、改善が不可能だという意味ではない。豊富な労働力は資本を引きつける可能性が高い。それは、さらに、資本を引きつけて地域の競争相手の先を行くための対策を政府が施すように促す。しかし、インドの場合と同じように、アフリカがその労働力を使って世界の人口構成の逆風を相殺できる可能性は少ない。

統治能力のほかに、アフリカの急速な成長に対する二番目の障害は人的資本である。世界銀行の人的資本指数において、インドは第３四分位にランクしている。アフリカで、これと同じランクに位置している経済はわずか６カ国ほどにすぎない。アフリカ諸国のほとんどは、人的資本指数において最下位にランクしている。

発展の初期段階にある場合には国家レベルのデータはあてにならないと主張することは可能だ。製造業を構築する初期段階では、一般に、最も才能ある労働者のグループは最も利益が大きくやりがいのある経済活動に引きつけられる。これがアフリカの分断が問題になる点である。アフリカの10分の1の面積に居住するインドの巨大な人口は、自由な人口移動に助けられて魅力的な財市場を形成しているが、アフリカはその二つのうちの一つでも準備するのが難しい。人口密度は明らかにインドより低いので、製造業の生産拠点を選ぶ場合には50以上の国々と長大な距離を横断し輸出することを考慮しなければならない。利用できる人的資本も、資本を引きつけることができる少数の国に限られている。その他の国々は、他国から人的資本を輸入するか、もしくは自国で教育制度を整備し時間をかけて人材を育成していかなければならない。それは、資本を財サービスの生産に大規模に変換する能力を発揮する上で深刻な障害となる。

要約すると、インドもアフリカも、巨大で未開発の労働資源が存在するにもかかわらず、中国の台頭を再現する能力を持っていない。その経済発展は、着実で時には華々しいものになるかもしれないが、高齢化する世界経済が必要とする推進力としては不十分である可能性がきわめて高い。コトリコフの Global Gaidar モデルは、アフリカ、中東、インド、その他の歴史的に成長が遅れている地域での追いつき型成長（catch-up growth）を描くモデル（Kotlikoff〔2019〕, Benzell et al.〔2018〕）だが、ほどほどダイナミックであるものの結果的な失望の大きさを見事に捉えている。

Desmet et al.（2018）による影響力のある優れた論文は、経済収束への第三の道を選択することを強く主張している。彼らの議論によると、今日の生産性が低く人口密度が高い地域への技術の移転は、内外の人々の移動が加速しない限り、アジアとアフリカの一部に有利な「生産性の逆転」を引き起こすことになる。このモデルが示す直感的な認識は、人口密度と一人当たりのGDPの間の相関関係に起因する。その相関関係は、世界中の異なった地域を横断して見られるものであり、彼らが使用する著しく詳細な地理的モデルによれば各国内においても見られる。そのモデルによれば、今日の状況のもとでは、サブサハラのアフリカ、南アジア、東アジアなど現在人口密度が高く生産性が低い地域の多くは、人口密度が高く生産性が高い地域に発展していく一方、北米と欧州は人口の面でも生産性の面でも追い越されることになる。

しかし、このモデルには一つ重大な欠点がある。それは、行政インフラが持つ役割の欠如である。新興経済が発展する上でネックとなるのは、複雑で協調を必要とする長期的な成長戦略を実行する能力にある。新興経済国が先進的な経済へと変換することができないのは、いわゆる中所得国の罠に陥って失敗するためではなく、行政の罠に陥って失敗するためである。Desmet et al.（2018）による予測はとても刺激的であるが、行政資本の蓄積と発展を条件としており、それこそが新興経済国に欠如しているものなのである。

第11章　債務の罠：回避することはできるのか？

1　はじめに

政策担当者は逃げ道のない箱に閉じ込められている。長期にわたる低金利は、レバレッジの上昇、そして資本の不適切な配分をたびたび促してきた。成長が改善し金融の安定性に関する懸念が生じると、中央銀行は金利を上げるように駆り立てられる。そして金利の上昇は成長を損ない、再びインフレと金利を低下させることになる。この繰り返しから脱出するにはどうすればよいのだろうか？　この章と次の章では債務の罠について、そして世界経済が債務の罠を回避または克服する方法について掘り下げて考察する。

世界経済において拡大したレバレッジは、人口構成の変化が最終的にもたらすことになる金利の

図 11・1　金融部門のレバレッジ比率は好景気に急速に上昇した

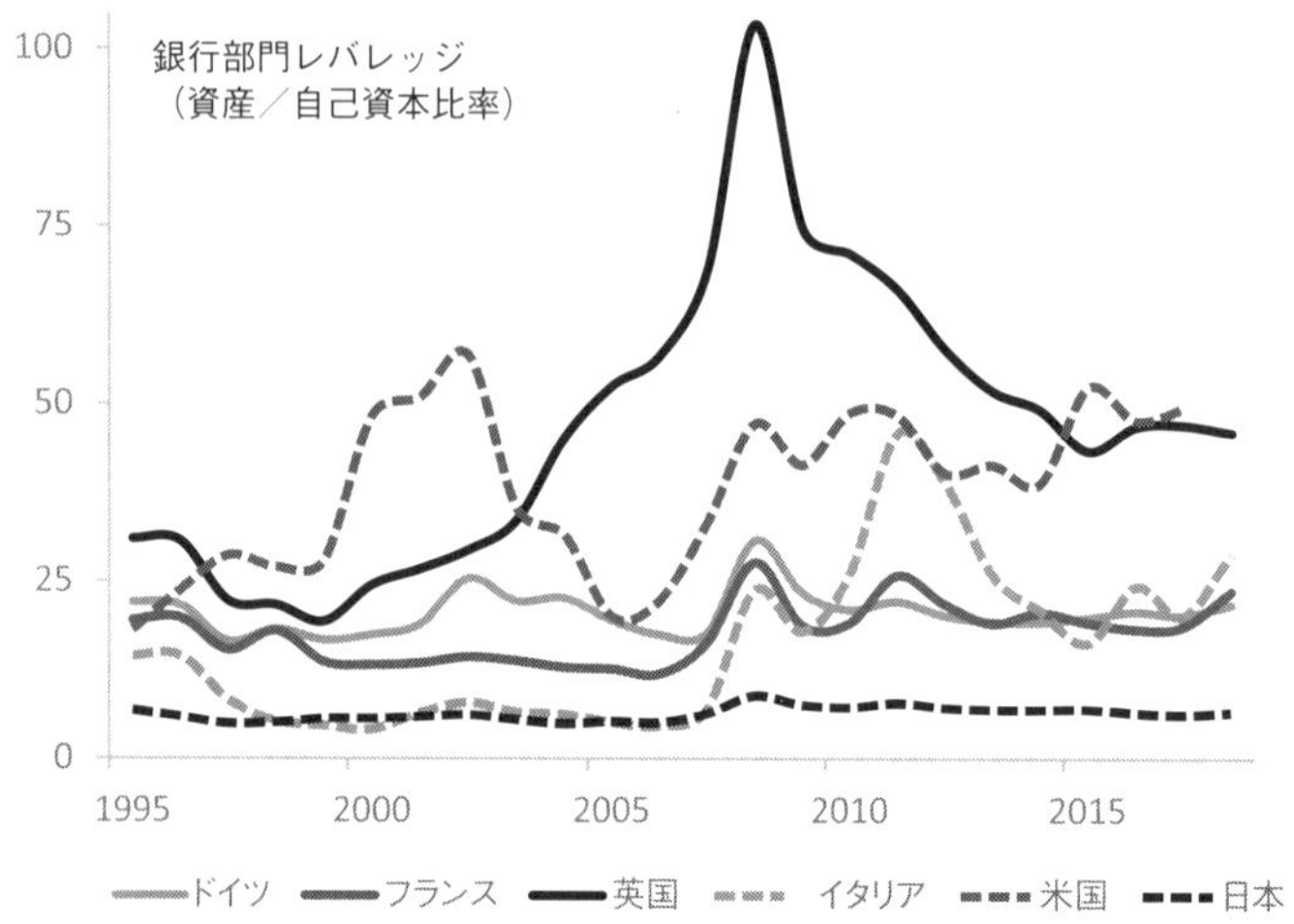

出所：OECD

正常化および経済全体の正常化に対する最大の障害となる。そこで、どのようにして債務の罠に直面するようになったのかを説明し、債務の罠の問題および可能な解決方法について詳しく探る。

第6章で説明したように、財政政策は、２００７～２００９年の世界金融危機の前でさえも、１９９０年代初めから居座るデフレ圧力を相殺する上で十分に拡張的であったためしはなかった。そこで、マクロ経済バランスを維持しインフレ目標を達成するために、金融政策はしだいに一段と緩和的になり、金融主導の循環が強まった（Borio et al.〔2019〕参照）。その結果生じた名目（そして実質）金利の低下によって、米国および欧州周辺地域（英国、アイルランド、スペイン、ポルトガル、ギリシャ）で住宅・建設ブームが引き起こされた。住宅・建設ブームは国内銀行のみならず、主に外国銀行からの資本流入によって（経常収支赤字の増大を伴って）ファイナンスされた。そのような好景気が起こった主要国における銀行のレバレッジ比率および家計の債務／所得比率は上昇し、特にいくつかのケースにおいては急上昇した（図11・1参照）。この危険性が予見されることはなく、リーマン・ブラザーズとＡＩＧは破綻し、２００８年９月に一段の激しさをもって現れた世界金融危機を防ぐことはできなかった。

そして、政策当局、特に金融当局は、行動に駆り立てられた。政策当局は、財政政策と金融政策をうまく組み合わせて成功したが、それらをここでリストアップする必要はない。しかし、長期的な視点から見れば、当局の慎重な対応は、銀行に高めの自己資本比率（ＣＡＲｓ）を維持させることであった。この政策は欧州よりも米国でより成功裏に実行された。その結果、自己資本比率、信用と預金の成長、さらに銀行株の価値はすべて欧州よりも米国で力強く回復することになった。

なぜ、米国は銀行部門の復活で欧州よりも成功したのか？

ティモシー・ガイトナーは、必要であれば銀行の資本増強のために不良資産救済プログラム（ＴＡＲＰ）の公的資金を使うことができたので、信頼性の高いストレス・テストを設定し、そのテスト日の預金残高に対応した望ましい比率まで自己資本比率を上げるように銀行に求めた。望ましい自己資本比率に達していない比較的少数の銀行に対して注入された公的資金（ＴＡＲＰ）は、銀行の配当、自社株買い、さらに役員報酬に関する制約によって保護されていた。投じられた公的資金が全額返済されるまで銀行に対する制約は継続されたが、それらは間もなく全額返済された。
　欧州では、対照的に、自己資本不足の銀行に対する資本増強のための同様の公的資金は存在しなかった。その結果、基準を満たさない銀行に対して資本増強する方法がなかったので、ストレス・テストは信頼できるものとは思われなかった。結果として、テストに失敗する銀行はほとんど出てこないと考えられた。銀行は高い自己資本比率を満たすように要求されていたが、新しく資本増強するか、それともデレバレッジ（レバレッジを解消）するか（すなわち、資産と債務〔預金〕を削減するか）、その実現方法に関して自由が与えられていた。弱含みの株式市場と株主資本利益率（ＲＯＥ）の重視から、彼らは当然、デレバレッジを選択した。金融当局が国内に本部を持つ銀行に地域への貸し出しを維持するように明示的もしくは暗黙に圧力をかけたため、レバレッジの解消は自然に欧州銀行による国境を越えた貸し出しの縮小につながった。

　しかし、政策当局は、長期の投資と成長よりも短期の株価最大化を優先するように経営者にインセンティブを与える資本主義システムのガバナンス上の制度的・構造的な特徴を改良しようとはせず、その代わりに、規制による絶対的命令によって、十分に資本が充実した銀行制度を作り上げようとしたのである。その結果として、世界金融危機前から明らかになっていた広範なデフレ圧力が、その後よりいっそう激しくなった。これは、財政政策が第6章で述べた理由によって制限されていたために、金融政策に対してさらに持続的な緩和圧力をもたらした。こうして、量的緩和（ＱＥ）

とマイナス金利が唯一の金融政策になっていった。

２００９年の量的緩和の第一段階は、世界金融危機が引き起こした流動性パニックを鎮静化するのにきわめて有益で成功もしたが、それ以降の段階が強く大きな効果を持ったかどうかについては、銀行の収益性に逆効果を与える可能性があったために議論の余地がある。この問題に関しては、Altavilla et al.（2018）、Borio et al.（2017）、Brunnermeier and Koby（2018）、Eggertsson et al.（2019）、Goodhart and Kabiri（2019）、Heider et al.（2019）、Xu et al.（2019）で詳しい議論がされているので参考になるだろう。しかし、異常なほど低い金利の状況は、非金融企業部門における累積債務の継続のみならず加速も助長した。

そこで、次の第2節では、過剰債務が世界金融危機を引き起こしたと広く非難されているのにもかかわらず、危機の後にもっと大きな累積債務の増加が生じていることを示す。累積債務の増加は、非金融企業部門においても、世界金融危機以前に影響を受けていない国々の家計部門においても、また公的部門においても発生している。しかし、債務残高の増加は金利の低下によってほぼ完全に相殺されているので、債務返済率および所得に対する元利支払い率はほとんどのケースにおいてほぼ一定のままである。

金利がすでに実質的な下限（現金を廃止する政策が採用される可能性を割り引いている）に到達しているだけでなく、インフレそして名目金利が再び上昇する可能性が高い。問題は、主要なマクロ経済部門の債務残高が増加しているので、大幅な、もしくは急速な金利上昇が起これば、多くの民間部門を債務超過に陥れ、財務相は財政難に直面することになる。また、債務超過から防衛するために、大きな負債を抱える企業は新規投資を削減する必要に迫られ、続く経済不況をさらに悪化させることになる（Kalemli-Özcan et al.〔2019〕参照）。そこで、さらなる不況を防ぐために金利は低い水準に維持されなければならなくなるので債務累積を抑制するものはなく、第2節で議論する債務の罠が発生することになる。

第3節では、この債務の罠から脱け出す実効性のある道はないか問う。これまでの説明から明らかになっているように、成長が加速することは期待できず、逆に成長が減速する可能性のほうが高い。その代わり、（まだ予想されていない）インフレが急上昇する可能性があると、われわれは考えている。しかし、中央銀行のインフレ目標はどうなのか？　債務者が負債をインフレという方法で削減することができず返済が不可能だと思ったら、債務の再交渉は可能なのか、それとも最後の手段として債務不履行になるのか（または債務帳消しされるのか）？

重要な意味において、過去そして未来のマクロ経済の病は、劇的な人口構成の変化を反映しているだけでなく、企業統治そして資本主義の構造における失敗の結果でもあると、われわれは考えている。デット・ファイナンス（debt finance：銀行借入や債券発行といった負債による資金調達）が容易に認められる一方、エクイティ・ファイナンス（equity finance：新株発行を伴う資金調達）は魅力がなさすぎる。株主資本利益率（ＲＯＥ）が焦点の的である限り、エクイティ・ファイナンスは企業経営者にとって魅力的ではない。そのような経営者はすべての株主とともに有限責任を負い続けるのである。一般に認識されている以上に、イスラム金融の要件についてもっと議論する余地がある。これらのトピックについては多くの議論の余地があるので、次の第12章では、企業、家計の一部、そして政府の資金調達の全構造を主にデット・ファイナンスから主にエクイティ・ファイナンスにシフトさせる方法について取り上げる。

2　債務の累積

表11・1と表11・2は、2007年と2018年における家計部門と非金融企業部門、公的部門におけるGDPに対する債務比率、およびその10年間における債務比率の変化を示している。次の点が注目に値する。

1　家計部門

住宅バブル崩壊によって最も被害を受けた国々である米国と欧州周辺国（英国を含む）では、概して家計部門の債務比率の増加が一番小さい、もしくは減少すらしている。一方、住宅バブル崩壊の被害を受けなかったオーストラリア、カナダ、ノルウェー、スウェーデンなどの国々が、ストックホルム、トロント、バンクーバーなど主に少数の都市中心部に集中しているが、住宅ブームの先陣役を取って代わっている。

新興市場でも同様なトレンドが見られる。住宅のレバレッジは最も進んだ新興市場で増加しているが、それらは、総じてもともとインフレと金利が低位で安定している国々である。ほとんどの新興市場は、世界経済同様のディスインフレか、またはその先を行っている。その結果、カナダ、オーストラリア、スウェーデンなどの国々において、また北アジア、ポーランド、チリなどで、家計部門の債務は二桁台で拡大している。中国、韓国、マレーシア、タイにおける家計部門のGDPに

表 11・1　先進国における債務比率

2007年12月

	HH	NFC	PSC	Gov't	Total
米国	99	70	169	65	233
欧州	60	92	151	65	216
ドイツ	61	57	118	64	181
フランス	47	111	157	65	221
スペイン	81	124	206	36	241
イタリア	38	75	113	100	213
英国	92	94	187	42	228
スウェーデン	65	126	191	39	230
日本	59	103	161	175	337
オーストラリア	108	80	188	10	198
カナダ	79	83	162	67	229

2018年12月

	HH	NFC	PSC	Gov't	Total
米国	76	74	151	106	256
欧州	58	105	163	85	248
ドイツ	53	57	110	60	169
フランス	60	141	201	99	300
スペイン	59	93	152	97	249
イタリア	40	70	110	132	242
英国	87	84	171	87	258
スウェーデン	89	156	244	39	283
日本	58	103	161	237	398
オーストラリア	120	75	195	41	236
カナダ	101	117	218	91	308

2007年12月～2018年12月の期間の変化

	HH	NFC	PSC	Gov't	Total
米国	-22	4	-18	41	23
欧州	-2	13	11	20	31
ドイツ	-8	0	-8	-4	-12
フランス	14	30	44	34	78
スペイン	-23	-31	-54	62	8
イタリア	2	-5	-3	32	30
英国	-5	-11	-16	45	29
スウェーデン	23	30	53	0	53
日本	-1	0	-1	62	61
オーストラリア	12	-5	7	31	38
カナダ	22	34	56	24	80

出所：BIS、IMF
注：色の濃淡によって各国と各部門における負債の水準と変化が目でわかるようにしてある。濃い色は高いレバレッジと大きい変化を示す。例えば、先進10カ国の中で、オーストラリアは家計部門における負債／GDP 比率が一番高く、政府部門における負債／GDP 比率が一番低い。
HH ＝家計部門
NFC ＝非金融企業部門
PSC ＝民間部門（HH ＋ NFC）
Gov't ＝政府部門（公的部門）

表 11・2　新興市場における債務比率

2007年12月

	HH	NFC	PSC	Gov't	Total
中国	19	98	117	29	146
韓国	72	89	161	29	189
インド	11	42	53	74	127
インドネシア	12	15	26	32	59
マレーシア	52	58	111	40	150
タイ	45	46	91	36	127
香港	51	126	177	1	178
ブラジル	18	30	48	64	111
メキシコ	14	15	28	37	65
チリ	29	66	95	4	99
コロンビア	17	27	44	33	76
アルゼンチン	5	17	22	62	84
ロシア	11	39	50	8	58
ポーランド	23	34	57	44	101
チェコ	23	46	69	27	97
ハンガリー	30	78	108	65	174
トルコ	11	30	41	38	79
南アフリカ	44	35	79	27	106

2018年12月

	HH	NFC	PSC	Gov't	Total
中国	53	152	204	50	255
韓国	98	102	199	41	240
インド	11	45	56	70	126
インドネシア	17	23	40	29	70
マレーシア	66	68	134	56	190
タイ	69	48	117	42	159
香港	72	219	292	0	292
ブラジル	28	42	71	88	158
メキシコ	16	26	42	54	95
チリ	45	99	144	26	170
コロンビア	27	35	62	50	113
アルゼンチン	7	16	22	86	109
ロシア	17	46	64	14	77
ポーランド	35	46	81	48	129
チェコ	32	57	89	33	122
ハンガリー	18	67	85	69	154
トルコ	15	70	85	29	114
南アフリカ	34	39	72	57	129

2007年12月～2018年12月の期間の変化

	HH	NFC	PSC	Gov't	Total
中国	34	54	88	21	109
韓国	25	13	39	12	51
インド	1	3	3	-4	-1
インドネシア	5	9	14	-3	11
マレーシア	14	10	24	16	40
タイ	24	2	26	6	32
香港	21	94	115	-1	114
ブラジル	11	12	23	24	47
メキシコ	3	11	14	16	30
チリ	17	33	50	22	71
コロンビア	11	8	19	18	37
アルゼンチン	2	-1	1	24	25
ロシア	7	7	14	6	20
ポーランド	13	11	24	4	28
チェコ	9	11	20	5	26
ハンガリー	-12	-11	-24	4	-19
トルコ	4	40	44	-9	34
南アフリカ	-10	4	-7	30	23

対する債務比率は今、先進国の水準に近づいている。また、韓国における家計部門のレバレッジは、米国の住宅市場の危機当時の水準に近い状態にある。

家計部門は大きな黒字で資産市場も強気の状態にあり、世界金融危機後の10年間に家計部門の富は債務を上回る速さで増加した（同じことは、それ以前の1997～2007年の10年間にも当てはまる）。過去も現在も同じように、問題は家計債務比率の全般的水準ではなく、若年層の家計を中心としたグループの相対的に高い債務比率である。若年層は、たとえ一時的にしても年齢構成や失業などによって、所得に対する債務比率が高い傾向がある。このグループは、たとえ債務不履行や担保差し押さえ（住宅価格の連鎖的下落につながる）を回避できたとしても、金利が上昇すれば他の消費支出の大幅な削減を強いられる。そうすれば、さらなる需要の縮小を引き起こすことになる（Mian and Sufi〔2014〕）。

この住宅・資産の金融サイクルに対応する新たな主要政策手段として、マクロ・プルーデンス規制がある。例えば、住宅ブームの時に、資産価値に対する貸出額（ＬＴＶ）または所得に対する貸出額（ＬＴＩ）の比率を下げることがそれにあたる。これらは役に立つが、万能薬ではない。住宅ブームの心理的な勢いは、当局が規制によって制限できると考える変動範囲を圧倒してしまう。特に、若年層ファミリーが住宅の階段を上っていくのを妨げることになる規制は政治的に敏感な問題であるからだ。

新興市場の状況は、いくつかの重要な違いがあるにせよ、いくぶんこれに似ている。新興市場における成長と地合いによって、世界金融危機後の5年間、主要先進国における憂鬱な気分をどうにか回避することができた。新興国の世界では主要都市の住宅価格が同じように急上昇した。それによって、不動産部門に終わりのないバブルのようなブーム期待が生まれ、建築そして住宅資金がすべて力強く増加した。一次産品を生産する国々では、生産拡大によって労働所得が増加し、資本流入によって信用が拡大、住宅市場が活性化した。ロシア、ブラジル、インドネシア、マレーシアの主要都市、さらには南アフリカの主要都市においても、住宅価格が上昇し信用市場にアクセスできる人々に信用が分け与えられた。一次産品価格が上昇したにもかかわらず、一次産品の輸入業者もまた拡張的な金融・財政政策がマクロ経済環境を支配する好適な世界経済から利益を上げた。その結果もたらされたのは、北アジアだけではなくインドやフィリピンをも含むアジア全体の不動産市場におけるブームであった。

その後の中国と他の多くの新興市場における景気低迷は、住宅市場と家計所得の成長鈍化を伴った。先進国とは異なって、新興市場の住宅市場は危機というよりは停滞に見舞われた（注目すべき例外は、トルコと危機直前の中国であった）。しかし、家計部門は債務の重荷を背負ったままで、住宅需要は止まり、その他の消費への振り替えも進まなかった。その結果、同じように重い債務を抱えた建設業、およびそれらに担保貸し付けを行った銀行や金融機関では落ち込みが見られた。

2 企業部門

（非金融）企業部門の債務比率は、新興市場全体にわたって大きく上昇したが、特に中国において顕著であった。中国の国有企業は、国有銀行から多額の借り入れを行っていた。その結果生じた経済成長が金利低下と相まって一次産品価格の急上昇、新興市場への資本流入、多くの主要国における企業によるレバレッジの拡大を引き起こした。中国の国有企業以外でも、一次産品生産者や建設

図 11・2　米国は企業が自社株買いを借金でファイナンスすることによって投資が停滞した

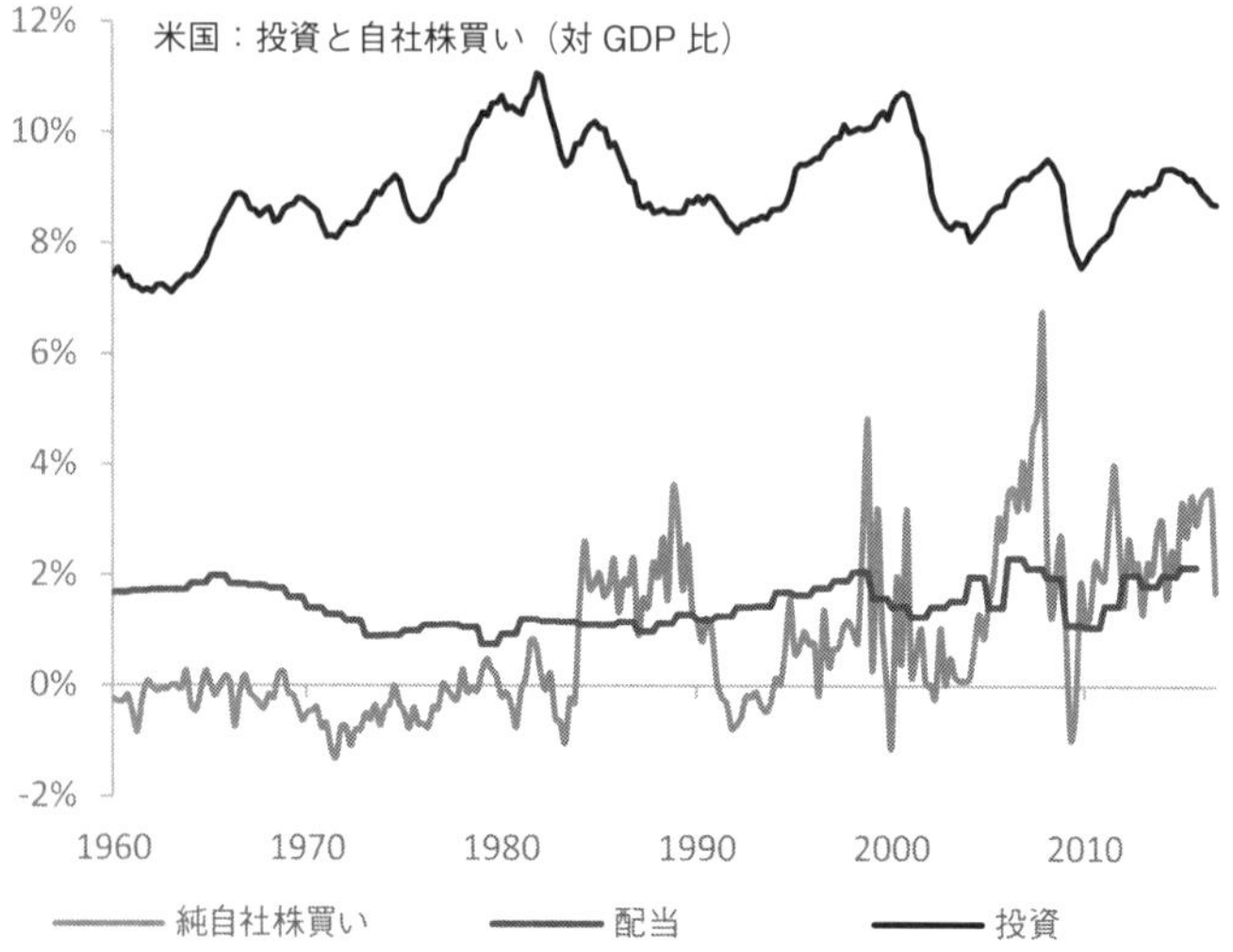

業者が借り入れの大半を占めていた。ペメックス（PEMEX）、ペトロブラス（Petrobras）、エスコム（Eskom）などの企業が直面した厳しいレバレッジ問題は、世界金融危機後の景気拡大初期における過剰な借り入れの産物である。韓国、マレーシア、タイ、インド、トルコなど一次産品を輸入する新興市場のいたるところで、そして一部は建設業者の過剰な借り入れによって、レバレッジは急速に増加した。

景気拡大初期における債務の増加は、増大する投資をファイナンスするためだった。中国の国有企業、一次産品生産企業、建設企業による投資の収益率は多くの場合、景気拡大後期には大きく下落したが、債務はほとんど変わることなく企業の会計帳簿に残ったままだった。

それとは対照的に、先進国では設備投資は相対的に停滞したままだった。第5章、第6

図11・3　BBB社債の割合は2019年に記録的水準に到達した

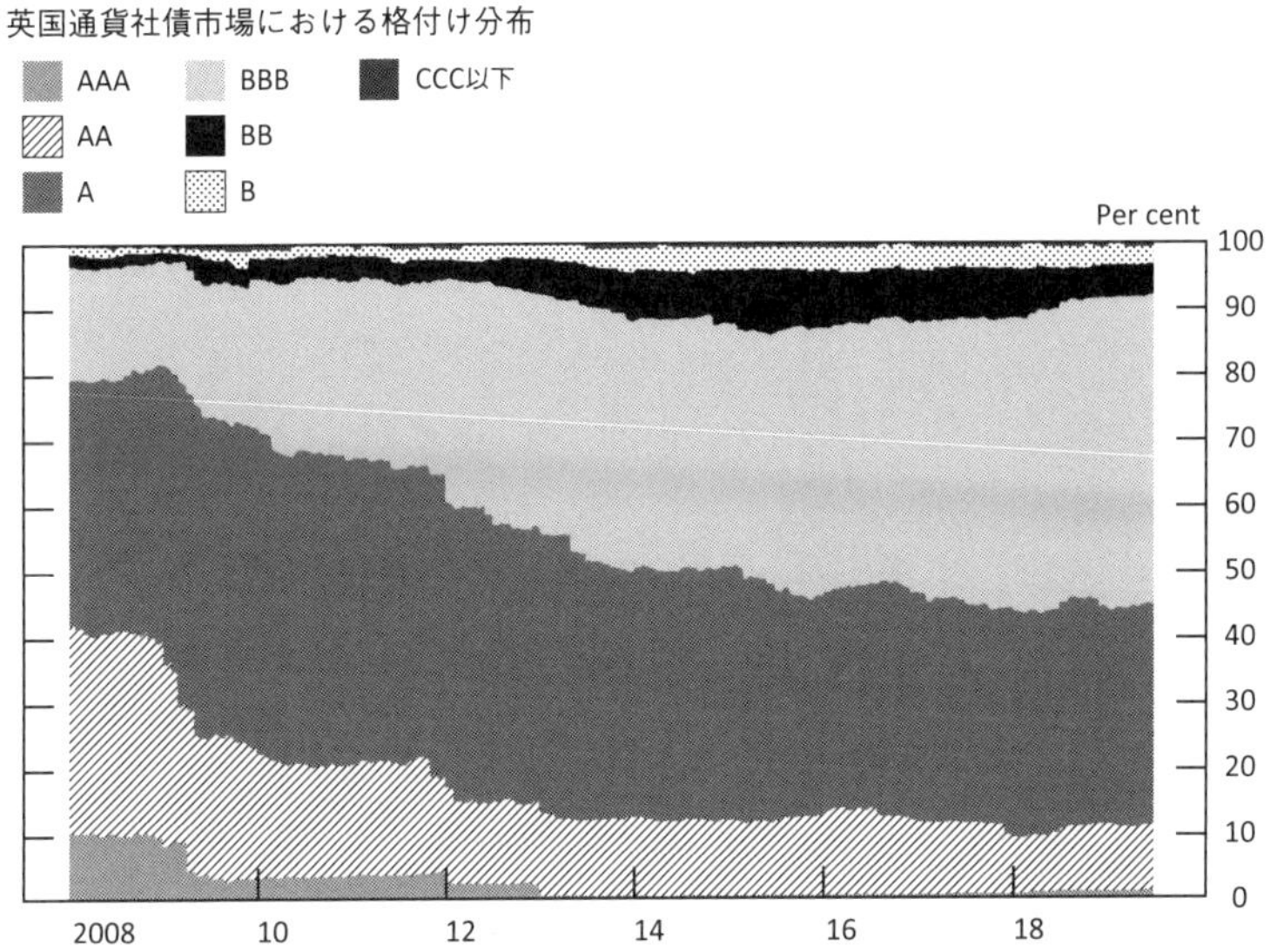

注：図は市場価値で測ったICE/ BofAML 英国通貨社債インデックスの格付け分布を示す。このインデックスは英国通貨社債市場の代表的な指標として使うことができる。しかし、このインデックスはすべての英国通貨社債を捉えるものではなく、他のインデックスは違った分布を示すかもしれない。
出所：イングランド銀行、2019年6月 Financial Stability Report

章で議論したように、企業の収益や利益に対して設備投資があまりにも低水準だったので余剰資金が発生した。先進国において債務比率が上昇する原因は、エクイティ・ファイナンスからデット・ファイナンスへのシフトにあった。これは増大する自社株買いによって引き起こされたもので、米国において特に顕著だったが、他の英語圏の国々においてもある程度見られた。米国のデータが図11・2に掲載してある。自社株買いによってレバレッジを上げることは、株主資本収益率（ROE）を上昇させる一番簡単な方法である。この点については、ジョナサン・フォードによるフィナンシャル・タイムズ紙（2019年7月28日、

図11・4　レバレッジド・ローン市場は、2018年にピークを迎えた後に縮小したが、近年再び急速に成長している

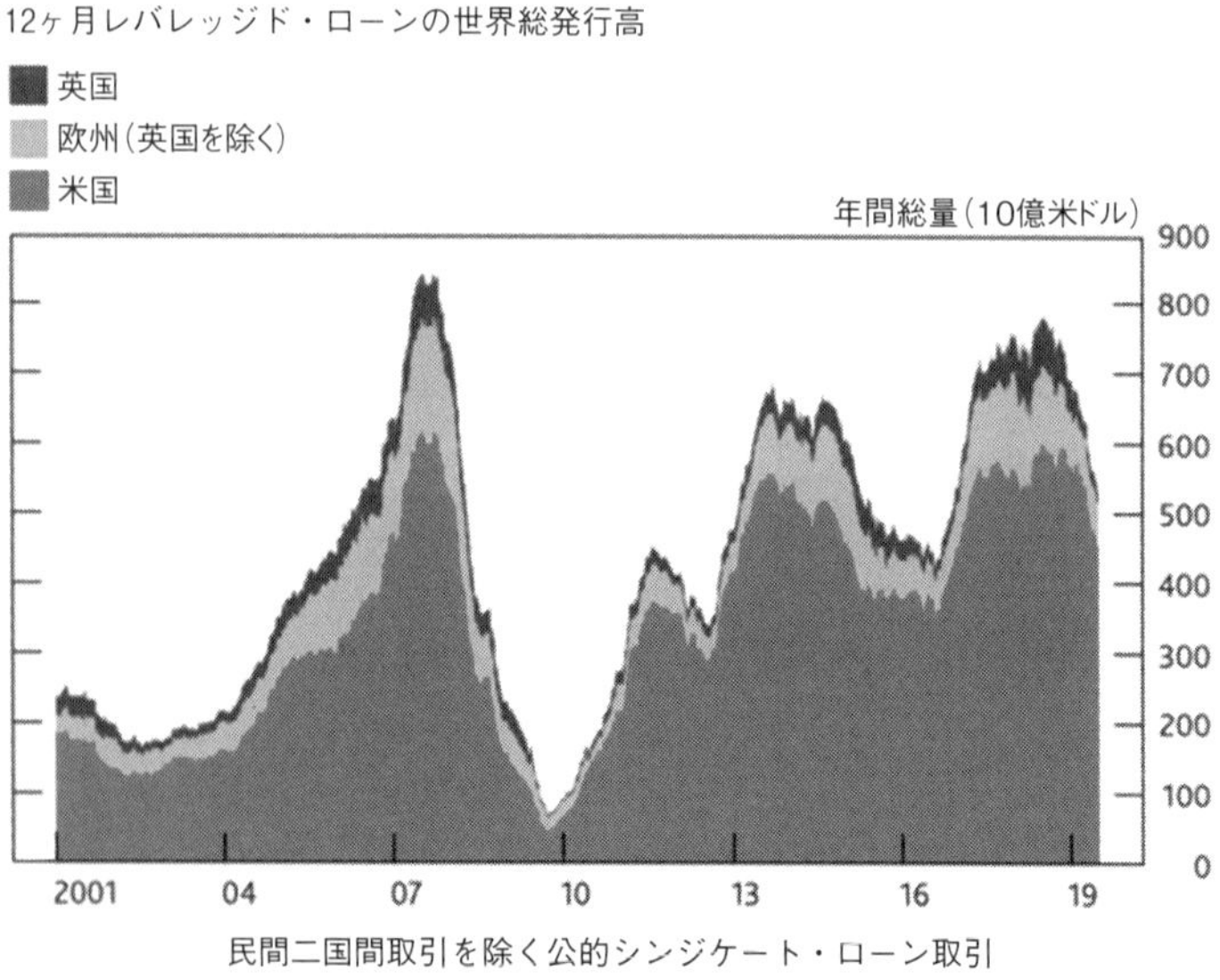

出所：イングランド銀行、2019年6月 Financial Stability Report

8面）の未公開株の役割に言及した記事「エリザベス・ウォーレンが未公開株による略奪を懸念するのは正しい（Elizabeth Warren is right to worry about private equity looting）」が参考になる。しかし、銀行によるレバレッジ引き上げが一般の人々を含む他のステークホルダーのリスクを高めるのとまったく同様に、企業の自社株買いはリスク転嫁を意味する。

さらに、増加する企業債務の大きな部分が質の悪い負債、レバレッジド・ローン（信用力が低い企業に対して行われる融資）、BBB社債である（図11・3、図11・4参照）[1]。

基本的に金利が低く、かつ下がっている状況では、たとえ収入の伸びが鈍化しても、債務（確定利付き

債）が不履行となる可能性は小さくなる。債務不履行の可能性が小さいと、「利回りの追求」が支配的な投資戦略の場合には、高利回りの有価証券を購入するのが金融の視点から魅力的になる。これら二つが組み合わさると、当然、相対的にリスクが高い有価証券の発行が急速に増加することになる。

おそらく、これが将来の金融危機に対する金融システムの脆弱性に関して最も懸念すべき領域である。企業債務の不履行が大量に発生した場合、単にそれ自体がデフレ圧力を生むだけではなく、貸し手である銀行や保険会社、年金基金に二次的な悪影響を与えることになる。この問題については、イングランド銀行副総裁であるサー・ジョナサン・カンリフの講演、Cunliffe (2019, May 7) を参照するとよい。

3　公的部門

家計部門では、債務よりも富（債権）のほうが速く増加している。企業部門では、利益の上昇と下落する低金利が債務返済率を低く抑えている。同様に公的部門では、債務残高の増加はほとんどすべて金利低下によって相殺され、債務返済率は日本でさえ過去数十年間ほとんど一定のままである（図11・5）。

そのままであれば、おそらく問題がないだろう。しかし、名目金利が再び上昇し始めたら何が起

1　これらの図は、イングランド銀行から掲載許可を得て、2019年の Financial Stability Report から複製したものである。

図 11・5　各国の債務／GDP 比率、債務返済率、金利

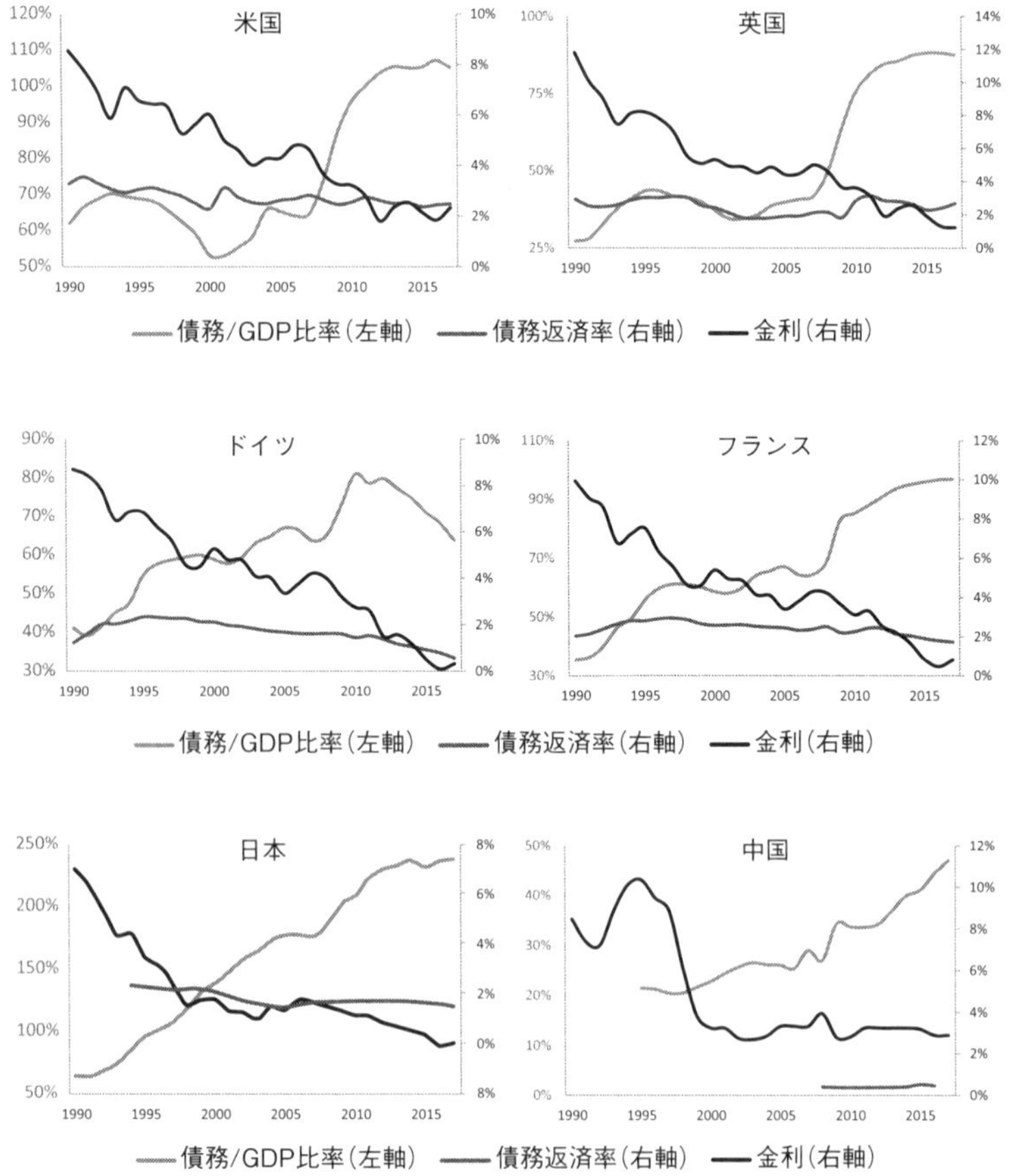

出所：世界銀行、OECD

こるだろうか？　概して金利が異常に低い水準でとどまっているために、金利返済額は一般政府支出のごく小さな部分でしかない。したがって、金利上昇の影響はある水準までは簡単に吸収することができると思われるかもしれない。しかし、どんなに小さい負担の増加でも痛みを生じる。特に、社会の高齢化が政府財政に避けることのできない圧力を与えている時にはそうである。

もちろん、異常に低い金利を利用して債務の満期を延長すれば、これからやってくる短期の名目政策金利の上昇による影響は小さくなる。しかし、一層の金融緩和を求める動きは、むしろ実質的な満期の大幅な縮小をもたらした。特に、量的緩和と中央銀行が商業銀行から受け入れる当座預金（準備）に支払う金利の「下限システム」が組み合わさることで、準備によって担保される量的緩和額に等しい部分の債務の満期は実質的にゼロになる。

したがって、公的部門の財政は政策金利のわずかな上昇でも即座に痛みを感じることになる。企業部門の財務状況が悪化し、低金利の維持を求めるポピュリストからの政治的要求が強まると、中央銀行は金利上昇を緩慢で限定的なものにとどめる圧力にさらされるだろう。しかし、金利の上昇が緩慢で限定的なものにとどまれば、デット・ファイナンスを拡大維持しようとする現在のインセンティブに変化は生まれない。それがまさに、多くの国が陥っている債務の罠である。

さらに、Alfaro and Kanczuk（2019）が述べるように、近年、特に中国のようなパリクラブに所属しない債権国が、低所得国および中所得国に対する資金提供を行うようになってきているが、典型的な国家債務とは対照的に、これらの融資契約は公表されず、他の債権者はそれらの規模に関する情報を持っていない。そのような融資契約は、伝統的なパリクラブの債権者による債務の維持可能性を大きく損なうことになる。

3　債務の罠から逃れることができるのか？

それではどのようにして、債務の罠から逃れることができるのか？　最善かつ最も魅力的な方法は、実質成長率を引き上げることである。実質成長率が実質金利の水準よりも高ければ、公的部門の赤字ゼロの状態から出発して債務比率は必然的に減少していくことになる。実際、実質成長率が実質金利に比較して十分に高ければ、公的部門の赤字がもっと大きくても、債務比率は減少していく。

1　経済成長

世界が、特に先進国が直面している問題は、さまざまな状況と要素が重なり、とても実質金利を上回るだけの成長率が実現されるようには見えないことである。その理由はいくつかある。

・平均寿命が上昇しさらに延びていくと、国内における高齢者の割合が増加していく。それに伴い、年金と医療さらに介護を提供する公的部門の支出に対する需要が増大していく。今後数十年にわたるこうした公的支出増の見通しは懸念材料である（Office for Budget Responsibility〔2018, pp.75~85〕、特にBox3･3を参照）。一方、労働年齢人口の課税余地には限界がある（Heer et al.〔2018〕およびPapetti〔2019, p.30〕参照）。

・一方、すでに述べたように、人口構成の変化が労働者数増加率の低下のみならず、例えば欧州や中国などの多くの国々においては絶対数の減少も引き起こしている。たとえ生産性が２００８年までの数十年間の順調な伸び率の水準まで戻ると仮定しても、そのような労働力の減少は実質総生産量が低い成長率で増加し続けることを意味する。日本の労働者一人当たりの生産量は、他のほとんどの先進国よりも高い成長率で増加していた（第3章・第9章）。しかし、それにもかかわらず、近年では国内の労働力が減少しているので、日本の実質成長率は年率１％ほどにすぎない。米国と英国は移民のおかげで多少良い状況にあるが、同様の問題が、多くの欧州諸国に今後数十年にわたって重くのしかかってくる。

・実質金利は異常に低くなっている。主な理由は、特に中国における人口構造の変化が貯蓄超過をもたらした一方、すでに述べたように安価な労働力が世界に供給されたために中国以外の国々では投資比率が低迷したからである。これら二つの要因は今後反転することになる。依存人口比率が上昇するにつれて、家計貯蓄率は低下する。もちろん、政府が意識的に高齢者に対する年金給付と医療扶助を削減しなければの話だが、それは政治的に難しいであろう。同時に、労働力が不足するのに伴って労働組合の力が回復し、また政府支出の増加に対応して課税が増大すると、実質単位労働コストは上昇するだろう。それを相殺するために、企業は投資需要を増大させることになる。したがって、貯蓄と投資のバランス、すなわち貸し出し可能な資金の需要と供給は、実質金利が回復する方向に動く可能性が大きい。そうなれば、来るべき圧力は実質金利が上昇すると同時に成長率を低下させ、その結果、現在の高い債務比率から成長を通じて脱け出すことがしだいに難しくなるだろう。

もし現在の高い債務比率から成長を通じて脱け出すことができなければ、債務者は、支払い請求に対して当初暗黙裡に約束した負債総額を全額支払わないことになるかもしれない。そうする道は、おそらく三つ存在する。

2　予期せざるインフレーション

実質的な債務負担を軽減する一番目のしかも最も簡単な方法は、（予期せざる）インフレによるものである。インフレ期待は現在2％に「しっかりと固定され」、2％前後の低い水準で推移している。そのようなインフレ期待の安定性は、かなりの部分、中央銀行が当分の間インフレ目標を維持できるという投資家の信頼に依存している。しかし、それは持続可能だろうか？　インフレ目標が一般に採用されてから25年ほどにわたって、名目および実質金利は低下傾向にある。それから恩を受けている財務相やその上司（首相）にとって、中央銀行は最高の友となった。中央銀行はインフレ率低下の原因を自らのインフレ目標政策の成功に帰することに過剰なほど熱心であるし、その主張に反論する適切な理由も、経済解説者や政治家にはなかった。しかし、もし名目金利が再びたとえゆっくりとでも上昇傾向に転じれば、財務相や他の政治家の目先の要望と利益との矛盾が生じることになる。そのような兆候はすでに米国、インド、トルコなどで明らかになりつつある。ほとんどの国々において、中央銀行の独立性は議会の立法によって担保されている。例外は、欧州中央銀行の独立性が条約によって正式に規定されている欧州である。すなわち、欧州中央銀行の独立性は簡単には無効にできないが、他の中央銀行の独立性は議会の新しい立法によって置き換えることができる。物価の安定を目指す中央銀行の政策が高成長と低水準の課税という政治家の目標の障害になれば、政治家は中央銀行の独立性を終わらせるか大幅に制限する行動に出る可能性がある。そうなれば、あの自慢の独立性が、インフレ傾向が強まる将来に対する防壁としては、実は意外に脆いものであることが最終的に証明されてしまうかもしれないのだ。

3 債務契約の再交渉

ただし、欧州中央銀行の場合は独立性はより強固な基盤に立っている。したがって、欧州においては、加盟各国の政府を含む債務者がインフレを通じて返済義務から簡単に逃れることはできない。同じことは、中央銀行の独立性がしっかり保たれている他の国々についてもいえる。このような場合、債務返済圧力が非常に大きくなる時の二番目の方法は、債務の返済負担を軽減するために、約束したキャッシュフローについて再交渉することである。そのような再交渉は、「Extend and Pretend（期限を延長し何事もなかったふりをする）」という名のもとで、通常の利払いとしてのキャッシュフローを削減、併せて／あるいは返済期限を延長する方式がとられる。そうすれば債務者にとっての当面の返済負担を軽減することができる。通常この方式では、債務者の将来のキャッシュフローの現在価値が減少するが、債権者の帳簿上、名目の債務金額には変化がない。したがって、債務者救済が債権者の財務体質を外見上弱めることなしに達成できるのである。これはもちろん「ごまかし」ではあるが、金融の世界の多くは将来見通しと信頼に依存して機能しているわけであり、「ごまかし」も有益な方策でありうる。

4 債務不履行

債務者救済の最後の方法は、部分的もしくは全体にわたるあからさまな債務不履行である。すなわち、債権者へ返済するキャッシュフローを減額することである。もちろん、そのような債務不履行で、債務者はしばらくの間、信用取引市場を利用することができなくなる。しかし、ソブリンデフォルト（国家の財政破綻）などの歴史を見れば、人々の記憶は比較的短く、債務不履行の債務者が再生する見込みがあれば、金融市場へ復帰するのに長い時間は必要とされない。それでも、明らかな債務不履行が起こった状況においては、債権者は自らのバランスシートに直接損失額を差し引き計上しなければならない。したがって、債務不履行は再交渉よりも大きな悪影響を金融システム全体に及ぼす。その代表例が、銀行と主権国家の間の「悪循環」である。債務不履行は債務者にとってコストが高くつくし、債権者にとっても金融システム全体に悪影響が広がるために、債務者の過剰な債務負担への対応としての債務不履行は極端で不幸な選択である。それは再交渉や少し高いインフレよりも望ましくない。しかし、インフレ、再交渉、不履行、これらすべての選択肢がコストがかかり望ましくないものであることに変わりはない。

最後に完璧を期すために、現在の状況においては現実的な選択肢ではないが、壊滅的な債務負担を取り除くもう一つの方法を紹介しよう。それは、債務恩赦祝典（debt jubilees）において一部または全部の債権を放棄する外見をとるものである。Michael Hudson（2018）によると、これはバビロニアやアッシリアなどの古代帝国ではよくある一般的な出来事であり、初期のユダヤ教やキリスト教の文化においては明確な意味が含まれていた。債権放棄は商業ではなく家計に対して行われ、国王や王宮が実施権限を持っていた。国王は自らの債権を放棄するのみならず、他の裕福な債権者も同様に債権放棄を行うように主張する力を持っていたのである。そのような債務免除は、社会構造と共同社会の義務、例えば帝国の兵役に服する義務などを強化し、帝国を長く存続させるのに役立った。こうした債務免除の実施は、新しい国王が即位した際または国家的危機の場合に行われた。

しかし、国王の力に比較して、裕福な債権者階級の力が強くなるにつれて、債務免除の実践的な現実性は薄れていった。実際、他の債権者を無視できる力を持ち債務放棄を度々強制する支配者は「暴君（tyrants）」と呼ばれた。その言葉の正確な意味には、階級に関する興味深い含蓄が込められている。もっと一般的にいえば、債務者と債権者の関係は現在では金融機関によって仲介されているので、債権放棄はそれらの金融機関を倒産させかねない。さらに、債権者の集団が、例えば、半ば加入が強制される年金制度などを通じて広がったことにより、どの債権者がどの債務を放棄するのかはきわめて複雑な問題になる。その結果、現在では債権放棄は、前項で説明した債務再交渉のプロセスに区別できないほど統合されている。この問題のもっと詳しい議論については、Goodhart and Hudson（2018）を参照するとよいだろう。

第12章　デット・ファイナンスからエクイティ・ファイナンスへの方向転換

1　はじめに

成長によって債務の罠から脱け出すのが難しく、債務不履行の方法によって返済義務を果たさないことも望ましくないのであれば、いったいほかに何ができるのだろうか？　ここでの議論の中心は次の点である。すなわち、資金調達の財務上の優位性のバランスをデット・ファイナンス（負債調達）（訳注1）からエクイティ・ファイナンス（株式調達）（訳注2）へ大きく修正することは十分に可能であり、またするべきであったのに、実際には行われていない、という点である。

エクイティ・ファイナンスの優位性は明らかだが、何度も繰り返して強調する価値がある。第一に、債券とは違って株式には満期がないので、償還期限が迫ってくることがない。第二に、配当は自由裁量で決めることができ、確定利付き債の支払いでは不可能な方法で、収入または利益に適合させることができる。金利スワップやインフレ連動債などのいくつかの債券は支払額に本質的な柔軟性があるが、いわゆる債券のほとんどは確定利付き債である。株式配当を支払わなくても債務不履行とみなされることはないが、確定利子（クーポン）を払えなければ債務不履行とみなされる。最後に、債務返済にストレスがかかっている期間には、債権者を守るはずの確定利付き債から収入（キャッシュフロー）が得られても疑わしい資産となってしまう。歴史は、マクロ経済の激変に伴って起こった債務不履行の出来事で溢れかえっている。このように、株式に対して債券から得られる債権者の利益も、確信が持て、誰が見ても明白というものではない。

エクイティ・ファイナンスへの切り換えは、すでに世界が蓄積し受け継いだ巨大な債務を対象とするのではなく将来に実行するほうが容易であろう。だが、債務株式交換（エクイティ・スワップ）はすでに利用されている。特に、中国においてバランスシートの構成を変えるために積極的に行われている。将来においても、デットからエクイティへ転換するのは家計よりも組織のほうが容易に計画できるだろう。これは企業ファイナンスの場合がおそらく理解しやすく、また重要である。しかし、最初に、家計と公的部門の場合、どのように実現できるのか考察することから始めよう。

家計と住宅ローンの貸し手にエクイティ・ファイナンス方式への転換をどのように促すことができるのか？

住宅を購入する際に、家計は主に固定金利型住宅ローンを借り入れる。これもエクイティに基づいた契約にもっと変換することが可能である。住宅価格が消費者物価指数（ＣＰＩ）よりも速く上昇すると期待できる期間においては、金融機関は積極的に住宅資金にエクイティの要素を組み入れるだろうが、借り手はおそらく抵抗するだろう。イングランド銀行による研究（Benetton et al.〔2019〕）は次のように報告している。

住宅購入者に関する反実仮想的な研究によると、利用できるエクイティ・ファイナンスの代わりに高いＬＴＶ（loan-to-value）比率（有利子負債額／資産価値）の住宅ローンを利用する住宅購入者は、年率７・７％の価格上昇期待によって合理化できる。

しかし、固定金利の融資の代わりに、規制当局は主に借り手を守る目的でエクイティ・ファイナンスに優位性を与えるようにＬＴＶ比率を調整する可能性もある。住宅のエクイティ・ファイナンスが成り立つためには、貸し手がインフレリスクをヘッジするために利用できる住宅価格の先物市場の発展が必要であるように思われる。これはすでに、不動産投資信託（ＲＥＩＴ）や（住宅や商業資産を原資とした）資産担保証券（ＡＢＳ）を購入することによってある程度可能になっている。

（訳注１）デット・ファイナンス（負債調達、他人資本による資金調達）＝銀行借入や債券発行といった負債による資金調達のこと。他人資本の増加を伴う資金調達のことで、返済義務がある。

（訳注２）エクイティ・ファイナンス（株式調達、自己資本による資金調達）＝株式の増加を伴う資金調達のこと。一般に新株の発行を伴う企業の資金調達であり、公募による時価発行増資や転換社債・ワラント債の発行などが含まれる。

ＣＰＩに比較して住宅価格の下落が予想される局面では、たとえ一時的だとしても、貸し手はエクイティ・ファイナンスを引き受けることを好まないだろう。そのような状況においては、公的部門が住宅購入のためのエクイティ・ファイナンスの補強手段を提供しなければならないかもしれない。

長期にわたり、住宅建設のイノベーションは他の製造業に比べ大きく遅れてきた。さらに、住宅価格の大部分は地価に関連しており、土地の供給量は一定である。おそらくその結果、長期にわたって、住宅価格は一般にＣＰＩよりも高い上昇トレンドにあった。そのトレンドが今後も続くならば、（英国ではすでに機能している）「Hello-to-Buy」事業計画の線に沿った政府によるエクイティ・ファイナンスを支える手段が、中期的には実際に公的部門に収益機会をもたらすだろう。

ほぼ同じような議論が学生の教育ローンについても成立する。それは固定金利の教育ローン負債に基づいた高等教育コストの多くをエクイティに基づいたものへと転換することを必要とする。それによって、将来、貸し手は学生の全課税所得から（小さな）分け前を受け取ることになる。これは大学在籍のための義務的な必要条件にすることさえ可能だ。それは所得再配分のための累進課税の機能を果たすことになる（そして／または、富裕層の一部が大学へ進学するのを思いとどめさせることになるだろう）。この点については、Goodhart and Hudson（2018）を参照してもらいたい。

公的部門について簡単に考察すると、名目所得債券を提供することによって、それもまた固定金利負債の代わりによりエクイティ・ベースのファイナンスに変換することができる。そのような債券発行は時折議論され、特に最近ではより頻繁に主張されるようになってきたが（Sheedy〔2014〕、

Benford et al.〔2016〕参照)、大規模なスケールで取り上げられたことはまだない。しかし、今後数十年の生産性と労働供給の不確実性が高まることを考えれば再検討すべき適切な機会がやってくる可能性がある。

デット・ファイナンスからエクイティ・ファイナンスへの変更が最も有望なのは企業部門である。企業部門によるエクイティ・ファイナンスへの移行が持続可能であるためには、すぐに解決しなければならない二つの主要な課題がある。

第一の課題は、少なくとも企業部門にとって、現在デット・ファイナンスがエクイティ・ファイナンスよりも圧倒的な優位性を持っているということである。エクイティへの移行を成功させるためには、エクイティ・ファイナンスがデット・ファイナンスと同じように有利であるように修正されなければならない。この問題については、第2節で詳しく議論することにする。

第二の課題は、すべてのエクイティ所有者の有限責任、および彼らの利益と経営者のインセンティブの調整という組み合わせが、すでに述べたように短期的利益の重視と低い投資傾向を生み出していることである。この問題については、関連する論文Goodhart and Lastra（2020）およびHuertas（2019）において詳しい議論がなされている。

2 デットとエクイティの財務上の優位性を公平にする

企業にとってのデットの財務上の優位性を取り除き、デット・ファイナンスとエクイティ・ファイナンスとの公平性を達成することをめざす二つの提案がある。第一は、マーリーズ・レビュー（Mirrlees Review）の *Tax by Design*（2011）が提案している株式課税控除（ACE = Allowance for Corporate Equity）である。第二は、一般に国境税と呼ばれているものだが、オックスフォード大学法人税センター（Oxford University Centre for Business Taxation）の論文 Auerbach et al.（2017）の中で議論されている仕向地主義キャッシュフロー課税（DBCFT = Destination-based Cash Flow Taxation）の提案である。これらの提案について順番に説明してみよう。

1 ＡＣＥ制度――株式課税控除

課税の取り扱いの違いが、企業がエクイティよりもデットを好む主要な理由になっている。Mirrlees Review（2011, Chapter 17）によるＡＣＥ制度の提案は、その不公平を是正する試みである。企業の損益計算書に明記されている利払い額は課税控除の対象となる。一方、事業資金を株式で調達しても、同じような課税控除は得られない。その結果、企業は利益を株主に還元して負債を増やすことを選好するようになる。さらに、インフレが起きれば債券発行のコストが減少するので、そのような状況ではデットによる資金調達が魅力を増す。しかし最終的には、企業にとって資金調達はリスクが高く非効率なものになってしまう。

ＡＣＥ制度は、デットによる利払いの場合と同じように、エクイティに対しても明示的に（帰属価格に基づいて計算する）課税控除を導入し、事業資金の負債調達に伴う税制上の優遇を適用する試みである。ただし、ＡＣＥ制度の実施にはマーリーズ・レビューが指摘する二つの課題がある。第一は、デットとエクイティの公平性は利払い控除を廃止することによっても達成されるが、世界全体でそれを実施する必要がある点である。そうでなければ、企業は利払い控除を継続している他の目的地（国）に移転すればよいだけになる。第二は、ＡＣＥ制度の導入は税収を失うことを意味する点である。税収の損失は法人税の増税で補填すればよいと思われるかもしれないが、マーリーズ・レビューは特定の税源からの税収の損失はそのまま受け入れて、国の税制全体を見直してバランスさせるのが望ましいと主張している。したがって、国際競争の中で、一方的に（例えば）英国企業から利払い控除を取り除くことは現実的ではない。また、デットとエクイティの財政上の公平性を実現するためには、法人税の税源が縮小することになるが、利益の通常部分は両者で同じように無税にしなければならない。そのような改革は２００８年にベルギーで導入されたが、その主要な欠点は代わりに法人税率を上げなければ、税収の大きな損失につながることである。

法人税率を上げる対策の問題点は、英国の法人税率が他の国々より明らかに高くなってしまい、多国籍企業が課税対象となる利益もしくは事業自体を英国の外に移すインセンティブを高めてしまうことである。したがって、財務当局は法人税から得られる税収の減少を受け入れ、その減収を税制全体の見直しの一環として他の課税を増加させることで相殺すべきである、とマーリーズ・レビューは提案している。

われわれの見解では、資金調達の方法としてデットとエクイティの不均衡是正から得られる利益は十分に大きい。特に、過剰なレバレッジを引き継いだ世界経済においては、そのような税源の再編成の導入は時間と労力をかけるだけの価値がある。しかし、さらなる増税に対する政治的抵抗は強く、マーリーズ・レビューが発表されてから、財務省や財務相によって提案を積極的に検討する意思はわれわれの知る限り示されていない。将来の危機が、非金融企業の過剰なレバレッジへの懸念を広範に生み出し、この問題についての議論を活発化するかどうかはいまだ不明である。

2　国境税

仕向地主義キャッシュフロー課税（DBCFT）は、同じようにデットとエクイティの間に公平性を実現しようとする試みであるが、こちらのほうがより大きな論争の的になっている。

国境税は、投資を含めて、すべての企業の経費を非課税にしようとするものである。輸出は非課税である一方、輸入は課税される。輸出企業の経費を軽減させることは、輸入企業に付加価値税（VAT）を課すのと本質的に同じことである。国境税はすべての経費を同値にすることによって、企業にとってデットとエクイティの間の選好を中立にすることができる。その実施はACEの帰属価格を計算するよりも簡単であり、しかも税収の損失もなければ経済的な歪みも生じないという利点がある。国境税の他の重要な利点は、法人税逃れを困難にすることである。もし同じ一組の規則が企業の経費および輸出対輸入に対してある国で機能していれば、企業にとって地理的な場所は重要ではなくなるだろう。なぜならば、企業はもはや企業内貸し付けやタックス・ヘイブン（租税避難国）で資産を所有するような税金逃れの方策を利用できなくなるからである。同様に、税収の損失を回避するために、より多くの国々がそのように注意深く練られた計画を採用することが好都合であると気づくだろう。また、おそらく、国境税を運用することによって他の国々に対して競争力があるように演出することができるという利点にも気づくだろう。

国境税は仕向地主義キャッシュフロー課税としても知られている

オックスフォード大学法人税センターで発表されたAuerbach et al.による論文“Destination-Based Cash Flow Taxation”（仕向地主義キャッシュフロー課税）のエグゼクティブ・サマリー（概要）は、仕向地主義キャッシュフロー課税（DBCFT）の概念について次のように記述している[1]。

仕向地主義キャッシュフロー課税（DBCFT）は次の二つの基本的な要素を持っている。

・「キャッシュフロー」要素は、資本支出を含むすべての支出は即時控除され支出が生み出す収入に課税する。

1 Auerrbach, A., Devereux, M. P., Keen, M. and J. Vella, “Destination-Based Cash Flow Taxation,” Oxford University Centre for Business Taxation, Working Paper（2017/1）から許可を得て掲載。

・「仕向地主義」要素は、付加価値税（VAT）の場合と同じ形で国境での調整を導入する。すなわち、輸出は非課税、一方輸入は課税される。

これは、経済的影響において、広範囲な一様の付加価値税（VAT）を導入することと同じである。すなわち、既存のVATを通じて同じ効果を達成することができる。そして、同額の賃金や給与に対する課税の削減をもたらすことにもなる。

この論文は、仕向地主義キャッシュフロー課税（DBCFT）を次の五つの基準で評価している。すなわち、経済的効率性、逃避や回避に対する頑健性、運営の容易さ、公平性、安定性である。その評価は、すべての国々によって普遍的に採用されるケースと、一国のみで採用されるより現実的なケースに分けて行われている。

現状の法人税の体系とは対照的に、特に国際的な環境において、DBCFTおよびVATに基づく同じ方式には大きな魅力がある。

・DBCFTの主要な動機は、特定の動かない場所すなわち財・サービスの最終的な購入場所である「仕向地」にある企業所得に課税することによって経済効率を改善することである。DBCFTは、企業投資の規模や場所を歪めることはない。したがって、資金調達の方法としてデットとエクイティを中立的に取り扱うので、デット・ファイナンスを優遇する課税の偏向を除去することができる。

・仕向地における法人所得税は、DBCFTが企業内取引を通じた課税回避に対する頑健性という大きな利点も持っている。一般的な課税回避の方法（企業内負債、無形資産の低課税地域での所有、企業内取引の不正価格の使用を含む）は、DBCFTのもとでは課税債務を減少させるのに有効でなくなる。

しかし、ここでは普遍的採用か、それとも一国による採用かの区別が重要である。一部の国々だけによる採用の場合、採用しなかった国々は利益が移動する問題に直面することになりそうだ。すなわち、税金の高い国で営業している企業は、例えば、輸入品の価格をわざと過剰に高く設定し、DBCFT採用国にある関連企業から輸出することによって、相殺する課税をかけられないで済む。

・同じ理由によって、DBCFTは長期的な安定を与える。なぜならば、伝統的な原産地主義に基づいた課税国に対する競争的優位を得るために、またDBCFT採用国に対する競争的劣位を回避するために、各国は広くDBCFTを採用するインセンティブを持つからである。それはまた、税率競争に対しても抵抗力を持っている。

これらすべての仕向地主義キャッシュフロー課税（DBCFT）の魅力と便益を考慮すると、なぜそれがいまだに採用されていないのかと問いたくなるかもしれない。米国では2017年に政権を担った共和党執行部によって真剣に検討されたが採用されなかった。DBCFTには、多くの欠点も存在するからである。

・それは課税の方向性と与えられた役割に大きな変更をもたらす。そのような大きな変更は、多くの敗者と勝者からなるグループを大規模に生み出すことになる。一般に、勝者の支持の声よりも敗者の抗議の声のほうが大きい。
・最大の敗者は輸入業者である。DBCFTは輸入業者によって一時的な通貨の切り下げに等しいものとみなされ反対に直面する。WTOのルールのもとで受け入れ可能かどうかについても疑問符がつく。
・DBCFTは（一時的に）国内価格を上昇させる。輸入品の多い財・サービスについては特にそうである。
・DBCFTの意図は、付加価値税（VAT）の上昇と労働所得税の減少を組み合わせることだが、それが税引き後の実質労働所得に変化を生まない形で実行できるという保証はない。
・もっと深刻なことに、高齢者、失業者、病人などの労働していない貧困層は保護されない。ある程度は為替レートの影響にもよるが、一般的な利益の再評価がなされなければ、非労働貧困層は敗者となる。したがって、この制度は潜在的に非常に逆進的であるとして攻撃される可能性がある。
・投資は景気に対して正循環的であり変動が大きく、企業の利益も同じように動くので、DBCFTから得られる税収は現在の税制よりもより強く正循環的であり変動幅が大きくなる（IMF Policy Paper〔2019〕参照）。
・DBCFTは不正な赤字会計の仕組みを作り出す。ただし、Devereux and Vella（2018）はこの議論に対して異議を唱えている。

したがって、政治的論争を巻き起こすことなくDBCFTを導入するには、おそらく賃金や給与に対する課税とともに、移転支出や給付支出の構造の多くを再編成しなければならない。それは非常に大規模な作業になるので、ほとんどの場合、財務相の改革への熱意を奪ってしまう。そのようなことをするよりも、彼らは多くの国際企業が課税を回避するために準備した方法に対処するために他の選択肢を模索することを選ぶだろう。

DBCFTの利益は明らかだが、そのような新しくまだ試みられていない制度の採用に向けて大きく踏み出すことに伴うコストが相当大きな障害となって、今のところ採用には至っていない。

3 企業経営者のインセンティブ構造の変革

現代資本主義に対する今日の批判にはいくつかの側面がある。すなわち資本主義は、経営者に過剰なリスクをとらせている、経営者に過大な報酬を与えている、彼らに十分な長期的投資（特にR&D）を実行させることに失敗している、という批判である[2]。はじめの二つの批判（過剰なリスクと過大な報酬）は、世界金融危機後、特に銀行や他の金融仲介業者に対して向けられた。そのような機能不全を点検し防ぐためにさまざまな提案がなされている。それらの中には、銀行と他の金融仲介業者の事業構造を制限することに焦点を当てる提案もある。例えば、いろいろなタイプのナローバンク論（狭い銀行論、narrow banking）、コア・リテールバンキングの囲い込み（中心となる小売銀行業務、主に個人向けの銀行業務を投資や国際業務から分離すること）、その他多くの規制措置の導入が提案されている。

われわれの提案は、Goodhart and Lastra（2020）に詳しく説明してあるが、それらの提案とは異なり、連帯責任を負う「内部者」と現在のように有限責任を負う「外部者」の区別を適用するものである。したがって、一般の株主にとっては何の変化もない。このような仕組みは「内部者」と「外部者」を区別することが必要となるが、その区別はある程度恣意的なものになることは避けられない。

では、これら二つのグループをどのように区別すればよいのだろうか？　原則的には、区別は明確である。「内部者」は「外部者」よりも事業内容についてより多くの情報にアクセスでき、その情報を使って過剰にリスクの高い行動を防ぐことができる。もちろん、実際問題としては、区別はそう簡単ではない。「内部者」には、外部取締役を含むすべての取締役会のメンバーが含まれる。従業員については、企業内の地位と報酬体系の二つの基準によってグループ分けをする。つまり、執行役員会のメンバーである従業員つまり部長は含まれる。しかし、企業にとってキーとなる重要な従業員は、しばしば形式的な地位よりも報酬水準によって示されている。例えば、社長（CEO）が受け取る報酬の50％を超える金額を稼いでいる従業員は「内部者」とみなしてよいだろう。しかし、もし失敗の連帯責任に対する潜在的制裁が厳しければ、「内部者」とみなされるのを回避するために地位および報酬を調整する企てが試みられる可能性がある。したがって、司法上の検証を条件として、規制当局はある企業の中の誰であっても「内部者」と認定する権利を持つ必要がある。

大株主も内部情報にアクセスすることができ、企業の進む方向に影響を与えることができる立場にいる。したがって、企業の例えば5％を超える株を所有している株主は「内部者」とみなされるべきである。大株主がある数値を超えると「内部者」とみなされるべき特定の水準があるわけではない。ある企業の株式の2～5％を所有している株主に対して、自らを「内部者」または「外部者」のいずれに属するかを選択する能力を与えるべきだと議論することも可能である。「外部者」としてみなしてほしければ、すべての投票権を放棄し、経営政策の議論（例えば、株主総会）に参加しないようにしなければならない。

連帯責任を適用する基礎は「内部者」の地位を得てから受け取った全員の報酬である。これはすべての形の報酬を含む。ただし、ベイルイン債務（bail-inable debt）の形で提供された報酬に関しては、その後の取引をすべて通知するという条件のもとで除く。これは上記の取締役員と従業員に適用される。株主は所有する株式の購入価格に基づいて責任を負うことになる。

すべての「内部者」が平等であるわけではない。特に、最高経営責任者（ＣＥＯ）は部下、他の

2 'Rethink the purpose of the corporation' というタイトルの記事（*Financial Times*, 12 December 2018）の中で、マーティン・ウルフ（Martin Wolf）は株主価値最大化の主張を批判して、レバレッジを高くした銀行業界においてはアングロアメリカン・モデルの企業ガバナンスが機能しないと断言している。彼は、資本主義は本質的に壊れていることを示唆するコリン・メイヤー（Colin Mayer）の２０１８年の著書 *Prosperity* を含む多くの本を参考にしている。

取締役員、監査役の誰よりも多くの情報と権限を持っている。したがって、次のように主張することができるかもしれない。CEOは、CEO職に就いてから蓄積した報酬の有効な価値（ベイルイン債務を除く）の3倍の責任がある。企業の取締役会メンバーと経営責任者は2倍の責任、そして他の「内部者」である従業員は蓄積した報酬の1倍の責任がある。同様に、5％を超える大株主は2倍の責任すなわち追加する株式購入価格の2倍の責任を負う。一方、「内部者」である2〜5％の大株主は、1930年代以前の米国のナショナル・バンク制度（国法銀行制度）の時とほぼ同じように、追加する株式購入価格の1倍の責任を負う。

ここでさらに二つの問いが出てくる。第一は、「内部者」がその役割を果たさなくなる時にどうすべきか、という問いである。例えば、従業員が企業を去る場合または株主が株を売却する場合である。第二は、企業が危険な領域に入っていることを認識していても、「内部者」が経営陣に方向を変えるように説得できない場合である。その場合、彼らは自ら支持しない政策に対する処罰をどのように回避できるのか？

第一の場合、「内部者」の役割から離れるので、「内部者」の時の情報と権力の程度に対応した責任をしだいに減らすのが適切のように見える。したがって、もしCEOが3倍の責任を負うとすれば、その責任は一定の割合で続く3年間に減少していくことになる。そして、社長の職を離れてちょうど3年後には責任がゼロになる。同じように、2倍の責任を負っている者は2年後には責任がゼロになるように、1倍の責任を負っている者は1年後には責任がゼロになるように、一定の割合で減らすべきである。

次にわれわれは第二の課題に直面する。すなわち、政策に反対したにもかかわらず政策を変更することができない場合に、追加の責任を負っている者はどのようにして処罰を回避できるかという問題である。この場合におけるわれわれの提案は、そのような立場にいる者は企業の政策に対する懸念を表明した正式な内々の私的書簡を関係する規制当局に提出すべきである、ということである。規制当局はその書簡の受け取りを正式に承認し、万一、会社が倒産した時に処罰を軽減もしくは放棄するために使用することができる。さらに、そのような書簡に示された理由によって企業が倒産した時に、今度は規制当局の責任を明らかにする役割も果たすことになる。そのような書簡はすべて、将来の倒産時には公表されなければならない。そのような書簡を規制当局が公表しないことは、法律上の罪に問われることになる。

もっと難しい問題が存在する。すなわち、そのような私的で内々の警告の書簡をおそらく監査役または不満な従業員から受け取った規制当局はそれらを公表すべきかどうか、という問題である。われわれの意見では、そのような警告は公表される前に規制当局または金融オンブズマンのような独立した機関によってさらに調査されるべきである。なぜならば、多くのケースにおいて、それらは根拠のないものであり、企業が維持してきた政策は適切であるかもしれないからである。しかし、もし調査の後で規制当局が警告は価値のあるものだと感じるならば、はじめに行うべきことは経営陣と問題について私的な議論を交わすことである。そして、経営陣が行動しないままであれば、次の段階は経営陣に反論する機会を与えた上で、規制当局による評価とともに警告を（匿名で）公表することである。後者の過程が完了した後には、この警告の価値に関する「内部者」と同じ情報を「外部者」も共有することになる。

もし規制当局が警告を受け取ったのに対処せず、警告に先見の明があったならば、規制当局は少なくとも厳しい評判の矢面にさらされることになる。

この措置の目的は、「内部者」の知識と権力を持った者による失敗に対する適切な処罰を提供することである。先に説明のために使った数値は、もちろん、多少は恣意的なものである。しかし、大株主であろうが、キーとなる従業員であろうが、規制当局であろうが、すべての「内部者」に適切な処罰を与えるために数値を調整することができる。われわれは、これが企業ガバナンスのより優れた形だと考えている。

第13章　将来の政策課題：高齢化と課税、金融・財政政策の衝突

「人口構成の変化は政府財政に対する重要な長期的圧力である」
——予算責任局、英国、2018年7月[1]

われわれは高齢者に必要な支出を維持する財源をどこで見つけるのか？　もしあなたが世界における現在の債務残高がすでに問題であると考えているのならば、将来の高齢化に伴う支出額について公式の予想を読むのはひどく苦痛を強いられる経験になるだろう。

簡単な解決方法は存在しない。富裕層や貧困層に対する税金を増やすことは、それぞれ経済的そ

1　この引用文はOpen Government Licenceに基づいて複製されている。Open Government Licence: http://nationalarchives.gov.uk/doc/open-government-licence/version/3/。

して政治的な理由から著しく難しい戦略である。さらに高齢者に対する義務から逃れることも現実的ではない。なぜならば、民主主義において選挙民のより大きな割合を占める高齢者が、そのようなことを簡単に認めることはないからである。

したがって、劇的に変わらなければならないのは財政政策と金融政策の両方ということになる。財政政策に関するイノベーションはすでに提案されている。われわれはこれまで多くの有望な税制（租税体系）を工夫して切り抜けてきた。その中には、ノルマン人が１０８６年に一つにまとめた「ドゥームズデイ・ブック（Domesday Book）」（訳注1）の現代版も含まれている。しかし、これらの税制はすべて実施する上で、それぞれ特有の問題を抱えている。それら税制を最終的に採用し、強要させるものは、イノベーションよりも自暴自棄であろう。その間に、すでにいくつかの章で描いたように、債務負担の増大がインフレ的な刺激を生むだろう。

金融政策もまた苦しむことになる。政府が中央銀行の独立性を歓迎し促進してきた熱意は、これから逆転するだろう。過去数十年にわたり、われわれが見てきたディスインフレ（物価上昇率が低下傾向にあるが、デフレにはなっていない状態）を説明するために、中央銀行は自らが行ったインフレ目標政策の成功にあまりにも大きな信用を与え、人口構成の変化にはあまりにもわずかな注目しか与えてこなかった。インフレと金利が低下している限り、財務相はハッピーであった。その幸福な状態が、高齢者の集団が膨れ上がり、それがインフレと金利を上昇させても続くであろうか？　われわれはそうは思わない。金融政策と財政政策の衝突はすでに起き始めている。しかも、われわれはまだその始まりにいるにすぎない。

1　はじめに：いばらの道が待っている

これから数十年にわたって、人口構成のトレンドが公共政策すなわち財政政策と金融政策に巨大なプレッシャーを与えることになる。英国における公共部門のプライマリー・バランス（基礎的な財政収支）と純債務のベースライン予想は、次の図13・1で示されている（英国予算責任局で推定した数値で、Fiscal Sustainability Report〔2018, Clap. 12, p.12〕から複製）。英国予算責任局の予想における財政状態悪化の主要な原因は人口構成の変化である。特に、高齢化に伴う医療費の増加を反映したものである（同書、paragraph 24, p.7）。

今年の報告者では、中期を超えて人口構成に関係のない部分のコスト上昇圧力を含むことによって医療費が上昇するため、長期的には医療支出の成長を年率1％上昇させるという仮定を維持している。過剰コストの増加は第一次医療と第二次医療の最新予想値（それは1％高い）から2038～2039年までの期間に長期予想値に戻ると仮定している（訳注2）。このアプロ

（訳注1）ドゥームズデイ・ブック（Domesday Book）は、イングランド王国を征服したウィリアム1世（ノルマン人）が行った検地の結果を記録した世界初の土地台帳の通称である。内容は単に土地の台帳というだけでなく、家畜や財産など細かく調査し、課税の基本としたものである。

図13・1　英国プライマリー・バランスと公的部門純債務のベースライン予想

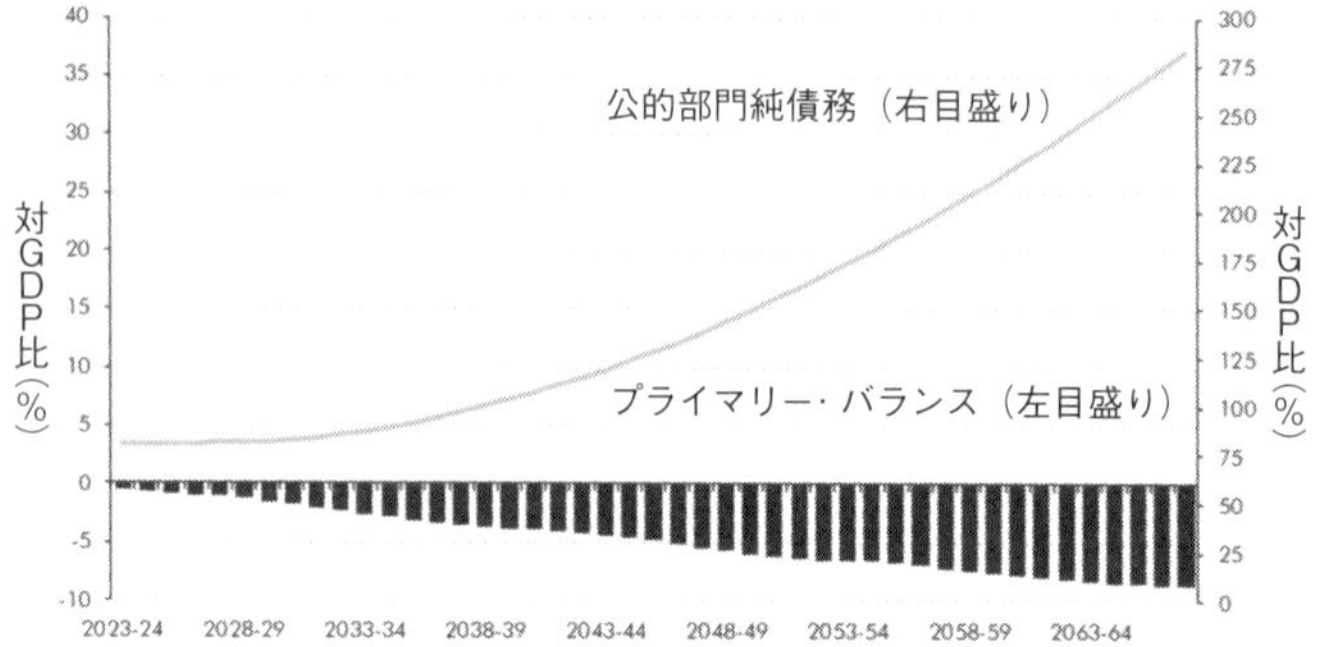

出所：英国予算責任局（OBR）、Open Government Licence: http://nationalarchives.gov.uk/doc/open-government-licence/version/3/

図13・2　財政支出と収入についての議会予算局によるベースライン予想、25年前と50年前の実際の数値との比較

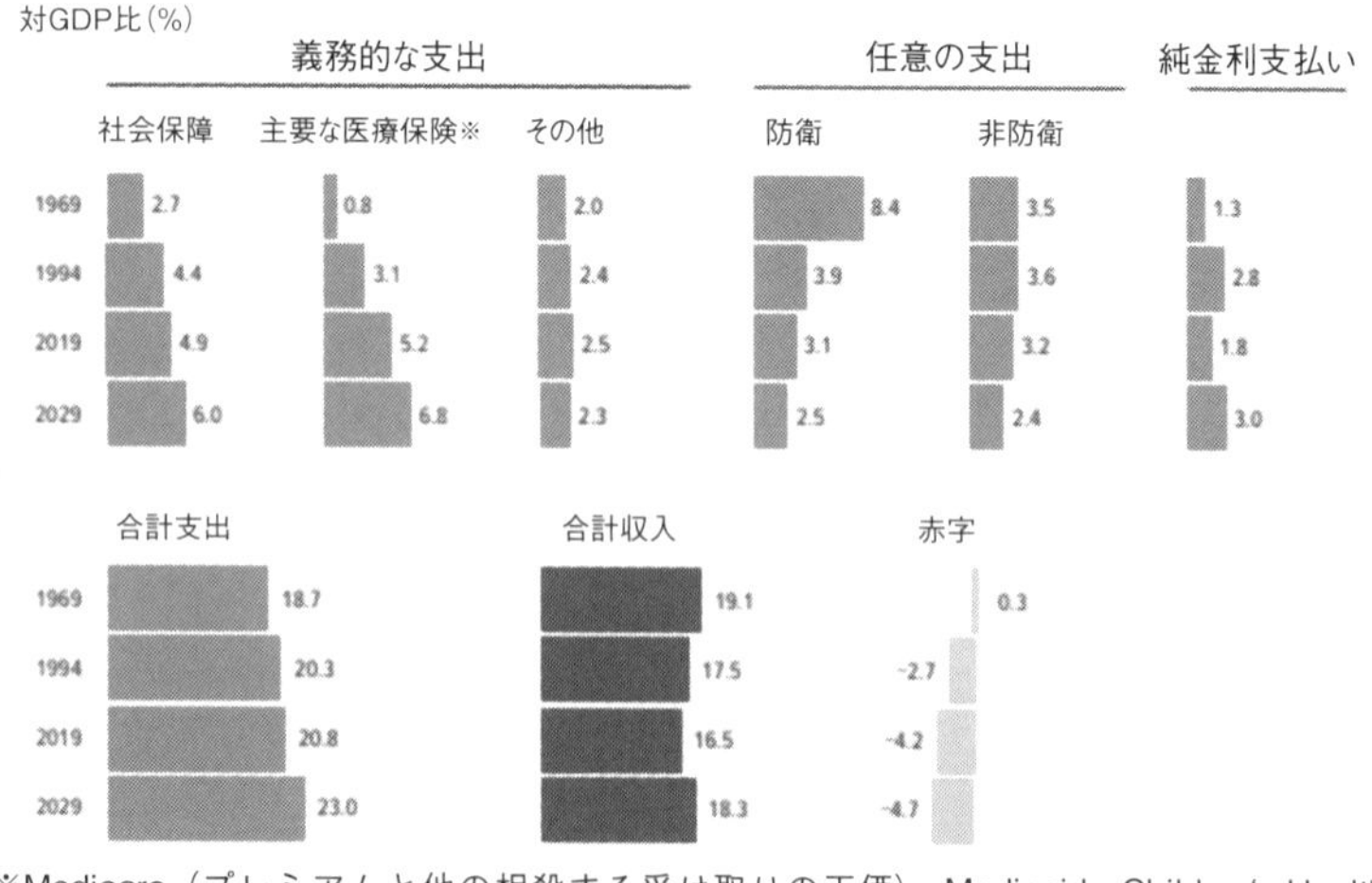

※Medicare（プレミアムと他の相殺する受け取りの正価）、Medicaid、Children's Health Insurance Program、さらにAffordable Care Actの下での市場を通じた医療保険への補助金や関連する支出からなっている。

出所：米国議会予算局（CBO）

ーチおよび選択した予想値は、米国議会予算局によって使用されているものに類似している。われわれの医療支出の予想値は「必要性」の仮定によって嵩上げされた数値に基づいたものではなく、「政策不変」の仮定によって人口構成および人口構成以外のコスト上昇圧力を考慮して支出が増加するという判断を体現したものである。

さらに、生産性に関する彼らの仮定は、労働人口の増加率が低下するという予想と最近の生産性のトレンドを考慮に入れると、あまりにも楽観的すぎると思われる。彼らの見方では「経済全体の生産性上昇は安定状態において平均年率2％になる」となっている（同書、paragraph 22, p.7）。われわれも生産性は上昇すると考えており、彼らの予想は企業部門に限ればありうると思われる。特に、企業が資本労働比率を効果的に上げることができる分野においてはそうである。しかし、これは高齢者（実際には患者一般）のニーズがきわめて特異なものである医療分野においては困難である。米国の医療分野が「最も非効率な」部門であるとみなしている人たちは、医療分野（および生産性の測定基準によると「非効率な」教育分野）の仕事が複製できない、すなわち自動化できないという理由によって非効率なのだ、ということをしばしば認識していない。これら全体の効果は、企業部門の生産性は総じて上昇するだろうが、経済全体の生産性の上昇は拡大する医療分野の特性

（訳注2）一次医療とは、開業医のクリニックまたは病院の一般外来で引き受けられる内容のものである。二次医療は、一般病院に入院して受ける、または病院やクリニックの専門外来で受ける専門医による医療である。三次医療は専門性のきわめて高い大病院、大学病院、または専門のセンターで引き受けられる医療である。

図 13・3　民間が保有する米国連邦政府債務

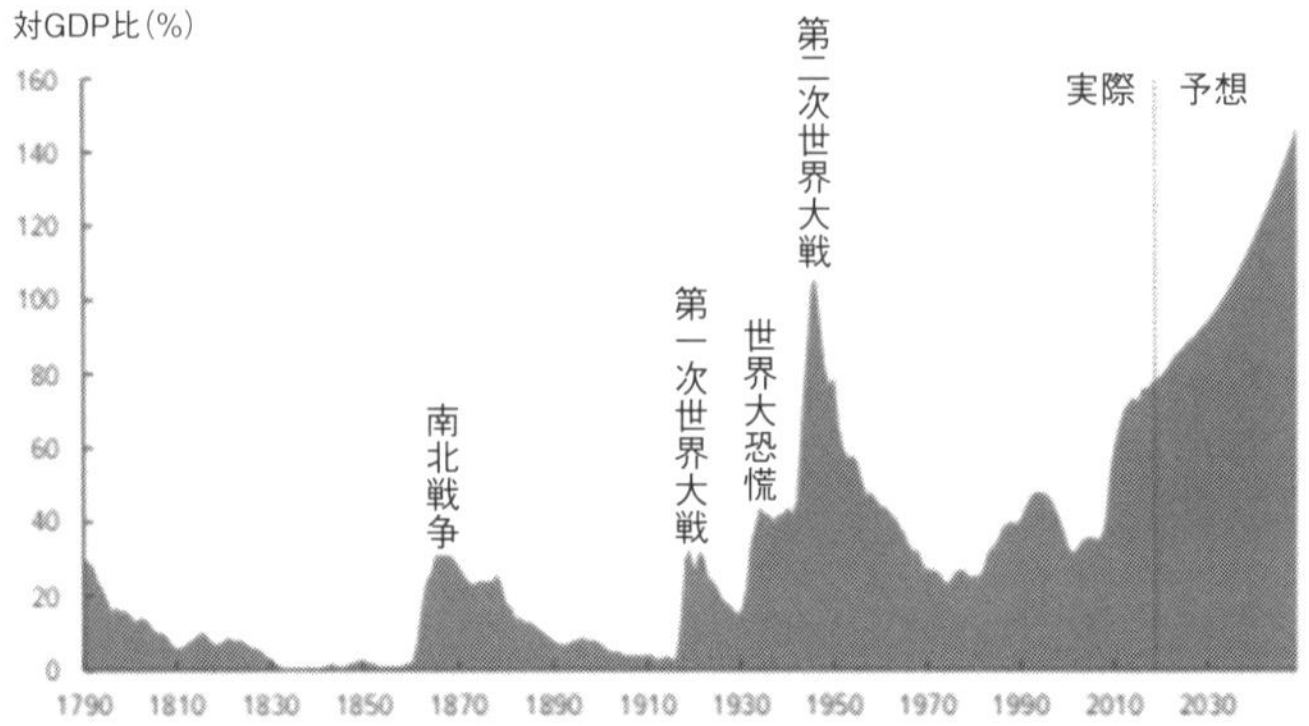

高くそして増大する政府債務は国民貯蓄と所得を減少させ、政府の利払いを膨らませ、不慮の出来事に対する議員の対応能力を制限し、さらに財政危機の可能性を増大する。

出所：議会予算局（CBO）

図 13・4　米国の失業率が比較的低い時の赤字と黒字を比較したベースライン赤字予想

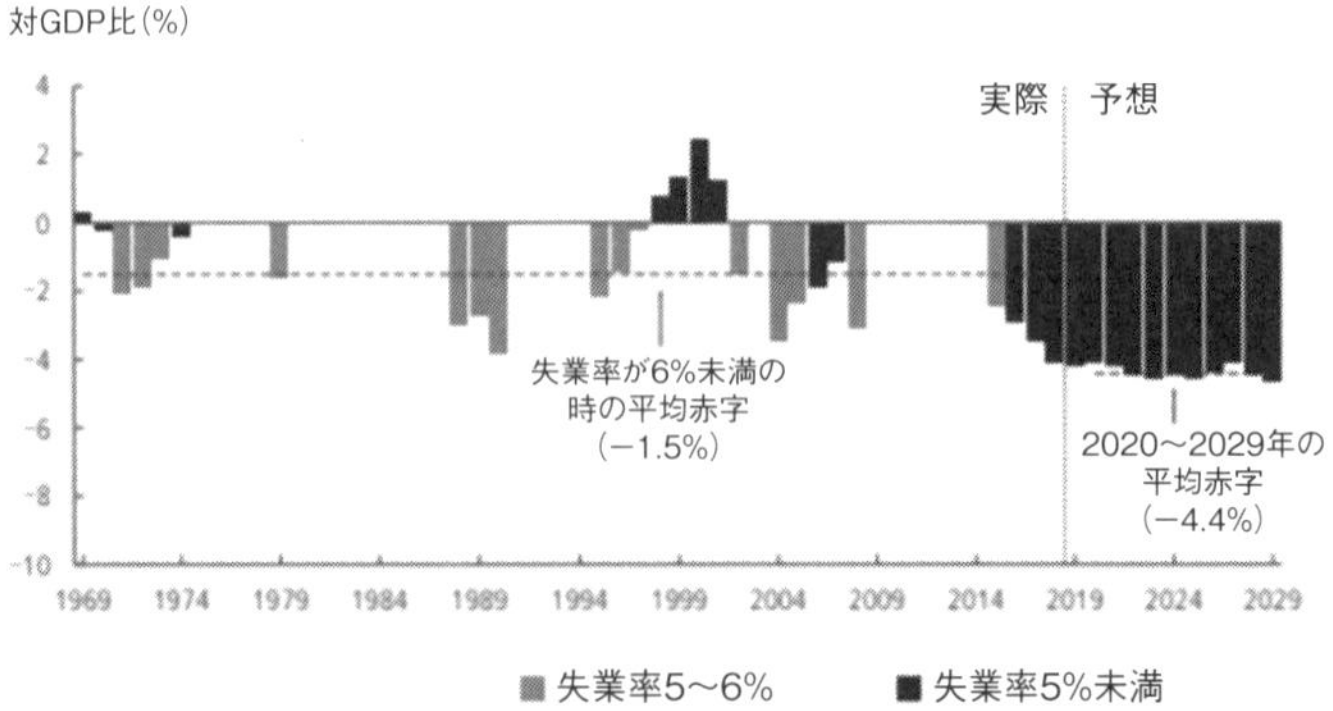

過去50年の財政年次のうち27年は、失業率が６％未満だった。これらの年の平均赤字は対 GDP 比1.5%であった。議会予算局によると、2020〜2029年の失業率は５％未満を維持するが、財政赤字は対 GDP 比平均4.4%と予想されている。

出所：議会予算局（CBO）

によって抑えられるということである。特に、出発点における生産性が弱含みなので、経済全体の高い生産性を実現する道は、たとえ方向性が正しいとしても、予算責任局が楽観的に想定しているよりももっとデコボコの悪路になるかもしれない。

まったく同じ傾向が米国にも見られる。２０１９年の議会予算局報告書（*The Congressional Budget Report*〔2019〕）もまったく同じような財政状況のトレンドを示している（図13・２と図13・３はそれぞれ同報告書の Figure 1.4 と Figure 1.8 から引用）。

一つの点において、米国は他のほとんどの国より不利な状況にある。それは、（景気循環の影響を調整した）出発点の財政状況が悪いことである。その理由の一部は、彼らの figure 1.3（ここでは図13・４として引用）が示すように、トランプ政権によって採用された最近の財政拡大措置による。

しかし、ほかの点において米国は他のほとんどの先進国よりも良い状況にある。それは労働人口に対する高齢者の比率が低く、かつゆっくりと上昇している点である。

2　避けることのできない二つの事柄：高齢化と課税

したがって、現在の人口構成と医療費の仮定のもとでは、今の財政状態を維持することは不可能である。もちろん、そうならない可能性もある。例えば、医療科学が、認知症・アルツハイマー病の治療法や老化の過程を遅らせる方法を発見するかもしれない。その結果、われわれの誰もが85歳まで働くことができるようになるかもしれない（そして、１００歳の誕生日を終えた年にランダムに選択した夜に突然心臓不全で死ぬようにプログラムできるかもしれない）。しかし、そのような問題を解決するのに未来の科学的ブレークスルーに頼らなければならないのは、あまりにも楽天的過ぎる。そして、たとえ現在のトレンドが今後20年または30年間だけ続くとしても、ほとんどすべての政府財政を危険な状態に置くことに変わりはない。

実際、世界金融危機後に上昇した財政赤字と債務比率の水準を緊縮政策によって元に戻そうとする試みは、多くの国で政治的許容範囲の限界に直面しているようだ。そのような緊縮政策は、主に医療、年金、国防を除く分野の公共支出の削減という形をとった。だが、そのような削減がさらに可能だとは思われない。加えて、社会的そして政治的圧力が、現在予想した通りに医療と年金のコストを上昇させ続け、また新・旧超大国による敵対競争が国防費を高く維持させることになると思われる。

したがって、公的部門の支払い能力を維持するためには高い水準の課税が求められることはほとんど避けられない。しかし、何に課税するのか？（特定の専門技能を持つ）人材、金融資産、企業本社などは地理的に移動することができるので、累進度の高い所得税、一般財産税、非常に高い法人税はほとんど自傷行為になる。一方、低所得層に対する所得税を上げることは格差を拡大し、労働者がもっと高い税引き前の賃金を要求するようになる。

労働者に対する課税の上限

Heer, Polito and Wickens（2018）は、労働者に対する課税上限の推定を試みている。彼らの結論（pp. 40-41）は次のようなものである。

公的年金制度の維持可能性に対する最大のチャレンジは人口の高齢化である。これは世界的な現象であるが、高齢化は特に先進国にとって大きな問題である。なぜなら、年金保険支払者に対する年金受給者の割合（おおよそ、依存人口比率）が世界で一番高いのが先進国であり、その割合が今後85年間に2倍に上昇すると予想されているからである。しかも、多くの先進国では課税政策が状況を改善できる限界に近づいているからである……

これらの国々では、限界水準や限界までの距離と確率などに大きな違いがある。ほとんどの欧州諸国の前途は特に懸念される。米国に比べて、平均すると、欧州諸国ではわずかな財政的余裕しか残っていない。年金給付水準は高く、人口はより高齢化しており、高齢化の速度はさらに高まると予想されている。２０１０年の時点で欧州諸国は米国よりも限界に近く、２０５０年に到達するずっと前に限界に到達すると予想されている。それとは対照的に、米国では２１００年まで限界から正の距離を維持していると見られている。

コトリコフのGeneral Gaidar Model（ＧＧＭ）による結論は対照的に正反対である。彼は次のように述べている（Kotlikoff（2019, pp. 34-35））。

したがってＧＧＭによると、驚くべきことに、中国、日本、韓国、さらに西欧諸国における高齢化は長期的な財政問題を生じることはない。実際、これらの地域の国では、消費税率が世紀初期よりも世紀末時点のほうが低いのである。ＧＧＭによると、主に高齢化から生じる財政問題が一番深刻なのは米国である。米国の高齢人口の割合は現在17％であるが、２１００年までに27％に上昇する。ＧＧＭにおいては、米国は追いつくほうではなく追いつかれるほうなので、キャッチアップの過程で享受できる生産性上昇を経験することはない。

さらに、Conesa et al.（2019）、Laitner and Silverman（2019）、Börsch-Supan（2019）などを参考にするとよい。これらはすべて、Bloom（editor）, *Live Long and Prosper*（2019）に収められている。

われわれは財政学の専門家ではないが、どこでさらなる税収を見込むことができるかについて四つの提案をしたい。それらは、例えば、法人税、地価税、炭素税、そして仕向地主義キャッシュフロー課税（ＤＢＣＦＴ）である。最後のＤＢＣＦＴについては、すでに第12章第２節で説明している。

1　法人税の基礎改革

これまで、税源侵食と利益移転（ＢＥＰＳ：Base Erosion and Profit Shifting）が多く発生してきた。後者は、過去数十年にわたり、特にデジタルサービスを提供する企業を中心に国際競争が起き、とりわけ租税避難地（tax heaven）を通じて発生している。これらは法人税の税収を、特に大きな経済において、おそらく社会的に最適な水準から著しく減少させている。

ＯＥＣＤによる主要な提案（'Secretariat Proposal for a "Unified Approach" Under Pillar One', October, 2019）によると、そのような法人税課税の対象を、少なくともデジタル企業については、企業の所在地から国内販売にシフトすべきだとする。もしこの提案が採用されれば（本書が出版される時点では未定であるが）、ほとんどの経済規模の大きな国において法人税を急速に増加させ、租税避難地の魅力を下げることができる。

2　土地課税

アムステルダムの運河観光は観光客を大いに驚かす。有名な傾いた建物は印象的だが、それだけではなく建物はその窓の幅と大きさによって課税されていると知ってまた驚かされる。したがって、運河に沿った建物の中で最も課税負担の視点から効率的なのは、正面の間口がほんの数フィートの幅しかない建物である。その考え方には、（おそらく）公道にアクセスでき、太陽の光を享受できる住民に課税するという理由があったのであろう。現代社会においては、その考え方は面白いが、はたして正当化が可能であり公平なのか？

われわれの提案には、多くはないが、ある程度のオランダ的要素が含まれている。

土地課税は所有者が「寝ている間に」土地が生み出す富に対して課税するものであり、その土地に建物を立てる努力に対して課税するものではない、というのがわれわれの提案である。土地とその上の建物は、その周辺のインフラや他の不動産から利益を受け取っている。いいかえると、土地は正の波及効果（spillover）を享受しているので、それらの波及効果に対して課税することは理にかなっている。また、都市と地方の土地は別々に取り扱われるべきである。そのような税制は社会的利益をもたらし、突然の地価乱高下の影響を避けるように設計することもできる。

土地課税に関する考え方の進化

人類社会が農業を始めた瞬間から、土地を所有することが権力と富の源泉となった。それは産業革命が起こるまでほとんど変わらず続いた。現在、権力と富はより広範に人的資本、金融資本、そして技術資本に向けて配分されているが、土地所有はある人の社会的地位を示す重要な指標として存続している。不動産もまた経済における最大の資産として存続している。それは、多くの国において銀行信用の約80％を吸収するほど巨大なものになっている。そして、そのような巨大な銀行信用は、住宅および他の不動産の価格を上昇させ、過剰債務をもたらしている。

他の資産と違って、土地は固定されていて移動できない。土地課税には、他の資産を対象にした課税がもたらす努力の低下や海外への移転などを生み出す負のインセンティブは存在しない。数少ない例外（オランダの干拓地など）を除いて、土地は他の資産と異なり人間の労働によって作り出されたものではない。また、土地に対する課税には他の資産課税とは異なり（少なくとも同じではなく）、倫理的な根拠もある。どの場所においても土地価格の大きな部分には利益をもたらす正の外部性が反映されている。これらの外部性の多くは、運輸、公園、学校、その他の施設への公共支出および近隣における民間開発業者による投資から生まれているものである。

特に、政府は法律、防衛、そして警察を通じて平和と安全を提供している。これらのサービスなしには、ホッブス（*Leviathan*, 1651、必読書。現在Wordsworth Classic of World Literature, 2014で入手できる）が述べたように、人生は残虐で短いばかりではなく、土地の価値は低く不確実になるだろう。繰り返すが、政府は先に述べた学校、病院、道路、そして鉄道などの広範なサービスを提供していて、それらのサービスの質に財産や近隣の土地の価値が依存しているのである。最終的に、土地の価値は他の人々がその地域に住んで働きたいと欲する強さに依存しているのである。

Adam Smith（初版は1776年、現在入手できる1982年版[2]）やJohn Stuart Mill（1848）さらに他の偉大な経済学者が2世紀にわたって説明してきたように、都市や未開発地域の土地保有者たちは、建物を立てる更地の価値を創造するためにほとんど何もしていない。ミル（*Principles of Political Economy*, Book V, Chapter II§5）が指摘したように、地主は「寝ている間に」上昇する賃貸所得および地価を享受している[3]。そして、もちろん、土地は人類の共有財産だと地価税を

2　「地主は自分では種播きをしていない農地の刈り取りを欲し、それが生み出す（その土地の）自然の産物に対する地代を要求しようとする」（Wealth of Nations, Book I, Ch. 6, §8）。土地所有権に関わる特権は「後に続くすべての世代の人々がまったく平等な権利を持つことはない……そして、現代世代の財産は……500年も前に死んだ者たちの夢想にしたがって制限……されなければならないという仮定、あらゆる仮定の中で最もばかげた仮定に基づいている」（Book III, Ch. 2, §6）。

唱えたヘンリー・ジョージ（特に *Our Land and Land Policy,* 初版１８７１年、現在入手可能なのは２０１６年版）がいる。

それとは対照的に、建築や関連開発への資本投資には実質コストがかかっているので、課税対象としては土地ほど適切ではない。更地の地価への課税は、全体の財産（土地と建物）に課税するよりも、実質的に土地1平方フィート当たりの平均課税を減少させることによって、土地を開発して新しい住宅をもっと速く供給するインセンティブを与える。

同じ議論は田舎の土地には適用できない。例えば、欧州の地方にある土地の形と姿はほとんど人工的に作られたものである。国立公園に課税することはばかげたことであろう。できることは、土地課税に値する、地方のさまざまな形態の土地利用の幅広い社会的価値を評価することである。これは難しく官僚的に聞こえるかもしれないが、すでに多くの国々（英国では地方開発支出庁〔Rural Payment Agency〕）で採用されている農業補助金の手続きを拡張したものにすぎない。農地価格が下落しない限り、これはより若く多様な人々が農業の道に進むことを可能にする。裸の地価を推定することは難しいが、例えば、収集した美術作品など他の多くの商品の価値を推定するのと変わらない。また、例えば、垣根や排水溝、施肥、雑草刈り、造園などの地価を維持し上昇させるための支出は、そのような土地課税を相殺することができる。

ノルマン人がイングランド王国を征服した後に初めてとられた財政と統治の手段（１０６６年）が、包括的な土地所有者の調査結果を記録した地台帳ドゥームズデイ・ブック（Domesday Book〔1086〕）であった。英国に限らず、すべての先進国はドゥームズデイ・ブックの現代版を必要としている。衛星画像は時々間違って、例えば、貯蔵庫が原子力施設だと解釈したりすることがあるが、いずれ安く効率的で包括的な方法で、土地から建物を区別することができるようになるはずだ。公共交通網などの公共インフラ設備の利用可能性や天候情報などに関する有効なデータも簡単に目録にすることができる。

それゆれ、われわれは純粋な地価に基づいた土地課税を推したい。財産税はその代替物にすぎない。

土地と財産の価格に対する望ましい影響

そのような税制は即座に二つの利益をもたらす。第一に、直ちに土地の市場価格を下げる。したがって、住宅および商業施設の市場価格を減少させる。第二に、建設物が課税されない程度に応じて土地所有者の土地1平方フィート当たりの税負担を下げることから建造物を増設するインセンティブを生む。このような土地課税に対する恐れは評価額と取引を歪め混乱させることになるので、(更地の)土地(または資産)価格に対して突然、課税するよりも手頃な税率からスタートしてし

3　ミルは、『経済学原理(*Principles of Political Economy, with Some of their Applications to Social Philosophy*)』(初版1848年、最新版2016年)の第5巻、第2章第5節の中で、所有者が社会から支払いを受け取ることを可能にする、レント(使用料)を生み出す資産について次のように書いている。すなわち、それは「所有者……地主……が自ら少しも努力することも犠牲を払うこともなく……働くこともリスクを取ることも節約することもなく、まるで寝ている間に、ますます富を増大させるものである。社会正義の一般原則に基づいて、この富の取得を、地主はいったいどうして要求できるのだろうか?」

だいに引き上げていくのが合理的であろう。

税率が将来上がることは直ちに割引現在価値として今日の価格に反映されてしまうと懸念する人々がいるだろう。だが、マイアミ市の事例が、そうはならない有力な証拠を提供してくれる。大部分のマイアミ都市部の地域は今後50年の間に最終的に水没してしまうと予想されている。しかし、その予想はマイアミ市の建設価格や住宅価格の上昇を妨げることにはなっていない。

全般的な金融危機が発生しなければ、ほとんどの古典派経済学者が唱えていることであるが、土地課税に対する抵抗が一番小さい導入方法は、ゆっくりと、しかし着実に税率を引き上げていくことである。そのような規則的な低い税率は、常に最新の地価評価に基づくものでなければならない。したがって、それはお役所的には厄介なことだが技術的には簡単であり、広範な富裕税を導入するよりも面倒は少ない。そして、土地は移動することがないので、経済を歪める効果は小さく、現在の土地所有者から土地を所有する社会全体への富の再配分が行われることになる。

3　炭素税、別名、グレタを笑顔にさせよう

多くの、おそらく、ほとんどの人々にとって、最も実存的な懸念は悪化する依存人口比率や人口構造ではなく、気候変動とそれがもたらすあらゆる問題である。低下する出生率（アフリカを除く）や減速する人口増加は、化石燃料の必要性を減少させるので、気候変動の活動家にとっては歓迎すべきことである。

しかし、炭素税は両方の目的を果たすことができる。それは、高齢者のケアをするために必要な原資を生むと同時に、市場の力を使って化石燃料の価値を低下させ使用量を減らすことができる。

炭素税は多くの指導的な経済学者によって支持されている。最近の例としては、Kotlikoff et al. (2019) "Making Carbon Taxation a Generational Win Win" がある。だが、炭素税は気候変動活動家によるデモ行進の叫び声の中では目立たない存在である。活動家たちは、直接の規制によるコントロールのほうが課税と補助金に基づく方法よりも経済社会を歪めることが少ない（または、不特定な他のグループに負担が行く）と思っているようだ。これは社会一般に共通する誤った考えである。

また、増税は常に人気がない。２０１９年のフランスにおける「黄色いベスト運動」によるマクロン大統領の苦難はよく知られた好例である。その時の議論は、金持ちのパリ人はメトロ交通を利用できるのに対して、公共交通サービスにアクセスできない地方の貧乏人は特に被害をこうむる、ということであった。

ここは、再び「ドゥームズデイ・ブック」現代版の登場が期待される場面だ。土地は、利用できる公共交通サービスの水準によって、例えば、優秀、満足、貧弱、なし、のカテゴリーに分類できる。こうした土地利用にしたがって、石油・ガソリン税を変化させることができる。米国では、州ごとに異なるガソリン税によって、ある州の境界に車庫が集まるようになったが、歪みは比較的小さいようだ。同様な理由で、暖房費に対する課税も地域の平均気温の違いによって変えることができる。すでに多くの国で、高齢者の暖房費について特別な配慮がなされている。

われわれが必要とするのは炭素税である。しかし、それは、貧困層や高齢者、そして新しい税に対して柔軟に対応することができない生活様式の人々への負担を軽減するように、もっと賢く設計されなければならない。

4 仕向地主義キャッシュフロー課税（DBCFT）

仕向地主義キャッシュフロー課税（DBCFT）については、すでに前の章（第2節）で説明したので、ここでの議論は簡潔なものにとどめよう。その大きな長所は、企業がマスターした多くの税金逃れの方法によって課税を回避できない点にある。したがって、企業の海外移転を恐れることなく、追加の資金調達のために増税することができる。大きな短所は、それが消費に対する間接的な税、一般化した付加価値税（VAT）の形をとることである。結果として、税の帰着において逆進的になる。

したがってDBCFTの導入は、貧困層に不利益をもたらさないように細心の努力をもって行われなければならない。賃金や労働所得に対する課税を同時に減少させれば十分というわけにはいかない。高齢者、失業者、シングルマザー、さらに他のすべての給付受給者の（相対的）所得は、税がもたらす（たとえ一時的にせよ）輸入価格の上昇、特に食料品などの物価上昇から守られなければならない。

結論としてまとめると、この節では、将来立ちはだかる維持不可能な財政状態の危機に対処するために導入できる追加の税の形態があることを示した。しかし、それらすべては最も影響を受ける人々から特別に抵抗を受ける。そのため、徐々にゆっくりと、そして最も被害を受けやすい弱者に対して注意深く設計された補償と保護を伴って導入されなければならない。

増税に対する人々の抵抗を考えると、家計部門と企業部門が赤字に逆戻りするのに伴い、マクロ経済の均衡を維持するために、あるいは上昇し続ける政府債務比率への懸念に対処するために、政治家が必要十分な行動を起こすか疑問に思われる。その結果は、すでに強調したように、インフレ圧力の復活である。この新しい文脈から、次に金融政策と中央銀行ができることは何か、という問いが浮かび上がってくる。

3 金融政策

政治家やその経済助言者たちは、(1990年代初期から) 過去30年にわたって、グローバル化と人口構成が結びついた力が世界経済に押し付けてきたデフレ圧力を一貫して過小評価し続けてきた。そうすることでまた、彼らはインフレ目標政策の成功とインフレをコントロールする自らの能力を過大評価してきたのである。

ドイツのように、経常収支が大幅に黒字の国は、財政赤字と公的債務の増大の代わりに、経常収支黒字によってマクロ経済をバランスすることを選択した。これは、もちろん、大きな圧力を相対する経常収支赤字国へ与えることになった。そして、そのような赤字の責任は、多かれ少なかれ(「より賢明な」黒字国の政策よりも) 赤字国自身による節度に欠ける財政運営に帰せられた。

グローバルな視点から見て最適水準に満たない規模の財政赤字のもとで、世界経済の帳簿上のバランスをとるために金融緩和政策が利用された。そのような政策は、社会で最もパワーを持つ人々に利益をもたらすという追加的な意味合いを持つことになった。中央銀行とその議長(総裁・長官) は、財務省の職員および企業、住宅ローンを抱える家計、富裕層、そして高齢者にとって最高の友人になったのである。債務の金利コストを低く抑えることによって、中央銀行は資産価格の上昇を促進した。若者と貧困者は利益を直接享受することはなかった。それでも、彼らは金融緩和政策がもたらした強い総需要と雇用から多くの利益を受けていたと論じることは可能だし、実際そう言われてきた。

しかし、流れが変わり大逆転が始まったらいったい何が起こるのか?

ちょうど過去30年にわたって世界的に財政政策が一貫して十分拡張的でなかったように、今後30年(2020~2050年)にわたって十分に緊縮的になるとは思えない。もしそうであれば、金融政策がインフレ目標を守るために総需要を精一杯抑制する努力を引き受けなければならない。これは名目および実質金利の上昇をもたらす。それは、過去数十年間の緩和的な金融政策から利益を享受してきたすべての人々の利益に反するものになる。

一方、ちょうど中央銀行がその主張ほどには過去数十年のディスインフレとはあまり関係がなかったのと同じように、成長を害することなくインフレを抑制することにあまり成功しないと思われる。結局、過去と未来数十年にわたる長期のインフレ傾向の起源は、まったく非貨幣的な現象であることが判明するだろう。

その結果、当然、中央銀行の独立性は危険にさらされる可能性が高いが、それは必ずしも各国において同じ形をとることはないだろう。中央銀行の独立性は、左派系の政府の国でより良く保護されている傾向がある。こうした政府は、上昇し続ける資産価格から利益を得る人々の厚生についてはあまり関心を持っていない。また金融パニック、信用リスクプレミアムの上昇、債券市場へのアクセスを遮断させられることなどによるダメージから自らを守りたいと考えている。左派政府にとって、独立した中央銀行は上昇するインフレの環境の中で必要とされる金融の正しい道を保証してくれる。一方、右派、特にポピュリストの政府は、総じて富裕層と権力層を支持母体として抱えているので、そのような保護の必要性を感じない。したがって、中央銀行の独立性が最も脅かされるのは、そのような右派政府が優勢な状況においてである。

実際、中央銀行の独立性に対する右派ポピュリスト政府による過激な反動はすでに起こっている(Bianchi et al.〔2019〕)。この点をよく表すように、*The Economist*(2019, April, pp. 13-19)のトップ記事のタイトルは「干渉の日:独立した中央銀行には危険が忍び寄っている。それは世界にとって悪いニュースだ("Interference Day: Independent central banks are under threat. That is bad news for the world")であった。中央銀行の独立性は、ほとんどのケースにおいて「張り子の虎」である。そのような独立性は総じて議会における立法によって実現されている。ある議会が立法した法律は、別の議会によって廃止できる。たとえ元の法律が温存されていても、中央銀行を意のままに動かすために、政府は一般に権限、または執行部の被任命者を変えることができる。中央銀行は本質的に政治的な組織である。そして、現在の法律上の地位がどのようなものであろうとも、彼らはそのことを知っている。

一つの例外は、条約によって守られている欧州中央銀行である。その条約を変更するには全員の合意が必要である。しかし、そのような場合においても、欧州中央銀行は自らが欧州連合の複数の主要国の強い反対を無視した政策を採用することは危険なことだと知っている。

中央銀行の独立性を謳歌した栄光の時代は、厄介な終焉に向かっている可能性がある。

第14章　主流派の見方に抗して

過去を知ることは、未来に対して準備する上できわめて重要だ。政府政策や金融市場の状態そして未来に対する準備は、すべてその時代における主流の考え方の当然の帰結である。その中のいくつかは、トレンドの継続期間とも関係している。あるトレンドが長く続けば続くほど、誰もがそれは定着するものとみなす。そして、それがいったん定着すると、その型にはまった考え方を変えるのは特に転換期において著しく難しくなる。われわれは今そのような転換点に位置している。主流派の理論は方向を変えることができず、また変えようとする意思もない。われわれの考え方は、主流派の理論とどこがどう違うのか？　伝統的な考え方が出来事を誤って解釈した場合、その結果はいったいどうなるのか？

第二次世界大戦以降、世界の先進国はインフレと金利という名目変数に関して強力で持続的な二つのトレンドを経験している。それは１６９４年から２０１８年までの英国長期コンソル公債（訳

図14・1　英国コンソル公債（長期公債）の利回り

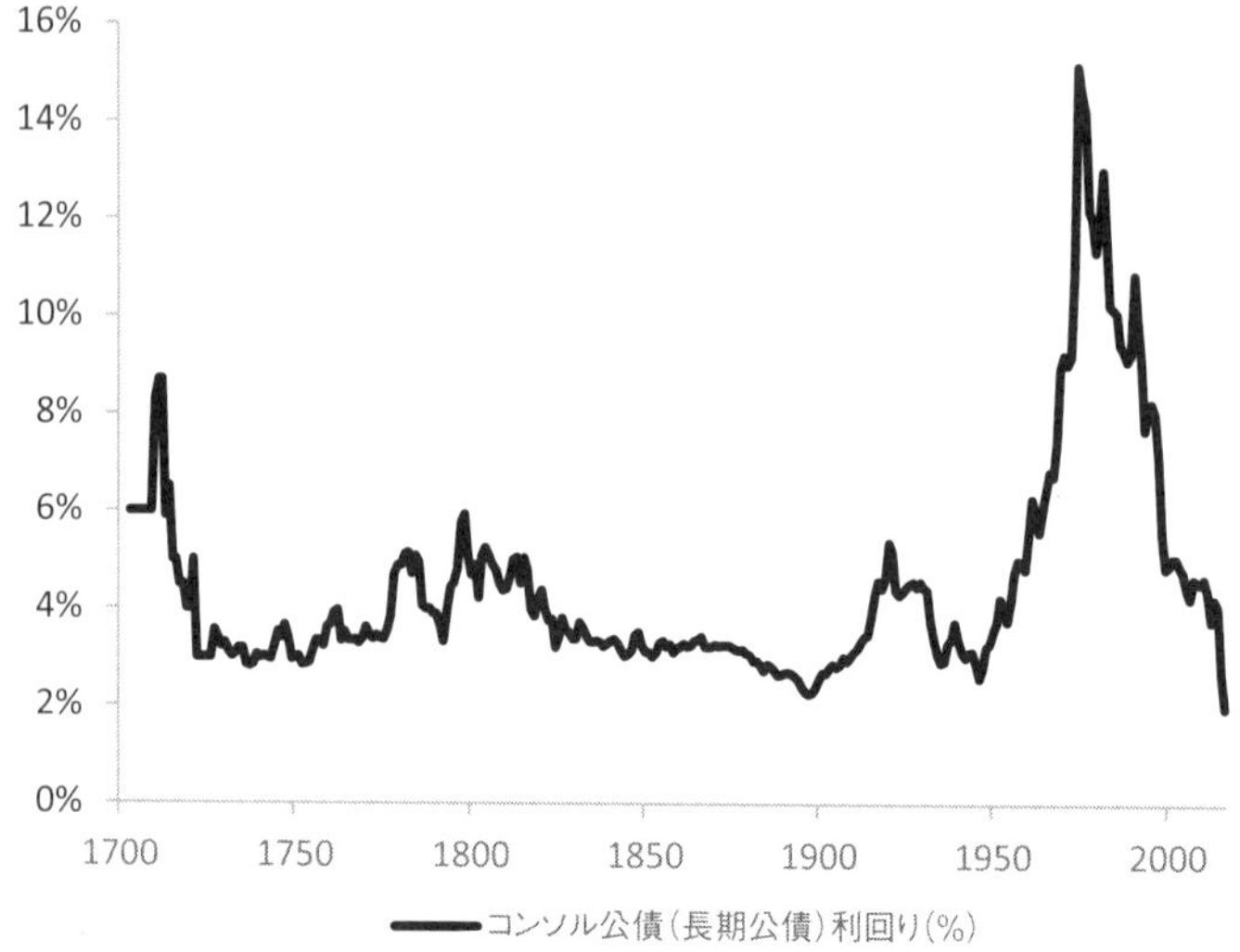

出所：FRED、Bank of England

注1）の名目金利を示した図14・1に最も劇的に表れている。その金利は1694年から1950年頃までほとんど2・5%と5%の間でとても安定していた。しかし、その後、金利は着実に上昇し1973〜1974年に15%で頂点に達した後、今度は同じように着実に低下し、現在1%以下という異常に低い水準に至っている。

年々のインフレ率は、戦争の期間と収穫の不安定性があるため、初期の世紀ではより変動が大きかった。しかし、1914年の第一次世界大戦を例外として、総じて、戦争は短期間で終わると予想されていた。そして収穫の変動は確率分布として把握できる。したがって、この図が示すように、長期のインフレ期待と実質金利は3世紀にもわたって比較的安定を維持していたといえる。

それでは、第二次世界大戦後、何が急に

変化することによって、それまで安定していた名目変数のトレンドは変わったのか？　そして、これら二つの強力ながらも正反対の連続するトレンドを何が引き起こしたのか？　これら二つの問いに対する答えは重要である。なぜならば、このまま戦前の安定した時代に戻るのか、それとも新しい第三のトレンドがやってくるのか、知りたいからである。そして、もし第三のトレンドが現れるのならば、いったいどのような未来が待ち受けているのだろうか？

インフレに対する主流派のアプローチは、マネタリズムとケインジアンの総需要管理政策に基づいている。マネタリストまたは金本位制の熱心な支持者にとっては、そのようなトレンドを説明するのは簡単である。先進国が金本位制から法定不換紙幣制（信用貨幣制）へ移行したからである。財政の支配力によって、政治家が政府支出（公金）を使って選挙民を買収することを可能にしたので、インフレが結果として発生したわけである。そして、スタグフレーション（インフレと不況の併存状態）が覆った１９７０年代は惨憺たる時代となり、その状況があまりにもひどくなったので、中央銀行の独立性への動きが政治家に金融引き締めの必要性を思い起こさせたのである。

この説明には、もちろん、多くの真実が含まれている。しかし、それが起きたことをすべて説明しているわけではない。例えば、１９５０～１９７９年における第一のインフレ上昇トレンド期間において、経済学者は財政政策を通じて需要圧力をコントロールできると信じていた。具体的には、フィリップス曲線に沿って、社会的に最適な失業率とインフレの組み合わせを選択できると信じて

（訳注１）コンソル公債とは、英国で発行されている永久に一定額のクーポン（利子）が支払われる公債のことである。

いたのである。若かりし頃に1930年代の恐ろしい経験をした戦後の政策担当者たちは、従来の考え方とは（非対称的に）逸れて、実現可能な失業率の下限を目指すことを望んだ。そして、そうすることで願望を上回る高いインフレが生じる時には、物価規制や所得政策などの直接的な統制を行えばよいと考えた。それは善意に基づいた政策であったが、機能しなかった。

さらに、実質的に完全雇用（または過剰雇用）を目指す政策は、労働組合の交渉力を強化した。例えば、英国の鉱山労働者全国組合（NUM）や米国の全米自動車労働組合（UAW）などである。労働組合の加入者数が増加し闘争性が高まった。労働組合の交渉力が増大した結果、その裏側では自然失業率が上昇したのである。それは、ケインジアン総需要管理政策の展開に伴う皮肉な副作用であった。

しかし、これら初期の数十年間（1950～1979年）の出来事と問題は、われわれが注目する点ではない。そこではなく、われわれは戦後期の後半（1980～2018年）を集中して分析し、どのような将来がその後やってくるのか考察してみたい。

この期間、特に2007年以降の出来事に関して、主流派マネタリストによる説明、特に金本位制の支持者による説明は、まったく満足のゆくものではない。彼らは、インフレは貨幣的現象であり中央銀行は貨幣を作ることができる、と何度も繰り返し主張している。しかし、それならばなぜ、インフレ目標よりも低い状態が持続するという問題がありうるのか？

もちろん、それはゼロ金利すなわち名目金利の実効下限制約（ELB：Effective Lower Bound）のせいであると、説明されている。しかし、2019年現在のようにインフレ率が1％前後にとどまっている時に金利の下限制約が制約として効いてくるのは均衡実質金利（r^*）が以前の典型的な水準である2・5〜3・5％を大きく下回って負の値になる時のみである。そして、それは単なる名目ではなく実質面における貨幣的現象である。

主流派による現状の説明は、まさしくそれである。すなわちr^*が実際に負になっているというものである。長期停滞論には、なぜr^*が低下し当分の間低い水準でとどまるのかを説明するさまざまな議論（不平等、高齢化社会においては投資を削減する必要があるとする議論が混在）が含まれる。実証研究によるr^*の推定も、長期停滞論を支持するように、通常はマイナスもしくはゼロに近い値を示している。

長期停滞論の一般的な議論は、われわれは低水準の総需要と低インフレの世界に落ち込んで動けなくなってしまったというものである。低いインフレ率とさらに低い均衡実質金利r^*は、総需要が実際にはいつまでたっても回復できないことを意味し、それは、経済にスラック（活用されない資源）があるために低インフレが続くことを示している。

このような考え方には人気が集まる理由がある。米国の連邦準備銀行による金利を引き上げる試みは、何度も再び引き下げるように強いられてきた。また、異常なほどの金融緩和政策にもかかわらず、各国の中央銀行はインフレ率を上げることができないことは、確かに長期停滞論と整合的である。

しかし、詳しく調べていくと、長期停滞論には少なくても不十分な点が三つある。

・第一に、過剰設備によって発生するデフレ圧力は、米国経済というよりも中国経済に由来する問題である。長期停滞論は世界金融危機前の期間の経済状況、すなわち健全な成長と低下し続けているインフレおよび金利の現象をあえて説明しようとはしていない。したがって、世界金融危機の前と後の経済変動を説明するためには、二つの別々の理論が必要だということになる。それは可能であるが、長期的な経済トレンドを説明するアプローチとしては満足できるものではない。

・第二に、均衡実質金利r^*の推定値は、いわゆる観察できない要素、すなわちカルマンフィルタを利用したモデルから推定されているが、それはr^*の経路と潜在成長率の経路が生産性という共通の要因によって決定されると仮定している。しかし、成長率と実質金利の関係を調べた実証研究によると、そのような関係は観察されていない（Hamilton et al.〔2015〕）。それは、少なくともr^*の推定値自体を疑わしいものにしてしまう。

・最後に、そしておそらく最も重要な点だが、均衡実質金利r^*の経路を説明するのに、不平等と低水準の投資を与件として扱っている。しかし、これら二つの現象は（第1章で説明したように）ともにグローバル化と人口構成の要因に大きく依存している。したがって、不平等と低水準の投資を金利下落の原因とすることは、正確に何が牽引力となっているのか明確に見定めることができていないことになる。

1　本書のアプローチと主要命題

本書の主要命題は、経済における真のトレンドの変化（デフレ圧力と持続的な実質成長との共存）は人口構成の変化とグローバル化が組み合わさったことによって引き起こされてきた、というものである。その組み合わせによって、（労働節約型のイノベーションにも助けられ）世界の労働供給に対する最も巨大な供給ショックが発生したのである。この文脈においてほぼ必然的に、労働に対する報酬は、資本と補完関係にある高度な技術を持った労働者を除いて低下してきた一方、資本に対する収益は上昇していった。そして、企業の海外移転と移民流入の脅威のもとで労働組合はしだいに交渉力を失っていった。これらの舞台裏で、自然失業率（NRU）は着実に低下し続けたのである。

おそらく、自然失業率（u^*）の変動は少なくとも自然実質金利（r^*）や成長率（g^*）の変動と同程度重要であり、かつ変動幅がより大きいという考え方（第8章）を別にすれば、過去30年間についての本書の長期トレンド分析は比較的主流派の見方に近いといえる。本書が主流派と大きく違うところは、よりグローバルな視点である。特に、世界経済におけるマクロ経済的な展開の重要性をアジア、特に中国の役割に求めている点である。中国のずば抜けた重要性については第2章で記述している。欧米諸国の経済学者は北米か欧州の出身者が圧倒的に多いが、ほとんどが自らの国もしくは地域に注目する傾向がある。彼らの著作の注には、グローバルな要因を裏付ける文献と中国に関する議論が示されているが、それらは決して国内経済の動きを決定づけるような要因とはみなされていない。今日のマクロ経済のストーリーを正しく評価するには、それではあまりにも視野が狭すぎる。

続く第3章で、われわれは未来に目を向けている。ここでの第一の大きなストーリーは、これまできわめて有利に作用した人口構成の展開が、現在急速に逆転しつつあるということである。特に、これは東アジアや欧州など世界で最も成長している国々で起こっていることだ。過去の世界的な人口構成の変化の結果、取り残され希望を失った無数の労働者が右翼の排外主義的なポピュリスト政治家の支持に回っている。彼らが擁護する移民制限や地域産業の保護などの政策は、幻滅した労働者の意見と一致している（第7章）。労働者は交渉力を失ったが、政治力は維持し続けている。これが本書のタイトルである「大逆転」につながる。

今日、グローバル化がどれくらい後退しているのか疑問を持つかもしれないが、この大逆転の基本的な筋書きは否定できない。もし、われわれが主張するように、有利に作用した人口構成と激しいグローバル化の流れが過去30年間の高い成長と低い名目変数（インフレと金利）の、すべてではなくても、大きな原因であったとしたら、今後30年間は、最近よりもさらに低い成長とインフレおよび金利の上昇を経験することになると予想するのは理にかなっている。

2　主流派とわれわれの考え方はどこが違うのか、そしてなぜなのか？

われわれは、人口構成や構造的な問題が、とりわけ今のような転換期においては将来のマクロ経済の進路にとって決定的に重要な要因となると信じている。だが、目先2年もしくはそれ以下しか視野が届かない大部分の経済予想の中ではこうした問題にはほとんど言及されることがない。これは主に、そのような短期においては、人口構成と経済構造は与件であり一定であると通常みなされるからである。その結果、高等数学を使って華々しく魅力的に見せることがよくあるが、通常、予想は現在の状態の継続（モメンタム）に均衡へ向けての部分的な調整（ノーマルへの回帰）を加えた形になっている。しかし、もし均衡自体が変化していたら、そのモデルはいったいどこに回帰していくのだろうか？　従来の型にはまった予測方法では、大逆転が起こっている時にはまったく不十分である。

ありがたいことに、人口構成の変数に注目して長期予測に取り組んでいる経済学者のグループが少数ながらしだいに増えている。しかし、その小さなグループでさえ、名目変数と実質金利が上昇し始めるまでには、われわれよりももっと長い時間がかかると予測する傾向がある（Papetti〔2019〕）。

われわれのアプローチは、この分野の主流派と少なくとも三つの重要な問題で異なっている。

・第一に、われわれは家計貯蓄の未来について主流派ほど楽観的ではない。主流派モデルの消費についての仮定は、高齢化社会が浮き彫りにする消費の変動にまったく一致していない。

・第二に、われわれは労働力の減少に直面した時の企業投資についてもっと楽観的である。われわれは、資本主義経済における重大なガバナンス問題が投資を妨げている、特に米国においてそうだ、というアンドリュー・スミザーズの見解に賛成する。

・最後に、主流派の見方では、債務と人口構成が同じ譜面の讃美歌を合唱するかのように成長、インフレ、そして金利を当分の間低下させるように影響を与えている、と考えている。われわれは、債務と人口構成の作用は衝突すると考える。すなわち、人口構成の変化による抑えきれない力によって巨大に膨れ上がった債務は最終的に排除されることになる。そして、それによって金融政策と財政政策の政策担当者は互いに衝突せざるをえなくなる。

主流派は、完全予見に基づいた生涯消費の平準化行動を想定している。われわれは想定しない。主流派の想定は、実践経験を超えた理論の勝利を前提とする。確かにある程度の平準化は生じる可能性はあるが、中国の過去の高い家計貯蓄率を見ればわかるように、それは部分的にしか起こらない。また、そのような想定は、将来大幅な貯蓄率の上昇が起こることを意味する。

一人当たりの実質生産量はこれからも増加していくと考えられるので、ライフサイクル平準化仮説によれば、年齢が高くなるほど相対的な消費がゆっくりと減少することになる。しかし、そのようなことは先進国では起こっていない。逆に、消費は人生最後の数十年間で上昇する傾向にある。これは主に医療費の増大が人生最後の期間に集中するからである。そのような医療費および介護費は、いまだその兆しの見えない医療技術の奇跡が起こらない限り将来大きな負担になる。なぜなら、依存状態、特に認知症が年齢とともに指数関数的に増加するのに、認知症の介護はあきれるほど財源不足の状態にあるからである。われわれは、高齢者の依存状態のみならず、女性が第一子を産む年齢の着実な上昇についても考慮に入れている（知る限り、出産年齢の高齢化の経済的影響について議論している論文はほかにない）。

依存状態が高齢者層に与える特別な負担を脇に置いたとしても、年金と医療費の負担はこれから増大することになる。まさに、実質成長率が鈍化し、したがって課税可能な対象が縮小している時に、である。そこで主流派は、しばしば、おそらく平均寿命の延びより速く退職年齢が上昇し、さらに比較的寛大な年金給付が削減されると仮定する。われわれは、各国がそのような道を進んで行くように圧力が働くことについては受け入れる。しかし、それは政治的に非常に評判が悪く人気のない政策である。われわれは、退職年齢の上昇と年金給付の減額はゆっくりと行われるべきだが、それにも限界があると強く主張する。マクロン大統領がこの主張の保証人になってくれるであろう！

ほとんどの主流派モデルにおいて、すべての投資は企業部門で生じる。住宅投資は無視されている。高齢者は住宅を移動することを苦痛と感じるが、住宅ローンを完済しているので引っ越す必要がない。したがって、高齢化社会では住宅は過剰で、空間の配分が非効率的になる。現在、独立した世帯で生活している高齢者の数は、住宅コストが高いので両親と同居している若者の数によって（世帯数の上で）相殺されている。ここでも、いわば、両親の銀行への訪問が老後のための貯蓄を減少させている（第5章と第6章を参照）。

これらすべての理由により、主流派の理論家は将来の家計貯蓄率の高さについてあまりにも楽観的すぎるとわれわれは考えている。

企業部門へ目を移すと、そこでの主要な問題は、なぜ先進国の企業投資が最近それほど停滞しているのか、その理由を理解することである。過去を理解しないで、どのようにして未来を予測できるだろうか？　高い利益率と下限に達している低い資金コストを考えれば、もっと多くの投資を期待してもよいのではないだろうか？

その答えの一部は、生産と同様に、投資も新興アジアに移転してしまったということである（特に日本に関する第9章を参照）。そうであれば、グローバル化の後退が国内投資を押し上げることになる。ほかの答えの一部は、労働組合の交渉力の低下によって、ギグ・エコノミーにおける非貿易財サービス部門の企業が賃金を引き下げることで利益を増やすことが可能になったことであろう。

そうすることで、投資を増やして労働生産性を向上させるという難しい選択をしないで済むからである（第5、6、7章、および第9章を参照）。そうであれば、再び労働組合の交渉力および最低賃金を引き上げることは（第7章の最低賃金に関する「ボックス」参照）、国内投資と生産を促進する効果を生む可能性がある。したがってわれわれは、将来の労働力の減少が同じように投資の減少をもたらすと考えているほとんどの主流派ほど悲観的ではない。

むしろ、われわれはアンドリュー・スミザーズが雄弁に説明している投資の停滞理由に同意する。すなわち、特に米国において著しいが、資本主義経済におけるガバナンス問題が投資を減少させているという見解である。短期で株価を上げることを条件に巨額のボーナスを企業経営者に与えることは、長期的なリスクのある投資に着手するよりも、レバレッジを高め、自社株買いのために社債を発行し、配当を増やすために手元資金を使うように経営者を仕向けることになる。調子が良い時に私腹を肥やす誘惑は自然であり、圧倒的である。その結果が企業債務比率の大幅な上昇であり、特にアジアにおいて多く見られた。ただし、アジアで企業債務比率を上昇させた要因は、米国や欧州とは事情が異なる。いずれにせよ、非金融企業の債務比率は２００８〜２００９年の世界金融危機の時よりも現在のほうが総じて高い状態にある。

債務は重要な役割を果たすが、それは主流派が考えている経路とは異なる。もし名目金利がこれからしばらくの間、底に張り付いたままだと考えるのならば、債務返済率も低いままなので何も心配することはない。同じことは公的債務についても、おそらくなおのこと当てはまる。家計部門が黒字を続けていたところに企業部門が異常なほど黒字に向かって動いたので、公的部門はマクロ的バランスを維持するために赤字に向けて動かなければならなかった（第3、5、6、11章）。特に、米国や英国のような経常収支赤字国は赤字拡大へと動かなければならなかった一方、ドイツや中国のような経常収支黒字国は、それほどでもなかった。しかし、ドイツのような極端な例外を除けば、他のほとんどの先進国で公的部門の債務比率は過去数十年に、戦時期を除けば、以前よりも速い速度で上昇している（第1、3、5、6、11章）。

さらに、高齢化社会の到来は、公的支出を求める要請が急速に高まる一方で、それを賄うのに必要な課税基盤となる実質所得の伸びが落ちることを意味する。これらすべては、債務返済率を一定に保つような名目金利の低下によって相殺され、過去数十年間ずっと表面化しなかった。しかし、現在の政策に基づく債務比率の将来予測（英国予算責任局と米国議会予算局による予測）は恐ろしいものである（第1章、第11章）。債務は中央銀行が金融危機を引き起こさずに名目金利を上げることができないほど、巨大化してしまったのか？　低金利と資本主義経済のインセンティブ構造が、もはや金利を上げることができないほど債務を積み上げ、さらに累積債務を拡大させる債務の罠に陥ってしまったのか？

主流派は、財政政策と金融政策の関係にそれほど変化が起こったとは見ていない。低インフレと低い名目金利が遠い未来まで持続するという予測に基づき、債務をリファイナンスしても財政赤字を継続しても、金融・財政政策の間に摩擦がほとんど発生しないと見ているからだ。

われわれは、債務の罠から脱出する方法について第11章と第12章で復習した。それには、エクイティ（株式）に対するデット（負債）の財務上の優位性を弱めること、企業が租税避難地を利用して課税を逃れることを防ぐことが含まれている。そこには、例えば土地課税（富ではなく地価に対する課税）や空気汚染に対する炭素税などの新しい課税対象も含まれる必要がある。また、ＣＥＯ

などの企業幹部への報酬の基準も再考する必要がある。

われわれの考え方が正しく、将来、賃金コストとインフレがはっきりと上昇し始めたなら、明らかに、政策立案はより困難な仕事になる。これらが実際に起こるという予測に対してはさまざまな反論がある。第一は、フィリップス曲線がもっと水平になったという議論である。この議論については第8章で取り扱った。第二は、日本では起こっていないではないかという反論である。この問題については第9章で取り扱った。第三は、世界経済に安価な貿易財を供給することによって他国のインフレと賃金コストを抑制してきた中国と同様の効果は、これから人口構成が有利な方向へ動くインドとアフリカによって維持されるという議論である。この反論については第10章で取り上げた。同じ章で、高齢者の労働参加率を引き上げること、さらに労働力の低下を補うために自動操作・ロボット・AIを利用することなどの可能性について考察した（第3章も参照）。

最後に、われわれの議論が示す財政政策と金融政策に関するインプリケーションは何か（第13章）、さらに実質金利に関するインプリケーションは何か（第6章と第13章）、まとめてみよう。

政策立案は常に難しい。しかし、われわれの将来予想が正しければ、それはさらに難しいものになる。実質所得の伸びの停滞によって担税能力が弱まっている時に、高齢化によって年金および医療・介護費用がより多く必要となるため、政府支出は増大する。税収を増やす方法については第13章で検討している。

最近の過去数十年間、中央銀行は財務相の最高の友人であった。中央銀行が金利を下げたために政府財政への圧力が和らぎ、債務返済率は低く安定したからである。しかし、われわれが予想するように、インフレ圧力が戻り始めると、そのような調和はお互いに対する敵意に転換するだろう。

中央銀行はインフレ目標を守ろうとする一方、政治家はより高い成長と低い債務返済率を望むからである。どちらが勝つかは予想できる。われわれが予想するように政治家が勝てば、インフレ率が名目金利よりも高くなるので実質金利は低くとどまることになる。もし中央銀行が勝てば、その逆が起こる。しかし、たとえ政治家が勝っても、中央銀行がすんなりと自ら信じるインフレ目標を放棄し戦わずに去るとは思えない。それは、必然的に、政策の不確実性および激動の時代がやってくることを意味する。

主流派は、債務と高齢化が共に名目および実質変数を最低水準にとどめることを当たり前だと考えている。その考え方の大部分は、日本の経験から誤って探り出した結論に基づいている。その誤りについては、第9章で説明している。

われわれは、人口構成と債務の二つの問題は連携し合うのではなく対立し合うものだと考えている。人口構成がインフレと金利を上昇させ始めるのに伴い、経済全体もしくは持続不可能な債務を抱えた部門が次々とお手上げ状態に追い込まれていくであろう。債務ショックは、間違いなくより低い成長または不況、あるいは2018年のトルコやアルゼンチンが経験したような経済危機をもたらすことになる。これらの危機の間は、低インフレと低金利が循環的に発生するだろう。しかし、これらの循環的な経済停滞のもとで、インフレと金利は構造的に再び浮かび上がり、債務の障害を取り除くことになるだろう。正確にいつこれらの戦いが起こるか、そして勝敗が決するか、それに答えるのは難しい。しかし、これから先の未来を航海していくためにはわれわれはあらゆる幸運を必要としているのである。

追記：新型コロナウイルス後に加速してやってくる理想的ではない未来

本書の大部分は2019年に書き上げられたものである。そして、新型コロナウイルス感染症が大流行することになると誰もが気が付く前に、原稿は出版社に送られていた。コロナ感染症の衝撃はまるごと、われわれが本書で描いたトレンドを加速させることになる。中国はより内向きになり、世界的なデフレ圧力を減少させるであろう。そして、インフレはわれわれが想定していたよりもずっと早くやってきて速度を上げて上昇することになる。一方、コロナ感染症はすでに世界経済に対して大きな影響を与え始めたし、今後も与え続けることになる。実際には、われわれの経済活動に（たとえ短期的であろうとも）大きな影響を与えたのは、医療に関する問題（それはそれで深刻な問題ではあるが）というよりも（必要かつ正しい）政策対応のほうであった。

実際、ＧＤＰ（もしくはより望ましいことだが一人当たりのＧＤＰ）を最大化することを唯一の目的とする冷酷な経済学者がいたとしたら、コロナ感染症流行に対する最高の政策アドバイスはまったく何もするな、ということであっただろう。すなわち、コロナ感染症を完全に無視して、その大流行が自然に終息するまで放っておくことである。感染症の被害者は主に高齢者である。英国における感染症による平均死亡年齢はおおよそ80歳である。その中でも、死亡した比較的若い高齢者たちは他の深刻な病気を持っていた（専門用語では併存疾患を患っていた）人々である。このグループは毎日の生活を他者による介護に依存している人々である。したがって、このグループの人々は介護者を必要とするため、その分、一人当たりGDPを増やすことになる財や他のサービスの生産活動から労働者が外れることになる。ボリス・ジョンソン首相による集団免疫の獲得という当初の戦略は、2020年における英国の死亡者数を25万人ほど増加させることになった可能性があると当時言われていた。しかし、この死亡者数は年間の平時の平均死亡者数である50万人（1年間における約50～60％の増加）と比較する必要がある。感染症で死亡する人々の年齢と病弱さを考慮すれば、2020年の死亡者数はその後10年ほどの死亡者数の減少によってほとんど相殺されることになるだろう。

このような分析結果は記憶にとどめておくべきではあるが、そのような冷酷な政策は道徳的に間違っているし、社会的にも政治的にも受け入れられるものではない。実際、娯楽を奪い取られてしまった報道各社は全国の死亡者数を毎日報道し続けた。そして政策対応はほとんど必然的に隔離とロックダウンであった。一方、危機的状況の中においてはあまりにも普通のことであるが、国際協力は国内優先を叫ぶ声に取って代わられた。これが意味したものは、自らが引き起こした巨大な供給ショックであった。そのような供給ショックは生産を減少させ価格を上昇させる。さらに、この期間に失われた需要は完全には元の状態に戻ることはない。特に、サービス業に関しては、その消費の一部は永久に失われてしまった。一度失われた毎日の通勤や自宅で行った下手な散髪が、普通の生活が回復した時に旧に復して再び市場で需要されることはない。

政策当局は、われわれの多くと同じように、突然のウイルス感染症によって不意を突かれ、正しくも、不必要な死亡者数を抑えるように緊急対応した。しかし、そうすることによって、彼らは巨大な供給ショックを強制したのである。

ロックダウンによる供給ショックが所得と支出に与える当面の悪影響を和らげるという賞賛すべき正しい目的のために、政策当局は直接的に財政出動を行い、さらに間接的に銀行に対して、キャッシュフロー問題を抱える債務者に追加融資を行うように奨励した。これは、意図通りに所得と支出の減少を抑えたが、当然、続いて起こる経済への悪影響を天秤にかけて考えなければならない。

短期的には、この巨大な供給ショックによるインフレ圧力は、食品を除く物価の下落（それは最悪のタイミングで起こった原油戦争によって加速された）によって相殺されることになる。さらにインフレ圧力は一部自発的な、一部強制された、一部永久的な、一部延期された総需要の減少によっても相殺されることになる。いずれにせよ、われわれが購入する財・サービスのバスケットが突然見分けのつかないほど歪められた時には、再び正常な状態が回復するまで２０２０年３月以降の月々の消費者物価指数（ＣＰＩ）、小売物価指数（ＲＰＩ）、その他の物価指数を計算するためにまともな意味あるデータを組み立てることはほとんど不可能になる。

しかし、ロックダウンが終了し経済が回復した時に、巨大な拡張的な財政金融政策が継続した期間の後で、いったい何が起こるであろうか？　答えは、多くの戦争の後で起こるように、もちろんインフレ率の急上昇である。おそらく、２０２１年には５％から10％に至るまでのインフレがありえる（ただしコロナ感染症の流行が2020年末までに抑えられると仮定しての話であるが……流行の抑制に時間がかかればかかるほど実体経済の回復、そしてインフレの上昇は弱くなるだろう）。

しかし、インフレ率上昇の警告は2018年の世界金融危機の後で実行された量的緩和の時にも聞かれたではなかったか？　その時のインフレ懸念は実現されなかった。ではなぜ、今回のインフレ懸念は、より現実的だといえるのだろうか？　その理由は三つある。第一に、前回の量的緩和はほとんど銀行部門における超過準備の積み上げに終わった。量的緩和がインフレにとって重要なより広義の通貨供給量の増加にはつながらなかった。しかし、今回の金融緩和は広義の通貨供給量の増大に直接つながるキャッシュフローの注入を行っている。第二に、コロナ感染症大流行の前の経済活動水準に世界経済が回復するスピードの速さである。経済の回復が早ければ早いほど、景気拡大政策の効果は景気回復の勢いを加速させることになる。第三に、中国の世界経済における役割が、デフレ輸出国から、いまやより中立的な立場へ、そして将来的にはインフレ輸出国へとその役割を変化させていくからである。

それでは政策当局の対応はいったい、どのようなものになるだろうか？　第一に、そして何よりも真っ先に、これは一時的な、そして一過性の出来事であると彼らは主張するだろう。第二に、これは過去におけるターゲットの未達成を埋め合わせるまったく望ましいものであり、平均的インフレ目標と整合的だと金融当局は述べるだろう。第三に、コロナ感染症流行による混乱は非常に大きなものになるので、失業者数が2019年の水準に戻るには長い時間がかかる。そして、多くの産業（航空会社、クルーズ船、ホテルなど）が困難を抱えたままだろう、というものだ。そのような状況で、2020年に広範囲に救済した産業のほとんどが2021年に金利上昇と財政支出節約によって窮地に陥るのを放っておくことは合理的なことだろうか？　いずれにせよ、債務者ロビイストたち（政府、産業、ローン利用者）は債権者ロビイストたちよりも大きな政治力を持っている。

しかし、インフレ率の上昇を早急に抑えるのならば、誰かの実質所得が損害を被ることにならざるをえない。それは誰になるだろうか？　一般労働者の実質所得は過去30年にわたり停滞していた。われわれは、前の章で、その原因をグローバル化と人口変動の恩恵が引き起こした供給ショックに帰した。それは、労働者が要求を和らげなければ、アジアや、より従順な国内の移民に仕事を移すぞと雇用者が脅すことを可能にした。これは確かに説得力のある脅しであった。

しかし、トランプ流の政策、ポピュリズム、移民への障壁、さらに今回のコロナ感染症の大流行という組み合わせが、いまや労働者に対する脅しから牙を取り除くことになった。

労使間の交渉力のバランスは現在、再び雇用者から労働者に傾きつつある。今日のより社会主義的な政治トレンドもそれを後押ししている。経済回復はいつ起こるかわからないが、それが起こった後には労働賃金のトレンドも変わるだろう。インフレは「一時的な異常な上昇」にすぎないから賃上げ要求は節度あるものでなければならないという要請が必ず出てくるだろうが、おそらく、労働者による賃上げ要求は現在のインフレ率にマッチするか、それ以上に高くなるのではないだろうか。コロナ感染症の大流行とそれが引き起こした供給ショックは、過去30～40年間のデフレ時代と今後20年間のインフレ時代との間に境界線を引くことになるだろう。

それによる敗者は貯蓄者、年金基金、保険会社、そして金融資産を主に現金で持っている人々である。インフレの襲来から年金の実質価値を守ることは、もはや財政的に不可能になるだろう。そして２００７～２００８年の過剰債務危機の際に（銀行を除く）借り手に対して借入資本や債務をさらに増大させたような政策対応の愚かさが明らかになるであろう。

それでは何が起こるのだろうか？　インフレ率は、政治指導者が許容できる名目金利を大幅に超える水準まで上昇するだろう。非金融部門の企業や政府が抱える過剰債務はインフレによって大きく目減りするだろう。グローバル化の反転と労働人口の減少による低成長に伴って、経済システムを均衡させるために実質金利はマイナスにならざるをえない。たとえ彼ら高いインフレ率に不満を感じても、中央銀行は、高水準の債務残高が続くために経済が脆い状態のままであることを認めざるをえない。そのような状況で、中央銀行が金利を上げようとするならば、中央銀行の独立性を脅かすような政治的怒りに直面するだろう。債務残高が収束可能な水準まで下がってきた時にのみ、インフレ抑制政策が実行可能になる。その次に、理想的には第11章と第12章で描いたような形で、経済が軟調に転じた時に決まって財政拡大を行い債務を膨らませることのないように資本主義の改革を行うことができるだろうか？

過去数十年間におけるインフレ圧力は、中国経済の世界経済への参入がもたらしたデフレ圧力とせめぎ合う関係にあったといえる。しかし、中国が世界的インフレを抑止することはもはやない。2018年にトランプが始めた貿易戦争から生じた難しい地政学的状況は、コロナ感染症大流行によってさらに扱いづらいものになった。各国の経済政策がより内向きになったのに伴い直接投資の動きも同じ影響を受ける。特に、科学技術を世界的に支配するという基本的戦略面での米中対立ということになればなおさらである。ここから導き出される必然的な結論は、これから中国は主に国内でのイノベーションに基づいた生産性の向上を目指さなければならなくなる、ということである。

経済的には、国内経済を保護することが優先事項となってきた。特に中国においては安定した経済と雇用の保護が共産党と国民との間の社会契約になっている。また、世界中の他のほとんどの国々と同じように、中国の財政支出拡大は貯蓄プールの利用を必要とする。中国の場合これは、過去数十年にわたり国内貯蓄の大黒柱であった国有企業が持つかなりの貯蓄にいよいよ手をつけることを意味する。

いずれにせよ、中国は自らの未来を守るための資源を持っているが、中国が世界経済に与える影響はもはや過去のものとは同じではない。

グローバル化の後退が進むにつれて、世界経済は地域経済の単なる集まりだとみなす誘惑にとらわれやすい。その誘惑は人々を誤った結論に導く。しかし、グローバル化のスローダウンは経済ショックとして世界に伝わっていく。高齢化という根本的な変化が世界の主要国に共通して生じている場合には特にそうなる。

本書が出版に向けて最終段階に入った時に、重要かつ有用な新しい論文がStansbury and Summersによって発表された。論文のタイトルは、"The Declining Worker Power Hypothesis: An Explanation for the Recent Evolution of the American Economy" (NBER Working Paper 27193, May 2020) である。この論文は、本書と同様に、弱まる労働者の交渉力を強調している。そして、多くの点においてわれわれの結論と共通するところがあり、それらを支持するものである。

しかし、決定的な違いが一つある。それは、彼らが労働者の交渉力低下の原因がグローバル化にあることを否定している点である。この点に関して、彼らの議論はわれわれと同じようにPeter Schottと彼の同僚による共著論文、Bernard, Bradford Jenson, and Schott (2006), "Survival of the best fit: Exposure to low-wage countries and (uneven) growth of US manufacturing plants," *Journal of International Economics* そして Pierce and Schott (2012), "The Surprising Swift Decline of U.S. Manufacturing Employment," NBER Working Paper 18655, December 2012 によっている。ただし、驚いたことに、Stansbury and Summers (2020) は後者の論文を参照していない。これらの論文が示していることは、低賃金の国々からの輸入が増加したことが明確な産業において工場と雇用が最も悪影響を受けたことである。しかし、低賃金国との競争は労働者の賃金と同じように資本収益率も低下させ、その産業におけるレントの合計（企業収益および労働賃金）も減少するとStansbury and Summers (2020) は主張している。しかし、この主張は低賃金国に本社がある企業によって生産された輸入製品と国内で競争する場合にのみ成立する。

彼らの主張に反して、グローバル化により先進国（USA）の企業は海外の工場に生産をアウトソーシングするが、販売、全体の組織運営、資本、経営技術、知的財産権はコントロールを維持するという選択をした。実際、Pierce and Schott (2012) は「驚くべき迅速な米国製造業の衰退」は労働集約的な製品の生産を中国に海外移転したのが原因であるというミクロ経済的証拠を提供している。同様に、しかもよく知られているように、中国と台湾はiPhoneの生産におけるサプライチェーンのほとんどを占めているが、アップル社はカリフォルニア州に本部を置いたままである。中国企業の台頭は多くのケースにおいて目覚ましいものだが、彼らは世界市場よりも国内市場を支配することにおいてより成功を収めている。そのようなケースにおいては、先進国における資本収益率は労働賃金よりも相対的に上昇する、とわれわれは予想する。

したがって、Stansbury and Summers (2020) によるグローバル化の検証は単純に間違っていると考える。その代わりに、彼らの論文は労働者の交渉力の低下を牽引したものは事業家がますます非情になったことだと示唆している。実際に経営者は非情になったが、それは主に生産を他国にアウトソーシングするという形をとった。そうすることで、国内の労働者の立場を弱体化したのである。要するに、世界的な労働人口の増大とともに進んだグローバル化の采配のもとで世界経済の動きは導かれていたことになる。それは、今後数十年にわたって世界的な労働人口が減少することになっても同じであろう。

結論を言おう。新型コロナウイルス感染症の大流行によって、未完成だがインフレを伴う未来はわれわれが予想したよりも早く訪れそうだ。世界的な人口高齢化の趨勢のもとでのグローバル化の減速は、確実に未来を過去とはまったく違うものにするだろう。

訳者あとがき

澁谷　浩

本書は、*The Great Demographic Reversal: Ageing Societies, Waning Inequality, and an Inflation Revival* (*by Charles Goodhart and Manoj Pradhan, edition1, 2020*) を全訳したものである。

本書は、過去30年間、そしてこれからやってくる今後30年間における世界経済の長期トレンドを分析すると同時に、グローバルな視点から日本経済の過去30年間の長期停滞とデフレ圧力を説明するものである。それは、世界の中の日本という現実、すなわち日本という開放経済の動向を正しく理解するためには、世界経済の中の日本経済というグローバルな文脈の中で考察しなければならないことを明らかにしてくれる。

本書の大きな特徴は、第一に、その**グローバルな視点**であり、第二に、その**長期トレンド分析**である。これら二つの特徴が、短期の各国経済の景気動向を対象にしている多くのマクロ経済分析とは決定的に異なる点である。

多くの日本経済の分析は、短期の閉鎖経済を暗黙に想定しているために、次のような問いに正しく答えることができない。

(1) なぜ、日本経済は1991年のバブル崩壊後、デフレ的な長期停滞に陥ったのか? 過去30年間、世界経済は高成長を実現してきたのにもかかわらず、なぜ日本は取り残されたのか? なぜ世界における日本の地位は低下し続けているのか?

(2) なぜ、日本の労働賃金は過去30年間ほとんど上昇していないのか? 日本人の生活水準はどうして向上していないのか? 日本の一人当たりGDPは、1990年代には世界でもトップに近い水準にあったのが、過去30年の間に世界第30位近辺まで下落してきたのはどうしてなのか?

(3) なぜ、日本銀行はいまだに2%のインフレ目標を達成できないのか? 黒田東彦・日本銀行総裁は、異次元金融緩和を始めた2013年に、2年以内に2%のインフレ目標を達成すると発言していた。しかし、すでに10年近く経った今でも実現できていない理由は、いったい何か?

これらの問いに正しく答えるためには、閉鎖経済を前提にした短期の景気分析ではなく、グローバルな視点に立った長期のトレンド分析が必要不可欠になってくる。

世界経済に対する中国の衝撃

過去30年間における最大の出来事は中国の世界経済への参入である。毛沢東の死後、鄧小平による改革開放が推し進められ、1990年代に入ると中国が国際貿易に積極的に参加してくるようになった。この中国の動きを象徴する出来事は、２００１年の世界貿易機関（ＷＴＯ）への加盟である。このＷＴＯ加盟を契機に、中国の世界経済への統合はさらに加速し、世界における国際貿易の拡大と中国の政治経済的な台頭が始まったのである。

中国が世界経済に参入することによって、世界経済全体に安く豊富な労働力の供給がもたらされることになった。実際、中国の参加によって国際貿易に関係する世界の労働供給量が一気に２倍に増加したのである。中国の台頭が世界経済へ与えたインパクトは巨大であった。

世界経済に対する中国の大きな影響は、主に、安い労働力と大きな市場を求めて多くの先進国企業が生産拠点を中国に海外移転することによってもたらされた。中国は、直接投資が中国企業との合弁会社の形をとることを条件とすることによって、先進国の技術と工場を同時に手に入れることができたのである。一方、生産拠点の海外移転によって先進国の「産業の空洞化」および「デフレ圧力」が引き起こされた。それによって、なぜ日本経済は長期停滞に陥ったのか？　なぜ日本の労働者の賃金が上がらなかったのか？　なぜ日銀は２％のインフレ目標を実現できなかったのか？　その理由をグローバルな視点から正しく理解することができるようになる。

中国の世界経済への参入によって勝者と敗者が生まれた。勝者は中国経済と国際資本および国際企業である。中国の労働者の賃金は上昇し、中国企業と中国に生産拠点を移した先進国の企業および国際資本は、中国への直接投資（生産拠点の中国への海外移転）から巨大な利益を上げることができたのである。

他方、先進国の非熟練労働者は、生産拠点の海外移転と労働組合の弱体化さらには移民の増加によって、安い労働力と内外で競争しなければならなかった。その結果、先進国の非熟練労働者の賃金は停滞し、先進国内の（人的資本を含む）資本を所有する富裕層と非熟練労働者に代表される貧困層の間の所得格差は拡大したのである。

相対的に生活水準が低下した非熟練労働者が、世界的に勢力を強めてきた国家主義的な右翼政治家の選挙母体の中心になった。欧州における極右の躍進および米国におけるトランプ大統領の出現は、まさにその象徴的な出来事である。このように、中国の台頭は、国際政治経済の面において大きな影響を与えることになったのである。

人口大逆転と長期経済トレンドの変化（主要命題）

しかし、今後30年間は、中国を含む世界の人口構成の大逆転によって、世界経済が過去のデフレ状態からインフレ状態へと変化していくことになる。デフレからインフレへの方向転換の原動力は、世界経済における豊富な労働供給から高齢化社会への人口構成の大逆転である。すなわち、過去30年における豊富な若い労働力の時代から、今後は少子高齢化による労働力不足の時代へと世界経済が大転換するということである。現在、われわれはまさにその転換点に位置している。そして、われわれの未来は過去とはまったく異なったものになることを本書は明らかにしている。

本書の主要な命題は次のようになる。

《人口動態とグローバル化（特に中国の役割）が、過去30年にわたる世界的なディスインフレーションの主な理由である。しかし、そのような決定要因の力の方向が、現在、逆転しつつある。その結果、今後30年間、世界の主要国はインフレ圧力に再び直面することになる。出生率の低下と高齢化のプロセスが、現在、世界の多くの国々で明らかになってきている。それらは各国経済を、今までの根本的なデフレ圧力から、今後数十年にわたるインフレ圧力の復活と金利の上昇へ向けて大転換させることになる。》

本書の主要命題によると、経済における本当の長期トレンドの進化は、人口構成の変化とグローバル化の組み合わせによって引き起こされたものである。その組み合わせによって、中国による世界経済に対する最も巨大な労働供給ショックが発生したわけである。この文脈においてほぼ必然的に、労働に対する報酬は資本と補完関係にある高度な技術を持った労働者を除いて低下してきた一方、資本に対する収益は上昇していった。そして、企業の海外移転と移民流入の脅威の下で、労働組合はしだいに交渉力を失っていった。これらの舞台裏で、インフレ率ゼロに対応する「自然失業率」は着実に低下し、デフレ圧力が生まれてきたのである。

1990年以降、急速に経済発展を実現した中国と急速に経済停滞に陥った日本は、非常に対照的な道を歩むことになったわけであるが、この二つの国の進化は実は深く関連していることが本書を読むと明らかになってくる。日本の停滞と中国の台頭は、実は同じコインの裏と表の関係にある。その同じコインとは世界経済である。すなわち、世界経済を通じて、中国の台頭と日本の停滞は表裏一体の因果関係にあったことがわかる。

インフレと金利上昇の未来がやってくる

しかし、現在、中国を含む世界の人口構成の大逆転（少子高齢化）が始まっている。それに伴って、世界経済および日本経済は、デフレからインフレの時代へと変化していく。労働者は消費するよりも生産する量が大きい。一方、高齢者は生産するよりも消費する量が大きい。したがって、世界中の高齢者人口の相対的増大は、世界経済（閉鎖経済）における需要超過を引き起こし、インフレ圧力を増大させることになる。

本書が発する警告は、これからやってくる高齢化社会と労働力不足に伴うインフレ、そして金利の上昇に対して、われわれはまったく準備ができていない、ということである。あまりにも長期にわたってデフレ状態が継続したために、われわれは低インフレと低金利に完全に慣れきってしまっている。

もしこの状態でインフレが襲ってくれば、金利の上昇により「債務の罠」に落ち込み、金融危機と景気後退が引き起こされる可能性が非常に高い。それにもかかわらず、金融市場も各国政府もインフレと金利上昇に対する警戒や対策がまったくできていない。本書は、単なる警告にとどまらず、どのような対策、そして準備を行うべきかについても具体的な政策提言を行っている。

最近出版された経済書の中で本書は最も役に立つ多くの情報とアイデアを提供してくれる重要な情報源である。本書を読む前と後では、世界経済そして日本経済に関する理解度が大きく異なってくることは間違いない。多くの人々が本書を読むことによって、現在進行中の長期トレンドの大転換を理解し、個人として、企業として、さらに国家として最適な行動を選択することを期待したい。

なお、本書は、フィナンシャル・タイムズ紙チーフ・エコノミック・コメンテーターのマーティン・ウルフ氏によって、通念に挑戦し、インフレ・金利上昇に警鐘を鳴らす注目すべき書として2020年ベスト経済書の1冊に選ばれている。また、ケンブリッジ大学の経済学者、ダイアン・コイル教授が、低インフレ・低金利が続くとする主流派の見方とは逆の説得力のある議論を展開している書として同紙の書評で取り上げている。

Office for Budget Responsibility. (2018). *Fiscal Sustainability Report.* https://obr.uk/fsr/fiscal-sustainability-report-july-2018/.
Smith, A. (1982). *The Wealth of Nations: Books I–III.* London: Penguin Classics.
The Economist (2019, April 13). Interference Day: Independent Central Banks are Under Threat. That is bad news for the world.

第14章

Hamilton, J. D., Harris, E. S., Hatzius, J., & West, K.D. (2015, August). *The Equilibrium Real Funds Rate: Past, Present and Future* (Natural Bureau of Economic Research, No. 21476).
Papetti, A. (2019, March). *Demographics and the Natural Real Interest Rate: Historical and Projected Paths for the Euro Area* (European Central BankWorking Paper No. 2258).

追記

Bernard, A. B., Jensen, J. B., & Schott, P. K. (2006, January). Survival of the Best Fit: Exposure to Low-Wage Countries and the (Uneven) Growth of U.S. Manufacturing Plants. *Journal of International Economics, 68*(1), 219–237.
Pierce, J. R. & Schott, P. K. (2012, December). *The Surprisingly Swift Decline of U.S. Manufacturing Employment* (National Bureau of Economic Research Working Paper 18655).
Stansbury, A. & L.H. Summers, L.H. (2020, May). *The Declining Worker Power Hypothesis: An Explanation for the Recent Evolution of the American Economy* (National Bureau of Economic Research Working Paper 27193).

第13章

Bianchi, F., Kung, H., & Kind, T. (2019). *Threats to Central Bank Independence: High-Frequency Identification with Twitter* (National Bureau of Economic Research Working Paper, No. w26308).

Bloom, D. E. (Ed.). (2019). *Live Long and Prosper? The Economics of Ageing Populations*. London: A VoxEU.org eBook, CEPR Press.

Börsch-Supan, A. (2019). Pension reform in Europe, Chapter 19. In D. E. Bloom (Ed.), *Live Long and Prosper? The Economics of Ageing Populations*. London: A VoxEU.org eBook, CEPR Press.

Conesa, J. C., Kehoe, T. J., Nygaard, V. M., & Raveendranathan, G. (2019). Macroeconomic Effects of Ageing and Healthcare Policy in the United States, Chapter 7. In D. E. Bloom (Ed.), *Live Long and Prosper? The Economics of Ageing Populations*. London: A VoxEU.org eBook, CEPR Press.

Congressional Budget Office. (2019). *The Budget and Economic Outlook: 2019 to 2029*. https://www.cbo.gov/system/files?file=2019-03/54918-Outlook-Chapter1.pdf.

George, H. (2015). *Our Land and Land Policy and Other Works*. Rutherford: Fairleigh Dickinson University Press.

Heer, B., Polito, V., & Wickens, M. R. (2018, June). *Population Aging, Social Security and Fiscal Limits* (CESifo Working Papers 7121/2018).

Hobbes, T. (2014). *Leviathan*. London: Wordsworth Classics of World Literature.

Kotlikoff, L. J. (2019). Ageing in Global Perspective, Chapter 4. In D. E. Bloom (Ed.), *Live Long and Prosper? The Economics of Ageing Populations*. London: A VoxEU.org eBook, CEPR Press.

Kotlikoff, L. J., Kubler, F., Polbin, A., Sachs, J. D., & Scheidegger, S. (2019, April). *Making Carbon Taxation a Generational Win Win* (National Bureau of Economic Research Working Paper No. 25760).

Laitner, J., & Silverman, D. (2019). Population Ageing and Tax System Efficiency, Chapter 17. In D. E. Bloom (Ed.), *Live Long and Prosper? The Economics of Ageing Populations*. London: A VoxEU.org eBook, CEPR Press.

Mill, J. S. (2016). *The Principles of Political Economy: John Stuart Mill*. Scotts Valley: CreateSpace Independent Publishing Platform.

OECD Secretariat. (2019, October). Secretariat Proposal for a "Unified Approach" Under Pillar One, Public consultation document, OECD.

Business Taxation, WP 17/01).
Benetton, M., Bracke, P., Cocco, J. F., & Garbarino, N. (2019, April). *Housing Consumption and Investment: Evidence from Shared Equity Mortgages* (Bank of England Staff Working Paper No. 790).
Benford, J., Best, T., & Joy, M (2016, September). *Sovereign GDP-Linked Bonds* (Bank of England, Financial Stability Paper No. 39).
Devereux, M., & Vella, J. (2018). Gaming Destination Based Cash Flow Taxes. *Tax Law Review, 71,* 477–514.
Goodhart, C. A. E., & Hudson, M. (2018, January 16). *Could/Should Jubilee Debt Cancellations Be Reintroduced Today?* (CEPR Discussion Paper DP12605).
Goodhart, C. A. E., & Lastra, R. (2019, January 28). Equity Finance: Matching Liability to Power (CEPR Discussion Paper, DP 13494).
Goodhart, C. A. E., & Lastra, R. M. (2020, March 11). *Journal of Financial Regulation.* Published Online.
https://academic.oup.com/jfr/advance-article-abstract/doi/10.1093/jfr/fjz010/5802863.
Huertas, T. (2019, May 22). *'Rebalance Bankers' Bonuses: Use Write-Down Bonds to Satisfy Both Supervisors and Shareholders.* SSRN.
Available at SSRN https://ssrn.com/abstract=3336186 or http://dx.doi.org/10.2139/ssrn.3336186.
Institute for Fiscal Studies (Ed.). (2011). *Tax by Design: The Mirrlees Review.* Oxford: Oxford University Press.
International Monetary Fund, Fiscal Affairs Department. (2019, March 10). *Corporate Taxation in the Global Economy* (IMF Policy Paper No. 19/007).
Mayer, C. (2018). *Prosperity: Better Business Makes the Greater Good.* Oxford: Oxford University Press.
Mirrlees Review, Institute for Fiscal Studies (Ed.). (2011). *Tax by Design: The Mirrlees Review.* Oxford: Oxford University Press.
Sheedy, K. (2014, April). *Debt and Incomplete Financial Markets: A Case for Nominal GDP Targeting* (Brookings Papers on Economic Activity, pp. 301–373.
Wolf, M. (2018, December 12). Rethink the Purpose of the Corporation. *Financial Times.*

and Avoiding the Next Collapse. (Penguin Random House).

Ford, J. (2019, July 28). Elizabeth Warren is Right to Worry about Dangers of Private Equity Looting. *Financial Times*, p. 8.

Goodhart, C. A. E., & Hudson, M. (2018, January 16). *Could/Should Jubilee Debt Cancellations be Reintroduced Today?* (CEPR Discussion Paper DP12605).

Goodhart, C. A. E., & Kabiri, A. (2019, May 23). *Monetary Policy and Bank Profitability in a Low Interest Rate Environment: A Follow-Up and a Rejoinder* (Centre for Economic Policy Research Discussion Paper DP 13752).

Heer, B., Polito, V., & Wickens, M. R. (2018, June). *Population Aging, Social Security and Fiscal Limits* (CESifo Working Paper No. 7121).

Heider, F., Saidi, F., & Schepens, G. (2019, October). Life Below Zero: Bank Lending Under Negative Policy Rates. *The Review of Financial Studies, 32* (10), 3728–3761.

Hudson, M. (2018). *… and Forgive Them Their Debts: Lending, Foreclosure and Redemption from Bronze Age Finance to the Jubilee Year*. Glashütte: ISLET-Verlag Dresden.

Kalemli-Özcan, S., Laeven, L., & Moreno, D. (2019, February). *Debt Overhang, Rollover Risk, and Corporate Investment: Evidence from the European Crisis* (European Central Bank Working Paper No. 2241).

Mian, A., & Sufi, A. (2014). *House of Debt: How They (and You) Caused the Great Recession, and How We Can Prevent It from Happening Again*. Chicago: University of Chicago Press.

Office for Budget Responsibility. (2018). *Fiscal Sustainability Report.*
https://obr.uk/fsr/fiscal-sustainability-report-july-2018/.

Papetti, A. (2019, March). *Demographics and the Natural Real Interest Rate: Historical and Projected Paths for the Euro Area* (European Central BankWorking Paper No. 2258).

Xu, T., Hu, K., & Das, U. S. (2019, January). *Bank Profitability and Financial Stability* (International Monetary Fund Working Paper WP/19/5).

第12章

Auerbach, A., Devereux, M. P., Keen, M., & Vella, J. (2017, January). *Destination-Based Cash Flow Taxation* (Oxford University Centre for

Desmet, K., Nagy, D. K., & Rossi-Hansberg, E. (2018). The Geography of Development. *Journal of Political Economy, 126* (3), 903–983.

International Monetary Fund. (2015, April). *How Can Sub-Saharan Africa Harness the Demographic Dividend?* IMF African Department.

Kotlikoff, L. J. (2019). Ageing in Global Perspective, Chapter 4. In D. E. Bloom (Ed.), *Live Long and Prosper? The Economics of Ageing Populations.* London: A VoxEU.org eBook, CEPR Press.

The World Bank. *Human Capital Project.*

https://www.worldbank.org/en/publication/human-capital.

The World Bank. (2018, October 11). *Human Capital Index.* The World Bank Group. https://www.worldbank.org/en/publication/human-capital.

The World Bank. (2019). *Doing Business 2019: Training for Reform* (16th ed.). The World Bank Group.

https://www.doingbusiness.org/content/dam/doingBusiness/media/Annual-Reports/English/DB2019-report_web-version.pdf.

第11章

Alfaro, L., & Kanczuk, F. (2019, October). *Undisclosed Debt Sustainability* (National Bureau of Economic Research Working Paper 26347).

Altavilla, C., Boucinha, M., & Peydró, J.-L. (2018, October). Bank Profitability. *Economic Policy, 96* , 531–586; earlier (2017) in (ECBWorking Paper No. 2015).

Borio, C., Gambacorta, L., & Hofmann, B. (2017). The Influence of Monetary Policy on Bank Profitability. *International Finance, 20,* 48–63.

Borio, C., Rungcharoenkitkul, P., & Disyatat, P. (2019, October). *Monetary Policy Hysteresis and the Financial Cycle* (Bank for International Settlements Working Paper No. 817).

Brunnermeier, M. K., & Koby, Y. (2018, December). *The Reversal Interest Rate* (National Bureau of Economic Research Working Paper No. 25406).

Cunliffe, J. (2019, May 7). *Financial Stability Post Brexit: Risks from Global Debt.* Bank of England Speech.

Eggertsson, G. B., Juelsrud, R. E., Summers, L. H., &Wold, E. G. (2019, January). *Negative Nominal Interest Rates and the Bank Lending Channel* (National Bureauof Economic Research, Working Paper 25416).

El-Erian, M. A. (2016). *The Only Game in Town, Central Banks, Instability,*

Japan Economic Foundation. https://www.jef.or.jp/journal/pdf/203rd_Cover_04.pdf.
Kuroda, H. (2014, August 23). *Deflation, the Labour Market, and QQE.* Remarks at the Economic Policy Symposium held by the Federal Reserve Bank of Kansas City. https://www.bis.org/review/r140825a.pdf.
METI. (2011). *White Paper on International Economy and Trade.* Policy Planning and Research Office, Trade Policy Bureau.
https://www.meti.go.jp/english/report/data/gWT2011fe.html.
Ministry of Economy, Trade and Industry (METI). (1997–2019). *Survey of Overseas Business Activity.* Published Annually.
https://www.meti.go.jp/english/statistics/tyo/kaigaizi/index.html.
Ogawa, K., Saito, M., & Tokutsu, I. (2012, July). *Japan Out of the Lost Decade: Divine Wind or Firms' Effort?* (International Monetary Fund Working Paper WP/12/171).
Sakura, K., & Kondo, T. (2014). *Outward FDI and Domestic Job Creation in the Service Sector* (Bank of Japan Working Paper No. 14-E-3).

第10章

Benzell, S. G., Kotlikoff, L. J., LaGarda, G., & Sachs, J. D. (2018). *Simulating U.S. Business Cash Flow Taxation in a 17-Region Global Model.*
https://kotlikoff.net/wp-content/uploads/2019/03/Simulating-U.S.-Business-Cash-Flow-Taxation_0.pdf.
Börsch-Supan, A. (2019, June 17–19). *Demographic Changes, Migration and Economic Growth in the Euro Area.* ECB Forum on Central Banking, Sintra, Portugal.
Börsch-Supan, A., Härtl, K., & Ludwig, A. (2014). Aging in Europe: Reforms, International Diversification, and Behavioral Reactions. *American Economic Review: Papers and Proceedings, 104* (5), 224–229.
Börsch-Supan, A. H., & Wilke, C. B. (2004). *Reforming the German Public Pension System* (Center for Intergenerational Studies Discussion Paper 226). Institute of Economic Research, Hitotsubashi University.
Button, P. (2019, May). *Population Aging, Age Discrimination, and Age Discrimination Protections at the 50th Anniversary of the Age Discrimination in Employment Act* (National Bureau of Economic Research Working Paper 25850).

High Pressure Economy: Is the Phillips Curve Dead or is It Just Hibernating? (National Bureau of Economic Research Working Paper, No. 25792).
Lindé, J., & Trabandt, M. (2019, April 23). *Resolving the Missing Deflation Puzzle* (Centre for Economic Policy Research Discussion Paper DP13690).
McLeay, M., & Tenreyro, S. (2018). *Optimal Inflation and the Identification of the Phillips Curve* (Discussion Papers 1815, Centre for Macroeconomics [CFM]).
Mojon, B., & Ragot, X. (2019, March). *Can an Ageing Workforce Explain Low Inflation?* (Bank for International Settlements Working Paper 776).
Phelps, E. S. (1968). Money-Wage Dynamics and Labor-Market Equilibrium. *Journal of Political Economy, 76,* 678–711.
Phillips, A. W. (1958, November). The Relation Between Unemployment and the Rate of Change of Money Wage Rates in the United Kingdom, 1861–1957. *Economica, 25*(100), 283–299.
Robertson, D. H. (1959, December). A Squeak from Aunt Sally. *The Banker,* CIX, p. 720.
Stock, J. H., & Watson, M. W. (2019, June). *Slack and Cyclically Sensitive Inflation* (National Bureau of Economic Research Working Paper 25987).

第 9 章

Ahmadjian, C. L., & Robinson, P. (2001, December). Safety in Numbers: Downsizing and the Deinstitutionalization of Permanent Employment in Japan. *Administrative Science Quarterly, 46* , 622–654.
Bank of Japan. (2019, July). *Japan's Balance of Payments Statistics and International Investment Position for 2018.* International Department.
https://www.boj.or.jp/en/statistics/br/bop_06/bop2018a.pdf.
International Monetary Fund. (2011, July). *Japan: Spillover Report for the 2011 Article IV Consultation and Selected Issues* (International Monetary Fund Country Report No. 11/183).
Johnson, C. (1982). *MITI and the Japanese Miracle: The Growth of Industrial Policy, 1925–1975.* Stanford: Stanford University Press.
Kang, J. S., & Piao, S. (2015, July). *Production Offshoring and Investment by Japanese Firms* (International Monetary Fund Working Paper WP/15/183).
Kiyota, K. (2015, September/October). Trends and Characteristics of Inward and Outward Foreign Direct Investment in Japan. *Japan SPOTLIGHT,*

Philippon, T. (2019). *The Great Reversal: How America Gave Up on Free Markets*. Cambridge, MA and London, UK: Belknap Press of Harvard University Press.

Piketty, T. (2014). *Capital in the Twenty-First Century*. Cambridge, MA and London, UK: Harvard University Press.

Rachel, L., & Summers, L. H. (2019, March 4).*On Falling Neutral Real Rates, Fiscal Policy, and the Risk of Secular Stagnation* (Brookings Papers on Economic Activity, BPEA Conference Drafts).

Rodrik, D. (2018). Populism and the Economics of Globalization. *Journal of International Business Policy, 1*(1), 12–33.

Rolfe, H. (2019, May). Challenges for Immigration Policy in Post-Brexit Britain: Introduction. *National Institute Economic Review, 248,* R1–R4.

Rolfe, H., Ahlstrom-Vij, K., Hudson-Sharp, N., & Runge, J. (2018). *Post-Brexit Immigration Policy: Reconciling Public Attitudes with Economic Evidence.* Leverhulme Trust, NIESR.

Rolfe, H., Runge, J., & Hudson-Sharp, N. (2019, May). Immigration Policy from Post-War to Post-Brexit: How New Immigration Policy Can Reconcile Public Attitudes and Employer Preferences. *National Institute Economic Review, 248,* R5–R16.

Scheidel, W. (2017). *The Great Leveler: Violence and the History of Inequality from the Stone Age to the Twenty-First Century*. Princeton: Princeton University Press.

Stiglitz, J. (2019). *People, Power, and Profits: Progressive Capitalism for an Age of Discontent.* London: Allen Lane.

第8章

Engles, F. (2018). *The Conditions of the Working Class in England in 1844.* London: Forgotten Books.

Engels, F., & Marx, K. (2018). *The Communist Manifesto*. London: Arcturus.

Flemming, J. S. (1976). *Inflation*. London: Oxford University Press.

Forbes, K. J. (2019, June). *Has Globalization Changed the Inflation Process?* (Bank for International Settlements Working Paper No. 791).

Friedman, M. (1968, March). The Role of Monetary Policy. *The American Economic Review, 58*(1), 1–17.

Hooper, P., Mishkin, F. S., & Sufi, A. (2019, May). *Prospects for Inflation in a*

Immigration and Strategically Important Skills in the UK Economy, Migration Advisory Committee.

Hainmueller, J., & Hiscox, M. J. (2007). Educated Preferences: Explaining Attitudes Towards Immigration in Europe. *International Organization, 61* (2), 399–442.

Hainmueller, J., & Hiscox, M. J. (2010). Attitudes Toward Highly Skilled and Low-Skilled Immigration: Evidence from a Survey Experiment. *American Political Science Review, 104,* 61–84.

High Pay Centre. (2019). *No Routine Riches: Reforms to Performance-Related Pay*. http://highpaycentre.org/files/No_Routine_Riches_FINAL.pdf.

Immervoll, H., & Richardson, L. (2011, December). *Redistribution Policy and Inequality Reduction in OECD Countries: What Has Changed in Two Decades?* (Institute for the Study of Labor (IZA) Discussion Paper No. 6030).

International Monetary Fund. (2017, October). *Fiscal Monitor: Tackling Inequality*. IMF: Washington, DC.

Ipsos MORI. (2018). *Attitudes Towards Immigration Have Softened Since Referendum, But Most Still Want to See It Reduced.*

https://www.ipsos.com/ipsos-mori/en-uk/attitudes-immigration-have-softened-referendum-most-still-want-see-it-reduced.

Kaufmann, E. (2017). Levels or Changes? Ethnic Context, Immigration and the UK Independence Party Vote. *Electoral Studies, 48,* 57–69.

Krueger, A. B. (2018). Luncheon Address: Reflections on Dwindling Worker Bargaining Power and Monetary Policy. In *Changing Market Structures and Implications for Monetary Policy: A Symposium Sponsored by The Federal Reserve Bank of Kansas City* (pp 267–282). Kansas City: Federal Reserve Bank of Kansas City.

Mayda, A. M. (2019, June 19). Discussion of *Demographic Changes, Migration and Economic Growth in the Euro Area* by A. Börsch-Supan, D. N. Leite, & J. Rausch, European Central Bank Sintra Forum, Portugal.

Migration Advisory Committee. (2018). *EEA Migration to the UK: Final Report*. London: MAC.

Milanovic, B. (2016). *Global Inequality: A New Approach for the Age of Globalization*. Cambridge, MA and London, UK: The Belknap Press of Harvard University Press.

University Press.

第7章

Autor, D. H. (2019). Work of the Past, Work of the Future. *AEA Papers and Proceedings, 109,* 1–32.

Boehm, C., Flaaen, A., & Pandalai-Nayar, N.(2019, May). *Multinationals, Offshoring and the Decline of U.S. Manufacturing* (National Bureau of Economic Research Working Paper 25824).

Bayoumi, T., & Barkema, J. (2019, June).*Stranded! How Rising Inequality Suppressed US Migration and Hurt Those "Left Behind"* (IMF Working Paper WP/19/122).

Blinder, S. (2015). Imagined Immigration: The Impact of Different Meanings of 'Immigrants' in Public Opinion and Policy Debates in Britain. *Political Studies, 63,* 80–100.

Borella, M., De Nardi, M., & Yang, F. (2019, March). *The Lost Ones: The Opportunities and Outcomes of Non-College-Educated Americans Born in the 1960s* (Opportunity and Inclusive Growth Institute, Working Paper 19).

Bratsberg, B., Moxnes, A., Raaun, O, & Ulltveit-Moe, K.-H. (2019, April). *Opening the Floodgates: Industry and Occupation Adjustments to Labor Immigration* (Centre for Economic Policy Research Discussion Paper 13670).

Compertpay, R., Irmen, A., & Litina, A. (2019, March). Individual Attitudes Towards Immigration in Aging Populations (CESifo Working Paper 7565).

Desmet, K., Nagy, D. K., & Rossi-Hansberg, E. (2018). The Geography of Development. *Journal of Political Economy, 126* (3), 903–983.

Duffy, R., & Frere-Smith, T. (2014). *Perceptions and Reality: Public Attitudes to Immigration.* London: IPSOS-MORI Social Research Institute.

Durant, W., & Durant, A. (1968). *The Lessons of History.* New York, NY: Simon & Schuster Paperbacks.

Federal Reserve Bank of Kansas City. (2018). *Changing Market Structures and Implications for Monetary Policy: A Symposium Sponsored by The Federal Reserve Bank of Kansas City.* Kansas City: Federal Reserve Bank of Kansas City.

Gbohoui, W., Lam, W. R., & Lledo, V. (2019). The Great Divide: Regional Inequality and Fiscal Policy (IMF Working Paper, WP/19/88).

George, A., Lalani, M., Mason, G., Rolfe, H., & Rosazza, C. (2012). *Skilled*

Conundrum. *Journal of Economic Perspectives, 31*(3, Summer), 29–46.

Davis, S. J., Haltiwanger, J. C., & Schuh, S. (1996). *Job Creation and Destruction.* Cambridge: MIT Press.

French, E. B., Jones, J. B., McCauley, J., & Kelly, E. (2019, August). *End-oflife Medical Expenses* (Centre for Economic Policy Research Discussion Paper DP13913).

Gordon, R. J. (2012, August). *Is U.S. Economic Growth Over? Faltering Innovation Confronts the Six Headwinds* (National Bureau of Economic Research Working Paper, No. 18315).

Hamilton, J. D., Harris, E. S., Hatzius, J., & West, K.D. (2015, August). *The Equilibrium Real Funds Rate: Past, Present and Future* (Natural Bureau of Economic Research, No. 21476).

Heise, M. (2019). *Inflation Targeting and Financial Stability: Monetary Policy Challenges for the Future.* Cham, Switzerland: Springer.

Kalemli-Özcan, S., Laeven, L., & Moreno, D. (2019, February). *Debt Overhang, Rollover Risk, and Corporate Investment: Evidence from the European Crisis* (European Central Bank Working Paper No. 2241).

Laubach, T., & Williams, J. C. (2003, November). Measuring the Natural Rate of Interest. *The Review of Economics and Statistics, 85*(4), 1063–1070.

Marx, M., Mojon, B., & Velde, F. R. (2019, July 9). *Why Have Interest Rates Fallen Far Below the Return on Capital* (Bank for International Settlements Working Paper, No. 794).

Mokyr, J., Vickers, C., & Ziebarth, N. L. (2015). The History of Technological Anxiety and the Future of Economic Growth: Is This Time Different? *Journal of Economic Perspectives, 29*(3, Summer), 31–50.

Rachel, L., & Smith, T. D. (2015, December). *Secular Drivers of the Global Real Interest Rate* (Bank of England Staff Working Paper No. 571).

Rachel, L., & Summers, L. H. (2019, March 4). *On Falling Neutral Real Rates, Fiscal Policy, and the Risk of Secular Stagnation* (Brookings Papers on Economic Activity, BPEA Conference Drafts).

Smithers, A. (2009). *Wall Street Revalued: Imperfect Markets and Inept Central Bankers.* Hoboken, NJ: Wiley.

Smithers, A. (2013). *The Road to Recovery: How and Why Economic Policy Must Change.* Chichester, UK: Wiley.

Smithers, A. (2019). *Productivity and the Bonus Culture.* Oxford: Oxford

Housing Studies, 20(6), 949–971.

Melitz, J., & Edo, A. (2019, September). *The Primary Cause of European Inflation in 1500–1700: Precious Metals or Population? The English Evidence* (Centre for Economic Policy Research Discussion Paper DP14023).

Office for Budget Responsibility. (2018). *Fiscal Sustainability Report.* https://obr.uk/fsr/fiscal-sustainability-report-july-2018/

Papetti, A. (2019, March). *Demographics and the Natural Real Interest Rate: Historical and Projected Paths for the Euro Area* (European Central BankWorking Paper No. 2258).

Philippon, T. (2019). *The Great Reversal: How America Gave Up on Free Markets.* Cambridge, MA and London, UK: Belknap Press of Harvard University Press.

Schön, M., & Stähler, N. (2019). When Old Meets Young? Germany's Population Ageing and the Current Account (Deutsche Bundesbank, No. 33/2019).

Smithers, A. (2009). *Wall Street Revalued: Imperfect Markets and Inept Central Bankers.* Hoboken, NJ: Wiley.

Smithers, A. (2013). *The Road to Recovery: How and Why Economic Policy Must Change.* Chichester, UK: Wiley.

Smithers, A. (2019). *Productivity and the Bonus Culture.* Oxford: Oxford University Press.

Wood, J. (2019). *Retirees Will Outlive Their Savings by a Decade.* World Economic Forum. Available at https://www.weforum.org/agenda/2019/06/retirees-will-outlive-their-savings-by-a-decade/.

World Economic Forum. (2018). *How We Can Save (for) Our Future.* Available at https://www.weforum.org/whitepapers/how-we-can-save-for-our-future.

World Economic Forum. (2019). *Retirees Will Outlive Their Savings by a Decad* e. Available at https://www.weforum.org/agenda/2019/06/retirees-will-outlive-their-savings-by-a-decade/.

第 6 章

Brand, C., Bielecki, M., & Penalver, A. (Eds.). (2018, December). *The Natural Rate of Interest: Estimates, Drivers, and Challenges to Monetary Policy* (European Central Bank Occasional Paper, No. 217).

Caballero, R. J., Farhi, E., & Gourinchas, P.-O. (2017). The Safe Assets Shortage

Account Deficit. The Federal Reserve Board, Speech. Available at https://www.federalreserve.gov/boarddocs/speeches/2005/200503102/.

Button, P. (2019, May). *Population Aging, Age Discrimination, and Age Discrimination Protections at the 50th Anniversary of the Age Discrimination in Employment Act* (National Bureau of Economic Research Working Paper 25850).

Congressional Budget Office. (2019). *The Budget and Economic Outlook: 2019 to 2029*. https://www.cbo.gov/system/files/2019-03/54918-Outlook-3.pdf.

Covarrubias, M., Gutiérrez, G., & Philippon, T. (2019, June). *From Good to Bad Concentration? U.S. Industries Over the Past 30 Years* (National Bureau of Economic Research Working Paper No. 25983).

Crouzet, N., & Eberly, J. (2019, May). *Understanding Weak Capital Investment: The Role of Market Concentration and Intangibles* (National Bureau of Economic Research Working Paper No. w25869). Available at SSRN https://ssrn.com/abstract=3394650.

Hernández-Murillo, R., Ott, L. S., Owyang, M. T., & Whalen, D. (2011, May/June). Patterns of Interstate Migration in the United States from the Survey of Income and Program Participation. *Federal Reserve Bank of St. Louis Review 93*(3), 169–185.

Hundtofte, S., Olafsson, A., & Pagel, M. (2019, October). *Credit Smoothing* (National Bureau of Economic Research Working Paper 26354).

Juselius, M., & Takáts, E. (2016, April 6). *The Age-Structure-Inflation Puzzle* (Bank of Finland Research Discussion Paper No. 4/2016).

Kalecki, M. (1954). *Theory of Economic Dynamics: An Essay on Cyclical and Long-Run Changes in Capitalist Economy*. London: George Allen & Unwin.

Liu, E., Mian, A., & Sufi, A. (2019, August). *Low Interest Rates, Market Power, and Productivity Growth* (National Bureau of Economic Research Working Paper No. 25505).

Mayhew, L. (2019, June/July). A Home Alone Explosion, Cass Business School, *Financial World* , 13–15.

McGovern, M. (2019). Life Cycle Origins of Pre-Retirement Financial Status: Insights from Birth Cohort Data, Chapter 10. In D. E. Bloom (Ed.), *Live Long and Prosper? The Economics of Ageing Populations*. London: A VoxEU.org eBook, CEPR Press.

Meen, G. (2005). On the Economics of the Barker Review of Housing Supply.

Potential for Primary Prevention of Alzheimer's Disease: An Analysis of Population-Based Data. *Lancet Neurol, 13*(8), 788–794.

Patterson, C. (2018). *World Alzheimer Report 2018: The State of the Art of Dementia Research: New Frontiers.* London, UK: Alzheimer's Disease International (ADI).

Prince, M., Wilmo, A., Guerchet, M., Ali, G.-C., Wu, Y. T., & Prina, M. (2015). *World Alzheimer Report 2015: An Analysis of Prevalence, Incidence, Cost and Trends.* London, UK: Alzheimer's Disease International (ADI).

Scott, A. (2019). A Longevity Dividend Versus an Ageing Society, Chapter 11. In D. E. Bloom (Ed.), *Live Long and Prosper? The Economics of Ageing Populations,* London: A VoxEU.org eBook, CEPR Press.

Vradenburg, G. (2019, November). 'Welcome Remarks' at the 6th Annual Lausanne Conference on *Preparing the Alzheimer's Ecosystem for a Timely, Accurate and Compassionate Diagnosis.*

World Alzheimer Report. (2016). *World Alzheimer Report 2015: An Analysis of Prevalence, Incidence, Cost and Trends.* London, UK: Alzheimer's Disease International (ADI).

World Alzheimer Report. (2018). *The State of the Art of Dementia Research: New Frontiers.* London, UK: Alzheimer's Disease International (ADI).

World Alzheimer Report. (2019). *Attitudes to Dementia.* London, UK: Alzheimer's Disease International (ADI).

World Dementia Council. (2012, December). *Defeating Dementia: The Road to 2025.* worlddementiacouncil.org.

第5章

Aksoy, Y., Basso, H. S., Smith. R. P., & Grasl, T. (2015). *Demographic Structure and Macroeconomic Trends* (Banco de Espana, Documentos de Trabajo No. 1528).

Autor, D., Dorn, D., Katz, L. F., Patterson, C., & Van Reenen, J. (2017). Concentrating on the Fall of the Labor Share. *American Economic Review Papers and Proceedings, 207* (5), 180–185.

Autor, D., Dorn, D., Katz, L. F., Patterson, C., & Van Reenen, J. (2019, May). *The Fall of the Labor Share and the Rise of Superstar Firms* (National Bureau of Economic Research Working Paper No. 23396).

Bernanke, B. S. (2005, March 10). *The Global Saving Glut and the U.S. Current*

Gratton, L., & Scott, A. (2016). *The 100 Year Life — Living and Working in an Age of Longevity*. London: Bloomsbury.

Green, D. (2019, April 29). *Fixing the Care Crisis*. Centre for Policy Studies.

Kingston, A., Comas-Herrera, A., & Jagger, C. (2018). Forecasting the Care Needs of the Older Population in England Over the Next 20 Years: Estimates from the Population Ageing and Care Simulation (PACSim) Modelling Study. *The Lancet Public Health, 3*(9), e447–e455.

Kingston, A., Robinson, L., Booth, H., Knapp, M., & Jagger, C. (2018). Projections of Multi-Morbidity in the Older Population in England to 2035: Estimates from the Population Ageing and Care Simulation (PACSim) Model. *Age and Ageing, 47* (3), 1–7.

Kingston, A., Wohland, P., Wittenberg, R., Robinson, L., Brayne, C., Matthews, F. E., et al. (2017). Is Late-Life Dependency Increasing or Not? A Comparison of the Cognitive Function and Ageing Studies (CFAS). *The Lancet, 390* (10103), 1676–1684.

Kivipelto, M., Ngandu, T., Laatikainen, T., Winblad, B., Soininen, H., & Tuornilehto, J. (2006, September). Risk Score for the Prediction of Dementia Risk in 20 Years Among Middle Aged People: A Longitudinal, Population-Based Study. *Lancet Neurol, 5*(9), 735–741

Kydland, F., & Pretnar, N. (2018). *The Costs and Benefits of Caring: Aggregate Burdens of an Aging Population* (NBER Working Paper 25498).

Kydland, F., & Pretnar, N. (2019). Who Will Care for All the Old People?', Chapter 2. In D. E. Bloom (Ed.), *Live Long and Prosper? The Economics of Ageing Populations*. London: VoxEU.org eBook, CEPR Press.

Lancet Commissions. (2017, December 16). On Dementia Prevention, Intervention, and Care. *The Lancet, 390,* 2673–2734.

Lex. (2019, June 10). Robots/Ageing Japan: I, Carebot. *Financial Times*, Monday, p. 22.

Livingston, G., Sommerlad, A., Orgeta, V., Costafreda, S. G., Huntley, J., Ames, D., et al. (2017, December 16). Dementia Prevention, Intervention, and Care. *The Lancet, 390,* 2673–2734.

Mayda, A. M. (2019, June 19). Discussion of *Demographic Changes, Migration and Economic Growth in the Euro Area* by A. Börsch-Supan, D. N. Leite, & J. Rausch, European Central Bank Sintra Forum, Portugal.

Norton, S., Matthews, F. E., Barnes, D. E., Yaffe, K., & Brayne, C. (2014, August).

Chapter 5. In D. E. Bloom (Ed.), *Live Long and Prosper? The Economics of Ageing Populations*. London: A VoxEU.org eBook, CEPR Press.
United Nations. (2015). *World Population Ageing*. Department of Economic and Social Affairs, Population Division, United Nations. https://www.un.org/en/development/desa/population/publications/pdf/ageing/WPA2015_Report.pdf.

第4章

Bauer, J. M., & Sousa-Poza, A. (2015). Impacts of Informal Caregiving on Caregivers:Employment, Health and Family. *Journal of Population Ageing, 8* (3),113–145.
Bauer, J. M., & Sousa-Poza, A. (2019). Employment and the Health Burden on Informal Caregivers of the Elderly, Chapter 3. In D. E. Bloom (Ed.), *Live Long and Prosper? The Economics of Ageing Populations*. London: A VoxEU.org eBook, CEPR Press.
Cavendish, C. (2013). *The Cavendish Review: An Independent Review into Healthcare Assistants and Support Workers in the NHS and Social Care Settings*. Department of Health, London. https://assets.publishing.service.gov.uk/government/uploads/system/uploads/attachment_data/file/236212/Cavendish_Review.pdf.
Cavendish, C. (2019). *Extra Time: 10 Lessons for an Ageing World*. London, UK: HarperCollins.
Dwyer, J. (2019, November). *Innovative Approaches to Increasing Investment in Alzheimer's Research, Treatment and Cure*. Presentation at the 6th Annual Lausanne Conference on Preparing the Alzheimer's Ecosystem for a Timely, Accurate and Compassionate Diagnosi.
Eggleston, K. (2019). Understanding 'Value for Money' in Healthy Ageing, Chapter 12. In D. E. Bloom (Ed.), *Live Long and Prosper? The Economics of Ageing Populations*. London, UK: A VoxEU.org eBook, CEPR Press.
Financial Times. (2019, June 25). *How the World Deals with Alzheimer's and Dementia—In Charts* (Financial Times Special Report: FT Health—Dementia Care).
Financial Times. (2019, July 16). Foreign Operators Take on Chinese Elderly Care, p. 14.
Financial Times. (2019, June 10). Robots/Ageing Japan: I, Carebot. *Lex Column*, Monday, p. 22.

第2章

Agarwal, I., Gu, G. W., & Prasad, E. S. (2019, September). *China's Impact on Global Financial Markets* (National Bureau of Economic ResearchWorking Paper 26311).

Jiang, K., Keller, W., Qiu, L. D., & Ridley, W. (2018). *Joint Ventures and Technology Transfers: New Evidence from China.* Vox CEPR Policy Portal, voxeu.org.

Lardy, N. R. (2001, May 9). *Issues in China's WTO Accession.* The Brookings Institution.

https://www.brookings.edu/testimonies/issues-in-chinas-wto-accession/.

Ma, G., & Fung, B. S. C. (2002, August). *China's Asset Management Corporations* (Bank for International Settlements Working Paper No. 115).

Nabar, M. (2011, September). *Targets, Interest Rates, and Household Saving in Urban China* (International Monetary Fund Working Paper WP/11/223).

Pierce, J. R., & Schott, P. K. (2012, December). *The Surprisingly Swift Decline of U.S. Manufacturing Employment* (National Bureau of Economic Research Working Paper No. 18655).

Rodrik, D. (2011, October). Unconditional *Convergence*. (National Bureau of Economic Research Working Paper No. 17546).

第3章

BBC News. (2018, August 29). *Russia's Putin Softens Pension Reforms After Outcry.*

https://www.bbc.co.uk/news/world-europe-45342721.

Börsch-Supan, A., Härtl, K., & Ludwig, A. (2014). Aging in Europe: Reforms, International Diversification, and Behavioral Reactions. *American Economic Review: Papers and Proceedings, 104* (5), 224–229.

Button, P. (2019, May). *Population Aging, Age Discrimination, and Age Discrimination Protections at the 50th Anniversary of the Age Discrimination in Employment Act* (National Bureau of Economic Research Working Paper 25850).

Cravino, J., Levchenko, A. A., & Rojas, M. (2019, September). *Population Aging and Structural Transformation* (National Bureau of Economic Research Working Paper 26327).

Maestas, N., & Jetsupphasuk, M. (2019). What Do Older Workers Want?,

参考文献

第1章

Congressional Budget Office. (2019). *The Budget and Economic Outlook: 2019 to2029.* https://www.cbo.gov/system/files?file=2019-03/54918-Outlook-Chapter1.pdf.

Friedman, M. (1968, March). The Role of Monetary Policy. *The American Economic Review, 58*(1), 1–17.

Gutiérrez, G., & Piton, S. (2019, July). *Revisiting the Global Decline of the (Non-Housing) Labor Share* (Bank of England Staff Working Paper No. 811).

International Monetary Fund. (2017, October). *Fiscal Monitor: Tackling Inequality.*Washington, DC: IMF.

King, M. (2003, October 14). Speech, Bank of England, East Midlands Development Agency/Bank of England Dinner, Leicester.

https://www.bankofengland.co.uk/-/media/boe/files/speech/2003/east-midlands-development-agency-dinner.

Krueger, A. B. (2018). Luncheon Address: Reflections on Dwindling Worker

Bargaining Power and Monetary Policy. In *Changing Market Structures and Implications for Monetary Policy: A Symposium Sponsored by The Federal Reserve Bank of Kansas City* (pp. 267–282). Kansas City: Federal Reserve Bank of Kansas City.

Obstfeld, M. (2019, July 22). *Global Dimensions of U.S. Monetary Policy* (Centre for Economic Policy Research Discussion Paper DP1388).

Office for Budget Responsibility. (2018). *Fiscal Sustainability Report.*

https://obr.uk/fsr/fiscal-sustainability-report-july-2018/.

Piketty, T. (2014). *Capital in the Twenty-First Century.* Cambridge, MA and London,

UK: Harvard University Press.

Schwellnus, C., Pak, M., Pionnier, P.-A., & Crivellaro, E. (2018, September). *Labour Share Developments Over the Past Two Decades: The Role of Technological Progress, Globalisation and "Winner-Takes-Most" Dynamics* (OECD Economics Department Working Papers No. 1503).

【著者】

チャールズ・グッドハート（Charles Goodhart）

ロンドン・スクール・オブ・エコノミクス（LSE）名誉教授

1985～2002年、LSE銀行・ファイナンス・ノーマン・ソスノー・チェアー。2002年、LSE銀行・ファイナンス名誉教授。1987～2005年、金融市場グループ在籍。2005年から現在にいたるまで金融規制研究プログラム担当メンバーを務める。1990年、ブリティッシュ・アカデミー・フェロー。1997年、金融経済研究に対して大英帝国勲章コマンダー受章。1986年、マーヴィン・キング氏とともにLSEの金融市場グループ創設を支援。それ以前、17年間にわたりイングランド銀行エコノミストを務め、1980年、同行チーフ・アドバイザーに就任。1983年香港金融危機の収拾、香港ドルと米ドルとのリンク設定に助言し、その後、1997年まで数年間にわたり香港外国為替基金アドバイザリー委員会に参与。1997年後半、新設されたイングランド銀行金融政策委員会の4人の外部メンバーの一人に選任され、2000年5月まで務める。2002～2004年の間、イングランド銀行総裁（臨時）顧問（金融安定性担当）。2009年末、モルガン・スタンレーのコンサルタントに就任、2016年に80歳で退任。この間、同僚のマノジ・プラダンと本書の主題について研究を開始した。

「測定された統計的規則性がコントロール目標になると、その規則性は崩壊する」という「グッドハートの法則」の提唱者。この法則はイギリスの金融政策について述べられたものだが、その後、経済だけでなく、経営や心理学など、さまざまな分野で用いられるようになった。

主な著書：*Money, Information and Uncertainty*（2nd Edition 1989）; *Monetary Theory and Practice*（1984）; *The Central Bank and The Financial System*（1995）; *The Evolution of Central Banks*（1988）; *The Basel Committee on Banking Supervision: A History of the Early Years, 1974-1997'*（2011）; *The Regulatory Response to the Financial Crisis*（2009）.

マノジ・プラダン（Manoj Pradhan）

Talking Heads Macro（マクロ経済リサーチ会社）創業者

モルガン・スタンレーのマネージング・ディレクターを務め、グローバル・エコノミクス・チームを率いた。ジョージ・ワシントン大学、ニューヨーク州立大学に勤務後、2005年、モルガン・スタンレーに転籍。数量マクロ経済学、新興市場、グローバル経済を専門とする。ジョージ・ワシントン大学経済学Ph.D.、ロンドン・ビジネススクール修士。

【訳者】

澁谷　浩（しぶや・ひろし）

経済学者、小樽商科大学名誉教授

1988年、プリンストン大学Ph.D.取得。インディアナ州立大学助教授、IMFエコノミスト、日本銀行金融研究所を経て、1992年、小樽商科大学経済学部助教授、1997年より同教授。2017年退任し、同大学特任教授を経て、2019年より同大学名誉教授。

著書に『通貨危機と資本逃避』（東洋経済新報社、共著）、「動学的均衡価格指数の理論と応用―資産価格とインフレーション」（『金融研究』第10巻第4号）、“Dynamic Monetary Policy: Preventing Bubbles and Promoting Growth,” *The Economic Review*（『商学討究』）, Vol.70（No.2 & 3、共著）など。

人口大逆転
高齢化、インフレの再来、不平等の縮小

2022年5月19日　1版1刷
2023年2月10日　　5刷

著　者　チャールズ・グッドハート
　　　　マノジ・プラダン
訳　者　澁谷　浩
発行者　國分正哉
発　行　株式会社日経BP
　　　　日本経済新聞出版
発　売　株式会社日経BPマーケティング
　　　　〒105-8308　東京都港区虎ノ門4-3-12

装　幀　山口鷹雄
ＤＴＰ　キャップス（CAPS）
印刷・製本　中央精版印刷株式会社
ISBN978-4-296-11309-5

本書籍に関するお問い合わせ、ご連絡は下記にて承ります。
https://nkbp.jp/booksQA

Printed in Japan